프리칭 텍스트,
텍스트 프리칭

프리칭 텍스트, 텍스트 프리칭
설교하는 본문, 본문이 일하는 설교

2020년 9월 10일 초판 1쇄 발행
2023년 9월 15일 초판 2쇄 발행

지은이 | 김대혁
펴낸이 | 박영호
교정·교열 | 김혜지, 주종화
펴낸곳 | 도서출판 솔로몬

주소 | 서울시 동작구 사당로 143
전화 | 599-1482
팩스 | 592-2104
직영서점 | 596-5225

등록일 | 1990년 7월 31일
등록번호 | 제 16-24호
E-mail | solcp1990@gmail.com

ISBN 978-89-8255-586-2 03230

2020 ⓒ 김대혁
Korean Copyright ⓒ 2020
by Solomon Publishing Co., Seoul, Korea

저작권법에 의하여 한국 내에서 보호를 받는 저작물이므로
무단전재와 복제를 금합니다.

프리칭 텍스트,
텍스트 프리칭

설교하는 본문, 본문이 일하는 설교

김대혁 지음

Preaching Text, **Text Preaching**

솔로몬

차례

들어가는 글 ... 11

1부 「본문이 일하는 설교」를 위한 주해화 과정 • 23
1장. 본문성을 고려한 설교 본문 단위 설정 ... 25
2장. 본문성을 고려한 주해화 과정 ... 52

2부 「본문이 일하는 설교」를 위한 신학화 과정 • 99
3장: 본문성이 드러나는 신학화 과정 ... 101
4장: 본문성이 드러나는 그리스도 중심적 설교 ... 151

3부 「본문이 일하는 설교」를 위한 설교화 과정 • 187
5장. '본문'에 '충실한' 설교와 전유를 통한 적용 ... 189
6장. 성경에 나타난 '전유를 통한 적용' ... 221

Summary(요약): 본문성이 반영된 설교 작성과 전달 ... 250

4부 「본문이 일하는 설교」의 예배와 교회 교육 • 281
7장. 본문성을 고려한 설교와 예배의 통합 ... 283
8장. 본문성을 고려한 설교 계획과 교회 교육 ... 312

Appendix(부록): 본문의 파토스를 살리는 본문이 일하는 설교 ... 347

들어가는 글

또 하나의 설교학 책이 정말 필요한가?

지금도 나는 수많은 설교에 관한 책에 둘러싸여 있다. 훌륭한 설교학 책이 책장 여러 곳에 보인다. 이 책들은 설교라는 주님의 영광스러운 일을 부족한 내가 가르칠 수 있도록 떠받쳐준 지적 자양분이다. 책의 저자 중에 더러는 설교라는 깊고 넓은 세계를 나에게 직접 펼쳐 보여주었고, 지금도 나를 인도해주는 영적 멘토들이다. 그래서 이 중 아무 책이라도 골라서, 자신만의 언어와 진실한 마음으로 녹여내어 강단에서 실천할 수 있다면, 설교자에게 더 이상의 설교학 책이 필요한 걸까? 고민이다. 혹 부족한 이 책이 더 좋은 책을 가리는 것은 아닐까? 두렵다. 무엇보다 설교는 책을 통해 머리로 배우는 것이 아니라, 강단에서 몸으로 익히는 신학적 행위라고 가르치지 않았는가! 그런데 왜 나는 이 책을 출판하려는 걸까? 책 출판에는 대단한 용기가 필요하다.

용기가 필요한 이유는 더 있다. 설교는 설교자마다 다르다. 설교(자)에 관한 자기 이해에 따라 강단에서 들리는 설교(자)의 품새는 제각기 달라진다. 청지기의 충실, 선포자의 권위, 증인의 진실, 아버지의 사랑, 종의 헌신, 이야기꾼의 재미, 광대의 열정, 이 모든 것이 설교(자)를 통해 다양하게 전달된다. 이처럼 설교는 설교자가 걸어온 역사와 삶의 결에 따라 연마된다. 설교 여정에는 틀림이 아닌 다름의 길이 생각보다 넓기에, 설교에 관해 글을 쓰는 일에는 자칫 침소봉대의 위험이 따른다. 그래서 용기가 더욱 필요하다.

무엇보다 이 책은 성경 텍스트의 중요성에 밑줄을 치는 설교학 책이다. 너무 싫증이 나지 않을까? 한국교회 목회자들만큼 성경 텍스트를 사랑하는 설교자들이 있을까? 오히려 요즘은 텍스트Text에 너무 매여서 설교자의 서브 텍스트sub-text(숨은 동기), 회중의 콘텍스트context(정황)를 놓쳐버리는 것이 현대 설교의 약점이라 불린다. 정말 맞는 말이다. 그런데 제목이 너무나 당당하게 고함치듯, 이 책은 성경 텍스트를 사랑하고 존중하라는 판에 박힌 말로 결론 내릴 수밖에 없는 책이다. 과연 이런 설교학 책이 또 한 권 필요할까?

이런 질문들 앞에서 여러 번 망설이다 용기를 낸다. 용기를 낸 이유는 이렇다. 우선 이 책은 누구보다 나 자신을 정리하는 책이다. 부족한 자가 신학교 교수가 되어 7년간 가르친 과목이 설교학과 예배학이다. 가르침의 역설적 교훈은 가르칠수록 잘 모른다는 것을 깨닫는 데 있다. 신학생들과 목회자들 앞에서 많은 이야기를 했지만, 돌아보면 제대로 모르고 가르친 '죄'를 많이 지은 것 같다(예배학은 특히 그렇다). 그래서 '회개'의 질문이 자연스럽게 흘러나왔다. "지금까지 내가 가르치면서, 정말 무엇을 가르치려 했는가?", "내가 지속해서 관심을 가지고 연구하며, 학생들과 함께 참여하여 서로 사귀며 나누고자 했던 설교 세계는 어떤 것인가?" 이 질문에 답을 구하면서, 이 책은 지금까지 나의 미숙한 가르침을 돌아보는 자기 성찰의 책이다. 또한, 설교라는 거대한 세계에 그나마 내가 가장 많이 거닐고자 했던, 그래서 학생들과 같이 많이 오르고자 했던 설교의 정원을 다시 돌아보고 다듬은 책이다. 그래서 소심한 용기를 내어보았다.

하지만 자기 정리만을 위한 책을 내는 것은 무모하며 낭비다. 책은 모름지기 읽히기를 목적으로 하기 때문이다. 이런 점에서 이 책은 나와 같이 [**텍스트는 지금도 설교하고 있으며**preaching text, **설교는 그 텍스트가 말하며 일하도록 하는 것**text preaching]이라는 설교 철학을 지닌 설교자들을 위한 이론서다. 앞서 내가 가르치며 추구하는 설교에 대한 해상도를 높이고자 집중하면서, 어쩌면 나와 같은 설교 철학과 설교 방법론을 추구하는 목회자와 신학생들이 느낄 수 있는 개념의 '모호함'과 과정의 '틈'이 있을지 모른다는 생각이 생겨났다. 모든 목회자에게 설교는 영원한 가슴앓이다. 그렇다. 하나님의 말씀을 인간의 언어로 담는 사명 자체가 지니는 존재론적 갈등이다. 동시에 매주 어김없이 되돌아오는 묵직한 실천 과제다. 하지만 이와 더불어 자신도 발견하지 못한 사각지대가 있을 수도 있다. 이 사각지대는 앞서 설교학을 가르치며 내가 경험한 것과 비슷한 방식으로 오랜 실천 속에서 슬그머니 자리 잡고 있는지도 모른다. 성경 텍스트를 사랑하는 설교자가 이 사각지대를 발견하기 위해서 다음의 질문을 각자에게 해보라.

- "나는 하나님의 말씀-행위(Word-Deed)인 성경 텍스트에 대한 신앙 고백에 걸맞은 방식으로 설교를 작성하고 있는가?"
- "내가 구현하는 설교 작성법을 남들에게 분명하게 설명할 수 있는가?"
- "나의 설교 작성 방식에 정말 스스로 납득되는가?"

물론 설교 작성의 과정을 제대로 설명하는 것은 불가능할지 모른다. 설교 작성은 기계적인 과정이기보다는 예술적 작품에 가까우며, 무엇보다 성령의 능력을 의지하며 그분에 이끌린 바 된 설교를 추구하기에 더욱 그러하다. 하지만 정말 성경 텍스트를 사랑하는 설교자라면, 텍스트에 충실한 설교라는 빛나는 설교의 전통과 금언을 소유하고 있다는 것만으로 결코 자만할 수 없다. 나의 설교가 어떤 점에서 성경 텍스트에 충실한 설교인지 설명 가능해야 한다. 그래야 확신 있게 설교할 수 있다. 모든 이론과 실천에는 '틈'이 있기 마련이다. 바로 이 '틈'이 있기에 이 책을 낼 용기를 조금 더 낼 수 있었다.

이 책의 목적은 본문에 충실한 설교, 본문이 이끄는 설교를 추구하는 설교자가 자신의 이론과 실천에 있을 수 있는 작은 틈을 스스로 메울 수 있도록 돕는 데 있다. 틈을 메운다는 사실은 이미 나름대로 설교학에 대해 이해를 하고 있다는 점을 전제로 한다(현대 강해 설교학과 신설교학에 대한 기본적인 이해를 지니고 있으면 읽기가 수월할 것이다). 그래서 이 책 자체는 설교 작성에 관한 이론 전반을 다루지 않는다. 설교학에 대한 기본적인 지식을 지닌 신학생들, 설교학 전공자들, 그리고 설교에 대해 진지하게 고민하는 목회자들을 위한 틈새 설교학 책이다.

이 책의 내용과 설교학적 시도는 결코 독창적인 것이 아니다. 설교의 유장한 역사 속에서 어찌 혼자만 생각했겠는가? 다만 일반적으로 놓치기 쉬운 부분을 보다 현미경으로 확대해서 다루면서, 먼저 고민하면서 걸어간 자가 앞으로 하나님 나라를 섬길 미래의 설교자에게 몇 발자국을 남기는 정도가 되지 않을까? 이 책의 분명한 자리매김을 하고 나니, 많이 부족하지만 그러기에 출판의 용기가 많이 생겼다. 이 책이 틈을 메우는 디딤돌의 역할을 한다면, 존재의 사명은 다하는 것이다.

왜 [텍스트 프리칭: 본문이 일하는 설교]인가?

이 책의 제목은 [텍스트 프리칭Text Preaching, 본문이 일하는 설교]이다. 그런데 왜 앞에 프리칭 텍스트Preaching Text란 말을 붙여 놓았을까? 그 의미는 이미 부제에서 풀어놓았다. 하나님께서 주신 성경 텍스트는 지금도 설교하고 있다. 제임스 패커J. I. Packer가 말했듯이, 성경은 우리에게 설교하시는 하나님이다Scripture is God preaching to us. 텍스트는 여전히 말씀하시고 역사하시는 하나님의 우리를 향한 설교다. 프리칭 텍스트Preaching Text, 곧 설교하는 본문에 대한 확신이 있어야 텍스트 프리칭Text Preaching, 즉 본문이 일하는 설교를 구현할 수 있다.

그렇다면 [텍스트 프리칭: 본문이 일하는 설교]가 강조하는 바가 무엇일까? [본문이 일하는 설교] 세 단어에 강조점이 이미 들어가 있다.

첫째, 본문이 일하는 설교다!

설교는 하나님의 말씀이자 하나님의 일이다. 설교는 설교자의 입을 통해 역사하시는 하나님의 말씀이다. 이 고백이 설교의 실재가 되는 것은 설교의 소유권과 능력이 설교자에게 있는 것이 아니라, 하나님의 말씀-행위인 본문이 주인이 되어 설교를 이끌어 가기 때문이다. 이 책은 설교의 주인이 누구인지를 계속해서 묻는다. 설교자의 역할은 설교문을 창조하는 것이 아니다. 설교자는 하나님께서 숨을 불어넣은 성경 말씀으로 그분이 임재하셔서 말씀하시고 일하시도록 하는 데 자신의 자리를 고정한다. 따라서 본문이 일하는 설교는 설교 커뮤니케이션 행위의 주도권을 항상 텍스트에 두도록 하는 것을 매우 강조하다.

이런 점에서 이 책은 텍스트 혹은 본문성textuality에 대한 이해가 더 깊어져야 할 것을 강조한다. 본문을 설교의 중심에 두는 설교자는, 하나님의 말씀 이외에 다른 곳에서 하나님을 찾아 우리 머리를 채우려 하거나, 하나님의 말씀이 촉구하지 않는 다른 어떤 것으로도 하나님에 관한 생각을 하지 않도록 하며, 그분의 말씀에서 가져오지 않은 어떤 곳도 말하지 않도록 해야 한다는 존 칼빈Jean Calvin의 말에 절대적으로 공감할 것이다. 하지만 오해를 하지 말기를 바란다. 성경 본문은 단순히 주일 설교를 위해서 우리가 장만해야 할 설교할 재료resource가 아니다. 성경 본문과 당신의 설교를 동시에 살펴보라. 어쩌면 본문에 충실하게 설교한다고 하면서도 본문을 마음대로 자르고 내용을 발라내어서 자신이 원하는 대지와 요지로 설교를 창조하고 있는 것은 아닌가?

성경 본문은 그저 잉크로 쓰인 생명력 없는 정보만을 주는 글이 아니다. 설교 본문은 설교의 생명의 근원source이다. 우리 앞에 놓인 본문은 하나님의 숨이 깃든 말씀으로써, 지금도 생명으로 사람을 완전히 변화시키며, 인생의 기쁨을 가져다주고, 우리의 심장을 뛰게 하는 힘을 지니고 있다. 우리는 그 살아있는 본문의 말씀을 생생하게 회중들의 귀에 들여주는 역할을 다할 뿐이다. 설교자와 회중 모두를 살려내며 또한 살아가게 하는 것은 성령님이 영감하신 본문의 생명력과 그 본문과 더불어 일하시는 성령님에게서 나온다. 이런 점에서 이 책의 모든 내용은 인격적이고 관계적인 커뮤니케이션 행위인 텍스트가 주도하는 설교를 강조한다.

둘째, 본문이 일하는 설교다!

설교란 말은 명사로 표현되지만, 설교는 결코 명사적이진 않다. 실제로는 항상 동사적이다. 설교는 하나님의 일이자 그분을 섬기는 설교자의 신학적 행위. 설교가 궁극적으로 사람을 살리며 더욱 풍성하게 살리는 행위가 되는 것은 하나님의 말씀-행위Word-Deed인 텍스트가 여전히 일하고 있기 때문이다.

과거 전통적 강해 설교는 본문에서 하나님의 변치 않는 진리를 추출하는 것을 설교의 기본값으로 두었다. 진리를 찾아 표현하고 그것을 전달하는 명사적 설교에 가깝다. 따라서 설교 가운데 본문에서 추론한 신학적 주제와 진리 명제를 분명하게 설명하고, 그것을 적실하게 적용하는 것으로 설교자의 직무를 감당했다. 오해하지 말라. 이 방식은 여전히 중요한 설교 방식이며 지금도 이것이 설교의 기본값이 되어야 한다고 확신한다. 변치 않는 진리를 이해하여 표현하지 못한다면 설교할 근거와 내용이 사라지기 때문이다. 따라서 이 책은 전통적 강해설교의 철학, 그리고 역사 속에서 우리에게 분명한 신학적 좌표를 새겨주었던 교리설교의 가치도 존중한다.

하지만 이것으로는 말씀하고 일하시는 하나님의 성경 말씀을 우리의 설교로 담아내기에는 여전히 부족해 보인다. 생각해 보라. 설교는 하나님의 자기 주심과 그분의 언약 백성들의 반응이 이루어지는 예배 가운데 실행된다. 따라서 설교 가운데 본문을 통해서 말씀하시는 하나님의 임재와 일하심, 그리고 그분과 사귐과 나눔이 이루어진다. 이런 설교의 인격적이며 상호소통적인 이해는 현대 언어철학과 더불어 해석학의 발전으로 이제 더욱 세밀하게 설명될 수 있다. 그러므로 설교자는 본문을 물러서서 살펴보고 연구하여 변치 않는 진리를 찾아 표현하지만, 동시에 하나님의 말씀-행위인 본문을 따라서 읽고 듣고 반응해야 한다. 다시 말해, 설교자는 본문에서 명제적 진리를 찾고 명쾌하게 전달하는 노력도 해야 하지만, 궁극적인 저자인 하나님께서 성취하시고자 하시는 일을 설교가 수행할 수 있도록, 인격적인 지식이 실행될 수 있도록 해야 한다. 텍스트를 존중하는 설교자는 결코 이 둘을 서로 떨어뜨리지 말아야 한다. 참된 설교는 진리와 함께하는 진정한 행동이기 때문이다.

이런 점에서 이 책은 성경 본문이 하나님의 말씀-행위Word-Deed임을 항상 강조한다. 하나님의 관계적 커뮤니케이션 행위인 본문이 설교 작성 전반을 이끌어가도록 해서, 실제 설교 가운데 본문이 역동적으로 일하도록 섬기는 설교를 추구한다. 이를 위해 본문이 일하는 설교에서 설교자는 하나님의 특정한 커뮤니케이션 행위 방식인 성경 장르가 지닌 특징에 민감해야 한다. 또한, 본문을 존중했던 개혁파 설교자들이 그랬듯이, 성경의 객관적 지식이 회중의 마음을 움직여 주관적 확신으로 이어지는 험증적 설교experimental/experiential preaching를 추구한다. 그 핵심은 우리가 설교를 시험하고 검증하는 것이 아니라, 하나님의 말씀이 항상 우리를 검증하고 시험하도록 하는 것이기에, 본문이 일하는 설교는 성경 본문이 보여주는 진리가 반드시 설교자의 마음을 관통하여 삶에서 드러나는 실천적 지혜가 되도록 하는 것을 추구한다. 또한, 본문이 일하는 설교는 진리에 대한, 진리 안에 거하는, 그리고 진리를 살아내는 것이어야 한다. 여기서 진리란 성육신하신 그리스도이다. 본문이 일하는 설교는 우리로 본문을 통해 진리 되신 그리스도를 알고, 그분 안에 거하며, 또한 그분을 닮아가도록 촉구한다. 따라서 본문이 일하는 설교는 이해를 추구하는 신앙과 더불어 삶을 형성하는 신앙을 목적으로 한다. 위대한 종교개혁자 존 칼빈John Calvin에 의하면, 하나님의 말씀은 우리를 통해 강력하게 행하시기를 위해 내민 하나님의 손이다. 말씀하시는 하나님이 곧 행하시는 하나님이기 때문이다. 이처럼 본문에 일하는 설교는 언제나 본문 이해에서 멈추지 않고 본문이 실행되도록 하는 것을 강조한다.

셋째, 본문이 일하는 설교다!

설교에 대한 이해에 따라서 설교자의 자리는 규정된다. 설교의 설교다움은 설교하는 설교자의 능력이나 설교자가 강단에서 펼친 극적인 모습에 있는 것이 아니다. 고대 수사학이 인기를 끌던 시대에서부터 최첨단의 다양한 커뮤니케이션 미디어와 경쟁하는 오늘날까지, 설교가 설교다움을 지킬 수 있는 자리는 항상 본문에 정초한 자리다. 권위 있고 무게감 있는 설교는 설교자가 항상 본문 아래에 머물러 텍스트를 존중하는 전통을 지킬 때 나온다. 또한, 적실하여 마음을 움직이는 설교는 회중에 말씀을 전하기 전에, 설교자가 먼저 본문 앞에서 텍스트의 말씀과 행위에 굴복할 때 가능하다. 이처럼 본문이 일하는 설교는 설교와 설교자의 바른 자리를 아는 설교다. 본문이 일하도록 섬기는 설교자는 본문이 설교에 살아날 때, 설교가 살아나게 된다는 것을 확신하는 자이다. 그래서 본문 앞에서 설교자가 죽고 본문의 궁극적인 저자가 살아날 때, 그 설교가 청중을 살게 하는 설교가 된다고 믿는다. 더 나아가 본문이 살게 하는 설교가 될 때, 청중에게 기필코 본문을 살아내게 하는 설교가 된다.

팀 켈러Timothy Keller는 설교를 깊이 알아가는 길은 세 개의 텍스트Text를 통하는 길이라 한다. 첫 번째는 성경 텍스트Biblical Text이며, 두 번째는 설교자의 서브 텍스트Sub-Text, 곧 설교자의 숨은 동기이며, 세 번째는 청중이 처한 정황과 환경인 콘텍스트Context다. 그의 이 말은 정말 우리의 설교 이해를 돕는 중요한 지적이다. 하지만 간과하지 말아야 할 것은 여기에도 우선순위와 균형이 있음을 잊지 말라. 이 책은 여전히 성경 텍스트를 가장 우선한다. 왜 그럴까? 설교자는 하나님의 커뮤니케이션 행위인 텍스트 앞에서 자신의 서브-텍스트를 교정해야 한다. 설교자 자신이 지닌 자기 강화, 자기 과시, 자기 확장의 숨은 동기를 들추어내며 깨뜨리는 일은 하나님의 말씀-행위인 성경 텍스트이다. 또한, 이 책은 청중의 콘텍스트도 중요하게 여긴다. 하지만 그보다 성경의 텍스트를 더 중요시한다. 청중을 주해하고 그들의 콘텍스트를 이해한다는 진정한 의미란 무엇인가? 사실 모든 사람에게는 자신이 따라서 살아가는 텍스트가 있다. 어떤 텍스트인지가 중요하다. 성경 텍스트가 전하는 음성을 듣고 살아가는지, 다른 거짓과 우상의 텍스트가 전하는 음성들을 듣고 사는지가 영원한 차이를 만든다. 따라서 청중의 콘텍스트를 진정으로 이해한다는 것은 그들의 삶을 주도하는 마음속 거짓 텍스트를 성경의 텍스트로 들추어내고, 더 나아가 하나님 나라의 대안 텍스트인 성경 텍스트가 말씀하여 일하시는 길을 따라서 살아가도록 촉구하는 것이 아닌가! 설교는 언제나 성경 텍스트를 가장 존중해야 한다. 그래서 본문이 일하는 설교다!

이 책의 목표는 분명하다. 설교하는 자나 설교를 듣는 자 모두가 "텍스터스 렉스Textus Rex" 즉, "본문이 왕이다!"라고 고백하게 만드는 것이다. 또한, 그 고백이 실천으로 이어져, 텍스트 앞에서 설교자나 그가 하는 설교를 듣는 모든 회중이 텍스트를 통해 말씀하고 역사하시는 우리의 왕께 경청하고 순종하도록 하는 것이다.

[텍스트 프리칭: 본문이 일하는 설교]는 어떻게 구성되었는가?

이 책은 한국복음주의신학회, 한국복음주의실천신학회, 개혁주의 설교학회에 게재되거나 발표한 논문들을 병합, 수정, 보완했음을 미리 밝힌다. 학회에 게재된 소논문이 학자들끼리만 돌려보는 소위 '자기들만의 리그'라는 인식을 줄 것 같아 많이 고민했다. 그래서 이 책은 소논문의 내용을 기본적으로 수정해서 사용하되, 각 장에서 필자가 주장하는 바를 특정 성경 텍스트로 증명하는 형식으로 수정해 보았다. 이론 따로 실천 따로가 아니라, 이 글에서 주장하는 바대로 따라갈 때, 본문에 따라서 어떤 설교가 나올 수 있을지 가늠해 볼 수 있는 실례가 있다. 이론의 이해를 넘어서 실례의 이행으로 바로 넘어가도 좋을 듯하다. 아래는 각 장의 간략한 소개와 더불어 필자가 활용한 논문들을 밝혀둔다.

[1장]은 설교자가 성경 본문에서 설교 단락a preaching unit/pericope을 정하는 방식에 관한 연구다. 본문성의 이해와 더불어 전통적 혹은 현대 강해 설교자들과 신설교학자의 본문 선정의 특징을 논한다. 무엇보다 필자는 본문이 일하는 설교를 하기 위해서 본문 단락 선정과 확정에 본문성이라는 구체적인 잣대가 필요함을 주장한다. 이 장은 "본문성을 고려한 설교 본문 선정에 대한 연구",「복음과 실천신학」, 46 (2018), 34-61을 수정, 보완하였다.

[2장]은 본문성을 고려한 설교를 위한 주해의 과정을 다룬다. 여기에서는 하나님의 통합적 커뮤니케이션 행위로 본문이 지닌 내용, 형식, 효과가 설교에 반영되어 본문이 일하는 설교가 되도록 하기 위해서, 설교자가 장르가 지닌 본질적 기능에 주목하여 설교를 위한 주해를 할 것을 강조한다. 여기에서는 요한복음 2장의 본문의 주제별 순차적 읽기(내용), 병행적/역교차적 구조 읽기(형식), 그리고 내러티브 읽기(효과)를

고려한 주해화 과정을 살펴본다. 이 장은 "장르적 성격이 살아나는 설교 방법론 제안: 비탄시를 중심으로", 「복음과 실천신학」, 30 (2014), 42-88와 "하나님의 소통행위로서의 본문성을 고려한 설교: 요한복음의 흐름sequence과 구조structure를 중심으로" 「성경과 신학」, 94 (2020), 129-159를 통합, 수정, 보완하였다.

[3장]은 설교를 위한 신학화 과정에서도 본문성이 지닌 인지적 내용과 수행적 효과를 함께 고려할 것을 강조한다. 기존의 신학화 과정은 본문의 주제와 진리에 대한 원리화에 치중하여 본문과 청중사이의 연관성을 인지적 내용 혹은 주제 연결에 주로 강조점을 두었다면, 이 장은 설교자가 본문이 지닌 효과에 대한 적실성을 신학화 과정에서도 확립하도록 함으로써, 신학적 내용과 더불어 그 내용을 전달하는 커뮤니케이션의 신학적 목적과도 통합되는 신학화 과정이 필요함을 주장하였다. 시편 19편을 통해 이에 대한 이해를 돕는다. 이 장은 "원리화/신학화 과정에서의 장르적 고려와 설교학적 함의:의미론과 화용론의 통합", 「성경과 신학」, 79 (2016), 191-228와 "John Calvin의 시편 설교 연구: 장르적 특성을 반영한 시편 설교", 「복음과 실천신학」, 47 (2018), 44-76을 통합, 수정, 보완하였다.

[4장]은 본문을 강조하는 설교와 그리스도 중심적 설교의 통합을 시도한 글이다. 여기에서는 기존의 그리스도 중심적 설교를 주장하는 학자들의 이론과 그들의 설교 실제를 다루면서 이들의 장단점을 평가한다. 보다 발전적 모델로서 본문성을 고려한 그리스도 중심적 설교에 대한 제안을 창세기 22장 1-19절의 실례를 통하여 증명하고자 한다. "본문성이 드러나는 그리스도 중심적 설교에 대한 제안", 「복음과 실천신학」, 42 (2017), 9-47을 수정 보완하였다.

[5장]은 설교화 과정에서 가장 중요한 적용에 관한 논의를 다룬다. 이 장은 본문의 내용에만 근거하여 설교자 주도의 '적용application'의 위험성을 지적한다. 이에 대한 교정책으로, 본문의 인격성, 설교자의 자기 포함의 해석, 하나님의 말씀 행위Word-Deed를 존중하는 설교를 위해 성경 본문에 의한 '전유appropriation'를 통한 적용에 관한 철학적 해석학적/설교학적 이론을 제시한다. 이장은 "'본문에 충실한' 설교를 위한 성경적 전유를 통한 적용에 관한 제안",「복음과 실천신학」, 52 (2019), 38-70을 수정, 보완하였다.

[6장]은 앞의 5장의 실례를 성경에서 찾아서 설명한다. 이 장은 사도행전 2장 14-36절, 고린도전서 10장 1-13절, 히브리서 3장 7절-4장 14절의 본문을 각각 베드로, 바울, 히브리서 저자의 설교로 이해하고, 각 본문을 '전유를 통한 적용'의 관점에서 자세히 연구한다. 이 장은 "성경에 나타난 '전유를 통한 적용'에 관한 해석학적/설교학적 연구",「복음과 실천신학」, 54 (2020), 41-70을 수정, 보완하였다.

[6장 뒤 부록과 요약]은 앞의 주해화, 신학화, 설교화 과정에서 제시한 바를 통합하여, 본문성을 기준으로 설교 작성과 설교 전달의 과정을 정리한 장이다. 이 장은 "올바르고 역동적인 설교 작성과 전달을 위한 본문성의 역할 연구", 제9회 개혁주의 설교학회 설교학 학술대회에서 발표한 논문을 수정, 보완한 글이다.

[7장]은 설교와 예배의 조화를 다룬 내용이다. 예배가 곧 설교이며, 설교가 예배로 통합되는 방식을 본문성을 중심으로 제안하고 있다. 설교자가 본문의 내용과 수행성을 고려하면서, 예배의 내용과 실행이 어떻게 통합될 수 있는지를 다룬다. 이 장에서는 마가복음 6장 32-44절의 본문을 가지고 설교와 예배 통합의 실례를 제시한다. 이 글은 "예배

로서의 설교, 설교로서의 예배를 위한 실천적 제안: 본문 중심으로의 통합",「복음과 실천신학」, 51 (2019), 9-38을 수정, 보완한 것이다.

[8장]은 본문 중심의 설교를 준비하며 통합형 교회 교육의 접목 가능성을 다룬다. 혹은 교회 교육의 중심에 자리해야 할 본문이 일하는 설교에 관한 장기적인 설교 계획을 다룬 것으로 이해해도 좋다. 설교와 교회 교육의 콜라보다. 여기에서는 성경의 다양한 커뮤니케이션 방식을 고려하면서도, 회중의 다양한 학습 방식에 부합하는 장기적인 설교 계획의 수립에 관한 필요성과 모델을 제시한다. 이 글은 "균형 잡힌 교회교육을 위한 장기적 설교계획에 관한 연구",「성경과 신학」, 75 (2015), 177-211을 수정, 보완하였다.

끝으로 [부록]은 하나님의 커뮤니케이션 행위로서 본문이 지닌 파토스pathos에 관한 내용을 다룬다. 설교자는 계시를 통해 객관적 진리의 말씀을 존중해야 한다. 하지만 설교는 객관적 진리를 설명하는 것으로 멈추어서는 안 된다. 본문에 근거한 객관적인 진리가 성령의 조명을 통해 우리의 지정의 가운데 주관적인 확신으로 이어지도록 해야 한다. 이 과정에서 성경적 설교를 지향하는 설교자에게 파토스/감정의 사용은 종종 본문 해석의 문제와 설교 윤리의 문제로 나타날 때가 있다. 그 결과 설교자에 따라서 강단에서 감정 사용을 매우 비판적으로 보고 거부하거나 혹은 감정을 무분별하고 지나치게 사용하기도 한다. 이 글은 여기에 관한 하나의 교정적 잣대로 본문이 지닌 파토스 활용의 정당성과 방법론을 제시하고 있다. "설교자의 올바른 감정 사용에 대한 제언: 본문의 감정을 살리는 설교",「복음과 실천신학」, 36 (2015), 41-88을 수정, 보완하였다.

한 마디로 이 책은 텍스트에 목숨을 건다. 모든 내용은 하나님의 커뮤니케이션 행위, 곧 하나님의 말씀-행위로서의 텍스트에 대한 설교자의 고백이 설교 작성과 전달 전반에 일관되게 반영되어야 한다는데 연결된다. 그래서 본서는 이 내용을 특정한 얼개에 담았다. 설교를 위한 주해화 과정에서부터 설교자는 하나님의 인격적이며 관계적 소통행위로서 본문이 일하도록 설교 단락을 선정하고, 본문의 내용만이 아닌 본문의 구조와 역동성을 설교에 반영할 수 있는 주해를 요구한다. 또한, 설교를 위한 신학화 과정에서는 본문의 힘과 효과가 여전히 오늘날 청중들에게 작동하도록, 기존의 신학적 내용 위주의 신학적 움직임과 더불어 반드시 본문이 성취하는 신학적 목적을 함께 설교에 반영하도록 촉구한다. 또한, 설교를 작성하는 과정에서도 본문을 통한 하나님의 커뮤니케이션 행위가 오늘을 살아가는 우리를 이끌어 가는 설교가 되도록, 설교자에 의한 적용이 아니라, 텍스트에 의한 전유의 과정이 이루어져야 할 것을 강조한다. 더 나아가, 본문이 일하는 설교와 예배와의 통합, 또한 공적 예배와 함께 연동하는 본문이 일하는 설교가 장기적으로 교회 교육 전체로 확장되어 일상 예배에서도 회중이 본문을 따라 살아가도록 하는 비전을 제시한다. 결국, 이 책에 담긴 내용과 얼개는 한 가지 궁극적인 목적을 향해 간다. 이 책은 설교자와 회중 모두 텍스트가 보여주는 그리스도를 경험하며, 예배 속에서 텍스트를 통해 그리스도를 높이고 그분과 사귀고 연합하며, 삶 속에서 텍스트를 따라서 그리스도를 닮아가는 자들이 되도록 하는 데 목적이 있다.

추천사보다는 감사의 글

한 편의 설교가 나오는 데는 지금까지의 인생이 걸린 것이다. 이 책도 마찬가지다. 내가 쓴 책이라기보다는 인생의 모든 귀한 만남으로 쓰인 책이다. 아래의 모든 분이 실질적으로 공저로 쓰신 책이기에 추천사를 부탁드리는 것은 무례이다. 약한 필력으로 쓴 졸저이기에 추천사 부탁은 부담일 수밖에 없다. 그래서 그저 감사의 인사를 드리는 것이 바람직해 보인다.

이 책은 교회라는 주제를 빼고는 도통 대화가 이루어지지 않는 부모님의 부족한 아들을 향한 헌신과 기도가 없이는 세상에 나올 수 없었을 것이다. 사랑하는 부모님과 가족에 대한 감사는 언제는 턱없이 부족할 뿐이다. 무엇보다 연약한 남편을 구원(?)하여 돕는 아내와 사랑하는 자녀들(필립, 필진, 민하)에게도 고맙고 사랑한다는 말을 꼭 전하고 싶다.

공허하고 혼돈한 나의 설교 세계를 작은 설교의 정원으로 가꾸어 주신 교수님들(Drs. Calvin Pearson, Steven Smith, David Allen, Robert Vogel, Hershael York)에게도 감사를 드린다. 이분들은 여전히 내가 설교할 때마다, 내 귀에 들려오는 격려와 경고의 목소리 주인공들이다.

부족한 자가 총신대학교 신학대학원, 일반대학원, 목회신학전문대학원에서 설교학을 가르치는 동안, 많은 도움과 격려를 해 주신 존경하는 모든 스승님과 선배와 동료 교수님, 실천신학 교수님들께 감사를 드린다. 특히 수많은 배려와 격려를 아끼지 않으시는 옆방 양현표 교수님, 신대원과 유학 시절 설교를 함께 배웠고 이제는 함께 가르치는 신대원 동기에서 동료가 된 박현신 교수님께도 감사의 말을 전한다.

그리고 유학 시절부터 설교학의 선배이자 설교자의 모델이 되어주신 와싱턴중앙장로교회 류응렬 목사님, 손님 대하는 밥집 설교보다는 식구를 먹이는 집밥 설교의 힘을 보여주시는 분당우리교회 이찬수 목사님, 유학 시절 만나서 한국교회 설교자를 세우는 꿈을 함께 꾸고, 그 꿈을 이루어가면서 서로 다독이고 이끌어주는 권호, 임도균 교수님께도 진심 어린 감사의 마음을 전한다. 또한, 가끔 만나서 무거운 머리와 지친 영혼을 쉬게 해 주시는 배성진, 채경락, 김지혁 목사님께도 꼭 감사의 말을 전하고 싶고, 넉넉한 큰형처럼 대해주시는 신성욱 교수님, 설교 가운데 많은 이야기를 담아서 서로 엮어갈 수 있는 김덕현 교수님에게도 감사의 인사를 드린다.

마지막으로 지난 7년 동안에 만난 사랑하는 모든 제자에게 감사의 말을 전하지 않을 수 없다. 이 책의 내용을 고민하고 연구하게 만든 장본인들이다. 특별히 석박사 과정 목사님과 함께 연구하며 나누는 시간은 나에게 언제나 배움의 시간이었음을 고백한다. 스승은 제자를 만들지만, 제자는 언제나 스승을 단련시키고 성숙시키며 때로는 뛰어넘는다. 또한, 책의 출판을 위해 꼼꼼히 읽고 교정하신 김혜지 전도사님의 수고에 너무 고맙다고 전하고 싶다. 여기에 모든 분을 감사의 글에 다 담지 못해 죄송하다. 마음의 빚으로 담아 두겠다.

아무쪼록 이 책이 텍스트의 매력에 이끌려 설교자로 살아가면서, 대체할 수 없는 설교의 능력을 여전히 믿고, 매주 설교단을 사모하여 뛰어오르며, 주중 설교의 무게로 기도하며 연구하는 이 시대에 부르심을 받은 누군가에게는 조금이나마 도움이 될 수 있기를 간절히 바란다. 지금도 텍스트를 통해서 여전히 말씀하시고 역동적으로 일하시는 하나님께 모든 영광을 돌린다. 그리고 주님, 그저 고개를 숙입니다.

2020년 8월 1일
양지에서
김대혁

1부

「본문이 일하는 설교」를 위한 주해화 과정

1장
본문성을 고려한 설교 본문 단위 설정

A Study of Choosing a Preaching Unit(Pericope)
in Consideration of Textuality

I. 여는 글

설교가 지닌 권위authority와 청중을 향한 적실성relevance의 궁극적인 근거는 성경이다. 이 확신을 가진 설교자는 성경의 말씀 세계와 청중의 현실 세계를 바르고 효과적으로 이어주는 자이어야 한다. 따라서 성경적 설교자에게는 본문에 대한 충실성과 청중에 대한 민감성이 동시에 요구된다. 설교자를 향한 이런 이중 요구는 설교할 본문의 단위 a preaching unit or pericope를 선정하는 일에서도 예외는 아니다.[1] 본문과 청중을 오가며 설교자가 적정 단위의 설교할 본문을 선정하고 확정하는 일은 한 주간의 설교 작업을 하는데 실제적인 면에서 가장 우선하고 기본적인 과제다. 하지만 설교 본문 선정에 대한 문제는 사소하고 단순한 문제로 치부될 수 없다. 오히려 이 일은 설교 준비의 절반을 차지한

---

[1] 설교학자들에 따라서 설교할 본문의 특정 단위를 설교 본문, 혹은 설교 단락, 패시지(passage), 혹은 페리코프(pericope) 등으로 다양하게 불린다. 특히 페리코프라는 용어는 복음서 내러티브의 한 부분 혹은 장면을 지칭하던 용어로 사용되기 시작했지만, 내러티브 장르를 넘어 다양한 장르에까지 설교를 위한 단위라는 실천적인 의미도 사용되고 있다.

다고 여겨질 정도로 때로는 매우 어렵고 복잡하다.[2] 때로는 설교의 승패를 결정할 수 있는 문제가 될 수 있다. 본문 선정과 확정에 대한 문제는 설교자에게 있어 설교 작성의 전 과정에 걸쳐진 고민이 되기도 하며, 만일 제대로 선정하지 못했을 경우, 부실하고 적실하지 못한 설교의 결과로 이어질 확률이 매우 높아지기 때문이다.[3]

이처럼 설교 작성에서 설교 본문 선정이 지닌 중요성이 큼에도 불구하고, 실제 설교자가 본문을 선정하고 확정하는 것에 대한 구체적인 해석학적/설교학적 고민과 제안은 부족해 보인다. 일반적으로 설교학 책에 나오는 본문 선정에 관한 조언들은 주로 본문 선정을 위한 구체적인 제안이나 실제적 도움을 주기보다는 기본적인 두 접근 방식을 소개하는 데 집중한다. 즉 주어진 본문에서 청중의 정황을 향하는 연속 설교의 방식이나 청중의 정황에서 특정 본문을 향하는 주제적 접근 방식을 제시하는 것에 관심을 많이 기울인다.[4] 하지만 설교 본문 선정의 접근 방식에 대한 조언에만 머물 경우, 자칫 본문 선정이 설교자의 선택에 놓여 있다는 인상을 많이 주게 된다. 달리 말해, 설교자가 성경 본문에서 특정 설교 단위로 선정하고 확정하는 충분한 해석학적 기준을 갖지 못하면, 설교자의 본문 선택에 본문의 주도성보다는 설교자의 임의성이 더 부각될 뿐이다. 이는 본문을 중심으로 한다고 하지만 실제 설교 단락을 선정하는 것에 관한 조언들이 대체로 상당히 임의적이고 모호한 경향이 크다는 점에서도 확인된다. 예를 들면, 한 절a verse보다는

---

[2] 이재기, "목회자를 위한 강해 설교 만들기", 「목회와 신학」 307 (2015): 70.
[3] Sidney Greidanus, *The Modern Preacher and the Ancient Text*, 김영철 역, 『성경 해석과 성경적 설교(중)』 (서울: 여수룬, 2012), 245.
[4] 설교자가 선택한 특정한 책을 연속적으로 설교하는 방식이 본문에서 청중을 향하여 접근하는 방식이라 한다면, 설교자가 특정 주제, 교회력, 국가력, 혹은 특별 행사를 고려하여 청중의 필요들에서 출발하는 방식이 청중에게서 본문을 향하여 접근하는 방식이라 할 수 있다. 본문과 청중과의 관계에 대한 보다 구체적인 논의를 위해서는 이우제, "'상황화'의 이슈를 통해 바라본 본문과 청중과의 관계", 한국복음주의실천학회, 「복음과 실천신학」 12 (2006): 264-84를 참고하라.

한 문단a paragraph 단위로 정하도록 권고하는 현대 설교학자들의 비교적 구체적인 조언마저도 다양한 성경 장르에는 똑같이 적용될 수 없기에 매우 제한적인 기준으로만 머물게 된다. 하지만 보다 근본적인 문제로 본문 선정의 단위로 설교학자들과 설교자들이 보편적으로 받아들이고 있는 사상의 단위a thought unit도 그 '사상'에 대한 이해와 그 적용이 모호한 경우가 많다.

이러한 맥락 속에서 이 글은 설교 본문 선정과 확정에 하나의 해석학적/설교학적 제안을 하는 데 주요 목적이 있다. 이를 위하여 우선 다수의 현대 설교학자들이 설명하고 있는 설교 본문 단위 선정에 대한 설명들을 간략히 정리하고 평가하면서, 설교 단위 선정과 확정을 위한 보다 구체적인 잣대로 본문성textuality을 고려한 설교 본문 선정의 필요성을 제시해보고자 한다. 이런 주장에 대한 검증의 실례로 마가복음 14장 1-11절의 단락 연구를 통하여 본문성을 고려한 설교 본문 선정의 유효성과 그 함의들을 살펴보고자 한다.

II. 펴는 글

설교 본문 선정에 대한 기존 설교학자들의 다양한 논의, 평가, 그리고 제안을 다루기 전에 우선, 이 글에서 강조하는 본문성textuality에 관한 이해가 필요해 보인다. 본문text이라는 용어는 라틴어 "조립하다 혹은 짜다"라는 말에서 나온 것으로, 짜인 산물이란 의미를 지니는데 주로 연설이나 저술에서 구조화된 의미를 은유적으로 표현할 때 쓰인다.[5] 하지만 이 글에서 말하는 본문성textuality이란 단순히 본문이 지닌 문학적 구조물만을 의미하는 것은 아니다. 성경 저자/신적 저자가 당시

---

5 Daniel Akin, David Allen, and Ned Mathews, *Text-Driven Preaching*, 김대혁 · 임도균 역, 『본문이 이끄는 설교』 (서울: 베다니, 2016), 161.

와 오늘날의 청자/독자에게 의도한 내용을 전달하고 특정한 힘을 가지고 의도한 목적/효과를 달성하기 위해서, 저자가 언어, 문법, 문학 구조, 수사적 방식, 장르적 특징 등을 사용하여 구현하고 투영한 본문 세계라 할 수 있다.[6] 여기에서 강조점은 본문을 대할 때, 설교자가 저자와 본문 그리고 본문과 독자 사이between author and text, between text and reader를 인위적으로 떨어뜨려서 생각하기보다는, 본문을 저자와 독자 사이의 소통적 행위의 매개체a communicational action between author and reader by the way of text로 이해하는 것이다. 다시 말해, 성령의 영감으로 쓰인 본문을 성경 저자가 청자/독자에게 전달하고자 한 내용과 더불어 특정 형식과 목적/기능을 포함하는 총체적이고 다층적이며 인격적 소통행위a holistic, multi-layered, personal communicational action로 이해해야 할 것을 전제로 한다.[7] 따라서 이 글에서 설교자가 본문성을 고려한다는 의미는 단순히 본문의 문학적/수사적 장치만을 살펴보는 것을 의미하는 것이 아니라, 이를 통한 성경 본문 앞에 있는 청중을 향한 성경 저자의 인격적 소통의 관점에서 이해하고 접근하는 시도라 할 수 있다.

1. 본문 선정에 관한 설교학자들에 대한 평가와 본문성 고려의 필요성

설교학자 대부분은 자신의 책에서 설교할 본문을 선정하는 것을 설교 작성의 첫 과제로 삼는다. 하지만 본문 선정의 기준과 그 적용에 있

---

[6] 저자의 의도성과 본문성에 관한 관계를 이해하기 위해서는 성경 본문이 지닌 저자와의 "소격화(distanciation)"와 동시에 미래의 청중을 향한 "미래 지향성(future-intendedness)"을 이해할 필요가 있다. 여기에 관한 자세한 내용은 김대혁, "원리화/신학화 과정에서의 장르적 고려와 설교학적 함의", 한국복음주의신학회, 「성경과 신학」 79 (2016): 191-228을 참고하라.

[7] 김대혁, "본문성이 드러나는 그리스도 중심적 설교에 대한 제안", 한국복음주의실천신학회, 「복음과 실천신학」 42 (2017): 9-47을 참고하라. 또한 Kevin J. Vanhoozer, *Is There a Meaning in This Text?*, 김재영 역, 『이 텍스트에 의미가 있는가?』 (서울: IVP, 2003), 488-566을 보라.

어서 강해 설교학expository preaching, 신설교학the new homiletic, 그리고 최근의 본문이 이끄는 설교text-driven preaching를 주창하는 설교학자들 사이에는 공통점과 더불어 현저한 차이점도 발견된다.

1) 현대 강해 설교학자들의 본문 선정에 관한 설명과 평가

현대 강해 설교학자들이 지닌 본문 선정의 기본적 기준은 바로 사상의 단위a thought unit, 즉 성경 저자가 의도한 주제 단락을 설교할 본문의 기본 단위로 여긴다. 대표적으로 본문에서 빅 아이디어a big idea를 강조하는 해돈 로빈슨Haddon Robinson은 자연스러운 설교 단락을 구분하기 위해서 설교자가 사상 혹은 생각의 단위a thought unit로 나누되, 앞뒤 단락과의 내용적 관계가 어떠한지를 고려하여 확인되는 사상의 전개와 전환이 설교 본문 선택의 기본 원리라 설명한다.[8] 로빈슨Robinson에게 있어서 이러한 '사상'의 단위에 따른 본문의 길이는 매우 탄력적이다. 예를 들어 그 단위가 한 절a verse이 될 수도 있으며, 10-12절이 넘는 한 문단a paragraph, 혹은 내러티브 본문에서는 원인과 결과를 담아내는 하나의 문학적 단위로써 하나의 에피소드an episode(예를 들어 삼하 11-12장)가 될 수도 있다.[9]

설교 본문 선정의 기준이 사상의 단위a thought unit라는 점은 그리스도 중심적 강해 설교를 강조하는 브라이언 채플Bryan Chapell의 경우도 마찬가지이다. 그는 설교 본문 선택을 위한 설교 시간, 본문의 길이, 설교자와 회중의 관심사를 목회적 정황에서 먼저 고려하되, 연속 설교와 주제 설교를 설교 본문 선택을 위한 촉매제로 이해한다.[10] 하지만 구

---

8 Haddon W. Robinson, *Biblical Preaching*, 박영호 역, 『강해 설교』(서울: 기독교문서선교회, 1999), 62-63.
9 Robinson, 『강해 설교』, 63.
10 Bryan Chapell, *Christ-Centered Preaching*, 김기제 역, 『그리스도 중심의 설교』(서울:

체적인 설교 본문의 선정에 있어서 분명한 기준은 통일된 사상, 즉 중심 아이디어a main idea다. 이 중심 사상을 찾기 위해서 설교자는 서신서, 성경 속의 설교문, 혹은 예언서의 경우에는 5-10절 단위를, 내러티브의 경우 여러 장의 내용, 때로는 한 권 전체의 의미(욥기, 룻기)를 파악해야 할 때도 있다고 지적한다.[11] 이러한 로빈슨Robinson과 채플Chapell의 탄력적인 본문의 길이는 본문의 장르와 문학적 특징과도 관련되지만, 길이의 결정적 잣대는 본문에 나타난 사상, 즉 중심 주제main theme이다. 로빈슨과 채플이 사상의 단위를 설교 본문 선정을 위한 기준으로 한 근본적인 이유는 성경 저자가 의도한 의미를 설교에 반영하고자 한 해석의 충실성과 더불어 분명한 하나의 핵심 개념concept을 전달하고자 하는 설교의 효과성을 동시에 고려한 것으로 여겨진다.

하지만 위에 언급한 강해 설교학자들이 말하는 사상의 단위는 실제 본문 선정에 있어서 의미론적 차원the semantic level에서만 말하고 있는 것이 아니라는 점에서 설교자는 유의해야 할 필요가 있다. 로빈슨이 말하는 설교의 빅 아이디어를 만드는 두 축인 주요소("성경 저자가 무엇을 말하고 있는가?")와 보충요소("그것에 대해서 무엇이라 말하고 있는가?")는 그 표현상 마치 의미론적 차원에서 이루어지는 것처럼 보이지만, 그의 실제 설교의 빅 아이디어는 본문의 기능을 포함하고 있는 경우가 많다.[12] 달리 말하자면, 로빈슨이 말하는 성경적 개념과 사상은 본문의 주제와 관련된 인지적 진리 진술이나 명제들의 의미론적 차원의 기술이 아니라, 독자와 청중을 향한 본문의 목적 혹은 본문의 수행적 차원(성경 저자가 본문

은성, 1999), 65-80.

11 Chapell, 『그리스도 중심의 설교』, 66-68.

12 대표적인 예로 그는 히브리서 10:19~25절의 본문을 설명하면서, 본문의 핵심 논점이 예수님의 대제사장직이나 성소에 들어갈 담력이 아니라, 우리가 확신으로 하나님께 나아갈 때 일어나는 일들이 설교의 주요소이며, 보충요소는 정결한 마음과 생활로 하나님께 나아가며, 소망에서 떠나지 말고 굳게 잡고, 서로 사랑과 선행으로 격려하게 될 것을 기대하는 것이라고 말한다. Robinson, 『강해 설교』, 49.

을 통해 무엇을 하는가?)이 포함되어 있고, 이것이 설교의 빅 아이디어를 형성하는데 직접 연결된다. 이는 채플도 마찬가지이다. 그는 선택한 본문을 해석할 때, 본문이 지닌 원래의 뜻을 제대로 파악하기 위해서는 설교자가 문법적-역사적 연구를 통해 성경 저자가 어떤 말을 하려고 했는지, 즉 본문의 의미를 파악하는 것과 더불어, 역사적, 문화적 상황과 문학적 상황과 형태와 유형을 살펴보아 본문이 어떤 기능을 하는지도 밝혀야 한다고 분명히 설명한다.[13] 로빈슨과는 달리, 채플의 본문 이해의 핵심은 본문의 의미와 기능을 모두 포함한 의미론적이며 화용론적pragmatic 접근의 통합으로 이루어진 아이디어 혹은 개념an idea or concept임을 명시적으로 밝히고 있다. 이는 채플의 강해 설교의 이해와도 맞닿아 있는데, 그는 설교의 통일성을 위해 설교자가 본문의 중심사상을 찾는 것과 더불어 설교의 목적을 위하여 본문에서 인간 타락의 관점the fallen conditioned focus을 찾아서 그 중심사상과 목적에 따른 적용이 곧 설교라 보기 때문이다.[14]

설교 본문 단위에서 본문의 내용과 목적/기능이 통합되어야 하는 점은 라메쉬 리차드Ramesh Richard, 웨인 맥딜Wayne McDill, 허셜 요크 Hershael York와 같은 현대 강해 설교학자들의 설명에서도 분명하게 드러난다. 먼저 리차드는 구체적인 본문 단위 선정에 대해서 자세하게 설명을 하지 않지만,[15] 그가 말하는 설교를 위한 주해적 중심 아이디어a central idea는 성경 저자가 본문을 통해서 말하고자 하는 목적을 포함한 명제임을 분명히 지적한다.[16] 따라서 이에 기초한 설교의 중심 아이디어는 반드시 본문의 기능과 내용이 반영되어야 한다는 것이다. 맥딜의

---

13 Chapell, 『그리스도 중심의 설교』, 93.
14 Chapell, 『그리스도 중심의 설교』, 43-64.
15 Ramesh Richard, *Scripture Sculpture*, 정현 역, 『7단계 강해 설교준비』 (서울: 디모데, 1998), 201-202.
16 Richard, 『7단계 강해 설교준비』, 107.

경우, 설교 본문 선택의 기준이 사상의 단위라고 표현을 하지만,[17] 실제 설교할 본문을 연구할 때 본문이 지닌 수사적 목적을 파악해야 한다고 강조하며, 성경 저자가 전달하려는 내용과 더불어 그 목적을 달성하기 위해 특별히 취했던 문학적인 방법에도 관심을 가져야 할 것을 강조한다.[18] 그러기에 맥딜은 "진정한 강해 설교란 설교의 목적, 주제, 구조, 그리고 설교의 진행이 성경 본문을 반영시켜 주는 것"이라 단언한다.[19] 요크는 정보 전달에 치중한 설교와 감정에 치우친 설교의 양극단의 오류를 지적하면서, 성경적 설교자는 성경 저자의 의도(의미와 적용)에 충실한 설교를 할 것을 강조하는데,[20] 설교자의 잘못된 본문 선정은 그 본문이 가진 본래의 힘을 설교자와 청중 모두가 경험하지 못하게 된다고 설명한다.[21] 따라서 그는 설교의 한 단위를 선정할 때 가장 분명한 단서들, 즉 본문이 지닌 문법과 구문 그리고 앞뒤 단락을 통해 구별되는 주제적 단락이 있는지를 확인할 것을 강조하면서, 본문에 드러난 특정한 문학적 방식과 기능도 함께 파악할 것을 제안한다.[22] 이런 점에서 요크가 설교 작성의 틀을 본문에 기초하기 위해서 설교자가 본문의 상황context, 내용content, 관심사concern를 파악하라고 한 것은 분명 본문에 대한 의미론적 차원을 넘어선 화용론적 관점을 지닐 것을 쉽게 표현한 것으로 이해된다.

앞선 강해 설교학자들이 주로 본문의 목적과 기능에 대한 파악을 특정 본문을 선택한 후에 본문 연구의 단계에서 설명하는 것과는 달리,

---

17 Wayne McDill, *12 Essential Skills for Great Preaching*, 최용수 역,『강해 설교를 위한 12가지 필수기술』(서울: 기독교문서선교회, 2014), 55.

18 McDill,『강해 설교를 위한 12가지 필수기술』, 73.

19 McDill,『강해 설교를 위한 12가지 필수기술』, 40.

20 Hershael W. York and Bert Decker, *Preaching with Bold Assurance*, 신성욱 역,『확신 있는 설교』(서울: 생명의말씀사, 2008), 47-49.

21 York and Decker,『확신 있는 설교』, 55.

22 York and Decker,『확신 있는 설교』, 66, 96.

시드니 그레이다누스Sidney Greidanus는 설교자가 설교할 본문을 선정할 때, 본문이 지닌 형식과 목적을 분명하게 함께 고려할 것을 명시적으로 강조하고 있다. 그레이다누스는 실제 많은 설교가 잘못되는 경우들 가운데는, 청중의 필요에 대한 외면이나 과민, 설교자의 편애 등으로 너무 짧거나 길게 혹은 불충분하게 본문 선정을 잘못하기 때문이라고 바르게 지적한다.[23] 따라서 그는 본문이 지닌 중요성의 차이와 특징을 고려하여 본문 단위를 선정하도록 조언한다. 보다 구체적으로 그는 먼저 설교 본문의 길이는 반드시 하나의 완전한 문학적 단위a literary unit를 갖춰야 할 것을 강조한다.[24] 즉 설교자가 본문의 내용적 혹은 주제적 단락 구분과 더불어 중심 단어의 반복이나 대구법이나 봉투기법과 같은 구조적 단서들과 수사적 장치들을 살펴서 본문의 큰 단위와 그 안에 있는 작은 단위를 미리 파악해야 한다고 조언한다.[25] 이러한 그레이다누스의 본문 선정에 있어서 문학적, 수사적인 단락의 강조는 청중을 향한 본문의 목적과 설교의 목적이 직접적인 관련이 있다고 보기 때문인데, 그는 본문의 선정을 위해 반드시 본문의 목적과 주제를 함께 살펴보아야 한다고 단언한다.[26] 이처럼 그레이다누스는 본문 사상의 단락을 본문의 목적과 함께 고려함으로 본문 선정의 기준을 저자-본문-청중을 아우르는 보다 통합된 소통적 관점에서 다루고 있음을 확인할 수 있다.

특별히 설교 본문 선정에 관련해 제이 아담스Jay Adams의 주장을 눈여겨볼 필요가 있다. 그는 기존의 사상의 단위a thought unit를 본문 선정의 가장 기본적인 기준으로 이해하는 것과는 달리, 본문 선정에 있어서 본문의 목적의 단위a purpose unit or telic unit를 우선해야 한다고 주장한

---

23 Greidanus, 『성경 해석과 성경적 설교(중)』, 239.
24 Greidanus, 『성경 해석과 성경적 설교(중)』, 245.
25 Greidanus, 『성경 해석과 성경적 설교(중)』, 245.
26 Greidanus, 『성경 해석과 성경적 설교(중)』, 246-70.

다.²⁷ 그에 따르면, 본문을 연속적으로 설교하는 경우와 청중의 필요를 고려한 설교의 두 접근 방식이 서로 배타적일 필요가 없는데, 이는 비록 설교자가 청중을 고려한 본문을 선정하더라도 결국 설교자가 본문의 목적을 따름으로 청중의 참된 필요를 채워줄 수 있다고 여기기 때문이다.²⁸ 따라서 그는 설교 본문 선정의 가장 우선적인 기준을 본문의 목적에 두고 목적의 단위들로 설교 단락들을 구획하고, 더 나아가 한 본문 단락의 목적과 전체 책의 목적 간의 관계도 파악해야 한다고 조언한다.²⁹ 설교 본문 선정에 있어서 본문의 목적이 우선되어야 한다는 점에 대해서 그는 다음과 같이 말한다.

> 성령의 영감으로 쓴 인간 저자의 단어, 문체와 문법을 통해 성령님은 특정한 목적을 달성하시기에, 우리의 문법적, 역사적 주해는 그 목적을 파악하기 위해서 필수적인 연구이다. 하지만 이것만으로 부족하다. 성경신학적-조직신학적 움직임을 따라서 주제의 발전을 확인하는 것도 필수적이지만, 이것으로도 부족하다. 문학적, 수사적 연구도 필수적이다. 하지만 그 자체로는 부족하다. 이 모든 연구를 통해서 본문의 목적을 파악하여 그것이 설교에 반영되기 전까지는 부적절한 연구라 할 수 있다.³⁰

설교 본문 선정에 결정적인 요인으로써 본문의 목적을 상위기준으로

---

27 Jay E. Adams, *Preaching with Purpose: The Urgent Task of Homiletics* (Grand Rapids: Zondervan, 1982), 21.

28 Adams, *Preaching with Purpose*, 22.

29 Adams, *Preaching with Purpose*, 21-24. Adams는 본문의 목적에 따라서 본문을 선정하게 되면, 설교의 시간도 그에 따라서 탄력적으로 정해져야 한다고 말하는데, 오늘날 설교의 시간을 미리 정해 놓고 그에 따른 본문 선정이 이루어지는 것에 대해서 잘못이라고 지적한다. 결국, 그는 본문이 설교의 길이를 정해야지, 미리 정해진 설교의 시간이 본문 선정을 주도하지 않도록 해야 한다는 것이다.

30 Adams, *Preaching with Purpose*, 29-30.

이해하는 아담스Adams의 주장은 본문을 성령 하나님의 전인격적 소통이라는 이해를 바탕으로, 본문이 단순한 의미론적 내용 전달의 측면을 넘어서, 본문의 특정한 목적이 당시나 오늘날 청중에게까지 전달되어야 한다는 화용론적 관점을 기반으로 하고 있다.[31]

지금까지 살펴본 현대 강해 설교학자들의 본문 선정에 관한 조언들을 정리하자면, 아담스를 제외한 대부분의 현대 강해 설교학자들은 설교 본문 선정의 결정적 기준으로 본문의 앞뒤 문맥과 문학적 단위를 고려한 하나의 사상의 단위라는 분명한 기준을 제시한다. 하지만 실제 선택된 본문 연구에 대한 설명들을 고려할 때, '사상'의 단위a 'thought' unit에 대한 본문 선정의 기준이 명쾌하고 세밀하게 다듬어져야 할 필요가 있다. 이는 실제 사상의 단위에 본문의 목적과 기능을 고려하고 있지만, 본문 선정에 대한 기준으로는 명시적으로 설명하지 않는 경향이 있기 때문이다. 그 결과 사상의 단위라는 말이 설교 본문 단락의 기준이 주제 파악 혹은 인지적 주제적 진술로만 오해될 우려가 있고, 자칫 본문에서 추출된 명제만을 가지고 본문의 목적과 힘과는 상이한 설교문을 작성하는 것을 정당화 할 수도 있다. 그러므로 설교자는 본문을 하나님의 소통으로 이해하여 주제 내용과 목적을 함께 염두에 두고 설교 본문을 선정하되, 이 선택된 본문의 단락을 본문 연구를 통해 본문의 주제에 관한 내용, 반복적 언어 사용, 문학적 배열 관계, 구조, 그리고 이를 통한 본문의 목적을 통합적으로 고려하여 본문이 설교 단위를 확정 혹은 재조정하는 기준이 되도록 하는 것이 더 바람직해 보인다. 요약하면, 기존 강해 설교학에서 본문 선정을 위한 '사상'의 단위가 본문의 내용, 흐름과 구조, 목적을 함께 고려한 총체적 소통 단위a holistic communicational unit로 구체화할 필요가 있다.

---

31 Adams, *Preaching with Purpose*, 26.

2) 신설교학자들의 본문 선정에 관한 설명과 평가

본문 선정에 관해 사상의 단위를 강조하는 강해 설교학자들의 설명과는 달리, 대표적인 신설교학자들new homileticians의 주장을 살펴보면, 먼저 본문의 내용보다는 본문을 통한 경험과 사건적 측면을 강조하는 경향을 선명하게 확인할 수 있다.[32] 신설교학의 대표주자인 프레드 크래독Fred Craddock은 언어와 언어로 구성된 본문이 지닌 창조적이고 수행적인 능력을 강조한다.[33] 물론 그는 본문의 핵심 혹은 단일 아이디어를 찾아 전달하는 것 그 자체를 부정하지는 않는다.[34] 하지만 본문이 가져다주는 사건을 경험하도록 하는 설교적 움직임movement을 귀납적으로 재창조하는 것에 설교학적 주안점을 둔다.[35] 따라서 크래독은 본문에서 하나님께서 말하려 했던 내용만이 아니라, 본문의 말씀이 하나님께서 말씀하시는 혹은 들려주시는 일doing 혹은 사건event으로 이해하고자 한 것이다.[36] 이러한 그의 생각은 본문의 해석을 통한 본문 단위를 확정하는 것에서도 발견된다. 크래독은 성서 정과의 설교 단락 선정의 문제를 지적하면서, 설교 본문 단위의 경계선이 흐릿하면, 설교도 흐릿해질 수밖에 없음을 지적한다.[37] 그는 설교 단락의 결정이 표면적 구분

---

[32] 김창훈, "최근 설교학의 경향-분석과 적용", 한국복음주의실천학회, 「복음과 실천신학」 9 (2005): 59-63.

[33] Fred B. Craddock, *As One without Authority*, 김운용 역, 『권위 없는 자처럼』 (서울: 예배와설교아카데미, 2003), 75-85. 여기에서 Craddock은 Ludwig Wittgenstein과 J. L. Austin의 일상언어철학적 이해와 Ernst Fuch와 Gerhard Ebeling 같은 신해석학자들(new hermeneutics)의 언어를 통해 본문이 해석자를 이해하는 본문의 기능적 관점에 대한 이해를 바탕으로 한다.

[34] Craddock, 『권위 없는 자처럼』, 182, 186.

[35] Craddock, 『권위 없는 자처럼』, 115.

[36] Craddock, 『권위 없는 자처럼』, 192-203.

[37] Fred B. Craddock, *Preaching*, 이우제 역, 『크래독의 설교 레슨』 (서울: 대서, 2007), 167.

이 아닌 실질적인 구분을 해야 한다고 주장하는데, 여기에서 그가 말하는 실질적 구분이란 기존의 주제적thematic, 문학적literary 단서를 함께 고려하면서,[38] 선정된 본문 연구를 통해서 설교자가 반드시 표현해야 할 내용으로 본문이 무엇을 말하고 있는가what does the text say?와 본문이 무엇을 행하고 있느냐what does the text do?를 구체화하는 것이다. 이는 본문의 내용만을 설교하는 것이 아니라, 본문의 기능이 설교의 기능으로 연결되도록 본문의 형식도 고려해야 할 것을 의미한다.[39] 그에 따르면, 본문에 담긴 내용에 대한 주제적 단서와 본문의 언어, 문학적, 수사적 단서들을 함께 찾아서 본문의 기능을 확인하는 것이 설교를 위한 본문 확정에 수반된 필수요소로, 결국 설교자의 본문 선정은 본문의 내용과 목적을 확인하고 분명히 발견할 수 있는 단위여야 한다.

크래독의 귀납적인 설교를 내러티브 플롯 방식의 설교 방법으로 구체화한 유진 로우리Eugene Lowry는 설교의 요점이 지닌 공간적 개념이 아니라 요점의 시간적 배열을 강조하면서, 설교는 설교적 아이디어를 가지고 설교의 목적을 달성하기 위해서 설교 시간 안에서 사건을 일으키는 것으로 이해한다.[40] 이런 면에서, 로우리의 내러티브 설교 방법은 설교에 있어서 개념a concept 자체를 무시했다기보다는, 그 개념의 시간적 배열 속에서 설교를 통한 특정한 경험을 만들어내고자 한 노력이라 정리할 수 있다. 이러한 시간의 흐름과 설교의 목적에 대한 그의 이해는 본문 선정에서도 그대로 반영이 되는데, 정보 전달을 궁극적인 목적으로 삼는 예배와 설교를 위해서 임의적으로 확정된 성서 정과를 사용하기보다는, 본문의 기능에 확실한 주의를 기울여 설교 단위를 설정하며, 설교에서 시간의 흐름을 따르는 구두적 음성에 그 기능을 담아내어

---

[38] Craddock, 『크래독의 설교 레슨』, 170.
[39] Craddock, 『크래독의 설교 레슨』, 185-190.
[40] Eugene L. Lowry, *The Homiletical Beat*, 김양일 역, 『생명력 있는 설교』 (서울: 기독교문서선교회, 2016), 123.

야 한다고 주장한다.⁴¹

또 다른 대표적인 신설교학자인 데이빗 버트릭David Buttrick의 설교의 내용과 기능에 대한 설명도 크래독과 로우리의 설교 이해와 그 맥을 같이하고 있다. 버트릭 역시도 설교는 청중들의 이해를 넘어 의식을 형성하기 위한 설교적 "움직임move" 혹은 "플롯plot"이 있어야 한다고 주장하는데, 이런 움직임과 플롯은 결국 본문의 의도성/지향성 intentionality에 의해서 결정되어야 하는 것으로 이해한다. 즉 설교의 움직임이란 설교가 무엇을 전하면서 동시에 무엇을 하려고 하는지 intended to do를 구체화 혹은 구조화하는 전략으로 이해한다.⁴² 따라서 그는 성경이 지닌 플롯과 의도성을 설교를 통해 재플롯화replot 혹은 재의도re-intended하여 청중의 의식에 영향을 미치도록 해야 한다고 주장한다.⁴³ 이러한 버트릭의 이해는 본문의 내용을 정적으로 전달하는 것이 아니라, 본문의 기능을 달성하는 과정으로 설교의 구조를 잡아야 하는 것과 맥이 닿아있다.⁴⁴

이처럼 신설교학자들의 이해는 앞서 지적한 대로 본문의 내용과 기능을 분리함으로 설교 본문 선정에 있어서 그 내용만을 추출하여 생겨날 수 있는 설교자 임의의 논리적 구조를 따른 전통적인 명제적 설교가 보여왔던 약점에 대한 교정책이 될 수 있다. 즉 이들이 강조하는 본문의 플롯과 움직임, 역동성을 고려한 본문의 구조와 그것이 달성하는 본문의 목적을 설교 본문 선정과 본문 연구를 통한 설교 본문 확정의 중요한 기준이 될 수 있다.

---

41 Lowry, 『생명력 있는 설교』, 224-25.
42 David Buttrick, *Homiletics: Moves and Structures* (Minneapolis, MN: Fortress Press, 1987), 293-303.
43 Buttrick, *Homiletics*, 303. 이러한 Buttrick의 의도성의 이해는 무엇의 의도(intending of), 무엇을 향한 의도(intended toward), 그리고 무엇을 행하는 의도(intended to do)가 함께 포함된 것으로, 이는 그의 언어가 지닌 다층적 기능과 직결된다.
44 Buttrick, *Homiletics*, 312-17.

하지만 이러한 신설교학자들의 주장에도 아쉬움이 없는 것은 아니다. 명제적 진리에 대한 강한 부정과 성경적 권위에 대한 경시는 물론이고, 본문의 기능을 강조하면서도 직접적인 적용의 불필요성을 주장하는 그들의 설교의 경향성을 주의해야 할 필요가 있다.[45] 한편 실제 신설교학자들이 말하는 청중의 경험을 위한 설교의 목적과 본문이 지닌 목적의 부합을 강조하지만, 실제 성경 본문이 지닌 목적을 달성하기 위한 언어, 장르, 수사적 장치들의 설교학적 활용/변용에 관한 시도는 다양하지 않고 비교적 고정적이다. 이는 본문의 구조를 설교에 반영하는 것보다 어떤 본문이든지 사건을 재현하는 움직임과 플롯 방식이 일정한 패턴과 움직임으로만 구성되어 있다는 점을 통해서도 분명히 확인할 수 있다. 이처럼 신설교학자들은 본문 선정에 있어서 강해 설교학자들보다 본문이 지닌 목적과 역동성에 주목하기는 했지만, 성경 저자의 본문 커뮤니케이션의 목적과 기능을 설교에 반영하는 충실성보다 청중의 경험과 사건을 일으키기 위한 설교의 목적과 기능에 그 방점이 놓여 있다고 평가될 수 있다.

3) 설교 본문 선정에 본문성을 강조하는 학자들의 설명과 그 필요성

본문의 문학적 형식을 강조하는 대표적인 설교학자 토마스 롱Thomas Long은 설교자가 설교 단위를 선정할 때 본문의 내용과 목적을 따로 떨어뜨리지 않고 함께 다룬다. 그는 본문의 의미와 범위를 결정하는데 주제적, 문학적 문맥을 강조한다.[46] 따라서 그는 문맥을 통한 사상의 연결

---

[45] 신설교학에 대한 이해와 평가에 대해서는 류응렬, "최근의 설교학(New Homiletics), 어떻게 이해할 것인가?", 한국복음주의실천학회, 「복음과 실천신학」 11 (2006): 299-319를 참고하라.

[46] Thomas G. Long, *The Witness of Preaching*, 서병채 역, 『설교자는 증인이다』 (서울: 기독교문서선교회, 1998), 94-95.

을 확인할 때까지, 설교 본문의 단위는 임시로 정해 놓은 후에 본문 주해를 통해서 다시 확인하여 확정할 필요가 있음을 지적한다.[47] 즉 설교자는 임시로 선택한 본문에 대한 역사적, 문학적, 신학적 연구를 통해서 본문의 단위를 확정 혹은 재조정해야 하는데, 이때 롱은 설교자가 성경 저자의 의도성을 설교에 반영하기 위해서 본문의 초점focus 곧 저자가 무엇을 말하고 있는지what does the author say?와 더불어, 본문의 기능function 곧 저자가 무엇을 하고 있는지what does the author do?를 명확히 표현할 것을 강조한다. 따라서 설교자는 임시로 선택한 본문 설정을 주해 연구 가운데 본문의 내용과 기능이 함께 고려한 설교 본문으로 확정해야 한다. 이처럼 본문의 목적을 설교의 목적에 반영함으로 설교를 통하여 설교자와 청중이 함께 본문 앞에서 반응해야 하는 바를 전달하는 것이다.[48] 이런 롱의 이해는 성경 본문이 성경 저자가 무엇을 말함saying things으로써, 동시에 무엇을 행하는doing things 말씀-사건word-event으로 이해하는 언어철학적 이해에 기초한 것이다.[49]

최근 북미에서 주목받는 본문이 이끄는 설교text-driven preaching를 주장하는 데이빗 알렌David Allen은 설교에 있어서 본문의 총체적 역할을 매우 강조한다. 그는 본문 중심으로 설교하기 위해서는 설교자가 단어와 문장을 넘어서, 문단a paragraph과 그것을 넘어서는 전체 본문을 볼 수 있어야 한다고 말한다.[50] 특별히 알렌은 본문은 다양한 관계들의 조합으로 이루어진 것이기에, 올바른 본문 이해를 위해서는 언어의 기능과 의미에 대한 형태를 고려하여 지시적reverential, 상황적situational, 구조적structural 의미가 모여지는 의미론적semantic 의미를 파악함과 동시에, 본문에 대한 언어학적 특징들과 장르적 특징을 고려한 화용론적 분

---

47 Long, 『설교자는 증인이다』, 95.
48 Long, 『설교자는 증인이다』, 130.
49 Long, 『설교자는 증인이다』, 128.
50 Allen, 『본문이 이끄는 설교』, 165.

석pragmatic analysis을 통하여 성경 저자가 본문을 통하여 이루고자 하는 것, 즉 본문의 목적이 무엇인지를 파악해야 할 것을 강조한다.[51] 이러한 알렌의 본문 주해의 강조점은 결국 본문이 지닌 내용substance, 구조structure, 역동성spirit을 반영한 충실한 설교가 되도록 하는 것인데, 이는 곧 설교 본문 단위의 선정에 있어서 이러한 요소들을 본문의 커뮤니케이션 측면에서 통합적으로 고려할 것을 전제로 한다.[52] 이처럼 본문을 소통적 행위communicational act의 관점으로 이해하고 이를 설교에 반영하는 것은 본문에 대한 문법적, 문장론적, 의미론적 연구와 역사적 배경의 연구가 결국 최종적으로 본문의 목적을 분명히 파악하는데 필요한 특징과 보조 자료들을 확정하는데 목표를 둔 장르와 문맥 분석으로 완결된다고 주장한 핸드릭 크래밴덤Hendrik Krabbendam의 설명과 부합한다.[53]

이런 본문성을 강조하는 주장들은 언어철학에 기초한 본문 이해와 이에 근거한 신학적 성경 해석의 내용과도 관련된다. 하나님의 소통적 행위divine communicative act로서의 성경 이해와 이에 부합하는 성경에 대한 소통적 해석학communicative hermeneutic을 강조하는 케빈 밴후저Kevin Vanhoozer는 기록된 성경 본문은 성경 저자의 단순발화locutionary act와 그 행위의 대상으로서의 명제적 내용만이 아니라, 그 의미와 함께 수반되는 행위와 힘illocutionary act & force을 지닌 총체적 커뮤니케이션 행위로 이해할 것을 주장한다.[54] 그러므로 설교자는 설교 본문이 어떤 종류의 커뮤니케이션 행위를, 어떤 내용을 가지고 수행하고 있는

---

[51] Allen, 『본문이 이끄는 설교』, 159-64.
[52] Allen, 『본문이 이끄는 설교』, 165.
[53] Hendrik Krabbendam, "해석학과 설교", in *Preachers and Preaching*, 서창원·이길상 역, 『개혁주의 설교자와 설교』 (서울: 크리스천다이제스트, 2010), 252.
[54] Kevin J. Vanhoozer, *First Theology: God, Scripture & Hermeneutics*, 김재영 역, 『제일신학』 (서울: IVP, 2002), 279와 Vanhoozer, 『이 텍스트에 의미가 있는가?』, 339.

지를 통합적으로 파악해야 한다.⁵⁵ 이럴 때, 선택한 설교 본문을 연구하여 발화수반행위illocutionary act가 무엇인지를 인식하고 도출함으로써, 그 발화수반행위와 별개로 설교자가 임의로 바라는 발화수반효과perlocutioanry effect를 끼치려는 것에 방지책이 된다.⁵⁶ 이는 성경을 통해서 역사하시는 성령께서 성경의 발화수반행위를, 의도된 발화효과행위들로 성취하시도록 수종드는 설교자의 태도와도 관련된다.⁵⁷ 이런 본문의 소통적 행위에 대한 이해는 오늘날의 새로운 시도라기보다는 사무엘 로건Samuel Rogan이나 조엘 비키Joel Beeke가 설명한 대로, 본문에 근거하고 본문에 의한 체험, 감정, 열정, 그리고 성령의 권능을 힘입어 설교가 청중들에게 객관적 진리의 주관적 체험을 불러일으켜야 한다는 개혁주의 설교의 뿌리 깊은 전통을 이어오는 일이다.⁵⁸ 결국, 설교 본문을 선정할 때도 본문이 지닌 내용만이 그 기준이 아니라 목적도 함께 고려하여 본문을 통하여 성경 저자가 청중을 향한 소통의 의도성을 충실히 담아내도록 하는 것은 현대 언어철학에 기초한 해석학적 시도만이 아니라 오랜 설교학적 전통을 이어가는 일이다.

정리하면, 설교에 있어서 본문성, 즉 본문을 하나님의 총체적 소통적 행위로서의 이해와 이를 기반으로 본문의 내용과 목적을 존중하는 설교자는 성경 저자가 의도한 명제적 내용만이 아니라, 의도한 발화수반력과 그것에 기초한 발화효과까지 함께 다루는 의미론과 화용론의 통

---

55 Vanoozer, 『제일신학』, 260-63.

56 Vanhoozer, 『이 텍스트에 의미가 있는가?』, 355. 물론 성경 해석자는 본문이 지닌 의미 수반 발화효과(perlocutionary effect)가 청중에게 본문이 지닌 발화수반력(illocutionary force)에서 창발하여 나타난 결과로 나타나는 경우와는 다른 전혀 예상치 못한 다른 결과를 초래할 수 있음도 생각해야 한다.

57 Vanoozer, 『제일신학』, 291-93.

58 Samuel Rogan, "설교와 현상학", in *Preachers and Preaching*, 서창원·이길상 역, 『개혁주의 설교자와 설교』 (서울: 크리스천다이제스트, 2010), 185-91와 Joel Beeke, *Reformed Preaching*, 송동민 역, 『설교에 관하여』 (서울: 복있는 사람, 2019)의 1부와 3부의 내용을 살펴보라.

합적인 접근을 필수로 한다.[59] 이는 설교자의 본문 선정과 확정에도 직접적인 영향을 줄 수밖에 없으며, 나아가 바른 주해의 접근과 과정, 그리고 결과에도 직접 관련된다. 기존의 '사상'의 단위에 대한 모호함 속에서 성경 저자의 소통적 행위로서의 본문성을 충분히 고려하지 않을 때, 설교자는 자신이 파악한 본문의 주제 혹은 명제적 진술이 설교 전체를 이끌어감으로써, 성경의 신적/인간 저자가 의도한 통합적 커뮤니케이션의 의도성, 즉 전달하고자 한 내용을 가지고 무엇을 달성하고자 한 바가 설교에 반영되지 않게 된다. 비록 설교자가 본문을 중요하게 여긴다고 고백하지만, 실제 설교 작성에는 영감 된 본문의 나머지 소통의 요소들은 무시한다면, 자칫 성경적 주제만을 가지고 설교의 창조자 노릇을 은연중에 하게 될 우려가 크다. 따라서 기존의 사상의 단위에 애매모호한 인식을 넘어서, 소통적 행위의 단위a communicative action로 설교 본문을 결정할 때, 설교자는 성경 저자의 의도한 의미만이 아니라 저자의 목적과 효과의 의도성도 설교 작성의 전 과정을 통해 일관되게 유지할 수 있을 것이다.[60]

2. 본문성을 고려한 설교 단위 선정의 구체적 예시: 마가복음 14장 1-11절

마가복음 14장의 초반 부분에 대한 서로 다른 버전의 성경책을 살펴보면, English Standard Version 성경(14:1-9)과 개역개정(14:1-9)에서 제시하는 본문의 구분 단위와 New International Version 성경(14:1-

---

[59] 김덕현, "언어-행위 이론(Speech-Act Theory)의 이해와 성령의 언어행위로써 설교: 빌레몬서 1장 15절-16절을 중심으로", 한국복음주의실천학회, 「복음과 실천신학」 36 (2015): 89-100.

[60] 이승진, "해석과 선포를 포괄하는 설교학적인 해석학에 관한 연구", 한국복음주의실천학회, 「복음과 실천신학」 39 (2016): 149-53.

11)이 제시하는 단위들이 서로 다르다는 것을 쉽게 발견할 수 있다. 이러한 서로 다른 구분에는 분명 다른 구분의 기준이 있음이 분명하다. 이 글에서 필자는 이런 다른 본문 단락의 제시들 가운데 마가복음 14장 1-11절을 하나의 적정한 설교 단락으로 확정할 것을 제안한다. 이러한 제안에 대한 기준과 정당성은 이 본문의 단위가 지닌 본문성, 즉 성경 저자가 청중에게 전달하고자 한 의도성이 본문의 주제, 형식, 목적/효과를 포괄적으로 함께 다룰 때, 더욱 명확하게 드러난다는 점을 증명하고자 한다.

이 본문의 단락은 주제적, 문학적 문맥에 있어서 13장과 다른 분명한 전환을 이루고 있다. 13장은 종말과 환란의 시기 가운데서 제자들의 충성됨이라는 주제에 대한 교훈적인 내용을 설교적 형식으로 다루고 있지만, 14장은 예수님을 죽이려는 흉계의 새로운 내용으로 시작되는 내러티브 본문이다. 따라서 14장 1절이 새로운 단락의 시작이 됨에는 이견이 별로 없다. 문제는 따라오는 본문의 단락을 어디에서 구분할지가 관건이다. 분명 사상적 혹은 주제별 단위로 따라오는 본문의 단락을 구분한다면 세 개의 단락으로 나누어 볼 수 있을 것이다. 예수님을 죽이려는 제사장과 서기관의 흉계(14:1-2), 이름 없는 여인이 예수님의 죽음을 준비하며 드린 순전하고 희생적 섬김(14:3-9), 그리고 제자인 유다의 예수님을 대제사장에게 넘겨주는 배신(14:10-11)이 그것들이다. 따라서 이러한 주제적 단락들을 어떤 단위들로 설교할지에 대한 설교자의 본문 선정은 설교의 내용과 목적에 영향을 줄 것이다.

이 점에 있어서 본문의 내용, 구조, 목적을 통합적으로 이해하는 본문성을 고려할 때, 마가복음 14장 1-11절이 가장 적합한 설교 본문 단위가 될 수 있다. 실제 마가복음 14장 1-11절과 관련된 내용들은 4복음서 전체에서 찾아볼 수 있는데, 그것들이 동일한 내용적 흐름이 아니라 마가복음에서는 샌드위치 이야기 진행이라는 독특한 배열을 통하여 외부 내러티브의 14장 1-2절, 10-11절의 내용과 내부 내러티브의 14장

3-9절의 그 내용과 구조를 통한 극명한 대조를 이루고 있다. 이는 마가복음의 저자가 신학적 의미와 의도성을 부각하려고 한 수사적인 장치라 할 수 있다. 이런 마가복음의 독특한 구조에 의한 단락의 구분과 더불어 1절과 11절에서는 저자가 동일한 단어(ἐητ?ω) "구하며," "찾더라"의 언어의 반복적 사용과 내용의 유사 반복을 통하여서 하나의 단락으로 볼 수 있도록 하는 단서도 제공한다. 이러한 본문 이해는 저자가 의도적으로 사용하고 배열함으로 달성하고자 한 대조의 기능과 효과와 밀접한 관련이 있다.

더 나아가 이러한 본문이 지닌 대조의 효과는 저자가 외부 내러티브와 내부 내러티브 사이의 어떠한 극명한 대조를 의도한 배열임을 파악할 때 확인된다. 샌드위치 구조의 외부 내러티브(14:1-2과 14:10-11)는 당시 거룩의 상징인 종교 지도자들과 예수님을 따르는 이름이 알려진 유다가 이야기의 주인공인 반면, 내부 내러티브에는 이름이 알려지지 않는 부정과 불결의 대상인 여인이 주요 인물이다. 또한, 외부 내러티브에서 그들은 예수님을 죽이려고 모의하며, 특히 유다의 경우 돈을 받고 예수님을 종교지도자들에게 넘겨주려고 하지만, 내부 내러티브에서 이름 없는 부정한 한 여인은 순전하고 희생적인 헌물(돈)을 예수님께 드리고 있다. 또한, 외부 내러티브의 주인공인 종교지도자들은 자신의 죽음으로 구속을 이루시려는 예수님을 전혀 이해하지 못하고, 특히 제자인 유다는 이미 3번이나 앞서 예수님의 죽음에 대한 예고를 들었지만, 그 의미를 깨닫지 못하고 있다. 하지만 내부 내러티브의 주인공인 이 이름 없는 부정한 여인은 예수님이 맞이할 죽음의 의미를 알고 자신을 것을 순전히 드리고 있다. 더 나아가 외부 내러티브의 주인공인 유다는 예수님의 제자라는 이름은 가졌지만 결국 예수님을 돈을 받고 넘겨주는 영원한 배신의 아이콘으로 남았다면, 내부 내러티브의 주인공인 여인은 비록 이름은 없지만, 돈을 드려 주님을 섬기는 희생적 섬김으로 복음과 함께 영원히 기억되는 인물로 남게 된다.

이처럼 마가복음 14장 1-11절을 하나의 설교 본문으로 임시로 선정하고, 위와 같이 성경 저자가 주제적 내용의 흐름, 반복적 단어의 사용과 의도적인 배열과 구조를 사용하면서 보여주고 있는 극명한 내용과 효과의 대조를 확인함으로 청중/독자에게 경고와 더불어 격려의 목적과 기능을 실행하고 있음을 이해할 수 있다. 이런 설교 단위 확정을 통해서 설교자는 본문이 전달하고 있는 내용과 목적의 실행, 즉 예수님에게 드려야 할 순전하고 희생적 헌신에 관한 내용을 가진 촉구의 기능과 함께, 자신의 목적을 위해 예수님을 배신하고 넘겨주는 내용이 지닌 경고의 기능을 대조적으로 전달하는 이중적 음성duplex vox을 설교에 잘 담을 수 있게 된다. 이처럼 설교자가 본문을 성경 저자의 소통적 관점에서 이해하고 그 내용, 구조, 목적을 통합적으로 살펴보는 본문성을 고려한 설교 단위를 확정함으로써, 본문이 지닌 의도성을 전체 설교 과정에서 놓치지 않고 충실히 반영할 수 있도록 돕는다.

3. 본문성을 고려한 설교 단위 선정이 주는 함의

지금까지 논의한 대로, 설교 본문을 선정하면서 본문성을 고려하는 것은 다음과 같은 설교학적 함의를 가져다줄 수 있다.

먼저, 설교 본문의 선정과 확정에 있어서 설교자는 선택된 본문 자체의 내용에 관한 의미론적 측면만이 아니라 본문이 지닌 목적에 관한 화용론적 측면을 반드시 함께 고려할 필요가 있다. 본문 선정에 있어서 본문의 내용과 주제가 그 선정의 분명한 기준으로 제시되지만, 본문의 기능과 목적이 본문 선정에 어떤 영향을 주는지에 대한 설명은 여전히 부족하기 때문이다. 설교자가 본문 선정에서 무엇을 설교할 것인지와 더불어 왜 설교할 것인지를 함께 고려할 때, 성경 저자의 의도성, 즉 내용을 포함할 뿐만 아니라 무슨 목적과 반응을 요구하는지를 통합적으로 고려하여 설교 본문 단위를 확정하거나 재조정할 수 있도록 한다. 본문의 내용과 목적이 본문 커뮤니케이션에서 떨어지지 않은 것과 같이, 본문 선정에서도 설교자는 이 둘을 분리하지 않아야 할 것이다. 이런 측면에서 "성경이 설교의 내용을 결정하고 설교의 기능이 성경 본문의 기능과 유사"할 때가 진정한 성경적 설교라는 린더 켁Leander Keck의 오래전 지적은 오늘날 설교자가 설교 본문을 선정할 때부터 되새겨야 할 격언이다.[61]

둘째, 설교 본문 선정에서 본문의 내용과 목적을 분리하여 생각하는 점은 본문 선정의 과정에서만 그치지 않고 실제 설교 작성의 전체 과정에서도 따로 다루어지는 경향이 있다. 실제 현대 설교학 책에서 많은 경우, 설교 작성의 전체 단계와 과정에서 본문의 내용과 목적을 분리하여 다루는 것이 종종 발견된다. 이처럼 본문의 내용과 목적을 단계별로 분리하여 다루도록 함으로, 설교자는 본문의 중심 주제를 가지고 다양한 설교 목적을 임의대로 설정할 수 있다고 여기게 만든다.[62] 설교의 목적을 선정할 때, 설교자가 가져야 할 중요한 잣대는 메시지의 내용을 가지고 청중의 인격적인 변화를 위한 설득적 관점으로 접근하는 것이다. 하지만 본문의 내용과 목적을 분리함으로 그 설교의 설득력이 본문의 목적에 근거하는 것인지, 설교자의 선택에 의한 설득인지가 모호할 때가 있다. 본문의 내용과 목적을 설교 작성에서 분리해서 다루는 경우, 본문이 주는 목적의 방향성보다는 본문의 내용을 가지고도 설교자가 선택한 설교의 목적이 설교 전체를 이끌어갈 가능성이 커진다. 설교자가 본문의 내용과 목적을 분리하여 본문을 탈인격화 혹은 객체화하여 실용주의적 해석과 설교로 만드는 내재된 위험성을 방지하기 위해서라도 설교자는 반드시 본문 선정에 있어서 내용과 목적을 함께 다루

---

[61] Leander E. Keck, *Bible in the Pulpit: The Renewal of Biblical Preaching* (Nashville: Abingdon, 1978), 106.

[62] Richard, 『7단계 강해 설교준비』, 111.

도록 하는 것이 바람직하다.

셋째, 본문 선정의 기준에 본문 연구의 대상인 내용과 형식, 목적을 함께 고려하여 설교 본문을 선정하고 확정해야 하는 본문 선정과 본문 연구 사이의 해석학적 나선운동a hermeneutical spiral movement을 분명히 해야 한다. 그 근본적인 이유는 우리가 성경 본문을 하나님의 소통적 행위로 이해함에 놓여 있다. 앞서 본문을 소통적 관점에서 다루는 학자들이 지적했듯이, 우리는 본문을 다룸에 있어서 성령 하나님께서 특정 단락을 여기에 두신 목적과 효과를 고려하는 성경 저자/성령의 의도성을 존중해야 한다.[63] 본문 단위 선택에도 설교자의 임의적 선택 방식이 아니라, 성경과 성령의 주도성을 방법론적으로도 부합되도록 해야 한다는 것이다. 설교자도 항상 본문 앞에 본문에 대한 이해를 넘어 반응하여 그 본문의 목적을 이행해야 하는 자임을 기억해야 한다. 이를 위해서는 본문에 대한 내용적 신학적 연구를 통한 보편적 신학적 원리 theological principle도 당연히 있어야 하겠지만, 그것만큼이나 오늘날 청중들이 그 본문 세계를 경험하고 거기에 반응하도록 성령께서 들려주시는 목적의 원리telic principle도 설교에 반드시 반영되어야 한다. 결국, 설교자가 각 설교 본문의 내용만이 아니라 목적을 따라 설교함으로 청중들이 그리스도를 알고 경험하며 닮아가도록 하기 위한 정경의 전체 목적을 이루어가도록 해야 할 것이다.[64]

III. 닫는 글

종교개혁자들의 말처럼 설교는 분명 말씀-사건Word-Event이자 말씀-

---

[63] Adams, *Preaching with Purpose*, 27.
[64] Adams, *Preaching with Purpose*, 33.

행위Word-Deed이다. 따라서 성경 본문에 충실한 설교는 본문에 나타난 하나님의 진리의 내용을 분명하게 전달해야 함과 동시에, 설교는 하나님의 임재하심과 일하심의 사건이 이루어지며 경험하는 통로가 되어야 한다. 성경적 설교는 하나님의 말씀이 지닌 진리 명제의 정당성validity과 더불어 진리가 살아있는 말씀으로서의 생명력vitality도 생생하게 함께 전달해야 한다. 이런 말씀-행위Word-Deed, 다른 말로 소통적 행위a communicational act로 설교를 수행하는 설교자의 노력은 설교 준비의 첫 단추인 본문 선정에서부터 시작되도록 해야 한다. 영감 받은 성경의 저자가 전달하고자 한 의도성은 본문의 내용과 목적/기능을 분리하지 않기에, 설교자는 본문에서 성령 하나님이 주신 지식의 정보만이 아니라 성령에 의한 변혁적 소통의 목적을 염두에 둔 본문 이해를 겸한 본문 선정과 교정의 노력이 필요하다.[65]

이런 측면에서 본문성을 고려한 본문 선정은 단순히 설교 준비 가운데 하나의 단계가 아니라, 설교자에게 주어진 경청의 영성훈련이다. 설교자는 본문을 객체화하지 않고 하나님의 인격적인 커뮤니케이션 행위 앞에 겸손히 반응하며 굴복하는 훈련이다. 이를 거쳐야만 하나님의 커뮤니케이션 행위를 충실히 반영한 본문 중심적 설교가 가능하며, 더 나아가 그런 설교는 회중이 궁극적인 실재이신 삼위 하나님에 대한 더 깊은 이해와 더불어 그분과 만남, 교제, 사귐이 본문을 통해서 이루어지게 하는 데 큰 도움이 될 것이다.

---

[65] John Jefferson Davis, *Meditation and Communion with God*, 정성욱 · 정인경 역, 『묵상, 하나님과의 교통』 (서울: 기독교문서선교회, 2014), 130-38.

참고문헌

김대혁. "본문성이 드러나는 그리스도 중심적 설교에 대한 제안". 한국복음주의 실천학회.「복음과 실천신학」 42 (2017): 9-47.
―――. "원리화/신학화 과정에서의 장르적 고려와 설교학적 함의". 한국복음주의신학회.「성경과 신학」 79 (2016): 191-228.
김덕현. "언어 행위 이론(Speech Act Theory)의 이해와 성령의 언어행위로써 설교: 빌레몬서 1장 15절-16절을 중심으로". 한국복음주의실천학회.「복음과 실천신학」 36 (2015): 89-117.
김창훈. "최근 설교학의 경향-분석과 적용". 한국복음주의실천학회.「복음과 실천신학」 9 (2005): 53-80.
류응렬. "최근의 설교학(New Homieltics), 어떻게 이해할 것인가?". 한국복음주의실천학회.「복음과 실천신학」 11 (2006): 299-319.
이승진. "해석과 선포를 포괄하는 설교학적 해석학에 관한 연구". 한국복음주의실천학회.「복음과 실천신학」 39 (2016): 144-77.
이우제. "'상황화'의 이슈를 통해 바라본 본문과 청중과의 관계". 한국복음주의실천학회.「복음과 실천신학」 12 (2006): 264-84.
이재기. "목회자를 위한 강해 설교 만들기".「목회와 신학」 307 (2015): 70-75.
Adams, Jay E. *Preaching with Purpose: The Urgent Task of Homiletics*. Grand Rapids: Zondervan. 1982.
Akin, Daniel L. David Allen, and Ned Mathews. *Text-Driven Preaching*. 김대혁 · 임도균 역.『본문이 이끄는 설교』서울: 베다니. 2016.
Beeke, Joel R. *Reformed Preaching*. 송동민 역.『설교에 관하여』서울: 복있는사람. 2019.
Buttrick, David. *Homiletics: Moves and Structures*. Minneapolis, MN: Fortress Press. 1987.
Chapell, Bryan. *Christ-Centered Preaching*. 김기제 역.『그리스도 중심의 설교』서울: 은성. 1999.
Craddock, Fred B. *As One without Authority*. 김운용 역.『권위 없는 자처럼』서울: 예배와설교아카데미. 2003.
―――. *Preaching*. 이우제 역.『크래독의 설교 레슨』서울: 대서. 2007.

Davis, John Jefferson. *Meditation and Communion with God*. 정성욱 · 정인경 역.『묵상, 하나님과의 교통』서울: 기독교문서선교회. 2014.

Keck, Leander E. *Bible in the Pulpit: The Renewal of Biblical Preaching*. Nashville: Abingdon. 1978.

Krabbendam, Hendrik. "해석학과 설교". In *Preachers and Preaching*. 서창원 · 이길상 역.『개혁주의 설교자와 설교』서울: 크리스천다이제스트. 2010.

Long, Thomas G. *The Witness of Preaching*. 서병채 역.『설교자는 증인이다』서울: 기독교문서선교회. 1998.

Lowry, Eugene L. *The Homiletical Beat*. 김양일 역.『생명력 있는 설교』서울: 기독교문서선교회. 2016.

McDill, Wayne. *12 Essential Skills for Great Preaching*. 최용수 역.『강해 설교를 위한 12가지 필수기술』서울: 기독교문서선교회. 2015.

Richard, Ramesh. *Scripture Sculpture*. 정현 역.『7단계 강해 설교준비』서울: 디모데. 1998.

Robinson, Haddon W. *Biblical Preaching*. 박영호 역.『강해 설교』서울: 기독교문서선교회. 1999.

Rogan, Samuel. "설교와 현상학". in *Preachers and Preaching*. 서창원 · 이길상 역.『개혁주의 설교자와 설교』서울: 크리스천다이제스트. 2010.

Vanhoozer, Kevin J. *First Theology: God, Scripture & Hermeneutics*. 김재영 역.『제일신학』서울: IVP. 2002.

─────. *Is There Meaning in This Text?*. 김재영 역.『이 텍스트에 의미가 있는가?』서울: IVP. 2003.

York, Hershael W. and Bert Decker. *Preaching with Bold Assurance*. 신성욱 역.『확신 있는 설교』서울: 생명의말씀사. 2008.

2장
본문성을 고려한 주해화 과정

A Study of the Exegetical Process for Preaching
in Consideration of Textuality

I. 여는 글

성경적 설교는 반드시 하나님의 말씀인 성경 본문에 기초해야 한다.[1] 설교자는 스스로 설교를 창출하는 자가 아니라 하나님께서 계시한 바를 섬기는 자이기 때문이다. 따라서 성경 본문은 성경적 설교의 근거이자 설교다움을 확인하는 가늠자다. 하지만 비록 설교자가 본문을 존중한다는 확고한 신념을 가지고 본문 중심의 설교를 수행한다고 하더라도, 설교자에 따라서 실제 설교의 양상은 매우 다양할 수 있다. 이는 설교를 작성하는 다양한 방법론에 기인하는 측면도 있지만, 더욱 근본적으로는 설교자의 '본문'에 대한 인식의 차이에서 나온 것이기도 하다.[2] 달리 말하면, 설교자가 성경 본문이 무엇이며 그것을 어떻게 이해하느냐(존재론과 인식론적 이해)가 자신의 설교 작성(방법론적 실천)에 영향을 주

---

[1] Haddon W. Robinson, *Biblical Preaching*, 박영호 역,『강해설교』(서울: CLC, 2007), 21, 23.

[2] 더불어 본문에 대한 인식은 커뮤니케이션 행위자이신 삼위일체 하나님에 대한 이해와 직결된다. 여기에 관한 자세한 논의는 Kevin J. Vanhoozer, *First Theology*, 김재영 역,『제일신학』(서울: IVP, 2007)을 보라.

게 되고, 그 결과 같은 본문에 근거한 설교라 할지라도 실제 설교는 천차만별일 수 있다. 예를 들면, 기본적으로 본문에서 나오는 핵심 신학적 주제나 진리 명제를 잘 설명하고 적용하는 설교가 가능하다. 한편 본문을 통한 저자의 목적(혹은 본문을 통한 독자의 경험)을 달성하는데 집중하는 설교도 할 수도 있다. 때로는 본문 자체가 지닌 독특한 특징이나 효과를 반영하는 설교도 가능하다. 이처럼 같은 본문을 가지고도 본문의 '어떤' 측면을 중요시하느냐에 따라 매우 다른 설교가 나올 수 있다. 이런 점에서 성경적 설교를 지향하는 설교자에게 있어 본문에 대한 분명한 자기 인식은 본문 중심성에 대한 자기 고백과 설교 실천보다 항상 앞서야 한다.

이 글은 본문이 지닌 특정 측면의 강조로 인하여 생겨난 다양한 설교의 접근 방법이나 작성 방법에 대한 가치를 부정하지는 않는다. 하지만 이 글은 설교자가 성경 본문을 살아서 역사하시는 하나님의 커뮤니케이션 행위a communicational act로 이해할 때,[3] 설교자가 이런 이해에 걸맞은 설교를 수행하기 위해서 반드시 본문성textuality을 고려한 주해를 해야 하며,[4] 그 주해의 결과물을 설교 작성에도 충실히 반영해야 할 당위성을 확립하는 데 있다. 특별히 이 글은 주해 과정에서 본문의 장르적 특징을 인지적이자 수행적 행동 양식으로 이해함으로써, 설교자가 본문성과 장르적 특징을 설교에 반영하는 것이 본문에 더욱 충실한 설교를 작성하는 데 필수임을 밝히는 데 주안점을 두고자 한다.

---

[3] 여기에 대한 구체적인 이해를 위해서는 Kevin J. Vanhoozer, *Is There a Meaning in This Text?*, 김재영 역, 『이 텍스트에 의미가 있는가?』 (서울: IVP, 2003), 321-450을 보라. Vanhoozer에 의하면, 하나님을 신적 저자로 하는 본문(text)은 명제적 내용과 그 의미를 수반하는 힘과 목적을 지닌 복합적인 커뮤니케이션 행위로 이해할 것을 설명하면서 저자 중심적 해석을 강조하다. 특별히 본문이 신적 저자의 커뮤니케이션 행위로 이해하게 될 때, 정경(canon)은 그 신적 저자의 통일된 행위이며 그 의도는 인간 저자의 의도에 저촉되지 않고 그 의도 위에서 더불어 병발한다고 이해한다.

[4] 본문성(textuality)에 대한 정의와 이해를 위해서는 김대혁, "본문성을 고려한 설교본문 선정에 대한 연구", 한국복음주의실천학회, 「복음과 실천신학」 46 (2018): 37-38를 참고하라.

이를 위해 이 글은 먼저 현대 설교학의 발전과 흐름 속에서 통합적 커뮤니케이션 행위로서 본문성을 고려하는 설교의 자리매김부터 시작한다. 이를 기초로 이글은 본문성을 고려한 설교를 작성할 때, 장르에 대한 통합적이고 커뮤니케이션 관점에서의 이해가 가져다주는 해석과 설교의 상호 연관성을 다룬다. 이에 대한 실례로 요한복음 2장의 본문을 가지고, 본문성을 고려한 주해와 그 결과물이 지닌 설교학적 함의를 다루고자 한다.

II. 펴는 글

1. 통합적 커뮤니케이션 행위로서의 본문 중심 설교의 자리매김

앞에서 '본문'을 이해하는 관점에 따라 성경적 설교에 대한 실천이 매우 달라질 가능성을 지적하였다. 이런 사실은 이미 현대 설교학의 방법론적 이슈와 발전 과정에서 확인된다. 실제 현대 설교학과 설교 방법론의 발전은 '본문'에 대한 이해와 맞물려 있다고 해도 과언이 아니다. 여기에서는 현대 설교학의 흐름 속에서 강해 설교expository preaching, 신설교학the new homiletic, 그리고 최근 본문이 이끄는 설교text-driven preaching의 학자들이 보이는 '본문'에 대한 인식론적 차이가 가져다주는 설교 방법론의 차이점과 강조점을 살펴보면서 본문 중심성에 대한 통합적 이해를 돕고자 한다.

전통적인 강해 설교는 본문을 매우 중요시한다. 강해 설교에 있어서 바른 설교란 본문을 통해 성경 저자가 의도한 의미를 파악하여 그것을 오늘날 청중들에게 설명하고 적용하는 것이다. 즉 본문에 대한 바른 설명과 본문에 근거한 적실한 적용을 설교 이해와 작성의 근본적인 두 축으로 삼는다. 특별히 저자 중심의 본문 해석을 견지하면서, 강해 설교자는 성경 저자가 전달하고자 의도한 의미, 즉 성경 속에서 전달하고 있는 객관적 메시지를 찾는 것을 주해의 최고의 관심이자 최우선 과제로 삼는다. 사실 강해 설교만이 아니라 그 어떤 설교든지 본문 주해의 과정에서 본문의 핵심 주제와 그 내용에 대한 분명한 이해는 바르고 명쾌한 설교를 하기 위해서 아무리 강조해도 지나침이 없다. 하지만 전통적으로 강해 설교는 본문의 인지적 내용이나 핵심 개념을 파악하여 설명하고 적용하는 것을 강조하는 것에 비해서, 본문이 지닌 설교의 형식, 목적/효과를 고려하는 것에는 비교적 소홀히 여기는 것이 사실이다. 물론 현대 강해 설교에서 이 부분에 대해 전혀 언급하지 않거나 무시하는 것은 아니지만, 기본적으로 강해 설교는 본문의 주제와 명제가 설교 전반을 이끌어가는 경향이 강하다.

이런 경향성은 설교 해석과 전달을 커뮤니케이션의 관점에서 균형을 강조하는 현대 강해설교학의 아버지라 불리는 해돈 로빈슨Haddon Robinson의 강해 설교의 정의에서도 확인할 수 있다. 그에게 "강해 설교란 성경 본문의 배경에 관련하여 역사적, 문법적, 문학적으로 연구하여 발굴하고 알아낸 성경적 개념a biblical concept, 즉 성경의 진리를 소통하는 것으로서, 성령께서 그 개념을 우선 설교자의 인격과 경험에 적용하시며, 설교자를 통하여 다시 회중에게 적용하시는 것"이다.[5] 이런 로빈슨의 정의는 설교가 바른 해석과 전달로 구성되며, 또한 설교자의 바른 해석의 책임과 더불어 설교에 있어서 성령의 주도성이 매우 잘 드러나는 훌륭한 정의다. 하지만 그의 트레이드마크인 본문의 '성경적 개념a biblical concept'에 기초한 빅 아이디어a big idea 설교는 자칫 설교자가 본문을 분석하여 얻은 개념을 위주로 설교자가 설교를 주도하여 작성할 여지를 남긴다.[6] 풀어서 설명하자면, 설교자가 본문에서 핵심 의

---

[5] Robinson, 『강해설교』, 23. 이 책의 번역자가 첨언 한 "신학적으로 연구하여"라는 표현은 제외한 것임을 밝힌다.

[6] Haddon W. Robinson, "Homiletics and Hermeneutics," in *Making a Difference in*

미를 추출하고 난 다음에는, 본문이 주도하기보다 설교자가 빅 아이디어를 확장해서 설교로 만들어가게 될 가능성이 크다. 그 결과 자칫 설교를 들은 청중의 머릿속에 본문보다는 설교의 빅 아이디어를 더 기억할지도 모른다.[7] 이런 경우에, 본문의 의미는 잘 전달될 수 있을지 모르지만, 본문의 기능과 더불어 다른 소통적 측면들은 이미 주해 과정에서 성경적 개념을 끄집어내기 위해 벗겨내어야 할 포장지로 여겨지거나, 성경적 개념을 정제하여 녹여내기 위해 제거해야 할 대상이 될 우려가 크다.

더불어 앞선 로빈슨의 정의에서 그가 성령께서 "성경적 개념"을 가지고 설교자의 인격과 경험에 적용하신다고 말한 표현은 주지주의적인 해석의 경향이 은연중에 반영된 것으로 여겨질 수 있다. 물론 의도한 것은 아니겠지만, 이런 표현은 성령께서 본문 해석의 과정에서 일어나는 전인격적인 소통이 아니라, 우선 개념을 설교자에게 깨닫게 하시고, 그런 다음 인격과 경험에 적용하는 것으로 서로 구분된 과정으로 이해되도록 만든다. 과연 성령께서 본문에서 나온 개념을 설교자와 회중에게 적용하는 것인가? 그것도 과정을 따라 차례대로 적용하시는 것일까? 아니면 하나님의 인격적 커뮤니케이션 행위인 계시로서 본문 자체(본문이 보여주는 세계)를 설교자와 회중에게 적용하시는 것인가? 이처럼 로빈슨의 정의는 개념 위주의 본문 이해와 적용에 관한 비평의 여지를 남긴다.

Preaching, ed. Scott M. Gibson (Grand Rapids MI: Baker Books, 1999), 69-84. 이 책에서 Robinson은 설교에는 주해와 해석학이 반드시 반영되어야 할 것을 강조하면서, 본문 구성 연구를 통한 본문의 목적(purpose)과 무드(mood)가 반드시 설교에 반영되어야 할 것을 바르게 지적한다. 하지만 Robinson은 설교의 내용과 목적, 그리고 형식을 각각 따로 다루고 있으며, 특별히 설교자가 설교의 형식을 결정할 때, 전달해야 할 빅 아이디어에 관한 발전적 질문들(설명, 증명, 적용적 질문들)과 빅 아이디어의 위치에 따라 결정하도록 제안한다.

[7] Robinson, "Better Big Ideas" in *Art and Craft of Biblical Preaching*, 353. Robinson은 실제 청중이 반드시 기억해야 할 내용이 빅 아이디어이며, 그 빅 아이디어가 청중을 붙들 수 있도록 하는 것이 설교의 핵심적인 일이라 주장한다.

강해 설교 안에서 이런 본문에 대한 명제적 내용이나 핵심 주제 위주의 이해가 사소하게 다루어질 수 없는 이유는 이런 인식이 결국 설교 방법론에도 고스란히 반영되기 때문이다. 실제 전통적 강해 설교는 본문의 주제를 강조하면서, 그 주제에 의해서 설교의 각 대지를 결정하게 하는 설교의 형식을 취하는 경향이 강하게 나타나며, 이는 설교가 지닌 효과에도 그대로 영향을 줄 수밖에 없다. 대표적으로 마틴 로이드 존스 Martyn Lloyd-Jones는 설교자는 항상 본문에 충실해야 함을 강조하면서, 설교문의 형식에 관해서는 "주제를 망치질해서 설교라는 형식 속에 담는 것"이라 표현한다.[8] 존 스토트John Stott의 경우도 설교의 형식은 설교의 핵심 개념과 사상을 섬기도록 자료를 배열하는 것으로 이해한다.[9] 이런 방법론은 결국 본문을 통해서 저자가 전달하고자 한 인지적 내용은 중요시하면서, 언어가 어떻게 기능하며 본문 자체가 어떻게 통합적으로 소통하는지에 대한 인식이 선명하지 않거나 부족한 사실에 기인하는 것이라 볼 수 있다.

반면 1950년대 이후에 등장하여 70년대에 본격적으로 등장한 신설교학the new homiletic은 전통적인 명제와 내용 위주의 설교에 반동으로 생겨났다. 신설교학은 기존 설교에 있어서 이성적이며 명제 중심의 설교를 극복하고, 설교를 통한 청중의 복음 경험을 일으키는 설교의 사건화를 강조한다. 프래드 크래독Fred Craddock, 유진 로우리Eugene Lowry, 데이빗 버트릭David Buttrick과 같은 대표적인 신설교학자들의 이런 공통된 주장은 근본적으로 그들의 언어와 본문에 대한 이해에 기인한 것이라 할 수 있다. 즉 이들은 전통적인 설교가 본문에서 요지나 대지를 뽑아내어 전달하는 언어의 의사 전달 기능과는 달리, 언어를 통한 본문이

---

8 Martyn Lloyd-Jones, *Preaching and Preachers*, 정근두 역, 『설교와 설교자』 (서울: 복있는사람, 2005), 121.

9 Stott, *Between Two Worlds*, 224, 228.

지닌 주관적인 표현적 기능과 더불어 사건으로서의 본문을 강조한다.¹⁰ 특별히 이들의 성경의 내러티브 장르에 대한 새로운 인식과 더불어 설교에 있어서 청중의 경험적 사건을 강조하게 되었고, 이를 돕는 귀납적 설교의 형식과 다양한 설교형식의 발견에 많은 관심을 두었다.

이런 언어와 본문에 대한 이들의 인식의 변화는 설교를 구성하는 방법에 고스란히 드러나는데, 크래독의 귀납적 방식inductive approach, 로우리의 Plot 방식의 내러티브 구성Lowry's Loop, 버트릭의 현상학적 전개 방식phenomenological movement은 결국 청중의 경험을 일으키기 위하여 내러티브 방식을 활용한 수사적인 방법이라 할 수 있다.¹¹ 이런 점에서 신설교학은 인간의 행동과 삶에 영향을 주는 성경의 주요 장르인 내러티브의 설교학적 활용에 대한 긍정적 공헌을 했다. 더 나아가 그동안 관심이 부족했던 성경의 다양한 장르와 수사방식들에 주목하면서 청중에게 흥미와 주의를 끌도록 하는 설교의 다양한 형태와 전달방식에 점차 관심을 많이 가지도록 하였다.¹²

하지만 신설교학의 기저에 있는 언어 사건으로서의 본문 이해는 본문이 지닌 역사성과 본문의 내용이 지닌 신학적 메시지를 전하기보다는, 본문을 통한 청중의 경험이 설교의 목적으로 자리 잡는 데 영향을 주었고, 이를 위해 설교형식의 효과적 활용이 설교의 중심 과제가 되도

---

10   Fred B. Craddock, *As One Without Authority*, 김운용 역, 『권위 없는 자처럼』 (서울: 예배와 설교아카데미, 2001), 38-41; Eugene L. Lowry, *The Homiletical Plot* (Louisville:Westminster John Knox, 2001), vii-xxi; David Buttrick, *Homiletic*, (Philadelphia:Fortress Press, 1987), 173-185를 참조하라. 이들의 언어와 본문 이해에는 Ludwig Wittgenstein과 J. L. Austin의 언어 이해와 더불어 Martin Heidegger의 영향을 받은 Ernest Fuchs와 Gerhard Ebeling과 같은 신해석학자들의 주장을 기초로 하고 있다.

11   신설교학에 대한 균형 잡힌 이해와 통합적 평가를 위해서는 류응렬, "새 설교학: 최근 설교학에 대한 개혁주의적 평가", 「신학지남」 282 (2005): 183-207; 최진봉, "후기 신설교학의 등장에 관한 연구", 「신학과 실천」 22 (2010): 175-208; 박완철, "현대 설교학에서 말씀과 경험의 통합: 비교연구", 「성경과 신학」 40 (2006): 225-80을 함께 참고하라.

12   Richard L. Eslinger, *A New Hearing: Living Options in Homiletic Method* (Nashville: Abingdon Press, 1987), 13.

록 하였다.¹³ 본문성의 관점에서 신설교학은 비록 성경의 다양한 장르와 본문의 형식이 지닌 청중을 향한 커뮤니케이션 기능과 효과에 관해 관심을 가지도록 한 것은 공헌이라 할 수 있지만,¹⁴ 신설교학에서 강조하는 청중의 경험은 내러티브 장르와 형식에 편중된 설교 방식에만 머무는 경향이 강하고, 그 결과 본문을 통한 경험이라고 주장은 하지만 실제적으로는 설교자가 구성한 설교의 형식을 통한 청중의 경험이 되는 경우가 많다.¹⁵ 이런 점에서 신설교학은 본문 중심적이기보다는 여전히 설교자 중심적이다.¹⁶ 여기에서 주목해야 할 점은 전통적 강해 설교는 설교자에 의해 본문에서 추출된 내용 위주의 설교가 될 우려가 크다면, 신설교학은 본문을 통하여 설교자가 창조하는 청중의 경험 위주의 설교로 치우치는 경향이 강하다. 이런 점에서 전통적 강해 설교와 신설교학의 단점들은 성경 본문에 대한 파편적이고 부분적인 인식에 따른 결과라 평가해도 무방할 것이다.

이러한 배경 속에서 최근 북미 설교 학계에서는 하나님의 말씀으로서의 본문을 존중하는 강해 설교의 철학을 고수하면서, 강해 설교라는 이름 아래에서 이루어지는 설교자가 주도하는 다양한 설교 방식이 아니라, 본문이 설교를 주도해 나가도록 하는 구체적인 방법론을 제시하는 본문이 이끄는 설교text-driven preaching가 주목받고 있다.¹⁷ 이는 성경

---

13 Charles L. Campebll, *Preaching Jesus: New Directions for Homiletics in Hans Frei's Postliberal Theology*, (Grand Rapids: William B. Eerdmans Publishing Co., 1997), 167-180.

14 Fred B. Craddock, *As One Without Authority*, rev. ed (St. Louis: Chalice, 2001), 113.

15 Robert G. Hughes and Robert Kysar, *Preaching Doctrine: For the Twenty-First Century*, (Minneapolis: Fortress Press, 1997), 3.

16 Paul J. Achtemeier, "How Adequate Is the New Hermeneutic?" Theology Today, 23/1 (1996): 103.

17 본문이 이끄는 설교의 철학과 더불어 발전 배경에 대해서는 권호, "현대설교의 한 흐름: 장르가 살아있는 설교",「교회와 문화」 31 (2013): 143-78을 참고하라.

의 다양한 장르가 지닌 서로 다른 커뮤니케이션 기능에 대한 인식, 본문의 내용과 형식의 상관성에 대한 이해, 그리고 본문이 지닌 수행력force과 수행 효과까지 설교에 반영하는 설교 철학이자 방식이다. 데이빗 알렌David Allen과 스티븐 스미스Steven Smith에 따르면, 본문이 이끄는 설교는 곧 본문의 내용substance, 구조structure, 역동성/힘spirit에 부합하는 설교임을 강조한다.[18] 달리 말해, 본문에 충실한 설교란 본문의 인지적인 내용에 충실할 뿐만 아니라, 본문의 내용과 형식을 서로 인위적으로 분리하지 않으며, 이들의 상호연계와 조화를 통하여 작동하는 본문의 힘과 효과까지도 자신의 설교에 영향을 미치도록 하는 것이다. 이러한 구체적인 설교 방법론은 현대 언어-행위 이론speech-act theory과 화용론pragmatic analysis 관점에서의 본문을 이해하는 해석학에 기초하며, 이런 해석학적 관점은 근본적으로 하나님의 인격적인 커뮤니케이션 행위로서의 성경의 충분성과 언어와 본문이 지닌 본질에 대한 설교 신학에 근거하고 있다.[19]

본문성에 대한 인식의 차이로 생겨난 현대 설교학의 발전과 변모는 본문에 충실한 설교를 지향하는 설교자에게는 다음과 같은 중요한 시사점을 제공한다. 첫째, 본문 중심적 설교에 대한 재정립이 필요하다. 현대 설교학의 흐름 속에서 '본문'과 관련하여 성경적 설교의 정의와 용어는 매우 포괄적으로 사용되고 있고, 그 결과 실천적으로는 매우 다른 설교방법들을 양산해 왔음을 확인할 수 있다. 따라서 본문 중심적

---

[18] Daniel Akin, David Allen, and Ned Mathews, *Text-Driven Preaching*, 김대혁·임도균 역, 『본문이 이끄는 설교』 (서울: 베다니출판사, 2016), 186; Steven Smith, *Recapturing the Voice of God*, 김대혁·임도균 역, 『본문이 이끄는 장르별 설교』 (서울: 아가페북스, 2015), 43-58.

[19] 여기에 관한 내용으로는 Akin, Allen, and Mathews, 『본문이 이끄는 설교』, 146-91을 살펴보라. 최근 화행이론에 기초한 본문의 수행성에 대한 강조를 설교에 반영할 것을 '문단신학(pericopal theology)'이라는 용어로 소개하고 강조하는 Abraham Kuruvilla, *A Vision for Preaching*, 곽철호·김석근 역, 『설교의 비전』 (경기: 성서침례신학대학교출판부, 2018), 23-32를 참고하라.

설교에 대한 보다 세밀한 내용과 용어 정리가 필요하다. 둘째, 본문 중심적 설교는 설교자의 본문 인식과 해석학적 접근과 그리고 설교 작성을 서로 떨어뜨려서 생각할 수 없는 문제로 크게 인식해야 한다. 따라서 설교자는 본문에 '어떤' 점에서 본문 중심적 설교이며, 자신이 구사하는 설교 방법론이 어떤 해석학적 기반과 실천 위에 있는지, 더 나아가 자신의 설교 방법론이 거기에 부합되는지를 점검해 볼 필요가 있다. 셋째, 본문 중심적 설교를 하기 위해서 본문이 지닌 내용, 구조, 그리고 목적/효과의 소통적 측면을 파편화하거나 서로 분리하지 않고, 통합적으로 이들을 반영하는 설교를 돕는 이론적 정립과 구체적인 방법론적 제시가 요구된다. 바로 이런 점에서 이 글은 하나님의 커뮤니케이션 행위로서 본문에 충실한 설교를 하기 위해 성경 장르에 대한 통합적 이해와 그에 따른 설교 작성의 필연성과 연관성을 다루고자 한다.

2. 하나님의 커뮤니케이션 행위로 본 장르에 대한 통합적 이해

어떤 훌륭한 설교도 바른 해석 없이 불가능하다. 그 가운데 장르 이해는 바른 해석을 위한 필수조건이다. 올바른 해석에 근거한 설교를 위해서 설교자는 그 본문이 어떤 장르에 속하며, 어떤 두드러진 장르적 특징이 있는지, 그리고 그것이 어떤 기능을 하는지 반드시 살펴보아야 한다. 하지만 본문성을 고려한 주해와 설교를 하기 위해서, 성경 장르에 대한 이해는 본문에서 바른 내용을 파악하여 추출하기 위한 인지적 범주를 제공하는 차원에 머물지 않고, 본문을 통한 저자와 독자 사이의 소통적 행위와 실행의 차원에서 통합적으로 이해할 필요가 있다.

1) 장르의 문학적 본질literary nature of genre

일반적으로 사람들은 장르에 관한 깊은 연구 없이도 직관적으로 무슨 장르인지 구분해 내지만, 실제 장르에 대한 정의를 내리는 것과 설명은 매우 어렵다. 학자마다 무엇을 특정한 장르의 공통적 요소들로 보느냐에 따라서 정의가 달라지기도 한다. 하지만 대부분 장르에 대한 이해는 장르가 지닌 문학적 특징에서 출발한다. 전통적으로 장르란 주로 어떤 규칙으로 이루어진 정형화된 형식적/주제적 특징들을 공유한 본문의 그룹으로 이해된다. 이처럼 어떤 법칙에 따라 통제되는 문학적 장치로서의 장르에 대한 공시적인 이해synchronic understanding를 바탕으로 할 때, 장르를 구분시키는 범주로는 본문의 내용, 형식/구조와 스타일, 그리고 무드와 효과라 할 수 있다.[20] 이들 중에서 본문의 형식과 구조, 언어의 스타일이 장르를 구분하는데 가장 두드러진 요소로 인식된다. 하지만 형식과 스타일은 내용 없이 존재할 수 없다. 내용과 형식은 결코 떨어질 수 없는 것으로, 엄밀히 따진다면, 본문의 내용이 형식을 좌우하기 때문에 형식보다 내용이 더욱 근본적인 장르적 요소라 할 수 있다. 따라서 본문이 지닌 형식과 흐름, 그리고 언어의 스타일에 대한 장르적 분석은 반드시 내용 분석과 더불어 이루어져야 한다. 더불어 본문의 힘force, 무드mood, 혹은 어감tone 등이 자아내는 효과effect는 본문이 지니는 예술적, 감정적 내용과 구조를 형성하는 것으로 이 또한 본문의 내용과 형식과 불가분의 관계이다. 따라서 장르를 구분하며 그 장르적 특징을 이해한다는 것은 그 본문에 드러나는 세 가지 장르적 요소들, 즉 본문의 내용, 형식, 효과를 통합적이고 유기적으로 이해한다는 것을 의미한다.

이런 장르가 지닌 문학적 본질에 대한 이해는 설교자가 장르를 형식

---

20 Tremper Longman III, *How to Read the Psalms* (Downers Grove: InterVasity, 1988), 20.

에 대한 공통된 특징으로만 이해하거나, 장르와 형식이라는 단어를 상호 호환적으로 사용하는 오류를 피하도록 만든다. 즉, 형식이란 주로 본문이 보이는 형태와 구조에 대한 것이라면, 장르란 그것을 포함한 내용과 효과가 함께 가며, 저자가 본문을 통해 청중을 향한 소통의 전체적 틀framework 혹은 모판matrix이라고 이해하는 것이 더 바람직하다. 이런 개념적 구분은 설교자에게 내용이 형식과 반대되는 개념이라는 오해를 방지하며, 본문의 형식적(언어적, 구문론적, 구조적) 분석이 본문의 지적인 내용과 힘과 감정적 효과에 대한 이해를 동반해야 한다는 사실도 상기시킨다.

2) 장르의 역사적/정황적 본질historical/contextual nature of genre

장르에 대한 통합적 이해는 그 문학적 본질과 더불어 역사적/정황적 본질에 대한 이해도 필요로 한다.[21] 간단히 말해, 장르란 반복적으로 일어나는 사회적-수사적 정황들에 대한 전형적인 반응으로 생겨난 것이다.[22] 물론 이런 역사적/정황적 본질에 대한 장르적 이해가 반드시 장르가 지니는 시간적, 문화적, 언어적, 지리적 장벽을 넘어서는 문학적 공통성을 배제할 것을 요구하는 것은 아니다. 앞서 문학적 본질에서도 살펴보았듯이, 오늘날의 해석자도 본문의 내용, 형식, 효과를 충분히 이해하며 구분할 수 있다는 점에서 문학이 지니는 초시간적, 초문화적 공유성이 존재한다.[23] 하지만 언어는 기본적으로 관습이나 문화, 사회의

---

[21] E. D. Hirsch Jr., *Validity in Interpretation* (New Haven, CT: Yale University Press, 1967), 92; Kevin J. Vanhoozer, *Is There Meaning in This Text?* (Grand Rapids: Zondervan, 1998), 339-40.

[22] Carolyn R. Miller, "Genre as Social Action," QJS, no. 70 (1984): 159.

[23] Ronald B. Allen, "A Response to Genre Criticism—Sensus Literalis," in *Hermeneutics, Inerrancy, and the Bible*, ed. Earl D. Radmacher and Robert D. Preus (Grand Rapids: Zondervan, 1984), 198-99.

규칙이나 규율의 지배를 받는다. 따라서 언어 사용을 통한 상호이해의 틀이 되는 장르에 관한 이해는 설교자가 기본적으로 본문의 역사적 정황과 관련한 통시적 연구diachronic understanding가 필요하다는 점을 강조한다.

더 나아가 장르가 지니는 역사적/정황적 본질에 대한 이해는 장르를 구분하며 이해하는데 또 다른 중요한 범주인 본문의 기능/목적과도 결부된다. 왜냐하면, 본문의 정황에 대한 이해는 그 본문이 의사 전달에 있어서 어떤 기능과 목적을 수행하는지를 파악하는 데 필수적이기 때문이다.[24] 이는 설교자가 본문의 내용, 형식, 효과/무드를 문학적인 특징으로만 보는 것이 아니라, 이 본문의 요소들이 본문의 기능과 목적을 달성하는 의사 전달의 수단과 양식과 관련된 것으로 이해하도록 만든다. 따라서 장르가 지닌 역사적/정황적 본질을 이해한다는 것은 설교자가 본문의 정형적인 문학적 특징과 밀접하게 관련되는 본문의 필수적 요소들(본문의 내용, 형식, 효과/무드) 이외에도, 본문의 정황에서 나오는 본문의 목적과 기능이라는 또 다른 장르의 필수적인 범주와 더불어 통합적으로 이해하도록 만든다. 이처럼 장르의 문학적-역사적 측면 diachronic and synchronic understanding을 모두 고려하여 장르를 정의한다면, 장르란 어떤 반복된 상황들에 대한 반응에서 나온 역사적으로 형성되고 정형화된 형식적/주제적인 문학적 특성들로 이해될 수 있다. 그러기에 설교자가 본문을 장르에 따라 제대로 이해하기 위해서는 장르가 지니는 본문의 세 요소(내용, 형식, 효과/무드)와 본문의 정황적 요소와 결부된 본문의 기능과 목적도 함께 분석하고, 또한 이들 사이의 상관관계도 함께 고려한 통합적 해석이 요구된다.

---

24 Tremper Longman III, "Form Criticism, Recent Development in Genre Theory and the Evangelical," *WTJ* 47 (1985): 46-67를 보라.

3) 장르의 커뮤니케이션 본질 communicational nature of genre

최근 수사비평 rhetorical criticism이나 언어-행위 이론 speech-act theory과 같은 본문의 커뮤니케이션에 관심을 두는 학자들은 장르의 본질과 범주에 대하여 문학적/역사적 이해와 더불어, 기능적/커뮤니케이션 본질에 더 많은 관심을 기울인다. 기능적 장르 이해의 핵심은, 장르란 저자가 어떤 특정한 목적과 효과를 위해서 저자와 독자 사이에 서로 이해가 되는 "언어 게임 language game"을 구성하여, 정형화된 형식적/주제적 특징을 가지고 독자에게 의사 전달하는 "통합적 커뮤니케이션의 실행 a unified communicative practice"으로 이해하는 것이다.[25]

이런 장르에 대한 기능적 본질에 대한 인식은 설교자의 장르 이해가 본문의 기능, 내용, 형식, 효과/무드의 분석과 관련될 뿐만 아니라, 장르가 저자와 독자 사이의 커뮤니케이션 전반에 걸쳐 관여한다는 사실에 주목하도록 만든다. 이런 측면에서 설교자는 장르가 우선 저자와 본문 사이에 귀중한 의사 전달의 채널 a communicational channel의 역할을 한다는 사실을 기억해야 한다. 이 말은 특정한 정황 속에 있는 저자의 의도가 장르의 선택을 결정하기 때문에 성경 해석에 있어서 장르의 기능을 살펴볼 때, 반드시 저자의 측면에서 살펴보아야 할 것을 의미한다. 물론 의사 전달의 관례적인/반복적인 방식으로서의 장르가 주는 제한과 본문을 개별적으로 다루고자 하는 저자의 의도 사이에 긴장이 있는 것은 사실이다.[26] 하지만 특정한 독자들에게 구체적인 효과를 전달하기 위해서 특정한 장르를 선택해서 그 장르적 특성을 가지고 본문 안에서 구체화하는 작업은 저자가 통괄한다. 따라서 커뮤니케이션의 기능으

---

[25] Kevin J. Vanhoozer, *The Drama of Doctrine: A Canonical-Linguistic Approach to Christian Theology* (Louisville: Westminster John Knox, 2001), 213.

[26] Jeannine K. Brown, "Genre Criticism and the Bible," in *Words & the Word*, ed. David G. Firth and Jamie A. Grant (Downers Grove, IL: InterVasity, 2008), 130-135.

로서 장르를 이해하는 출발점은 저자이며, 장르는 본문의 목적과 기능, 본문의 내용, 형식과 힘과 효과에 관여하는 저자가 의도한 커뮤니케이션 행동 양식으로 보아야 한다. 더불어 우리가 성경 본문을 통한 소통의 작인자가 하나님으로 인정한다면, 성경은 하나님의 임재 양식이자 소통의 양식으로서 존중되어야 한다.

한편 설교자는 장르를 본문과 독자를 이어주는 커뮤니케이션 행위를 이어주는 다리a communicational bridge 역할을 하는 것으로 인식해야 한다.27 모든 독자는 자신의 장르 이해를 기반으로 하여 어떤 기대를 하며 본문을 대한다. 다른 말로, 장르의 특징들은 "저자와 독자 사이의 언약"을 세우는 장치들이라 할 수 있다.28 그 약속 혹은 언약에 기초하여 의사소통이 이루어지기에 장르의 특징들은 독자에게 어떤 효과를 가져다주며 기대를 하도록 만드는 방식이다. 중요한 것은 그 효과와 기대감이 본문의 구체적인 내용만이 아니라 본문을 이해하는 구체적인 방법과 태도를 형성한다는 점이다.29 따라서 장르란 저자가 의도한 대로 독자들이 그 본문을 제대로 이해하며 반응하도록 인도하는 "인지적이며 동시에 소통적 행위의 전략a cognitive and communicative strategy"이라 할 수 있다.30 이런 측면에서 성경 장르적 특징이 하나님과 그분의 백성들 사이의 관계적 소통행위 양식이라면, 본문 앞에 있는 설교자와 회중 모두에게 그 장르적 특징은 하나님의 임재를 경험하고 반응하는 양식으로도 존중되어야 할 당위성을 지닌다.

지금까지의 내용을 정리하자면, 장르의 문학적, 역사적, 소통적 본질에 대한 인지적이고 수행적 차원의 이해는 설교자가 저자와 본문, 본문과 독자 사이의 커뮤니케이션의 전 과정을 염두에 두고서 저자가 어

---

27 Vanhoozer, *Is There Meaning in This Text?* 347.
28 Vanhoozer, *Is There Meaning in This Text?* 346.
29 Vanhoozer, *Is There Meaning in This Text?* 348.
30 Vanhoozer, *Is There Meaning in This Text?* 342.

떤 특정한, 그러나 반복되는 상황(기능)에서 특정한 문학적 특징(내용, 형식, 무드)을 가지고, 독자들에게 특정한 반응과 효과를 달성하기 위한 소통적 행동 양식임을 인식하는 것이다.[31] 그러므로 장르에 대한 바른 이해는 주해의 과정에서 내용 파악이나 형식에 대한 이해와 본문의 효과를 경험하는 것으로 그치는 것이 아니다. 장르에 대한 바른 이해에 따른 본문 해석은 단순히 본문을 기계적인 분석의 대상으로만 여길 수 없다. 오히려 본문 앞에서 성경 저자가 의도한 본문의 커뮤니케이션 내용, 수단, 목적에 전인격적 반응을 요구한다. 이는 본문에 충실한 설교자를 통하여 본문 앞에 서는 언약 백성의 인격적 반응으로 이어지도록 해야 한다. 이처럼 비록 설교자가 본문을 능동적으로 분석해야 할 필요는 있지만, 그 과정 속 하나님의 말씀으로써 본문이 주도하여 언약 백성인 우리를 초대하고 해석하며, 말씀의 이해를 넘어서 하나님과 만남과 사귐이 이루어지며, 더 나아가 하나님의 소통적 목적에 따라 말씀을 삶에서 이행하는 설교로 나아가는데 성경 장르에 대한 통합적 이해는 본문 이해와 설교 작성 전반에 관여하게 된다.

4) 장르의 특징과 본문성을 살리는 설교Preaching with Genre-Sensitivity

성경 본문은 우리를 향한 하나님의 변치 않는 커뮤니케이션 행위다. 하나님께서 인간의 언어를 사용하여 전하시고 행하시는 특별한 일에는 폭넓은 레퍼토리를 포함한다. 다시 말해, 성경의 다양한 장르는 하나님의 다양한 행동방식이라 할 수 있다.[32] 따라서 우리가 하나님의 커뮤니케이션 행위를 존중하는 설교를 하기 위해서, 앞서 설명한 장르에 대한 통합적 이해가 선행되어야 하며, 이를 바탕으로 설교자가 본문 해석

---

[31] Jeannine K. Brown, *Scripture as Communication: Introducing Biblical Hermeneutics*. (Grand Rapids: Baker, 2007), 140.
[32] Vanhoozer, *First Theology*, 56.

과 설교 전반에 걸쳐 그 장르적 특징과 장르적 요소들 사이의 연관성에 깊은 주의를 기울여야 한다. 설교자로서 해석자는 성경 본문의 저자가 어떤 특정한 목적과 효과를 위해서(본문의 목적), 어떤 반복적 사회적-수사적 상황 속에서(본문이 적혀진 정황), 어떤 정형적인 형식과 내용의 문학적인 특징들(본문의 내용, 형식, 효과/무드)을 사용하고 있는지를 해석의 전체 과정에서 유기적이며 통합적으로 이해해야 한다. 더 나아가 해석자로서 설교자는 설교 작성의 전체 과정에서 자신의 설교가 어떤 특정한 목적과 효과를 위해서(설교의 목적), 어떤 정황 속에서(설교가 전해지는 정황), 무슨 설교의 내용과 어떤 형식과 힘과 효과를 가지고 설교를 해야 할지를 본문을 기준으로 통합적으로 고려해야 한다. 한마디로 본문 중심적 설교자에게는 본문 해석과 설교 작성에 이런 통합적 장르 이해와 장르적 민감성genre-sensitivity이 요구되는 것이다.

하지만 여기에서 말하는 장르적 민감성이라는 말을 제대로 이해할 필요가 있다. 장르에 따른 설교에 대한 흔한 오해가 바로 이 민감성이라는 용어를 잘못 해석함에서 나오기 때문이다. 장르에 따른, 혹은 장르적 민감성을 지닌 설교라고 해서 본문이 '시' 장르이기 때문에 시로 설교해야 한다는 것을 의미하지 않는다. 오히려 장르에 따른 설교란 설교가 필연적으로 장르의 변환이 요구된다는 점을 깊이 이해하는 것에서 출발해야 한다. 왜냐하면, 과거 기술된 성경 장르를 오늘날 구술의 설교 장르로 바꾸어야 하기 때문이다. 이런 측면에서 단순히 본문의 장르가 지닌 문학적 특징들을 설교적 요소로 그대로 복사를 하듯이 옮겨오는 것으로 장르에 따른 설교 방법론으로 이해해서는 안 된다. 장르에 따른 설교에 대한 바른 이해는 설교자가 성경 본문의 장르를 성경 저자가 선택한 커뮤니케이션의 모판과 지도로 인식하면서, 그 장르적 특징을 담아내는 기본 요소들(기능, 내용, 형식, 무드) 사이의 상호관계성에서 나오는 본문이 지닌 효과impact와 역동성dynamic을 설교 안에 되살려내거나regenerate, 재생하고re-animate, 재생산하여re-product, 오늘날의 청중이 성경 본문이 지닌 커뮤니케이션을 제대로 이해하며 경험케 만드는 방식이다.[33] 이런 측면에서 장르에 따른 설교란 필연적으로 성경의 커뮤니케이션을 존중하는 설교 방식으로, 성경 본문의 해석과 설교 작성의 전 과정에서 성경 저자의 커뮤니케이션 전략을 따라 리모델링하여, 그가 의도한 본문의 목적과 내용과 더불어 본문의 효과와 역동성까지 설교에 담아 오늘날의 청중에게 전달하고자 하는 "본문이 이끄는 설교 방식text-driven preaching"이라 할 수 있다.

이는 본문을 저자의 통합적 커뮤니케이션 행위로 이해하는 것과 직결된다. 주지하다시피, 실제 설교 작성과 전달은 구체적 내용, 특정한 방식, 지향하는 목적이 서로 밀접하게 관련되어 있다. 설교자는 소통의 목적을 달성하기 위해서 전달해야 하는 내용을 선택과 배열하면서 설교의 흐름과 구조에 반영하여 설교를 작성, 전달한다. 이런 점에서 본문을 존중하는 설교자는 본문 자체의 내용만 아니라, 저자가 의도한 내용을 어떻게 전달하는지와 그 효과/목적에도 민감해야 한다. 특별히 본문을 하나님의 진리의 정보만이 아니라 그 자체로 커뮤니케이션 행위로 이해하는 설교자에게 본문의 문학적 혹은 장르적 특징들은 저자가 전달하고자 하는 내용(단순발화행위)을 가지고 특정하게 작용하는 커뮤니케이션 행위(의미수반발화행위)이자 본문 앞에 있는 청중의 반응을 요구하는 행위(효과수반발화행위)로 인격적 혹은 관계적 커뮤니케이션 행위로 이해가 가능하다. 그러기에 저자의 인격적 커뮤니케이션 행위로서 본문을 존중하는 설교자는 자신과 청중의 성향에 따라서 설교의 구조와 형식을 마음대로 선택하지 않는다. 왜냐하면, 본문 중심적 설교에 대한 형식의 결정은 설교자가 마음껏 선택할 정도로 중립적이지 않기 때문이다. 이 말은 설교의 효과적 전달과 청중의 반응을 위한 설교형식의 선택과 조정 가능성을 완전히 부정하는 것이 아니다. 오히려 설교자 선

---

[33] Jeffrey D. Arthurs, *Preaching with Variety: How to Re-create the Dynamics of Biblical Genres* (Grand Rapids: Kregel, 2007), 28.

택과 조정의 기준이 설교자와 청중의 선호에 있기보다는 본문에 있도록 함으로써, 본문이 지닌 형식과 효과가 자아내는 본문의 수행력이 설교의 형식과 효과에 반영되도록 하는 것이다.[34] 한 마디로, 본문 자체가 설교 작성과 전달의 규정 원리가 되게 하는 것이라 할 수 있다. 따라서 성경이 하나님의 인격적인 말씀이며, 그 목적과 내용, 형식이 함께 담긴 통합적 커뮤니케이션 행위라면, 그 본문을 내용, 형식, 목적을 함께 유기적으로 살펴보고 이를 설교에 반영하도록 하는 것은 현대 설교학의 흐름 속에서 찾아볼 수 있는 중요한 교훈이자, 이는 하나님의 인격적인 말씀으로서의 본문 중심성에 대한 설교자의 이해와 실천에 더욱 부합되는 방식이라 할 수 있다.

3. 본문성을 고려한 요한복음 2장에 대한 주해와 설교학적 함의

본문을 강조하는 설교자의 '본문성'에 대한 인식은 가장 도전적이며 독특한 성경 장르라 할 수 있는 복음서를 다룰 때, 더 선명해야 할 필요가 있다.[35] 왜냐하면, 복음서는 전체 성경을 해석하는 열쇠의 역할을 하면서, 역사적 사실성, 신학적 내용이 지니는 무게감, 독특한 목적, 그리고 내러티브 장르가 지닌 구조와 특징을 통합적으로 가지고 있기 때문이다. 특히 요한복음은 더 도전적이다. 요한복음은 다양한 언어로 가장 빈번하게 번역될 정도로 간결한 문체와 간단한 단어로 쓰인 복음서이지만, 공관복음과 달리 '독자적' 복음서이자 '신비'하고 심오한 복음서

---

[34] Sidney Greidanus, *The Modern Preacher and the Ancient Text*, 김영철 역, 『성경해석과 성경적 설교』 (서울: 여수룬, 1989), 491.

[35] Steven W. Smith, *Recapturing the Voice of God*, 김대혁 · 임도균 역, 『본문이 이끄는 장르별 설교』 (서울: 아가페, 2016), 147.

이다.36 또한, 다른 복음서에 비해 그 목적이 매우 분명하다(요 20:31). 공관복음과 동일한 사건과 주제(제자를 부르심, 오병이어, 예루살렘 입성 사건 등)를 다루는 내용도 있지만, 대부분이 요한복음에만 있는 내용이며, 예수님의 독특한 언행들과 다른 사건들(예수님의 고별설교와 기도, 물로 포도주를 만드신 사건, 니고데모와의 대화, 사마리아 여인과의 대화, 선한 목자 비유, 죽은 나사로를 살리신 사건, 제자들의 발을 씻기신 사건, 보혜사 성령님에 관한 약속, 포도나무와 가지 비유 등)을 담고 있어서 내용상으로도 독특성을 지닌다.37 무엇보다 요한복음은 정확한 연대기적 배열로 기술되었다기보다 저자의 신학적 필요 혹은 강조에 따라 기술되어 있어서, 다른 복음서에 비해 독특한 본문의 흐름과 구조의 방식을 지닌다. 이처럼 요한복음 자체가 보여주는 분명한 목적, 내용의 차별성, 그리고 본문이 지닌 흐름과 구조의 독특성은 본문의 '어떤' 점을 중심에 두고 설교를 수행하는지에 대한 분명한 인식에 따른 설교 작성이 요구된다.

여기에서는 앞서 설명한 본문성, 특히 장르적 특징에 대한 통합적 이해가 가져다줄 수 있는 설교학적 함의를 다루고자 한다. 특별히 요한복음이 지닌 독특한 흐름sequence과 구조structure에 집중하고자 한다. 이를 위해 요한복음 안에서 특정 내러티브 본문이 지니는 흐름과 구조에 대한 기존의 다각적인 주해적/해석학적 접근 방식들을 살펴보고 이를 활용하여 어떻게 본문 중심적 설교와 접목될 수 있을지 살펴보고자 한다. 논의의 구체화를 위해 요한복음 2장을 실례로 그 흐름과 구조, 내러티브 분석을 통한 본문성의 강조가 가져다줄 수 있는 설교학적 함의를 살펴보고자 한다.

---

36 조석민, 『요한복음』 (서울: 이레서원, 2019). 21. 이런 측면에서 요한복음의 이해의 깊이와 넓이에 관해서 어린아이가 물장구칠 수 있고 동시에 코끼리도 헤엄칠 수 있는 수영장이라 비유가 되기도 한다.

37 Mark L. Strauss, *Four Portraits One Jesus*, 박규태 역, 『네 편의 초상, 한 분의 예수』 (서울: 성서유니온, 2017), 508.

1) 인격적인 통합적 커뮤니케이션 행위로 바라본 요한복음

하나님의 커뮤니케이션 행위로 요한복음 본문을 이해하고 설교하기 위해서 우선 요한복음의 전체 의사소통의 목적을 분명히 인식할 필요가 있다. 다른 복음서와 달리 요한복음은 그 기술 목적을 분명하게 드러낸다. "예수께서 제자들 앞에서 이 책에 기록되지 아니한 다른 표적도 많이 행하셨으나 오직 이것을 기록함은 너희로 예수께서 하나님의 아들 그리스도이심을 믿게 하려 함이요 또 너희로 믿고 그 이름을 힘입어 생명을 얻게 하려 함이니라"(요 20:30-31). 즉 요한복음은 예수님이 행하시고 가르치신 표적들과 강론들을 통해 그분이 하나님의 아들이심을 제시하여 청중들이 그분을 믿게 함으로써 그들이 구원 혹은 영생에 이르도록 하는 분명한 목적이 있다.[38] 이 목적에 따른 설교는 기본적으로 예수 그리스도가 무엇을 하셨으며, 누구인지에 대한 내용을 분명히 전달함으로써, 그분에 대한 믿음의 반응을 일으키는 것을 궁극적인 목적으로 해야 한다. 따라서 요한복음 설교는 근본적으로 성경 저자가 분명히 밝힌 이 전체 목적 아래에서 이루어져야 할 필요가 있다. 물론 각 설교의 본문 단위a pericope에 따라서 설교의 세부적 목적을 둘 수 있다. 하지만 그 세부적 목적들 또한 전체 본문의 목적 아래에서 지배를 받도록 하는 것이 성경 저자가 의도한 바를 따라서 설교자 스스로가 본문에 충실한 설교를 구현하는지를 확인해 볼 수 있는 하나의 잣대가 될 수도 있다.

요한복음의 내용을 이해할 때도 목적 진술로부터 그 핵심 내용과 주제들을 전체적으로 조망하고 파악할 수 있다. 실제 요한복음을 이해하

---

[38] 실제 요한복음에서 '믿는다'라는 단어는 98회가 등장한다. 이 용어는 요한복음의 서두 (1:12)와 더불어 예수님의 표적과 강론들의 주요부분에 등장한다. 목회와신학편집부, 『요한복음: 어떻게 설교할 것인가』 (서울: 두란노, 2007), 11. 하지만 명사형의 믿음이라는 단어는 단 한 번도 등장하지 않는 독특성이 있다.

는 전통적이고 기본적인 방식은 바로 본문에 나타나는 주제별로 본문을 이해하며 전체 구조를 파악하는 것이었다. 주로 요한복음을 서론-본론-후기로 나누고,[39] 1장 19절에서 20장 31절 가운데 있는 요한복음의 구조를 내용과 주제별로 나누는데, 대체로 목적 진술에 나타난 바대로 1-12장은 '표적'의 책으로, 13-20장은 '영광'의 책 혹은 '수난'의 책으로 이해한다. 이러한 거시적인 내용과 구조 파악은 요한복음의 저자가 밝힌 소통의 목적을 염두에 둔 것과 무관하지 않다. 하지만 이런 이해만을 가지고 그대로 본문을 이해하고 설교하는 것에는 조심해야 할 부분들이 많다. 1-12장에서도 예수님의 고난과 수난에 관한 내용이 상당수 등장한다는 점과 13-20장 단락 안에서도 고난과 수난의 이야기는 18장 이후에나 등장하는 점을 볼 때, 이런 이부 구조의 도식으로는[40] 그 내용과 주제들이 선명하게 구분되지 않다는 점을 유의할 필요가 있다.[41] 하지만 기본적인 이부 구조를 통한 요한복음에 대한 이해는 가장 개괄적이면서도 가장 탄력적인 요한복음에 대한 구조적 이해의 얼개로써, 설교자가 요한복음의 주요 목적 아래에서 본문의 핵심 주제들에 대한 전체적인 조망하에 설교적 주제를 파악하는 것에는 도움을 준다.

더불어 앞서 목적 진술에서 파악이 되듯이, 요한복음의 저자는 예수님의 수많은 다른 행적들과 강론들이 있음에도 불구하고, 자신의 목적에 따라서 내용을 선택하여 배열하였음을 분명히 밝히고 있다. 즉, 요

---

[39] R. E. Brown, *The Gospel According to John*(I-XII) (New York: Douleday, 1966), CXXXVIII; Loen Morris, *The Gospel According to John* (Grand Rapids: Eerdmans, 1992), 65-69; D. A. Carson, *The Gospel According to John* (Grand Rapids: Eerdmans, 1991), 103-08을 참고하라.

[40] 대표적인 이부구조로 보는 학자로는 R. E. Brown은 서론(1:1-18), 표적의 책(1:19-12:50), 영광의 책(13:1-20:31), 후기 (21:1-25)로 구분한다. C. H. Dodd도 서론(1장), 표적의 책(2-12장), 수난의 책(13-20장), 부록(21장)으로 나눈다. C. H. Dodd, *The Interpretation of the Fourth Gospel* (Cambridge: Cambridge University Press, 1953)를 참조하라.

[41] Carson, *The Gospel According to John*, 103-08.

한복음의 저자는 자신이 의도한 목적과 내용만이 아니라, 그의 의사소통의 의도성은 자신의 기술 방식을 통해서도 구현하고 있다. 따라서 본문성을 고려하는 설교자는 요한복음의 저자가 기술하는 본문의 내용에 대한 이해와 더불어 그 내용을 그 배열한 방식과 목적을 세심하게 살펴볼 필요가 있다. 이는 요한복음의 저자는 그 내용을 선택하고 배열하는 흐름과 구조의 방식이 다른 복음서와는 확연한 다른 점에서도 더욱 필요하다. 그 대표적인 예가 바로 성전 청결/전복 사건(2:13-22)의 위치라 할 수 있다. 요한복음에서 이 사건은 다른 복음서들과는 달리, 마치 예수님의 초기 사역인 것처럼 앞부분에 기술된다. 이에 관해 성전 청결/전복의 사건의 위치의 차이점을 두 번 일어난 사건으로 이해하기도 하지만,[42] 오히려 요한의 목적과 그 내용을 드러내기 위해 저자가 의도적으로 선택하여 배열한 것으로 이해하는 것이 더 바람직해 보인다.[43]

특별히 이 글은 바로 이런 요한복음의 본문의 흐름과 구조를 파악하는 것이 성경 저자의 커뮤니케이션 행위를 제대로 이해하고 신학적 목적과 주제를 이어주며 통합하는 중요한 역할을 할 수 있다는 점에 주목하고자 한다. 사실 이러한 본문의 흐름과 구조를 고려하여 설교학적 함의를 생각해 보는 것은 이미 성경 해석을 위한 일반적인 주해 과정에서도 강조되며 확인되는 바이다. 실제 설교를 위한 성경 연구와 주해의 과정에서 설교자는 의미론적 분석과 해석을 위해 역사-문화적 맥락과 더불어 문학적 맥락을 고려하는데, 특히 문학적 맥락은 매우 실제적인 의미에서 본문의 의미를 파악하는데 가장 기본적이며 직접적이라 할

---

[42] Leon Morris는 이 사건과 공관복음의 사건의 차이점을 강조하면서, 성전 전복의 사건이 두 번 있었다고 주장한다. 이런 주장은 요한복음 자체에 관한 읽기보다는 다른 복음서와의 역사적 사건의 일치를 강조한 경향이라 볼 수 있다. Morris, *The Gospel according to John*, 1988-91.

[43] 이영호, "요한복음의 첫 번째 표적에 대한 연구: 민족복음화와 남북통일의 시각에서", 「성경과 신학」 37 (2005): 81-113.

수 있다.⁴⁴ 이런 문학적 맥락에 대한 이해도 미시적인 접근보다는 거시적인 접근, 즉 설교자가 다루어야 할 본문이 속한 더 넓은 맥락을 고려하는 것에서 출발하는 것이 바람직하다.⁴⁵ 물론 본문의 단어와 문법과 문학적 연구를 통해 의미를 파악하는데 직접적인 문맥이 의미를 결정하는 최종의 결정적인 역할을 하는 것은 맞지만, 이 또한 책 전체와 동떨어져 있는 것은 아니기에 설교자는 책의 전체 메시지를 거시 구조적 관점에서부터 고려하는 것이 더 바람직해 보인다. 여기에는 해석학적 순환hermeneutical circle 혹은 나선 운동spiral을 통한 의미 확정의 과정이 수반된다. 특별히 이런 문학적 맥락을 따라서 본문을 이해하는 것은 단순히 논리적-주제별 내용을 발견하여 의미를 파악하는 것으로 멈추지 않는다. 여기에는 반드시 본문의 장르인 내러티브 특징을 고려한 흐름sequence과 구조structure에 관한 연구와 이해가 필요하다.

    이처럼 설교자의 문학적-구조적 분석에는 개념적-논리적 분석과 상호보완을 이루는데, 우선 책 전체에 관한 구조적 발전이나 패턴을 파악하여 저자의 사고와 커뮤니케이션 패턴을 이해하고자 노력해야 한다. 물론 책 전체의 구조와 수사적 패턴을 통해 저자의 이런 사고양상을 파악하기는 쉽지 않고, 자칫 주관적일 수 있다. 따라서 최종적인 구성적 패턴을 확정하기보다는, 우선 책 전체의 거시적 수준에서 책의 흐름과 구성을 이해하는 거시적 구조를 파악하고, 그다음으로 각 단락과 문단의 주제별 관계를 염두에 두고, 거기에 사용된 수사적인 패턴과 특징적인 구조를 살펴보는 중간 수준의 구조 이해(구문론적 이해에 가깝다)를 하며,⁴⁶ 그리고 더욱 세부적으로 장르적 특징을 염두에 두고 단어들과 문체들, 그리고 문법 등의 관계를 파악하며 본문의 의미와 세부 구조를

---

44 Grant R. Osborne, *The Hermeneutical Spiral*, 임요한 역, 『성경해석학 총론』(서울: 부흥과개혁사, 2017), 35.

45 Osborne, 『성경해석학 총론』, 38.

46 Osborne, 『성경해석학 총론』, 146.

이해(의미론적 접근에 가깝다)하는 순서를 가져보는 것이 바람직하다.[47] 중요한 것은 이런 본문의 흐름과 구조에 대한 이해는 성경 저자의 사고 흐름과 의사소통의 패턴을 거시적/미시적으로 파악하는 데 도움을 줌으로써, 설교자가 성경 저자가 의도한 의미만을 찾는 것에 관여하는 것만이 아니라, 그것을 통해서 저자가 어떤 소통의 특징과 효과를 자아내려고 했는지 파악하는 데도 매우 유용하다. 특별히 이런 본문의 흐름과 구조에 대한 분석과 이해는 본문의 커뮤니케이션 행위를 모판으로 자신의 설교 커뮤니케이션 행위에 반영하고자 하는 설교자에게는 본문이 말하는 바와 행하는 바를 함께 설교에 영향을 미치도록 한다는 점에서 큰 유익을 가져다줄 수 있다.

2) 커뮤니케이션 행위로 바라본 요한복음의 흐름과 구조에 대한 다각적 이해와 설교

요한복음의 내용과 목적을 커뮤니케이션 행위로 이해하고, 이와 관련하여 저자의 소통 방식을 본문의 흐름과 구조를 통해 파악하고자 할 때, 앞서 설명한 대로 다양한 접근들(거시적, 중간 수준, 미시적 접근)이 가능하다. 즉 설교자가 어떤 특정한 관점으로 취하느냐에 따라서 요한복음의 흐름과 구조에 대한 이해는 달라질 수 있음을 인정해야 한다. 따라서 한 가지 방식 안에서 요한복음 전체를 이해하려는 시도는 불가능할 뿐 아니라, 오히려 그런 시도는 본문의 커뮤니케이션 의도를 헤칠 수도 있다. 이처럼 해석자는 반드시 본문의 주제와 목적을 고려하면서, 구조와 흐름에 관한 열려 있는 이해가 필요하며, 본문의 흐름과 구조를 파악하고 확정함에서도, 마치 카메라의 렌즈를 통해 초점을 맞추어 가듯이 다각적인 방식을 통한 통합적인 이해가 필요하다.

---

47   Osborne, 『성경해석학 총론』, 55-62.

사실 이런 점은 요한복음의 흐름과 구조에 관한 연구에서도 발견된다. 최근 요한복음의 구조 분석은 그 강조점에 따라서 크게 세 가지 접근으로 나누어서 정리해 볼 수 있다. 첫째는, 앞서 언급한 이부 구조의 주제별 얼개를 유지 발전시키면서, 거기에 순차적인 읽기를 통한 구조를 파악하는 방법thematic sequential reading이다. 둘째는, 보다 문학적이며 중간 수준의 접근 방법으로 본문의 구조 특별히 병행적 혹은 역교차 구조를 강조하며 읽은 방식parallel/chiastic reading이다. 셋째는, 주도적 장르적 특징인 내러티브 해석의 방식으로 본문을 살피는 내러티브 읽기narrative reading의 방식이다. 따라서 이 글에서는 요한복음의 구조와 흐름에 관해서 이런 세 가지 접근 방식을 기초로 본문 중심적 설교를 구현하는데 이런 접근 방식들이 어떤 역할을 하는지를 논의해 보고자 한다.

(1) 주제별 순차적 읽기Thematic Sequential Reading를 통한 이해

앞서 표적과 영광/고난의 주제로 요한복음을 나누는 이부 구조는 본문 주제에 대한 거시적인 안목을 제공하기는 하지만, 엄격한 이분법적 분리는 본문의 주제를 축소하거나 왜곡할 우려가 있다. 따라서 여기에 대한 보완책으로 많은 요한복음 연구자들은 프롤로그(요 1:1-18)와 에필로그(요 21:1-25) 사이의 중심 내용에 관해서는 기본적인 이부 구조를 유지하되, 더욱 포괄적인 신학 주제를 강조하는 구조 분석을 보충하거나,[48] 이부 구조의 큰 얼개 안에서 내러티브적 흐름을 가닥으로 엮어서

---

48 Carson은 프롤로그(1:1-18)와 에필로그(21:1-25)사이를 크게 세 개의 구조로 나누며, 그 아래에 세부 내용을 예수님의 자기계시라는 신학적 내용을 중심으로 단락을 나누고 있다.
- 말씀과 행위를 통한 예수님의 자기 계시(1:19-10:42)
- 전환: 생명과 죽음, 왕과 고난 받는 종(11:1-12:50)
- 십자가와 승귀를 통한 예수님의 자기 계시(13:1-20:31)

기타 세부 단락과 그 주제에 관해서는 Carson, *The Gospel according to John*, 105-08을 참조하라.

세부적으로 반영하거나,⁴⁹ 아예 프롤로그와 에필로그 사이를 전통적인 이부 구조를 유지하기보다는 지역과 절기, 신학적 내용과 역사적 배경을 보여줄 수 있는 주제별로 분석하기도 한다.⁵⁰ 이외에도 이부 구조를 넘어서 요한복음이 지칭하는 대상에 따라서 구획하거나,⁵¹ 유월절의 모티브를 따라서 절기에만 집중한 구분도 제시되기도 하였다.⁵²

---

49 Köstenberger의 경우 기존의 표적의 책과 영광의 책의 이부구조 안의 완결된 기승전결의 내용으로 단락을 구분하고 있다.
  표적의 책(1:19-12:50)
    - 전조. 예수님의 즉위 표적들, 대표적인 대화들(1:19-4:54)
    - 증가하는 불신가운데 주어진 다른 표적들(5:1-10:42)
    - 마지막 유월절: 결정적 표적, 나사로를 살리심과 다른 사건들(11:1-12:19)
    - 결론(12:20-50)
  영광의 책(13:1-20:31)
    - 예수님의 마지막 기도를 포함한 새로운 메시아 공동체의 정결과 교훈(12:1-17:26)
    - 수난 이야기(18:1-19:42)
    - 예수님의 부활과 제자들에 대한 사명부여(20:1-29)
    - 결론: 새로운 메시아 공동체의 예수님의 표적에 대한 증언(20:30-31)
기타 각 내러티브 진행 안에서 세부 내용 전개에 대해서는 Andreas J. Köstenberger, *John* (Grand Rapids: Baker Academic, 2004), 10-11을 참조하라.

50 대표적으로 Keener는 프롤로그와 에필로그 사이에 지역과 절기의 배경을 통해서 본문의 주제를 분석하기도 한다.
  - 유대, 사마리아, 갈릴리의 증언(1:19-6:71)
  - 초막절과 수전절(7:1-10:42)
  - 수난의 도입(11:1-12:50)
  - 고별 강화(13:1-17:26)
  - 수난과 부활(18:1-20:31)
Craig S. Keener, *The Gospel of John: A Commentary I*, 이옥용 역, 『요한복음 I』 (서울: CLC, 2018), 68-90을 참조하라.

51 Guilding의 경우,
  - 세상을 향한 메시아의 증거(1:19-4:54)
  - 유대인을 향한 메시아의 증거(6, 5, 7-12)
  - 교회를 향한 메시아의 증거(13-20)로 나눈다.
Aileen Guilding, *The Fourth Gospel and Jewish Worship: A Study of the Relation of St John's Gospel to the Ancient Jewish Lectionary System* (Oxford: Clarendon Press, 1960)을 참조하라.

52 T. L. Brodie는 시작에서 절기에 집중하여,
  - 첫 유월절(1:1-2:22)

이러한 주제별 읽기를 통한 본문의 흐름과 구조 분석은 그 주제와 관련된 특정 관점과 강조점에 따라서 서로 다르게 구획될 수 있다. 따라서 이런 주제별 순서적 읽기는 실제 특정 설교 본문a pericope을 이해하는 데 직접적인 도움을 가져다주기보다는, 전체 요한복음의 큰 흐름 속에서 본문이 어떤 신학적 주제나 배경 속에서 읽어야 할지 도움을 받을 수는 있다. 따라서 본문에 충실한 설교자는 이런 주제별 순차적 읽기를 통해 이미 구획되고 정해진 주제 단락에서 특정 주제를 주입에서 읽기eisgesis보다는, 본문에서 도출되는 주제를 파악하고자 노력해야 한다. 이를 기준으로 특정 설교 본문의 주제가 어떤 순차적 주제 흐름 속에 있는지를 거시적 구조의 관점에서 그 본문을 이해함으로써, 전체 요한복음의 흐름 속에서 신학적 핵심 주제나 내러티브의 흐름이나, 절기나 때에 관한 역사적 배경에 관한 자료들을 다각도로 점검하며 활용해 볼 수 있을 것이다. 하지만 이런 주제별 구조 이해는 설교자가 본문에 대한 신학적 명제를 파악하는 것에는 많은 도움을 받을 수 있지만, 여기에만 머물고 설교 작성으로 넘어갈 경우, 그 설교는 여전히 본문에서 도출되는 신학적 주제나 명제에만 충실한 설교 혹은 본문에서 나온 주제 설교에 머물 가능성이 커진다. 따라서 본문성을 고려하는 설교자는 더욱 세부적인 본문의 흐름과 구조에 관한 연구로 더 나아갈 필요가 있다.

(2) 병행적/역교차적 구조 읽기Literary Parallel/Chiastic Reading를 통한 이해

앞선 주제별 순차적 읽기와 더불어 최근에는 요한복음의 구조 분석을 위해서 병행법parallelism과 역교차법chiasm과 같은 문학적 구조나 패

- 첫 유월절에서 다음 유월절(2:23-6:71)
- 죽음과 마지막 유월절을 향하여(7:1-12:50)
- 마지막 유월절과 부록(13:1-21:25)으로 나눈다.

T. L. Brodie, *The Gospel according to John: A Literary and Theological Commentary* (Oxford: Oxford University Press, 1993)을 참조하라.

턴을 연구하는 방식이 제안되고 있다.[53] 이런 분석들은 요한복음 전체의 중심 주제와 신학적 개념들에 많은 강조점을 두는 주제별 순차적 읽기와는 달리, 본문에 나타난 내용을 저자가 배열하는 방식과 기술 방식에 더욱 많은 관심을 기울이는 경향성이 강하다.[54] 대표적인 예로 김상훈의 요한복음 전반을 통한 거시적인 역교차 구조에 대한 이해는 성경 저자의 선택과 배열에 대한 의도성을 파악하는데 주안점을 둔다. 그에 따르면, 1:1-51의 서론부는 이중배열dual mode로 1:1-18의 프롤로그와 1:19-51의 세례 요한과 제자들의 증인들로 구성된다고 이해한다. 이런 서론부는 20:1-21:25의 종결부의 이중배열(20:1-31의 예수의 부활하심과 기록 목적, 21:1-25절의 부활의 예수와 베드로)과 짝을 이루는 것으로 분석한다. 또한, 서론부와 종결부 사이에는 2:1-10:42의 표적과 말씀에 관한 본문은 가나 싸이클(2:1-4:54)과 사건과 담화(5:10-42)의 이중배열로 이루어져 있으며, 이 전체는 13:1-19:42의 고별 담화(13:1-17:26)와 고난 내러티브(18:1-19:42)의 이중배열과 또한 짝을 이루는 것으로 분석한다. 그리고 이들 본문 사이에 연계부로서 11:1-12:50이 자리 잡고 있으며, 이 또한 두 개의 하부 단락으로 구성되어 있는데, 나사로 사건-마리아의 향유-예루살렘 입성에 대한 설명과 사람들 반응의 단락과 예수님의 고난 예고와 표적에 대한 반응에 대한 단락으로 앞선 표적과 말씀에 대한 본문과 잇따르는 고별 담화와 고난 내러티브를 연결하며 예고하는 기능을 하고 있다고 분석한다.[55] 이러한 요한복음의 병행적 혹은 역교차적인

---

53 Mary Coloe, "The Structure of the Johannine Prologue and Genesis 1", *ABR* 45 (1997): 40-41.

54 Peter F. Ellis, *The Genius of John: A Composition Critical Commentary on the Fourth Gospel* (Collegeville: The Liturgical Press, 1984); Burno Barnhart, *The Good Wine* (New York: Paulist Press, 1993)을 참고하라.

55 김상훈의 역교차 분석에 대한 개괄적 내용은 아래와 같다.
   A. 서론부 이중배열
       a. 프롤로그(1:1-18): 역교차 구조
       a'. 세례요한과 제자들, 증인들(1:19-51)

본문의 흐름과 구조 분석은 설교자에게 앞선 주제별 분석보다는 보다 세부 단락별 내용과 구조를 자세히 살피도록 함으로써, 설교자가 다루어야 할 설교 본문의 앞뒤 주제적 흐름과 더불어 본문 자체가 지닌 형식과 단락을 보다 명확하게 파악하도록 하는 장점이 있다. 특별히 설교 단락a pericope이 지닌 구조에 대한 구체적인 이해는 설교의 실제적 진행과 구체적 설교형식을 결정하는 데 많은 영향을 줄 수 있다.

하지만 여기에도 주의할 점이 있다. 이러한 공시적인 성경 읽기는 자칫 주관주의에 빠질 수 있다는 비판을 면하기는 어렵다. 하지만 설교자는 단순히 병행적/교차적 구조 읽기라는 하나의 렌즈만을 사용하는 것은 아니라, 문학적 읽기에도 다초점의 렌즈를 사용한다는 사실과 더불어, 본문에 대한 통시적인 읽기, 즉 본문의 역사적-문화적 요인들을 함께 살펴보면서 더욱 객관성을 확보해 나갈 수 있다. 비록 도식화의 위험성이 있다고 하더라도, 이런 병행적/교차 구조의 활용은 저자가 본문의 내용과 주제를 어떻게 선택하고 배열한 것임을 파악하는 데 유용하며, 더 나아가 본문이 지닌 구조를 활용하여 설교의 형식과 흐름을 결정하는 데 유용하게 활용될 수 있다. 이를 병행적/교차적 구조 읽기를 기초로 설교자는 성경 저자가 본문이 지닌 병행과 교차 구조를 통해서

  B. 표적과 말씀(2:1-10:42) 이중배열
    b. 가나 싸이클(2:1-4:54): 이중배열과 역교차 구조
    b´. 사건과 담화(5:1-10:42) 이중배열과 역교차 구조
  X. 연계부(11:1-12:50) 등의 병행법과 사슬-연결 고리
    x. 나사로, 마리아 향유, 예루살렘 입성
    x´. 후반부 예고, 전반부 요약
  B´ 고별 담화와 고난 내러티브(13:1-19:42)
    b. 고별 담화(12:1-17:26) 역교차 구조
    b´. 고난 내러티브(18:1-19:42) 역교차 구조
A´. 종결부 이중 배열
    a. 예수님의 부활하심과 기록 목적(20:1-31)
    a´ 부활의 예수와 결론
김상훈, "요한복음 구조 이해에 대한 새로운 접근: 이중배열법(dual mode)에 기초한 역교차 구조(chiastic structure)",「신약연구」9/1 (2010): 67-95.

무슨 소통적 행위(예를 들면, 경고, 약속, 훈계 등)를 하는지를 파악하고, 이를 설교에 반영하는 근거를 제공할 수 있다. 이처럼 요한복음의 병행적/교차 구조의 이해는 성경 저자의 소통행위로서 본문의 형식과 구조를 통해 저자가 어떤 효과와 목적을 위해 활용한 것인지를 염두에 두게 함으로써, 본문성에 충실하고자하는 설교자에게는 중요한 설교적 자산이 될 수 있다.

(3) 내러티브 읽기Narrative Reading를 통한 이해

앞선 주제별 거시적 분석과 병행 구조 분석과 함께, 내러티브 장르적 요소들을 통한 본문의 흐름과 구조를 파악하는 방식은 설교할 한 본문 단위a pericope가 지닌 내용과 더불어 본문의 힘과 효과를 파악하고 이를 설교에 반영하는 데 더욱 구체적이고 실제적인 도움을 줄 수 있다. 실제 앞서 병행법과 교차법의 문학적 모델에 의한 구조 분석은 주로 본문의 외적인 측면들(구조 패턴, 양식, 문체, 상호관계, 내용)에 집중했다면, 내러티브 장르적 요소들을 통해 본문을 읽는 것은 내적인 요소들(플롯, 행동, 배경, 관점 등)을 가지고 본문을 자세히 읽도록 한다.[56] 대표적으로 세이모어 채트먼Seymour Chatman의 내러티브 이해를 변형시켜 요한복음에 대한 내러티브 읽기에 관한 선구적 연구로는 앨런 컬페퍼R. A. Culpepper에 따르면,[57] 본문의 화자(내포 저자), 관점, 플롯, 등장인물, 배경, 암시적 주석, 수화자(내포 독자) 등의 요소들을 가지고 살펴볼 때 본문을 통한 내레이터의 명시적 설명과 더불어 본문이 독자에게 어떤 요구와 작용을 하

---

56 Osborne, 『성경해석학 총론』, 248.

57 R. A. Culpepper, *Anatomy of the Fourth Gospel: A Study in Literary Design*, 권종선 역, 『요한복음 해부』 (서울: 요단, 2000)을 참조하라. 이런 컬페퍼의 연구는 요한복음이 서사문학이라는 점과 본문을 서사적 구성요소들을 가지고 살펴볼 가치를 증명했지만, 실제 Culpepper의 연구는 본문의 순차적 혹은 공전적 읽기와 서사적 구성요소들이 한 본문별(a pericope)로 어떻게 설교로 적용되는지를 파악하기란 쉽지 않다.

는지(일치, 참여, 기대 등을 통해) 더 잘 파악하도록 돕는다고 주장한다.[58] 즉, 설교자가 이런 내러티브 읽기를 통해서 본문이 하는 일을 설교에 반영함으로써, 회중들도 본문이 요구하는 반응에 참여토록 할 수 있다.

요한복음 내러티브를 읽는 방법을 이 글에서 자세히 설명할 수는 없지만, 개략적인 설명만으로도 본문 중심적 설교를 지향하는 설교자는 자신이 설교할 본문에서 발견되는 발화자(내포 저자), 관점, 플롯, 인물, 배경, 수화자(내포 독자) 등과 같은 내러티브 해석의 요소들이 본문의 내용과 더불어 본문이 지닌 흐름과 구조, 그리고 효과를 파악할 수 있다는 사실과 이를 설교에 반영해야 할 필요성은 충분히 알 수 있다.

우선 설교자는 본문의 화자 혹은 내포 저자narrator/implied author에 대한 이해(성경에서 이런 구분은 흔하지 않다)가 필요하다. 이 화자는 본문의 이야기를 우리에게 전하며, 때로는 우리에게 이야기에 대한 정보와 해석을 구체적으로 제공한다. 따라서 설교자가 본문의 화자가 구체적으로 전달하는 내용에 주목하면, 설교자가 본문의 의미와 기능을 어떻게 이해해야 하는지에 관한 중요한 실마리(예를 들면, 2장 6절 "거기에 유대인의 정결 예식을 따라 두세 통 드는 돌 항아리 여섯이 놓였는지라"와 4장 46절, "예수께서 다시 갈릴리 가나에 이르시니 전에 물로 포도주를 만드신 곳이라 왕의 신하가 있어 그의 아들이 가버나움에서 병들었더니")를 얻을 수 있다.

둘째, 관점point of view은 마치 영화 카메라와 같이, 내러티브 내의 다양한 인물들이나 양상들을 특정한 시각으로 바라보도록 하는 것으로써, 이는 앞선 화자가 하는 일과 연결된다. 이런 화자의 관점을 통해서 등장인물들의 생각이나 감정과 심리적인 상태에 대해서까지 독자에게 알려주며, 때로는 묘사적으로, 때로는 전지적인 해석까지도 드러내어 줌으로써, 독자가 본문 세계를 특정한 방식으로 이해하고, 평가하며, 바르게 경험하도록 돕는 역할(예를 들면, 2장 11절 "제자들이 그를 믿으니라"와 2장

---

58 Culpepper, 『요한복음 해부』, 15-30; Francis J. Molony, *Belief in the Word: Reading John 1-4*, 박경미 역, 『말씀을 믿다』 (서울: 대한기독교서회, 2015), 22.

17절 "제자들이 성경 말씀 ······한 것을 기억하더라")을 한다.⁵⁹

셋째, 내러티브의 영혼은 플롯plot이다. 플롯은 인물과 시공간적 배경이 인과적인 순서를 따라는 통일된 연속적 사건, 줄거리를 의미한다.⁶⁰ 플롯의 기본적인 특징은 갈등이며, 내러티브의 순서, 인과성, 통일성, 그리고 감화력affective power을 통해서, 본문을 해석하는 설교자를 내러티브 세계 안으로 이끌며, 그 세계를 이해하고 체험하도록 만든다. 따라서 설교자는 내러티브의 플롯을 따라가면서, 진리를 파악하고 배울 뿐만 아니라, 본문 세계 안에서 살아있는 관계 가운데 진리를 경험할 수 있다. 요한복음의 각 에피소드에 다양한 플롯이 있지만, 컬페퍼Culpepper에 따르면 요한복음의 주요 플롯은 결국 예수에 대한 응답이 신앙인가 불신앙인가에 대한 둘 사이의 갈등에 의해 추진되며, 각각의 에피소드를 통하여 예수를 하나님의 아들로 믿고 받아들이도록 하는 설득의 전략이라고 이해해야 한다고 주장한다.⁶¹

넷째, 내러티브의 플롯을 이끌어가는 주요 요소가 등장인물characters 이다. 내러티브의 효과성에 이바지하는 큰 부분은 독자들이 동일시할 수 있는 인물들에 달려있다고 해도 과언이 아니다. 요한복음은 중심인물인 예수님과 하나님 아버지, 예수님과 함께 하는 제자들과 이들과 뚜렷이 대조되는 유대인들(바리새인들, 유대교 대표자들, 대제사장, 관원들, 레위인들과 하속들), 기타 부수적인 등장인물들의 대화와 행동, 그리고 그들에 대한 묘사들을 통해서 독자들은 예수님에 대한 다양한 측면들과 예수님에 대한 다른 등장인물들의 다양한 반응들을 파악할 수 있다.⁶² 이러한

---

59 Culpepper, 『요한복음 해부』, 41-85를 참고하라.
60 Culpepper, 『요한복음 해부』, 129.
61 Culpepper, 『요한복음 해부』, 155-56.
62 Culpepper, 『요한복음 해부』, 232-38. Culpepper에 따르면, 요한복음의 등장인물들의 전형적인 반응들을 7개지 유형으로 설명하고 있다. 1) 예수님에 대한 거절과 적대적 반응, 2) 공개적으로 신앙은 고백하지 않지만 예수를 받아들이는 반응, 3) 예수를 표적과 기사를 행하는 분으로 받아들이는 반응, 4) 표적을 보지 않고 말씀으로 예수를 받아들이는 반응, 5) 오해

분석은 결국 설교자가 다루는 본문 속에서 예수님과 하나님 아버지에 대한 등장인물들의 반응에 대한 동일시 효과를 통해서 설교자들은 본문이 요구하는 청중들의 반응 혹은 그들이 반드시 선택해야 하는 반응들로 설교를 이끌어갈 수도 있을 것이다.

다섯째, 내러티브에서 배경setting은 공간적, 시간적, 사회적, 역사적일 수도 있다. 배경은 플롯과 인물들이 전개되는 기본 맥락을 제공한다. 이 배경은 많은 역할을 하는데, 위기와 갈등의 유발, 인물의 특성과 행동, 문화에 내재하는 의미와 연결되어 미묘한 분위기를 자아낸다.[63] 예를 들면, 요한복음에서 유월절(2장 13절, 6장 4절, 11장 55절)이라는 시간적 배경은 예수님의 사역 전체를 위한 틀이 되기도 하며, 내러티브의 긴장을 고조하는 역할과 신학적으로는 구원사적인 배경과 연결의 기반(이스라엘의 구원, 예수님의 구원의 시기와 때, 미래 교회를 위한 지속적인 구원의 계획 등)을 제공하기도 한다.

여섯째, 때로는 내러티브에서 독자들은 화자의 암묵적 논평이나 해설을 발견하게 된다. 이는 화자가 독자들에게 오해, 아이러니, 상징에 대해서 표면적 의미를 실제적 의미로 착각하지 않도록(예를 들면, 3장 3-5절의 '거듭남') 돕는 기능을 한다. 이를 통해 독자는 요한복음을 합당하게 이해하며 경험하도록 한다.[64] 따라서 설교자는 이런 부분들 참고하여 본문이 제시하고 요구하는 방법을 따라서 오늘날 청중들이 그 본문에 대한 바른 깨달음과 경험을 유도해 내도록 할 수 있다.

마지막으로 설교자는 수화자, 즉 내포 독자의 입장에서 내러티브 본문을 읽을 필요가 있다. 본문은 실제 내포 독자들 혹은 이상적인 독자들을 위해 의도한 내용과 반응을 확인하도록 요청한다. 이런 내포 독자

에도 불구하고 결국은 예수님께 헌신하는 반응, 6) 모범적 제자로의 반응, 7) 예수님에 대한 변절 등이 그것들이다.

63 Osborne, 『성경해석학 총론』, 287.
64 Culpepper, 『요한복음 해부』, 242-320.

의 개념은 이야기를 현재에 적용할 수 있는 토대가 되기 때문에 본문 앞에 살아가는 청중을 향한 본문이 요구한 내용과 효과를 가지고 적용하기에 중요한 도구가 된다.[65]

이와 같은 내러티브적인 요소들을 중시하며 본문의 내용과 더불어 흐름과 구조, 그리고 효과와 반응을 파악하는 것은 설교자로 실제 본문을 자세히 이해하며 경험하면서 읽도록 하는 데 가장 큰 장점이 있다. 이런 분석과 경험의 과정을 통하여 설교자는 성경 저자가 기술하는 본문 세계로 들어가서 성경 저자가 전달하고자 하는 사고패턴과 양상을 파악할 뿐만 아니라, 이를 살펴보면서 본문의 극적인 효과와 역동성을 경험할 수 있도록 하여 오늘날 청중의 삶과 상황에 투영하도록 한다.[66] 이는 설교자가 본문이 지시하는 대로 따라가며 본문의 의미와 전달방식, 그리고 효과를 발견하고 경험하게 됨으로써, 본문의 역동성을 반영한 설교를 할 수 있도록 하는 설교적 근거와 자산을 구체적으로 얻을 수 있게 한다.

하지만 여기에도 주의할 점이 있다. 내러티브 읽기를 할 때, 주관적 해석의 위험도 조심해야 하지만, 본문 자체를 너무 강조한 나머지 역사와 저자로부터 분리하려는 비역사화의 경향을 조심해야 하며, 본문의 내재된 힘과 효과를 강조한 나머지 본문의 지시적이고 신학적 명제를 경시하는 환원주의적인 태도도 조심해야 할 것이다. 따라서 설교자는 반드시 본문을 보다 면밀하게 살펴보며 본문 세계가 지닌 힘과 효과를 파악하는 측면에서 내러티브 장르적인 요소들을 중시하되, 해석의 과정에서 서로 함께 기능하는 모든 측면(역사적, 문법적, 신학적)을 통합하고 균형을 잡는 과정과 함께 반드시 조정되어야 할 것이다.[67]

---

65 Osborne, 『성경해석학 총론』, 291.
66 이승진, "복음과 상황의 설교학적 상관관계: 성경의 내러티브 본문에 대한 설교의 적용 방안을 중심으로", 「성경과 신학」 59 (2011): 119-28.
67 Osborne, 『성경해석학 총론』, 298.

정리하면, 요한복음의 흐름과 구조의 분석은 주제별 순차적 분석, 본문의 외적으로 드러나는 문학적 병행과 역교차법을 통한 분석, 내러티브 분석의 미시적인 수준에서 다양하게 진행될 수 있으며, 각 분석의 결과들은 설교자에게 다각적이고 다층적인 접근을 통해 본문의 내용과 목적을 확정하는데 통합적 안목을 제공해 줄 수 있다. 주제별 순차적 구조 분석이 설교자가 다루는 설교 분문a pericope이 속한 단락의 주제와 내용에 대한 거시적인 내용과 목적을 확인하는 데 도움을 준다면, 병행과 교차를 통한 흐름과 구조 분석은 근접 문맥과 연결하여 설교할 본문의 내용과 구조, 그리고 효과를 살펴보고 검증하도록 돕는다. 또한, 내러티브 본문 읽기는 주어진 설교 단락 안에서의 내러티브의 내용과 진행, 그리고 본문이 지닌 힘과 효과에 더욱 자세히 읽고 집중할 수 있도록 하는 데 유용하다. 이런 다각적 흐름과 구조 분석을 진행하면서 설교자에게 가장 중요한 점은 그 목적이 성경 저자의 인격적 커뮤니케이션 행위의 의도성을 찾고 이를 설교에 반영하는 데 있음을 잊지 말아야 한다. 따라서 각 분석의 방식이 상호배타적으로 이루어지기보다는, 중첩과 통합의 과정을 통해 성경 저자가 의도한 의사소통 내용과 목적에 서로 부합되도록 해야 한다.[68]

3) 요한복음 2장에 대한 다각적 구조에 대한 이해를 통한 설교적 함의

끝으로 앞서 논의한 요한복음의 주제별 순차적 본문의 흐름, 병행적 구조, 내러티브 분석이 가져다주는 설교학적 함의를 요한복음 2장 본문에 적용해 보고자 한다. 이 글은 본문의 흐름과 구조와 내러티브 장르적 특징들을 반영한 설교에 초점을 두고 이와 관련된 부분만을 다루고자 한다.

---

68 Osborne, 『성경해석학 총론』, 303.

(1) 주제별 순차적 읽기Thematic Sequential Reading와 요한복음 2장

요한복음의 궁극적인 목적은 예수님께서 행하신 일과 가르침을 통해 예수 그리스도를 알고 믿음으로 영생에 이르게 하는 것이다. 요한복음의 2장의 가나의 혼인 잔치의 사건(2:1-12)과 성전 전복 사건(2:13-25) 역시도 예수 그리스도가 어떤 분(하나님의 아들)이시며, 그에 대한 믿음을 촉구라는 저자가 분명히 밝힌 목적 아래에서 해석되어야 할 필요가 있다.

특별히 요한복음의 주제별 순차적 읽기는 요한복음 2장의 내용이 앞선 1장과 잇따르는 3장의 주제와 어떤 연관성을 가지는지를 파악하도록 한다. 1장에서 '로고스'이신 예수님께서 빛으로 어둠인 세상에 오셔서, 성육신으로 우리 가운데 임재 하셨고(1:14), 모세로 말미암은 율법/영광을 능가하는 은혜와 진리이신 예수님께서 하나님의 영광을 드러내셨음을 선언한다. 여기에서 요한복음 저자는 새로운 창조의 주인으로 예수 그리스도의 임재(성막에서 하나님의 임재의 이미지)와 율법을 능가하는 은혜와 진리로 오신 예수 그리스도를 통하여 우리가 하나님의 영광을 보게 된다는 사실로 시작한다. 그리고 세례 요한의 예수님에 대한 증언(1:19-34)과 제자들의 예수님에 대한 증언(1:35-51)이 뒤따른다. 세례 요한은 예수가 세상 죄를 지고 가는 하나님의 어린양이며 하나님의 아들이심을, 제자들의 증언을 통해서는 예수가 성경이 기록하고 자신들이 고대하던 메시아이자 이스라엘의 왕이자 하나님의 집에서 하늘과 땅을 잇는 중재자임을 밝힌다. 더불어 1장은 앞으로 일어날 하나님의 영광에 대한 것으로 끝이 나는데, 2장에서의 혼인 잔치의 표적은 이러한 1장에서 증언한 예수 그리스도에 관한 사건의 연속이며, 새로운 창조, 즉 구원의 시작과 이를 통해 하나님의 영광을 드러내는 공생애의 개시 사건으로 이해될 수 있다. 이어지는 성전 전복/청결 사건 또한 그리스도를 통한 새로운 시대 즉 성전의 회복과 갱신이라는 신학적 주제와 자연스레 연결된다. 이런 이해는 2장은 하나의 독립된 단락으로 읽기보다는 주제별 순차적 읽기를 통해서 얻어지는 내용이다.

2장에서 3장으로 이어지는 연결도 마찬가지이다. 예수님의 성전 전복 사건 이후, 예수님은 표적을 믿는 신앙이 아니라 표적의 행위자인 예수님에 대한 믿음을 강조하시는데, 이는 3장의 예수님과 니고데모의 대화(표적과 거듭남)로 자연스럽게 이어진다. 이처럼 주제적 순차적 읽기를 통해서 설교자는 요한복음 2장의 주제가 책 전체와 더불어 앞뒤 문맥 속에서 어떻게 연결되는지를 파악하게 됨으로써, 설교의 핵심 주제와 강조점(율법의 의식을 넘어서는 새 창조의 새로운 시대를 여는 메시아, 성전을 대체하는 예수 그리스도)을 본문을 통해 검증할 수 있도록 돕는다.

(2) 병행적/역교차적 구조 읽기Literary Parallel/Chiastic Reading와 요한복음 2장

요한복음의 병행적 구조에 대한 전반적 이해와 그 속에서 요한복음 2장의 두 개의 사건에 대한 병행적/역교차적 구조에 대한 이해는 이 사건들의 선택과 배열을 통해 성경 저자의 신학적 의도와 그 효과를 파악하고 이를 설교에 반영하는 데 도움을 줄 수 있다. 구체적으로 요한복음 2-4장은 소위 가나 싸이클로 2장의 가나 혼인 잔치(2:1-12)와 4장의 왕의 신하의 아들을 고치는 사건(4:43-54)이 예수님의 첫 번째와 두 번째 사건으로 저자가 명시적으로 표현함으로 두 사건의 연계성을 의도적으로 표현한다.[69] 이는 예수님과 유대인들의 만남과 예수님과 비유대인의 만남을 통해서 예수님의 기적과 그분에 대한 순종과 믿음의 반응과 결과라는 공통점을 발견할 수 있다. 더불어 2장의 성전 청결/전복 사건과 유대인들의 반응(13-25절)은 4장의 사마리아 여인과의 대화와 사마리아인들의 반응과 서로 상응하는 것으로, 예수님이 성전을 대체하시는 분이시며, 그분에 대한 반응이 구조적으로 대칭 혹은 대조를 이루고 있음을 확인할 수 있다. 이처럼 2장의 사건들은 앞서 예수 그리스도가 당시의 율법과 의식으로 기쁨을 상실하였고, 성전의 기능을 상실

69　고병찬, "'가나 싸이클'(요 2-4장)의 문학적 읽기: 이중 배열법에 근거한 역교차 구조 분석", 「성경과 신학」 72 (2014): 359-80.

한 당시 유대인들에게 예수 그리스도를 통한 새로운 시대의 도래와 예수 그리스도로 인한 갱신과 대체라는 주제를 대조적인 효과를 통해 경고하는 기능을 지니고 있으며, 동시에 이는 4장에서 이방인들에게까지 새로운 시대 즉 하나님 나라의 확장을 구조적으로 드러내며 약속 혹은 격려의 기능을 지닌다고 볼 수 있다.

이러한 병행적 흐름과 구조를 따라서 본문을 이해하는 것은 요한복음 2장의 내용이 선택되고 배열된 성경 저자의 신학적 의도를 반영하여 설교를 구체화하는 것에도 도움을 준다. 즉 요한복음 2장의 가나 혼인 잔치와 성전 정화 사건의 서로 간의 주제적 연관성뿐만 아니라, 요한복음 2장이 속한 보다 더 큰 단락에서 어떤 내용과 기능을 하는지도 확인할 수 있다. 이런 측면에서 설교자는 이 본문들을 설교하면서 기존 신자들에게는 종교적 관습이 아니라 예수 그리스도를 믿음으로 복음 시대의 도래에 대한 설교적 적용점(경고의 기능)을 가지며, 4장의 내용을 통하여서는 예수를 믿음으로 복음 시대로의 초대에 대한 설교적 적용점(격려의 기능)을 가질 수 있다. 더 나아가 이러한 흐름과 구조에 대한 이해는 요한복음 전체를 통해 전달하고자 하는 성경 저자의 소통 주제와 목적과도 잘 부합된다. 이러한 본문의 지시적 기능과 수행적 기능을 이해할 때, 설교자가 각 본문의 내용만이 아닌, 그 목적과 기능을 설교에 반영하는 더욱 본문 중심의 성경적 설교를 이끌어낼 근거를 얻을 수 있다.

(3) 내러티브 읽기 Narrative Reading와 요한복음 2장

내러티브 읽기는 본문 자체를 더욱 면밀하게 읽도록 설교자를 본문 세계로 초청하여 본문을 이해하고 경험하도록 만든다. 가나 혼인 잔치의 이적에 관한 본문은 흔히 '예수님의 말씀에 대한 절대적인 순종'과 '순종의 기쁨과 결과'라는 본문의 특정 인물(순종은 하인들의 당연한 행동임에도 불구하고)에 초점을 둔 내용으로 설교되곤 하였다. 하지만 앞선 순차적 읽기와 병행 구조 속의 본문이 순서와 배열을 염두에 두면서, 내러

티브 장르적 특징을 따라서 이해하면, 앞선 주제적 혹은 명제적 접근의 오류를 피할 수 있다.

　우선 본문은 예수님과 제자들의 혼인 잔치에 초청받는 사건의 배경(1-2절), 예수님과 어머니의 대화(3-5절), 잇따른 행동과 기적(6-10절), 제자들의 반응과 결과(11-12절)의 본문 자체 내의 장면들에 따른 플롯 구성의 흐름을 파악할 수 있다. 이는 문제 제시(포도주가 떨어짐)-요구와 거절('때')-말씀에 따른 이적-결과(영광과 믿음)이라는 기본적인 내용과 인물들의 반응을 고려한 드라마적 흐름으로 표현될 수 있다. 이런 내러티브 플롯이 가져다주는 독자를 향한 반응은 본문의 특정 내용과 주제만을 부각하는 설교를 지양하고, 본문 전체의 주도적 내용과 흐름과 구조를 반영하는 설교 내용과 구성에 결정적인 영향을 주는 모판이 된다. 특별히 앞선 순차적 읽기와 병행 구조 속에서 저자의 의도를 파악한다면, 이 본문은 예수님의 말씀과 행동과 모습을 통해서 예수 그리스도께서 자신의 때에 포도주를 공급하는 하나님 나라의 신랑임을 드러내고(4, 9절), 유대의 정결 의식과 관습의 대체(6절)와 새로운 시대, 종말론적 성취(10절)로 오셨다는 내용을 드러내고 있음을 파악할 수 있다. 또한, 이런 예수님에 대한 인정과 신뢰가 하나님의 영광을 보게 되는 참된 믿음의 반응을 일으키도록 하는 본문 커뮤니케이션의 목적이 두드러진다. 따라서 설교자는 이 본문의 내용과 기능을 기준으로 설교의 중심 내용과 목적과 기능을 확정할 수 있다. 더불어 앞선 주제별 순차적 읽기와 병행적/구조적 읽기를 통한 요한복음 전체의 소통 목적과 내용을 파악하고 있는 설교자에는 본문에 드러난 표적 사건과 하나님의 영광은 이 본문의 내러티브 시간을 넘어서 결국 물과 피로 이루신 새로운 시대를 여신 그리스도의 십자가와 부활의 사건을 지향하고 있음을 본문의 실마리를 통해 파악할 수 있다(4, 11절). 이런 점들이 확인될 때, 설교자는 요한복음 전체 커뮤니케이션 내용과 목적과 부합되는 본문 중심적 설교를 작성해 나갈 더욱 분명한 근거를 얻게 된다.

한편 성전 전복 사건도 내러티브 장르적 특징과 특히 플롯의 흐름을 통해서 세부적으로 분석될 수 있다. 사건의 배경(13절), 예수님의 행동과 말씀과 제자들의 반응(14-17절), 예수님과 유대인들과의 대화와 제자들의 반응(18-22절), 사람들의 표적을 따르는 믿음에 대한 예수님의 반응(23-25절) 등으로 이야기의 장면과 그 흐름을 따라가면, 결국 이 내러티브의 내용의 흐름과 구조는 성전의 기능이 훼손된 하나님의 집인 성전을 예수 그리스도께서 대체하시는 내용임을 알 수 있다. 더불어 앞서 나온 가나 혼인 잔치의 표적과 더불어 이 사건 또한 내러티브 본문의 시간을 넘어서 예수의 궁극적인 표징인 자기 죽음과 부활을 통해서 이런 신학적 의미가 확정된다(22절). 이러한 본문에 대한 세부적인 내러티브 읽기는 설교자에게 본문의 유대인들 반응과 제자들의 반응을 기초로 하여 오늘날 청중들에게도 표적에 따른 믿음이 아니라, 표적을 행하신 신부인 우리에게 오신 신랑 예수 그리스도와 옛 성전을 허물고 우리의 성전 되신 예수님을 향한 참된 믿음을 요구할 수 있는 근거를 제공한다. 물론 이런 주해의 결과물이 어떻게 설교 작성으로 이어지는 것에 관한 구체적인 연구와 방법들 연구는 따로 필요하다. 실제 이런 본문 세계의 내용의 흐름과 본문 세계가 요구하는 반응과 효과를 얼마나 설교에 잘 반영할 수 있을지는 설교자의 역량에 따라서 달라질 수 있다. 하지만 적어도 이런 내러티브 본문이 지닌 특성과 그 내용을 전달하는 본문 흐름과 구조, 그리고 이를 통한 본문 커뮤니케이션 행위의 목적과 효과에 대한 이해는 설교자가 자신이 작성하는 설교의 흐름과 구조(문제 제기-예수님의 행동과 그 의미)와 설교의 효과(예수님에 대한 합당한 반응)가 본문의 커뮤니케이션 행위에 근거하고 규정되도록 함으로써, 더욱 본문 중심적 설교를 구현하는데 확실한 지도 역할을 할 수 있다.

III. 닫는 글

성경 저자는 오늘날 설교자와 청중을 직접 대면하지 않고 성경을 기록하였고, 오늘날 설교자도 성경 저자와 직접 만날 수가 없다. 하지만 성경 본문을 통해 하나님은 그때나 지금도 자신의 언약 백성을 향해 소통하시며 역사하신다. 따라서 설교자는 반드시 본문 의존적이며 중심적이어야 한다. 하지만 설교에 있어서 본문 중심성은 반드시 설교자의 본문에 대한 명징한 인식과 함께할 때, 구호만이 아닌 방법론적 정당성을 확보할 수 있다. 이런 점에서 이 글은 설교자가 본문을 하나님의 인격적인 통합적 커뮤니케이션 행위로 이해할 것을 강조한다. 설교는 본문에 드러나는 내용과 교리를 충실히 전달하는 것을 넘어서, 본문을 통해 하나님께서 행하시고자 하는 바가 전달되어 청중이 하나님과의 만남과 사귐이 있는 설교가 되도록 해야 한다. 이를 위해 본문성과 장르적 특징이 지닌 인지적 수행적 기능에 대한 이해는 단순히 문학적/수사적 구성물로 객체화하여 분석하는 것을 넘어서, 하나님의 관계적 소통적 행위로 이해하고 이를 존중하여 자신의 설교에 반영하는 구체적인 설교 실천이 되는데 필수적이다. 저자가 본문을 통해 전달하고자 하는 내용과 목적, 그리고 이를 위해 의도적으로 선택하고 배열한 본문의 흐름과 구조를 하나님의 커뮤니케이션 행위로 존중하고 이를 설교에 반영함으로써, 설교가 본문에 충실한 하나님의 말씀이자 역사가 되도록 한다. 궁극적으로 하나님의 인격적이고 커뮤니케이션 행위로 본문을 이해하는 것은 본문의 특정 부분만이 아니라 본문 자체를 존중하며, 더 나아가 본문을 통한 하나님의 임재와 말씀-역사 Word-Deed를 설교를 통해 일어나도록 섬기는 말씀 사역자의 신앙고백과 경건 훈련으로도 이어지게 될 것이다.

참고문헌

고병찬. "'가나 싸이클'(요 2-4장)의 문학적 읽기: 이중 배열법에 근거한 역교차 구조 분석". 한국복음주의신학회.「성경과 신학」72 (2014): 359-80.
권호. "현대설교의 한 흐름: 장르가 살아있는 설교".「교회와 문화」31 (2013): 143-78.
김대혁. "본문성이 드러나는 그리스도 중심적 설교에 대한 제안". 한국복음주의실천학회.「복음과 실천신학」42 (2017): 9-47.
김상훈. "요한복음 구조 이해에 대한 새로운 접근: 이중배열법(dual mode)에 기초한 역교차 구조(chiastic structure)".「신약연구」9/1 (2010): 67-95.
류응렬. "새 설교학: 최근 설교학에 대한 개혁주의적 평가".「신학지남」282 (2005): 183-207.
목회와신학편집부.『요한복음: 어떻게 설교할 것인가』서울: 두란노. 2007.
박완철. "현대 설교학에서 말씀과 경험의 통합: 비교연구". 한국복음주의신학회.「성경과 신학」40 (2006): 225-80.
이상훈.『해석학적 성서이해』서울: 대한기독교서회. 1992.
이승진. "복음과 상황의 설교학적 상관관계: 성경의 내러티브 본문에 대한 설교의 적용 방안을 중심으로". 한국복음주의신학회.「성경과 신학」59 (2011): 105-35.
이영호. "요한복음의 첫 번째 표적에 대한 연구: 민족복음화와 남북통일의 시각에서". 한국복음주의신학회.「성경과 신학」37 (2005): 81-113.
조석민.『요한복음』서울: 이레서원. 2019.
최진봉. "후기 신설교학의 등장에 관한 연구."「신학과 실천」22 (2010): 175-208.
Achtemeier, Paul J. "How Adequate Is the New Hermeneutic?." *Theology Today*, 23/1 (1996): 101-119.
Akin, Daniel, David Allen, and Ned Mathews. *Text-Driven Preaching*. 김대혁·임도균 역.『본문이 이끄는 설교』서울: 베다니. 2016.
Arthurs, Jeffrey D. *Preaching with Variety: How to Re-create the Dynamics of Biblical Genres*. Grand Rapids: Kregel. 2007.
Barnhart, Burno. *The Good Wine*. New York: Paulist Press. 1993.

Brodie, T. L. *The Gospel according to John: A Literary and Theological Commentary*. Oxford: Oxford University Press. 1993.

Brown, Jeannie K. *Scripture as Communication: Introducing Biblical Hermeneutics*. Grand Rapids: Baker. 2007.

──. "Genre Criticism and the Bible". In *Words & the Word*, ed. David G. Firth and Jamie A. Grant, 111-50. Downers Grove, IL: InterVarsity Press. 2008.

Brown, R. E. *The Gospel According to John(I-XII)*. New York: Douleday. 1966.

Buttrick, David. *Homiletic: Moves and Structures*. Philadelphia: Fortress. 1987.

Campbell, Charles L. *Preaching Jesus: New Directions for Homiletics in Hans Frei's Postliberal Theology*. Grand Rapids: William B. Eerdmans. 1997.

Carson, D. A. *The Gospel According to John*. Grand Rapids: Eerdmans. 1991.

Coloe, Mary. "The Structure of the Johannine Prologue and Genesis 1". ABR 45 (1997): 40-41.

Craddock, Fred B. Craddock. *As One Without Authority*. Revised Edition. St. Louis: Chalice. 2001.

Culpepper, R. Alan. *Anatomy of the Fourth Gospel: A Study in Literary Design*. 권종선 역.『요한복음 해부』서울: 요단. 2000.

──. *The Gospel and Letters of John*. 박경미 역.『요한복음 요한서신』서울: 대한기독교서회. 2018.

Dodd, C. H. *The Interpretation of the Fourth Gospel*. Cambridge: Cambridge University Press. 1953.

Ellis, Peter F. *The Genius of John: A Composition Critical Commentary on the Fourth Gospel*. Collegeville: The Liturgical Press. 1984.

Eslinger, Richard L. *A New Hearing: Living Options in Homiletic Method*. Nashville: Abingdon Press. 1987.

Greidanus, Sidney. *The Modern Preacher and the Ancient Text*. 김영철 역.

『성경해석과 성경적 설교』 서울: 여수룬. 1989.

Guilding, Aileen. *The Fourth Gospel and Jewish Worship: A Study of the Relation of St John's Gospel to the Ancient Jewish Lectionary System*. Oxford: ClarendonPress. 1960.

Hirsch, E. D., Jr. *Validity in Interpretation*. New Haven, CT: Yale University Press. 1967.

Huges, Robert G. and Robert Kysar. *Preaching Doctrine: For the Twenty-First Century*. Minneapolis: Fortress Press. 1997.

Keener, Craig S. *The Gospel of John: A Commentary I*. 이옥용 역. 『요한복음 I』 서울: CLC. 2018.

Köstenberger, Andreas J. *John*. Grand Rapids: Baker Academic. 2004.

Kuruvilla, Abraham. *A Vision for Preaching*. 곽철호 · 김석근 역. 『설교의 비전』 경기: 성서침례신학대학교출판부. 2018.

Lloyd-Jones, Martyn. *Preaching and Preachers*. 정근두 역. 『설교와 설교자』 서울: 복있는사람. 2005.

Long, Thomas G. *Preaching and the Literary Forms of the Bible*. 박영미 역. 『성서의 문학유형과 설교』 서울: 대한기독교서회. 1995.

Longman, Tremper, III. "Form Criticism, Recent Development in Genre Theory, and the Evangelical". *Westminster Theological Journal* 47 (1985): 46-67.

Lowry, Eugene L. *The Homiletical Plot*. Louisville:Westminster John Knox. 2001.

Miller, Carolyn R. "Genre as Social Action". *Quarterly Journal of Speech*, no. 70 (1984): 151-67.

Molony, Francis J. *Belief in the Word: Reading John 1-4*. 박경미 역. 『말씀을 믿다』 서울: 대한기독교서회. 2015.

Morris, Loen. *The Gospel According to John*. Grand Rapids: Eerdmans. 1992.

Osborne, Grant R. *The Hermeneutical Spiral*. 임요한 역. 『성경해석학 총론』 서울: 부흥과개혁사. 2017.

Robinson, Haddon W. "Homiletics and Hermeneutics". In *Making a*

    Difference in Preaching. ed. Scott M. Gibson. Grand Rapids MI: Baker Books. 1999.

―――. *Biblical Preaching*. 박영호 역.『강해설교』서울: CLC. 2007.

Smith, Steven W. *Recapturing the Voice of God*. 김대혁·임도균 역.『본문이 이끄는 장르별 설교』서울: 아가페. 2016.

Strauss, Mark L. *Four Portraits One Jesus*. 박규태 역.『네 편의 초상, 한 분의 예수』서울: 성서유니온. 2017.

Vanhoozer, Kevin J. *First Theology*. 김재영 역.『제일신학』서울: IVP. 2007.

―――. Is There a Meaning in This Text?. 김재영 역.『이 텍스트에 의미가 있는가?』서울: IVP. 2003.

2부

「본문이 일하는 설교」를 위한 신학화 과정

3장
본문성이 드러나는 신학화 과정: 의미론과 화용론의 통합

A Study of Textuality in the Theological Process: Integrating Semantics and Pragmatics

I. 여는 글

성경적 설교biblical preaching의 필수적 근간은 성경이 하나님의 영감으로 기록된 무오한 말씀이며 변치 않는 영원한 진리의 말씀으로, 오늘날에도 효과적인 커뮤니케이션이라는 설교자의 확신에 놓여있다.[1] 이런 바른 성경관 없이 어떤 종류의 설교도 지고한 권위와 지속하는 적실성을 지닐 수 없다. 사실 이런 성경관으로 인해 설교자는 말씀 앞에 항상 순복surrender해야 하는 강해적 우직함expository simplicity과 동시에 그 말씀을 바르게 분별하여 다루어야 하는 강해적 정교함expository sophistication이 필요하다.[2]

특히 강해적 정교함에는 성경이 다양한 장르들로 쓰인 것을 인식해야 하는 점도 포함된다. 하나님께서 자신의 말씀을 우리에게 효과적으

---

[1] Haddon W. Robinson, *Biblical Preaching: The Development and Delivery of Expository Messages*, 2nd ed. (Grand Rapids: Baker Academic, 2001), 22.

[2] 이런 측면에서 John Stott는 모든 참된 설교는 강해 설교라고 설명한다. John Stott, *Between Two World: The Challenge of Preaching Today* (Grand Rapids: Wm. B. Eerdmans, 1982), 125-26.

로 전달하시기 위해 다양한 장르들을 사용하셨기에, 설교자는 그 하나님의 말씀을 바르고 효과적으로 전달하기 위해서는 각 장르의 특징을 잘 파악해야 한다.³ 설교를 위한 해석화 과정the hermeneutical process과 설교화 과정the homiletical process에서 설교자가 본문이 지닌 장르적 특징들에 대해 무감각할 수가 없는 이유는 성경적 설교의 본질이 성경에서 말하는 진실성과 그 내용 전달의 효과성 사이에서 어느 하나를 선택하는 것이 아니라, 반드시 그 둘 모두에 충실해야 하기 때문이다.⁴

이런 점에서 대부분의 성경 해석학과 강해 설교에 관한 책은 성경 저자가 본문을 통해 의도한 의미를 바르게 발견하기 위한 주해적 과정the exegetical process에서 본문의 장르 분석과 그 특징을 파악하는 것을 설교 작성의 필수 과정으로 여긴다.⁵ 더불어 실제 설교문을 작성하는 설교화 과정the homiletical process에서도 설교자가 그 본문의 장르적 특징

---

3 성경 해석학에 관한 시카고 선언(Chicago Statement) 제13조항은 "We AFFIRM that awareness of the literary categories, formal and stylistic, of the various parts of Scripture is essential for proper exegesis, and hence we value genre criticism as one of the many disciplines of biblical study"라 명시하고 있다. Walter C. Kaiser Jr. *Preaching and Teaching from the Old Testament: A Guide for the Church* (Grand Rapids: Baker Academic, 2003), 52-53; 김영한, "주제: 21세기 신학 교육과 목회: 특별논문; 변혁적 해석학의 착상",「성경과 신학」34 (2003): 404를 참조하라.

4 Hershael W. York and Bert Decker, *Preaching with Bold Assurance: A Solid and Enduring Approach to Engaging Exposition* (Nashville: B&H, 2003), 62.

5 대부분의 모든 해석학 교과서들은 다양한 성경장르와 그 특징들에 대해서 논의한다. 주해적 과정에서 더 구체적인 장르 분석에 대해서는 Robert H. Stein, *A Basic Guide to Interpreting the Bible: Playing by the Rules* (Grand Rapids, Baker, 1996); Elliott E. Johnson, *Expository Hermeneutics: An Introduction* (Grand Rapids, MI: Zondervan, 1990); Grant R. Osborne, *The Hermeneutical Spiral: A Comprehensive Introduction to Biblical Interpretation* 2nd ed. (Downers Grove, IL: InterVasity, 2006); William W. Klein, Craig L. Blomberg, and Robert L. Hubbard, Jr., *Introduction to Biblical Interpretation*, Revised & Expanded (Nashville: Thomas Nelson, 2004); Leland Ryken, *Words of Delight: A Literary Introduction to the Bible* 2nd ed. (Grand Rapids: Baker, 1992); and G. D. Fee and D. Stuart, *How to Read the Bible for All Its Worth*, 3rd ed. (Grand Rapids: Zondervan, 2003) 등을 참조하라.

들을 설교에 반영해야 한다는 주장이 설득력을 얻고 있다.[6] 특별히 최근 북미의 남침례교단Southern Baptist Convention에서는 성경 본문이 곧 하나님의 영속적이고 효과적인 커뮤니케이션이라는 설교 철학을 바탕으로, 설교 작성에 있어서 본문의 내용substance, 형식structure, 역동성/힘spirit을 설교에 반영하는 본문이 이끄는 설교Text-Driven Preaching 방법론을 소개하고 있다.[7] 이는 기본적으로 성경 저자가 구현한 본문성textuality을 더욱 존중하여 그 본문성이 오늘날 설교의 구성에도 영향을 주도록 해야 한다는 것을 기본 주장으로 삼는데, 이 설교 방법론의 핵심이 바로 본문의 전체 구성에 관여하는 장르에 대한 인식과 그 특징을 설교에 반영하는 것을 골자로 하고 있다.[8]

이처럼 설교 작성을 위한 주해적 과정the exegetical process과 설교화 과정the homiletic process에서 그 장르적 특징을 인식하여 실제 설교에 반영해야 한다는 주장이 해석학과 설교학에서 일반적으로 받아들여지고 있음에도 불구하고, 성경의 본문에서 현대 청중으로 이어주는 해석학

---

[6] 설교화 과정(the homiletical process)에서 장르의 특징을 반영하는 일반적인 가이드라인에 관해서는 Walter C. Kaiser Jr. *Toward an Exegetical Theology: Biblical Exegesis for Preaching and Teaching* (Grand Rapids, MI: Baker 1981); Thomas G. Long, *Preaching and the Literary Forms of the Bible* (Philadelphia, PN: Fortress, 1985); Sidney Greidanus, *The Modern Preacher and the Ancient Text: Interpreting and Preaching Biblical Literature* (Grand Rapids: Eerdmans, 1988); Mike Graves, *The Sermon as Symphony: Preaching the Literary Forms of the New Testament* (Valley Forge, PA: Judson, 1997); and Jeffrey D. Arthurs, *Preaching with Variety: How to Re-create the Dynamics of Biblical Genres* (Grand Rapids: Kregel, 2007) 등을 참조하라. Jeffrey Arthurs는 각 장르별 특징을 살리는 구체적인 설교적 제안을 주고 있지만, 그 구체적 장르를 설교에 반영해야 할 견실한 이론적 바탕을 제공하고 있지는 않다.

[7] Daniel L. Akin, David L. Allen, and Ned L. Matthews, eds. *Text-Driven Preaching: God's Word at the Heart of Every Sermon* (Nashville: B&H, 2010), 107. 기타 Steven Smith, *Dying to Preach: Embracing the Cross in the Pulpit* (Grand Rapids: Kregel, 2008); Steven Smith, *Recapturing the Voice of God: Shaping Sermons Like Scripture* (Nashville: B&H, 2015) 등을 참조하라.

[8] Smith, *Recapturing the Voice of God*, 27-35.

적 다리를 건설하는 신학화 과정the theological process[9]에서는 장르가 지닌 규범과 기능에 대한 논의는 다소 소외되거나 무시되고 있다. 이런 양상은 설교 작성에서 장르의 역할을 크게 강조하는 본문이 이끄는 설교text-driven preaching에서도 예외는 아니다.[10] 다시 말해, 장르적 특징을 담아내는 기본 구성요소인 본문의 내용, 형식, 역동성을 설교적 구성요소로 반영해야 한다는 다수의 해석학적/설교학적 제안들이 최근에 많이 주목받음에도 불구하고,[11] 실제 고대 성경 본문의 장르적 요소들과 특징들이 현대 설교의 구성요소로 반영되어야 할 해석학적/설교학적 근거와 정당성이 본문에서 청중으로 나아가도록 하는 신학화 과정에서는 충분히 제공되지 못하는 실정이다.

따라서 이 글의 주요 목적은 장르적 특징을 반영하는 설교를 위한 본문에서 청중으로 이어주는 설교 작성의 전 과정에 있어 자주 소외, 생략, 무시되고 있는 신학화 과정의 장르적 고려에 대한 당위성을 해석학적/설교학적 관점에서 설명하는 데 있다. 이를 위해 필자는 성경 본문성textuality이 지닌 본질에 관한 폴 리쾨르Paul Ricoeur의 해석학적 이론과 최근 커뮤니케이션 관점의 해석학적 이론들인 화행 이론Speech-Act

---

[9] 이 과정에 대한 기본적 이해를 위해서는 Stott, *Between Two Worlds*, 135-79; Kaiser, *Toward an Exegetical Theology*, 152; Klein, Blomberg, Hubbard, *Introduction to Biblical Interpretation*, 498.을 살펴보라. 이 과정에 대한 이해를 돕는 소논문으로는 John Warwick Montgomery, "The Theologian's Craft," *Concordia Theological Monthly*, 37 (1966): 67-98; Timothy S. Warren, "A Paradigm for Preaching." *Bibliotheca Sacra* 149 (Oct-Dec, 1991): 463-86; Timothy S. Warren, "The Theological Process in Sermon Preparation," *Bibliotheca Sacra* 156 (1999): 336-56을 참조하라.

[10] 여기에 대한 간략한 설명은 Robert Vogel, "Biblical Genres and the Text-Driven Sermon," in *Text-Driven Preaching: God's Word at the Heart of Every Sermon*, eds. Daniel L. Akin, David L. Allen, and Ned L. Mathews, (Nashville: B&H, 2010): 163-91을 참조하라.

[11] 장르의 문학적, 역사적, 커뮤니케이션 본질에 대한 통합적 이해와 장르에 따른 설교와의 연관성에 대해서는 김대혁, "장르적 성격이 살아나는 설교 방법론 제안: 비탄시를 중심으로", 「복음과 실천신학」 30 (2014): 42-52를 참고하라.

Theory과 적실성 이론Relevance Theory의 설명을 통해 설교 작성의 신학화 과정에서의 본문성과 장르적 고려에 대한 정당성을 뒷받침하고자 한다. 더 나아가 본문성과 장르적 고려가 있는 신학화 과정이 가져다주는 설교학적 함의를 제시하고자 한다. 끝으로 시편 19편의 예를 들어 장르적 고려가 있는 신학화 과정을 살펴보고자 한다.

II. 펴는 글

1. 신학화 과정에서의 장르적 고려의 정당성

올바른 성경 해석은 설교자가 성경 본문에 나타난 저자의 의도intention와 그 적실성relevance을 발견하고 오늘날의 청중에게 그것을 전달할 수 있도록 만든다.[12] 따라서 건실한 해석학의 특징 중의 하나는 오래된 성경 본문과 오늘날의 청중들 사이에 구체적이고 견고한 해석학적 연결을 하는 것이다.

1) 신학화 과정의 전통적 이해와 한계와 극복

고대 본문으로 어떻게 현대 청중에게 진리를 바르게 설명하며 합당한 적용을 할 것이냐라는 설교자의 질문은 성경적 설교의 근간과 직결된 문제이다. 하지만 본문과 청중 사이를 이어주는 설교자의 작업은 "우리가 상상하는 가장 어려운 지적인 작업 중의 하나"임에 틀림없

---

12 Osborne, *The Hermeneutical Spiral*, 5. Osborne은 해석학이란 주해(무엇을 의미했는가?)의 과제와 상황화의 과제(무엇을 의미하는가?)를 포함한 전반적인 과정이라 정의 내린다.

다.¹³ 이런 이유에선지 본문에서 청중으로 옮겨가는 움직임에 대한 해석학적/설교학적 논의가 그리 활발하지 않은 것이 사실이다. 여기에 대해 데이빗 버트릭David Buttrick은 다음과 같이 지적한다.

> 수많은 책이 '성경적 설교'에 관해서 쓰였다. 구체적으로 어떻게 설교자들이 단계별로 성경 본문에서 설교로 만들어지는지를 기술해왔다……. 하지만 그 모든 책에는 틈새가 보인다. 그 둘 사이에 무언가가 생략된 것으로 보인다. 주해에서 설교적 통찰력 사이의 결정적인 순간이 묘사되지 않는다. 어쩌면 상상력의 섬광처럼 생겨날지 모르는 본문 연구와 설교의 구상 사이의 전환은 전혀 논의되지 않았다. 따라서 기민한 독자들은 우리가 성경에서 오늘날의 설교로 나아가는 것은 어떤 설명하지 못하는 마술을 통해서 이루어지는 것이라는 이상한 인상을 지니며 떠나게 된다.¹⁴

버트릭Buttrick이 지적한 고대 본문의 주해 과정과 현대 청중을 위한 설교 작성 사이에 존재하는 해석학적/설교학적 '틈새', '생략', 그리고 '마술'이 이루어지는 곳이 바로 신학화 과정이라 할 수 있다. 하지만 버트릭이 우려한 대로 이 과정이 전혀 논의되지 않았다고 하는 것은 지나친 표현이다. 실제로 대부분의 현대 강해 설교학자들은 고대 본문에서 현대 청중으로 이어주는 다리의 역할을 강조하며, 이런 움직임을 가능하게 하는 보편적이고 적실한 신학적 진리universal and relevant theological truth를 형성해야 할 것을 강조하는데,¹⁵ 이 과정을 학자들에 따라서 원

---

13 Stanley E. Porter, "Hermeneutics, Biblical Interpretation, and Theology: Hunch, Holy Spirit, or Hard Work?," in *Beyond the Bible: Moving from Scripture to Theology* by I. Howard Marshall (Grand Rapids: Baker, 2004), 121.
14 David Buttrick, *A Captive Voice: The Liberation of Preaching* (Louisville: Westminster/John Knox, 1994), 89.
15 Stott의 다리 놓기(bridge-building)는 강해 설교를 위한 원리화/신학화 과정에 대한 대

리화principlizing16 혹은 신학화 과정theologizing process17이라고 부른다. 이 과정에 관한 강해 설교학자들의 공통된 내용은 설교자가 성경 본문에서 오늘날 청중들에게도 적실할 수 있는 보편적 신학적 명제들 universal theological propositions을 뽑아내어, 이를 성경신학적, 조직신학적 관점에서 조망하고 검증하여 분명한 신학적 진리 명제들로 표현하고 배열하는 것으로 요약될 수 있다.18 특히 이 과정에 대해서 보다 체계적으로 연구하여 설명한 티모시 워렌Timothy Warren에 의하면,19 이 신학화 과정의 궁극적인 목적을 다음과 같이 기술한다.

> 이 신학화의 목적은 고대의 세계(주해화 과정을 통해)와 직접적 청중의 세계(설교화 과정을 통해) 사이의 간격에 보편적으로 적용 가능한 진리 진술로 다리를 놓는 것이다. 이 다리 놓는 작업은 서로 다른 두 세계의 지평들을 융합하거나 합병하여 실존적이고 기발한, 그래서 비권위적인 해석이 되지 않도록 하면서, 설교자로 고대의 정황 속에서 본문과 오늘날의 정황 속에 있는 청중을 해석하도록 만든다.20

표적으로 통용되는 은유다. Stott, *Between Two Worlds*, 135-73을 참조하라. 다리 놓기의 은유는 본문에서 원리를 뽑아서 오늘날 청중에게 적용하는 설교의 이해에는 도움을 준다. 하지만 다리 놓기 은유는 본문에서 나온 보편적 원리를 가지고 현대 청중에게 적용하는 식이기에, 결국 보편적 진리를 파악하는 설교자를 강조하는 모델이며 본문성이 지닌 신학적 함의를 간과되기 쉬운 모델임을 유의해야 한다.

16 Klein, Blomberg, Hubbard, *Introduction to Biblical Interpretation*, 498; Kaiser, *Toward an Exegetical Theology*, 152.

17 Montgomery, "The Theologian's Craft," 79. Montgomery는 본문에서 현대 설교문 사이를 연결하는 해석학적 아크(arch)를 신학(theology)으로 이해한다.

18 Ramesh P. Richard, *Preparing Expository Sermons* (Grand Rapids: Baker, 2001), 160. Kaiser, *Toward an Exegetical Theology*, 198; Henry A. Virkler and Karelynne Gerber Ayayo, *Hermeneutics: Principles and Processes of Biblical Interpretation*, 2nd ed. (Grand Rapids: Baker, 2007), 200-07.

19 Warren, "A Paradigm for Preaching," 463-86; Warren, "The Theological Process," 336-56.

20 Warren, "The Theological Process," 337.

이런 목적을 달성하기 위해서, 워런은 건실한 신학화 과정은 주해적 과정으로부터 설교화 과정으로 넘어가는데 3단계의 수정 과정, 스타일화stylizing, 신학화theologizing, 그리고 구조화organizing 과정을 설교자가 반드시 거쳐야 한다고 주장한다. 부연하자면, 워렌Warren은 먼저 스타일화stylizing 단계에서 설교자는 주해적 과정에서 얻은 주해적 아웃라인이나 진술들에 나오는 구체적이고 전문적인 용어들을 일반적이고 신학적 표현으로 바꾸도록 제안한다. 또한, 신학화 과정의 심장으로 불리는 신학화theologizing 단계에서 설교자는 세 가지 신학적 움직임, 즉 성경신학적, 정경적, 그리고 조직신학적 사고를 진행하여 무시간적이고 어느 시대나 보편적인 신학적 원리를 만들어 내도록 한다. 그리고 마지막 구조화organizing 단계에서는 설교자가 도출한 신학적 명제들을 논리적 혹은 심리적 순서에 따라 배열하여 신학적 아웃라인을 작성하는 것이다.[21] 워렌은 이런 신학화의 3단계 수정 과정을 통과할 때, 설교자는 본문에 나타난 하나님의 의도를 잘못 설명하거나 적용하지 않고, 고대 본문과 현대 청중 사이의 다리를 연결하는 신학적 명제를 표현할 수 있다고 결론을 내린다. 이러한 워렌의 신학화 모델과 이와 유사한 월터 카이저Walter C. Kaiser의 원리화 모델은 결국 고대 본문과 현대 청중의 거리를 뛰어넘을 수 있는 다리로 설교자가 무시간적 신학적 명제들 timeless theological propositions을 만드는 것으로 귀결된다.[22]

물론 이런 신학화의 과정이 본문에서 나오는 정확하고 적실한 신학적 원리를 찾고 표현함으로 성경 세계와 오늘날의 세계를 이어주는 하나의 연결점을 제공한다는 점은 분명히 인정되어야만 한다. 하지

---

21 Warren, "The Theological Process," 336-56.
22 Kaiser에게 원리화란 저자의 명제, 논증, 내레이션, 그리고 예들에서 보편적 진리를 발견하여 오늘날 교회의 필요에 적용하는 것에 특별한 관심을 두고 진술하는 것으로 정의한다. 즉 Kaiser의 원리화는 Warren의 신학화와 큰 차이가 없다고 볼 수 있다. Kaiser, *Toward An Exegetical Theology*, 152.

만 이런 신학화의 모델은 어떻게 보편적이고 적실한 신학적 내용(신학적 명제)을 형성할 것인지에 대해서는 개념적 차원에서만 머무르는 한계점을 지닐 수 있다.23 즉 신학화의 과정에서 설교자는 본문에서 저자가 무엇을 전달하고자 했는가what to communicate라는 질문에만 함몰되고, 본문에서 저자의 의도성을 충분히 파악하기 위한 질문들, 즉 저자가 그 내용을 어떤 목적과 어떤 방식으로 전달하고자 했는지why and how to communicate는 우회하도록 할 우려가 있다. 이런 우려와 위험성에 대해서 프래드 크래독Fred Craddock은 "목회자가 모든 물을 펄펄 끓여서 증발시켜버리고, 컵 아래의 자국만을 설교한다"라며 추출식 방법distillation에 대해서 신랄하게 지적한다.24 토마스 롱Thomas Long 역시도 설교자들이 전통적인 주해의 과정에서 본문에 대한 채굴식 방법excavation은 엄청난 주해의 노력에 비교해 실제 설교학적 보물은 "대부분 우연히 얻어지는 것처럼 여겨지는 불편한 의심"을 지니고 있다고 말한다.25

이런 비판들을 직시할 때, 본문을 충실히 다루고자 하는 설교자는 오늘날 청중에게 영향을 미치는 본문의 적실성의 다리 놓기가 과연 본문에서 도출되고 검증된 신학적 명제들만으로도 건실하게 지어질 수 있는지 의문을 제기할 수 있을 것이다. 기본적으로 신학화 과정이 현대 청중에게 가져다주는 본문의 권위와 적실성을 충분히 파악하여 적절하게 표현하는 해석학적/설교학적 연구의 과정이라고 표현된다면, 본문에 충실한 설교자는 성경 저자가 본문을 통해서 의도했던 의미author's intended meaning만이 아니라 그 본문 전체 의도성을 통합적 커뮤니케이

---

23 여기에 대해서는 Kaiser의 원리화 모델에 대한 Kevin Vanhoozer의 비평을 참고하라. Gary T. Meadors, *Four Views on Moving Beyond the Bible to Theology*, 윤석인 역,『성경 어떻게 적용할 것인가』(서울: 부흥과개혁사, 2011), 79-88.
24 Fred B. Craddock, *Preaching* (Nashville: Abingdon, 1985), 123.
25 Thomas G. Long, "The Use of Scripture in Contemporary Preaching," *Interpretation* 44 (1990): 343-44.

션의 적실성total communicational relevance이라는 관점에서 재고해 보는 것은 전혀 이상한 시도가 아니다. 이와 맥을 같이 하듯, 클라인Klein, 블롬버그Blomberg, 허버드Hubbard는 해석적 과정에는 더욱 폭넓은 목적이 있어야 한다고 다음과 같이 주장한다.

> 우리는 해석학의 목적이 반드시 어떻게 성경이 오늘날의 청중에게 임팩트를 주는지를 포함해야 한다고 주장한다. 이 말은 진정한 성경의 해석은 단순히 고대의 역사 속에서 실천하는 것이 아니라는 의미이다. 우리의 삶에 어떤 임팩트를 가져다주는지를 감지하지 않고는 본문이 무엇을 의미했는지를 실제적으로 이해할 수 없다. 실제로, 본문이 원래의 청중/독자에게 무엇을 의미했는지를 바르게 이해한다는 것은 우리에게 그 원래의 임팩트/효과가 어떠한 것인지를 파악할 것을 요구한다.[26]

즉 설교자가 이런 포괄적이고 광의의 해석학적/설교학적 목적을 수용할 때, 기존의 신학화 과정의 목적이 단순히 보편적인 인지적 혹은 개념적 아이디어를 형성하는 것으로 국한될 수 없으며, 이 과정은 본문성이 지닌 효과와 임팩트를 고려한 총체적 커뮤니케이션 영역에서의 무시간적, 초역사적, 그리고 초문화적 요소들timeless, historical, and transcultural dimension에 대한 논의가 필요하다. 만일 설교 작성의 신학화 과정이 본문 세계 밖으로 보편적 신학적 명제를 뽑아내어 추출하는 것으로만 본다면, 설교자는 성경 저자가 본문을 통하여 전달하고자 했던 커뮤니케이션의 의도성의 일부분, 즉 본문의 의미는 파악할지 모르나, 그 의도성 안의 성경 저자가 전달하고자 한 목적과 청중에게 기대한 효과는 제대로 파악하지 못할 수도 있다.

26　Klein, Blomberg, Hubbard, *Introduction to Biblical Interpretation*, 19.

특히 이러한 광의의 해석학적 목적이 필요한 이유는 설교자가 다루기 힘들어하는 본문 안에 특정한 문학적 구조와 패턴을 사용하거나 감정적 요소들로 가득 찬 시편이나 예언서와 같은 본문들을 설교하고자 할 때 더욱 두드러진다. 이와 관련하여 설교에서 장르의 역할에 대해 강조하며 롱Long이 "두 성경의 본문이 똑같은 신학적 주제를 지닐 수 있으나, 서로 다른 문학적 역동성 때문에 그 공통된 개념의 핵심은 상당히 다른 작용을 한다"라고 지적한 것은,[27] 바로 본문의 장르의 구성적 요소들과 그 특징들이 본문의 내용만이 아니라 고대 본문이 현대 청중에게 가져다주는 독특한 효과가 있다는 점을 드러낸 것이다. 이는 곧 본문에 충실한 설교자는 신학화 과정에서 기존의 신학적 내용과 더불어 반드시 장르적 고려가 필요하다는 점을 시사한다.

결국, 설교자가 보편적 명제의 형성을 넘어서 본문의 효과를 포함하는 광의의 신학화 과정을 목표 삼는다면, 이런 신학화 과정에서 장르적 고려는 결코 생략되거나 우회bypass될 수 없다. 이는 곧 설교자가 본문을 의미론적 차원에서의 신학화theological semantics만을 할 것이 아니라, 화용론적 차원에서의 신학화theological pragmatics를 수반해야 한다는 사실을 강조한다. 의미론과 화용론의 통합적 접근 과정은 고대 본문과 청중의 간격을 설교자의 마술이나 우연에 의지하여 극복하거나, 혹은 명제들로만 그 간격을 극복하는 제한적이고 폭 좁은 해석학적/설교학적 다리가 아니라, 본문의 의미와 더불어 본문이 지닌 역동성과 효과를 포함하는 더욱 성숙하고 건실한 해석학적/설교학적 다리를 건설할 것을 요구하는 것이다.

---

[27] Long, *Preaching and the Literary Forms of the Bible*, 13.

2) 신학화 과정에서의 장르적 고려의 해석학적 정당성

설교자가 본문에서 청중에게로 나아가는 것은 "본문이 속한 과거 시대와 문화와 현대 해석자 사이의 동떨어짐remoteness과 간격distance을 정복하는" 해석학적 시도이다.[28] 이 간격을 극복하는 신학화의 핵심 과제는 본문 저자의 의도intention를 충분히 반영하면서도 오늘날에 바른 내용과 적실한 적용이 가능하도록 하는 것이다. 이 과제를 더욱 충실히 실행하기 위한 필수 과정으로써 장르적 고려가 필요하다는 사실을 여기에서는 특별히 본문성textuality이 지닌 본질에 관한 폴 리쾨르Paul Ricouer의 설명과 최근 커뮤니케이션 해석학적 이론들인 화행 이론SAT과 적실성 이론RT를 통해서 그 필요성과 정당성을 설명하고자 한다.

(1) 본문이 지닌 소격성과 미래성: 본문 세계

일반 해석학적 상식으로, 어떤 발언utterance이 기술되는 그 순간, 발언의 사건the event of utterance과 그것의 의미를 지니는 내용the content of utterance 사이에는 근본적인 단절이 있기 마련이다. 이 점을 리쾨르Ricoeur는 커뮤니케이션 행위는 쓰여서 고정된 그 내용 사이에 "소격화distanciation"가 이루어진다고 설명한다.[29] 이런 '소격화'는 필연적 결과들을 초래하는데, 먼저 본문은 저자의 지평들을 벗어나게 된다.[30] 즉,

---

28 Paul Ricoeur, "Existence and Hermeneutics," in *The Conflict of Interpretations*, ed. Don Ihde, trans. Kathleen McLaughlin (Evanston: Northwestern University Press, 1974), 16. Porter는 이 과정이 쉽게 이루어진다고 말하는 사람은 아마도 이 과제를 얼버무려 버리거나 혹은 매우 부실하게 하거나, 아니면 이 지적이고 영적인 작업을 망각하는 것에 매우 오랜 경험을 지닌 사람일 것이라 주장한다. Porter, "Hermeneutics, Biblical Interpretation, and Theology," 121.

29 Paul Ricoeur, *Hermeneutics and the Human Sciences: Essays on Language, Action and Interpretation*, ed. and trans. John B. Thompson (Cambridge: Cambridge University Press, 1981), 134, 139-40.

30 필자는 Ricoeur의 입장과는 달리, 이 말이 성경 본문이 완전히 저자로부터 독립적으로

본문의 '소격화'는 청취 영역을 떠나 읽기 영역으로 전환되는 것을 의미한다. 따라서 본문이란 저자에 의해서 고정되고, 지속하며, 전파할 수 있는 담화discourse의 형태로 만들어진 것이 되며, 이 본문은 잠재적으로 모든 세계, 어떤 장소, 어떤 시간에든 보편적 독자가 접근할 수 있도록 하는 미래성futurity을 수반하게 된다.[31] 더 나아가 '소격화'는 지시대상에 영향을 주어, 구두 커뮤니케이션에서 직접 보고 지시할 수 있었던 것들이, 이제 기술 커뮤니케이션에서는 이 지시대상들에 독자들이 즉각적이고 직접적으로 접근하기보다 본문을 통해 투사된 것projected을 파악할 수 있게 된다.[32] 결과적으로 이 '소격화'는 본문이 기술되는 당시 원래의 정황을 벗어나는 탈상황화decontextulization에 의해서 생겨난 것이지만, 동시에 이것은 시대와 장소를 넘어서 저자의 의미와 의도를 보존하여 재상황화recontextualization를 가능토록 한다. 본문은 바로 이런 기능을 감당하는 중요하고도 독특한 특징을 지니게 된다. 이런 측면에서 본문이 지닌 본문성textuality이란 저자의 발언이 이루어지는 시간과 장소의 한계를 극복하고자 저자가 구현한 독특한 커뮤니케이션의 실행이라 이해하는 것이 바람직할 것이다.[33]

이런 리쾨르Ricoeur의 설명은 성경 해석학에서도 적용될 수 있다. 우리가 지금 성경 저자들을 만날 수가 없으며 본문의 원래 정황에서 벗어나 있고, 본문의 지시대상을 직접적이고 즉각적으로 대할 수가 없다. 하지만 성경 저자divine/human authors가 쓴 성경 본문 자체의 본문

된다는 것을 의미하지는 않는다. 왜냐하면, 본문은 저자의 구술과 기술의 시점에 자신의 목적을 달성하기 위해서 구현한 것을 현재도 여전히 지니고 있기 때문이다. 이 점에서 필자는 Ricoeur의 본문성의 강조는 반드시 저자와 본문의 역사성(historicity)과도 함께 가야 한다고 생각한다. 더불어 성경의 궁극적인 신적 저자의 관점에서 볼 때, 본문과 저자를 따로 떼어서 이해할 수 없다.

31 Ricoeur, *Hermeneutics and the Human Sciences*, 145-47.
32 Ricoeur, *Hermeneutics and the Human Sciences*, 134, 139-40, 145.
33 Ricoeur, *Hermeneutics and the Human Sciences*, 147.

성textuality에 의해 우리에게 '거리distance'가 주어졌지만, 동시에 그 '거리'가 그 본문이 쓰인 이후 어느 시대나 장소에도 전유/적용이 가능하도록 만드는 '미래지향성future-directedness'을 수반하게 된다. 따라서 본문이 새로운 정황 가운데 주어진다면, 본문과 청중 사이에 본문이 지닌 '소격화'의 이런 결과와 효과들은 해석의 과정에서 충분히 파악되어야 하며 또한 동시에 극복되어야 한다.

그렇다면 과연 설교자는 저자와 본문, 그리고 본문과 청중 사이에 존재하는 이 '거리'를 보다 구체적으로 어떻게 극복할 수 있는가? 리쾨르Ricoeur에 의하면 "본문 앞의 세계the world in front of the text"를 통해 극복될 수 있다고 설명한다.[34] 즉 해석의 작업을 본문 배후the world behind the text에 있는 현상이나 사건이 아닌, 본문 앞에서 일어나는 현상the world in front of the text으로 전환시키는 것이다. 따라서 설교자는 기존의 해석학적 연구의 대상을 지나치게 좁혀서 본문의 역사적 정황을 재구성하는 일에 집중하는 방식, 즉 채굴식 방식excavation을 넘어서 본문이 어떻게 독자에게 영향을 미치는지, 즉 본문이 효과를 일으키는 과정이 무엇인지를 파악해야 한다.[35] 이 점에 대해 리쾨르는 다음과 같이 진술한다.

> 구술 담화에서는 회담자들이 얼굴을 마주하고 마지막 분석으로 자신들에게 일반적인 주변의 세계에 대해 말한 것을 참조할 수 있었다. 기술하는 것 … 회담자들 사이에 존재하지 않는 세계, 즉 본문의 세계이지만 그 본문 안에 있지 않은 세계를 참조한다 … 바로 본문의 이슈

---

[34] 주로 Ricoeur의 해석학은 의심의 해석학(a hermeneutic of suspicion)으로 불리지만, 그의 본문성에 대한 강조는 복구의 해석학(a hermeneutic of retrieval)적 차원으로 창조적이고 생산적인 목적을 위해서 텍스트 내적, 언어의 창조적 힘을 회복하고자 한 것이다. Anthony C. Thiselton, *New Horizons in Hermeneutics: The Theory and Practice of Transforming Biblical Reading* (Grand Rapids: Zondervan, 1992), 40.

[35] Thiselton, *New Horizons in Hermeneutics*, 40.

가 해석의 대상이다. 이 [본문의 세계]는 추정되는 저자로서의 본문의 뒤에 있는 것도 아니며, 그 본문의 구조로서의 본문 안에 있는 것도 아니며, 그 본문 앞에서 펼쳐진 것이다.[36]

리쾨르Ricoeur의 설명을 빌려 저자 중심적 해석학의 관점author-centered hermeneutical perspective에서 정리한다면, 본문이란 저자가 의도적으로 투사한 외부 지시 세계a projected referential world로서, 이 본문은 본문 뒤에 실제 일어난 역사적 사건과 본문이 지닌 언어적 문학적 요소들을 가진 본문의 세계에 관해 청중에게 단순히 정보를 제공하는 기능informative function을 넘어서, 본문을 기록한 저자가 전달하고자 하는 세계를 투사하여, 청중들이 그 본문의 세계에 반응response하며, 그 세계 안에서 살아가도록 초대하는 것invite으로 이해할 수 있다.[37] 따라서 본문은 그 자체가 목적이지 않고, 커뮤니케이션의 목적을 이루는 수단으로써 저자가 언어를 사용하여 구현한 것, 즉 본문성textuality을 통해 초월적인 비전transcending vision을 투사하는 커뮤니케이션의 실행이라 이해될 수 있다.

이런 점에서 앞서 설명한 본문의 저자와의 소격화와 청중을 향한 미래지향성은 본문이 원래 본문의 의미original textual sense도 지니고 있지만, 본문 앞에 투사된 세계에는 초역사적인 저자의 의도성a trans-historical intention도 담겨 있어서, 이를 통해 새로운 정황 속에서 다양한 전유/적용의 예들exemplifications을 이미 지시하거나 그 방향을 제시하고 있다고 이해될 수 있다.[38] 따라서 설교자는 본문을 이해하는 과정 속

---

[36] Paul Ricoeur, "Naming God," Union Seminary Quarterly Review 34 (1979): 217.

[37] Paul Ricoeur, *Interpretation Theory: Discourse and the Surplus Meaning* (Fort Worth, Texas Christian University, 1976), 19-22.

[38] Abraham Kuruvilla, *Privilege the Text: A Theological Hermeneutic for Preaching* (Chicago: Moody, 2013), 39-48.

에는 그 본문의 언어와 문학적 요소와 본문이 제공하는 역사를 설명하는 것으로 그치는 것이 아니라, 저자가 그 본문 앞의 세계에 무엇을 투사하여 무엇을 달성하려고 한 것인가까지 파악해야 할 필요가 있다. 즉 설교자가 본문을 기록한 저자와 그 본문에 반응하는 청중 사이를 잇는 다리를 건설할 수 있는 근거는 바로 이 본문에 저자가 투사한 본문 세계a projected world, 즉 본문성textuality을 제대로 이해하는데 놓여있다.

이런 리쾨르Ricoeur의 '본문 앞의 세계'에 대한 설명은 본문이 저자divine/human authors가 보여주는 혹은 구현한 세계로서, 우리가 그 세계에 반응하고 그 세계에 맞추어 살아가도록 한다는 측면에서 본문을 통해 성경 저자가 의도한 인지적 의미cognitive meaning만이 아니라 저자가 의도한 기능intended function도 파악해야 한다는 점을 잘 지적해 준다.[39] 이는 결국 독자/청중이 본문을 객체화하여 그곳에서 보편적 신학적 명제만을 추출하는 방식을 넘어서, 본문이 하나님의 말씀으로서의 인격적 주체가 되어 본문이 보여주는 세계에 독자/청중이 반응하도록 하는 방식, 언어와 본문을 통한 저자와 독자/청중의 언약 행위적 방식을 요구한다는 점에서 중요하다. 설교자가 이런 방식을 따를 때, 본문의 세계를 분별하는 해석의 과정에서 그 본문을 통해 저자가 말하고 있는 것만이 아니라, 본문에서 말하는 것으로 무슨 일을 하고 있는지도 파악하는what is the text doing with what is said? 화용론적 접근a pragmatic approach을 외면할 수 없도록 만든다.

(2) 리쾨르Ricoeur의 본문 앞의 세계와 장르

그렇다면 앞서 설명한 본문의 소격성과 미래성을 지닌 본문 앞의 세계는 구체적으로 본문의 장르와 어떤 관계를 지니는가? 장르는 분명 특정한 역사적, 문화적, 언어적 정황 속에서 사용된 커뮤니케이션의 실

---

[39] Ricoeur, *Hermeneutics and the Human Sciences*, 145, 147; Ricoeur, "Naming God," 215–27.

행 방식이라 할 수 있다. 물론 원래의 청중과 오늘날의 청중 사이에는 피할 수 없는 시간적, 문화적, 언어적 거리가 있다. 하지만 본문이 지닌 소격성을 인지하는 동시에 설교자는 장르가 시간과 장소와 상관없이 저자, 본문, 청중/독자를 한꺼번에 이어주는 초월적 커뮤니케이션의 가치가 있다는 사실 역시 무시하지 말아야 한다.[40] 특히 장르는 현대 독자를 그 본문의 세계 혹은 그 세계의 구체적인 단면을 그리도록 만든다는 점에서 장르는 언어를 통해서 저자가 투사한 세계를 사고하고 경험하는 방식을 묘사한 인지적 전략a cognitive strategy이자 독자를 위한 인지적 지도a cognitive map의 역할을 한다.[41] 따라서 장르적 요소들과 그 특징은 저자가 제공한 각기 다른 인지적 지도로서 이에 따라 각기 다른 방식으로 본문의 세계를 바라보며 그것에 반응하도록 만든다.[42] 리쾨르의 말을 빌리자면, 본문에 사용된 문학적, 혹은 수사적 장치들은 각각의 특성에 따라서 청중의 사고와 상상력에 그 효과를 다르게 미치는 것이다.[43] 이런 작용에 장르의 구성요소들(내용, 구조, 효과, 정황)은 독자가 투사된 본문 앞의 세계를 경험하도록 하는 틀framework을 제공하면서, 본문의 의미에 영향을 주며, 더 나아가 계속하여 생겨나는 독자가 그 세계에 초대하여 반응토록 하는 지도 역할을 하는 것이다. 결국, 장르의 규칙과 기능에 의해서 구성된 본문 앞의 세계는 그 본문이 기록된 특정한 상황을 뛰어넘어 오늘날의 독자들이 이 장르적 특성을 고려하여 자

---

40 이 점에 대해서는 다음의 자료들을 참조하라. Vanhoozer, *Is There Meaning*, 339.; Osborne, *The Hermeneutical Spiral*, 150; Leland Ryken, *How to Read the Bible as Literature* (Grand Rapids: Zondervan, 1984), 25; Johnson, *Expository Hermeneutics*, 255.

41 Vanhoozer, *Is There Meaning*, 342-43. 이런 측면에서 Vanhoozer는 Bakhtin의 용어를 빌려 장르를 "형식을 만들어 내는 이데올로기"라고 지칭한다. 이런 내적인 본문을 형성하는 장르의 기능에 대해서 Gray Saul Morson and Caryl Emerson, *Mikhail Bakhtin: Creation of Prosaics* (Stanford, CA: Stanford University Press, 1990), 283을 참고하라.

42 Peter Seitel, "Theorizing Genres-Interpreting Works," NLH 34 (2003): 275-97.

43 Thiselton, *New Horizons in Hermeneutics*, 47.

신들의 구체적인 상황에 맞게 전유/적용하도록 돕는다.

이런 점들을 종합해 볼 때, 신학화 과정에서 장르를 고려하는 것은 리쾨르가 말한 대로 의미를 장식하는 '수사학적 겉치레'나 사상의 '덮개'를 더하는 작업이 아니라,[44] 합당한 해석을 통과하여 설교의 목적과 더불어 정당한 전유/적용을 설정하는데 결정적인 커뮤니케이션의 허브 역할을 한다. 본문 앞의 세계는 원래의 청중에게만이 아니라, 현재와 미래의 청중에게도 초시간적 의도성을 통하여 적용의 방향성과 예들을 제공하기 때문에, 설교자가 본문에 의해서 투영된 세계를 장르의 성격에 맞게 바르게 인식한다는 것은 본문의 목적에 부합되는 합당한 반응과 행동을 형성하는 중요한 잣대를 제공한다. 그러므로 본문에 부합되는 설교의 목적과 적용을 할 수 있도록 하는 것은 본문의 장르가 지닌 기능의 한 부분이며, 성경 저자가 장르적 요소와 기능을 통하여 구현한 본문성textuality이 지닌 필수적인 작용이라 할 수 있다.

더불어 장르적 고려는 '메타-정보meta-information'로서 의미론에 화용론을 보충해주는 역할을 한다.[45] 기존의 장르적 고려가 없는 신학화 과정은 본문에서의 저자가 의도한 신학적 진리를 추론하여 정경 전체에 있는 성경적 주제로 발전시켜나가는 성경신학적 움직임[46]과 그렇게 확장된 진리 명제들을 성경 다른 본문들에서 나온 연역적 결론들과 통합하여 검증하는 조직신학적 움직임[47]을 통한 '신학적 의미론적 접근theological semantical approach'이 대부분을 차지하였다. 하지만 신학화

---

44 Paul Ricoeur, *Essays on Biblical Interpretation*, ed. Lewis S. Mudge (Philadelphia: Fortress Press, 1980), 91.

45 Carolyn R. Miller, "Genre as Social Action," *QJS*, no. 70 (1984): 159.

46 Sidney Greidanus, *Preaching Christ from the Old Testament: A Contemporary Hermeneutical Method* (Grand Rapids: Eerdmans, 1999), 267. Edmund Clowney, *Preaching and Biblical Theology* (Nutley, NJ: Presbyterian & Reformed, 1977), 15-16.

47 D. A. Carson, "Unity and Diversity in the New Testament: The Possibility of Systematic Theology," in *Hermeneutics, Authority and Canon*, eds. D. A. Carson and John D. Woodbridge (Grand Rapids: Baker, 1995), 69-70.

과정에서의 장르적 고려는 기존의 이러한 접근과 더불어 설교자가 본문을 통하여 그 본문이 투사하는 세계 속에서 성경 저자가 어떤 특정한 일을 수행하여 독자들에게 어떤 반응을 요구하는지를[48] 파악하도록 함으로써, 신학적 의미론적 접근과 '신학적 화용론적 접근theological pragmatical approach'을 통합적으로 고려하도록 만든다. 결국, 이런 통합적 이해가 있을 때, 설교자가 성경 저자의 지평과 오늘날 청중의 지평으로 넘어오는 해석학적 여정이 의례적으로 고정된 명제적이고 무미건조한 방식(신학적 명제들의 추출식, 채굴식 방법)으로만 그치는 것이 아니라, 저자가 선택한 장르적 요소와 특징으로 구현해 놓은 본문 세계의 독특성을 버리지 않고, 본문의 세계가 설교자 자신을 포함한self-involving hermeneutic 청중의 삶을 변혁시키는 방식으로 이루어지는 해석적 과정을 통과하도록 만든다.[49] 이런 점에서 장르적 특성을 고려하는 것은 의미론과 화용론을 포함한 '통합적 신학화 과정a holistic theologizing process'에서 필수적인 요소로써, 본문에서 보편적 진리 명제를 찾는 것을 넘어서 본문의 세계에서 저자가 구현한 의도성, 즉 본문의 수행성과 효과성도 포함하는 더욱 충실한 해석학적/설교학적 다리 놓기를 가능하도록 만든다.[50]

---

48 Erich Auerbach, *Mimesis: The Representation of Reality in Western Literature*, trans. Willard R. Trask (Princeton: Princeton University Press, 1953), 14-15.

49 Thiselton, *New Horizons in Hermeneutics*, 38.

50 Heinrich Ott는 "신학은 성경과 실제 교회의 설교 사이의 중앙로"라고 말한다. Heinrich Ott, *Theology and Preaching* (Philadelphia: Westminster, 1963), 17. 하지만 이 글은 기존의 본문과 청중 사이의 다리로서의 '개념 중심의 신학(knowing theology)'과는 차별화된 '수행 중심의 신학 (doing theory)'에 더 강조점을 둔다. 이 점에 관해서는 기존의 다리 개념과 비교해보라. John Goldingay, *Approaches to Old Testament Interpretation* (Leicester: Inter-Varsity, 1981), 43; Stott, *Between Two Worlds*, 137; and Warren, "A Paradigm for Preaching," 463-86.

(3) 본문의 수행성과 효과성: 커뮤니케이션 모델의 해석학적 이론

앞서 설명한 리쾨르Ricoeur의 본문성textuality과 본문이 지닌 초역사적인 저자의 의도성a trans-historical intentionality은 20세기 언어 철학의 발전과 연구를 통해 언어가 어떻게 기능을 수행하는지에 대한 보다 성숙한 이해를 돕는데, 이는 본문이 지닌 수행성과 효과성the performing and affecting nature of the text에 대한 논의와 그 맥을 공유한다. 본문의 수행성과 효과성에 관한 연구는 구술된 말뿐만 아니라 기술된 글에서도 저자가 무엇을 말하는가를 이해하는 것, 즉 의미론적 차원(단어, 문법, 구문)의 연구만으로 본문을 이해하는 것으로는 충분하지 않고, 저자가 말하는 것으로 무엇을 수행하고 있는지what is the author doing with what he is saying?를 파악하는 화용론pragmatics에 대한 이론들에 관심을 집중시켰다.[51]

① 언어-행위 이론Speech-Act Theory

본문의 수행성과 그 효과성은 최근 언어 철학에서 발전하여 오늘날 해석학과 설교학에서 주목받기 시작한 화행 이론SAT 혹은 언어-행위 이론에서 더욱 잘 설명될 수 있다.[52] 화행 이론에 의하면, 커뮤니케이

---

[51] Stephen C. Levinson, *Pragmatics* (Cambridge: Cambridge University Press, 1983), 12, 17; Stephen C. Levinson, *Presumptive Meanings: The Theory of Generalized Conversational Implicature* (Cambridge, Mass: The MIT Press, 2000), 9, 168; Daniel Vanderveken, "Non-Literal Speech Acts and Conversational Maxims," in John Searle and His Critics eds. Ernest Lepore and Robert Van Gulick (Cambridge: Basil Blackwell, 1991), 372; François Recanati, *Meaning and Force: The Pragmatics of Performative Utterances* (Cambridge: Cambridge University Press, 1987), 1-27을 참조하라.

[52] Brevard S. Childs, "Speech-act Theory and Biblical Interpretation," *SJT* 58, no. 4 (2005): 377. 화행 이론에 대한 연구로는 Daniel Patte, "Speech Act Theory and Biblical Exegesis," *Semeia* 41 (1988): 85-102; J. Eugene Botha, "The Potential of Speech Act Theory for New Testament Exegesis: Some Basic Concepts," *HTS* 47 (1991): 297-303; Richard Briggs, *Words in Action: Speech Act Theory and Biblical Interpretation* (Edinburgh: T&T Clark, 2001), 3-143; Richard Briggs, "The Use of Speech Act Theory in Biblical Interpretation," *Current Research in Biblical Studies* 9 (2001): 229-76; Scott

션은 세 종류의 행위들, 즉 화자/저자의 말하는 행위, 화자/저자의 구두적 행위, 그리고 청자의 반응하는 행위와 결합하여 있다고 이해한다. 존 오스틴John Austin은 이런 화행 이론SAT의 개념들을 표현하기 위해서 기본적인 용어들과 정의들을 소개하는데, 발화행위a locutionary act는 화자의 말하는 행위로 인하여 무엇인가 말이 된 것what is said을 의미한다. 또한 발화수반행위an illocutionary act란 화자의 경고, 격려, 훈계, 약속 등과 같은 언어적 행위로서, 화자가 말하면서 무엇인가 수행하는 혹은 달성하고자 하는 행위what is doing/accomplishing something in saying인데, 이는 발화를 이해하는 핵심 부분이다.[53] 또한 발화효과행위a perlocutionary act란 청중이 그 발언에 대한 반응으로 보이는 행위를 뜻한다. 따라서 발화수반행위an illocution란 발화행위의 에너지 혹은 힘이며, 발화효과행위a perlocution란 기본적으로 청중의 반응이라 할 수 있다.[54] 이처럼 화행 이론SAT은 모든 커뮤니케이션에는 발화행위, 발화수반행위, 발화효과행위가 함께 어우러져, 화자/저자가 의도한 내용만을 전하는 것이 아니라, 그 내용의 힘과 에너지, 그리고 그 효과까지도 함께 내재적으로 담겨 있다고 이해하는 것이다.[55]

A. Blue, "Meaning, Intention, and Application: Speech Act Theory in the Hermeneutics of Francis Watson and Kevin J. Vanhoozer," *TJ* 23 (2002): 161-84; and Vanhoozer, "From Speech Acts to Scriptures Acts," 1-49등을 보라.

[53] Nicholas Wolterstorff, *Divine Discourse: Philosophical Reflections on the Claim that God Speaks* (Cambridge: Cambridge University Press, 1995), 75-76.

[54] 하지만 의도된 발화효과행위는 의도되지 않은 발화효과행위와 구분될 필요가 있다. 즉 전자가 화자에 의해서 의도된 청중의 반응이라면, 후자는 청중에게 의도하지 않는 반응이라 할 수 있다.

[55] 화행 이론에 대한 기본적 정의와 용어들과 개념 파악을 위해서는 J. L. Austin, *How to Do Things with Words*, 2nd ed. (Cambridge, MA: Harvard University Press, 1975), and William P. Alston, *Illocutionary Acts and Sentence Meaning* (Ithaca, NY: Cornell University Press, 2000)를 참조하라. 화행 이론의 설교적 적용에 대해서는 김덕현, "언어 행위 이론(Speech-Act Theory)의 이해와 성령의 언어행위로써 설교: 빌레몬서 1장 15-16절을 중심으로", 「복음과 실천신학」 36 (2015): 89-117을 참고하라.

이런 화행 이론SAT은 본문의 수행성과 효과성을 이해하는데 여러 가지로 도움이 된다. 첫째, 성경의 본문이 언어를 통하여 무엇을 말하고 있는 것만이 아니라, 무엇인가 수행하고 있다는 사실을 알려준다. 이런 본문의 수행성을 이해할 때, 성경의 의미가 단순히 신학적 명제에만 국한되는 것에서 벗어날 수 있다. 케빈 밴후저Kevin Vanhoozer는 성경의 말씀을 "사명을 받은 말씀words on mission"[56]이라 한 것은 이처럼 본문의 명제를 포함한 수행적 본질을 표현코자 한 것이다. 둘째, 화행 이론 SAT은 본문이 저자가 동떨어져서 오늘날의 청중과 대면하는 것이 아니라, 본문을 통해 저자의 현존성을 강조함으로 성경 저자가 소통의 주체로서 오늘날 청중과의 인격적이며 관계적 커뮤니케이션the interpersonal nature이라는 점을 확인해 준다.[57] 더 나아가, 화행 이론SAT은 청중이 어떻게 기술 커뮤니케이션에 참여하는지에 대한 이해를 돕는다. 즉 청중의 반응이 저자의 의도 연장이라는 점에서 기존의 저자 중심적 해석의 입장을 지지해 주며, 본문과 청중 사이 해석의 다리를 건실하게 놓는데 독자의 역할을 인정하면서도, 저자가 구현한 본문의 수행 역할을 확연히 드러낸다.

② 적실성 이론Relevance Theory

화행 이론SAT과 함께 또 다른 커뮤니케이션 모델의 해석학적 이론인 적실성 이론RT[58] 역시도 본문의 수행성과 효과성을 이해하는 데 많은 도움이 된다. 적실성 이론RT은 기본적으로 발화는 그 발화 자체의 언어

---

56 Kevin Vanhoozer, *First Theology: God, Scripture and Hermeneutics* (Downers Grove: InterVasity, 2002), 163.
57 윤형철, "삼위일체론적 성경본체론 회복의 필요성에 대한 고찰: 언어-행위 이론(Speech-act theory)의 통찰을 활용하여", 「성경과 신학」 63 (2012): 358-80.
58 적실성 이론에 대한 개관은 Dan Sperber and Deirdre Wilson, *Relevance: Communication and Cognition* (Cambridge, MA: Harvard University Press, 1986)을 참조하라.

적 형태가 제공하는 것보다 많은 것을 의미하는 것으로 이해한다는 점에서 화행 이론SAT과 그 핵심을 공유한다. 무엇보다 이 적실성 이론RT은 독자/청중이 특정한 발화를 이해할 때 가장 적실한 정황을 선택하고 대입한다는 점에 초점을 둠으로, 발화란 정황을 지닌 화행a speech-act with a context이라는 점을 강조한다.[59] 즉 적실성 이론RT에 의하면 커뮤니케이션이란 언어적 표현과 더불어 추정된 정황assumed context이 함께 구성된 언어 행위라 이해할 수 있다.[60] 이와 더불어 이 이론이 지닌 중요한 개념인 함의implications or implicatures는 화자의 의미에는 명시적 정보explicit information와 더불어 함축적 의미implications를 함께 주는데, 이 둘을 함께 이해하는 것이 의미를 파악하는 데 필수적이라는 것을 강조한다.[61]

이처럼 이런 적실성 이론RT이 설명하는 두 가지 커뮤니케이션의 핵심 개념, 즉 추정된 정황assumed context과 함의implication는 의미의 범위가 발화된 명시적 의미explicit meaning를 넘어선다는 점을 더욱 분명히 보여줄 뿐만 아니라, 본문은 화자의 의도성에 대한 증거로서 특정한 정황 속에서 청중에 의해서 추론적으로 활용된다는 점을 확인해 주고 있다.[62] 따라서 본문을 대하는 독자는 저자의 의도에 의해서 주어진 특정한 정황을 추론하여 거기에 자신의 정황에 대입함(전유의 개념으로, 이 부분은 이 책의 5, 6장에서 보다 자세하게 다룬다)으로 그 본문에 반응하는 것이다.

이런 화행 이론SAT과 적실성 이론RT과 같이 최근 커뮤니케이션 해석학을 토대로 성경 본문을 이해할 때, 성경 본문은 저자가 커뮤니케이

---

[59] Brown, *Scripture as Communication*, 35.
[60] Gene L. Green, "Relevance Theory and Theological Interpretation," *JTI* 4 no. 1 (2010): 76.
[61] Green, "Relevance Theory and Theological Interpretation," 81-82.
[62] Jeannine K. Brown, *Scripture as Communication: Introducing Biblical Hermeneutics*, (Grand Rapids: Baker, 2007), 140.

션을 의도하여 기록한 것으로, 해석자는 저자의 머릿속의 정신적 행동을 파악하는 것이 아니라, 저자가 전달하고자 한 의도를 본문을 통해서 파악해야 한다는 점을 분명히 한다. 더불어 밴후저Vanhoozer가 "우리가 본문을 통해서 알아야 할 가장 중요한 것은 저자가 무슨 내용으로 어떤 커뮤니케이션 행동을 수행하고 있는가?"[63]라고 지적했듯이, 본문이 내용content만이 아니라 힘force을 지니고 있기에 해석자는 본문의 내용과 본문의 힘force을 함께 파악해야 하며, 저자가 의도한 본문의 효과effect는 본문 의미의 확장 혹은 한 부분으로 이해될 필요가 있다. 더 나아가, 한 본문의 언어적 표현들은 추정된 정황과 함께 주어져 있기에 저자와 청중이 공유할 수 있는 정황 속에서 그 본문 의미를 정확하게 이해할 수 있다는 것이다. 결국 독자의 이해와 반응은 저자가 본문을 통하여 의도한 커뮤니케이션 행위 자체와 긴밀히 연결되어 있고, 따라서 그 커뮤니케이션 행위로부터 이끌어내야 함을 분명히 해준다.

(4) 커뮤니케이션 모델의 해석학과 장르

본문에 드러난 장르적 특징들을 신학화 과정에서 고려한다는 것은 설교자가 장르적 구성 요소들(내용, 형식, 효과, 기능)이 지닌 상호관련성the inter-relational nature이 투사하는 본문성과 그 본문의 역동성을 염두에 둔다는 것을 의미한다.[64] 여기에 대해서 밴후저Vanhoozer는 다음과 같이 설명한다.

> 따라서 본문은 기록됨으로 인해서 고정된 커뮤니케이션 행동이다. 커뮤니케이션의 '내용'(명제적 내용)과 '에너지'(발화수반행위)가 적힌 것이다. 더욱이, 본문들은 또한 어떤 추진력을 지닌다. 즉 저자에 의해서

63　Vanhoozer, *First Theology*, 179.
64　김대혁, "장르적 성격이 살아나는 설교 방법론 제안", 42-52.

발생한 그 커뮤니케이션 행동은 그것이 해석될 때마다 계속해서 힘force을 지닌다. 진정한 해석은 본문의 내용만이 아니라 본문의 에너지와 교류를 한다.65

특별히 밴후저는 특정한 장르는 의미 있는 커뮤니케이션의 목적을 달성하기 위해 사용된 독특한 문학적 특징들, 즉 장르의 속성들에는 특징적인 발화수반행위illocutionary act가 담겨 있다고 인정한다.66 따라서 그에 따르면 장르는 "어떤 특정한 커뮤니케이션의 목적들을 달성하기 위해서 특정한 규칙에 따라 지배하는 방식" 혹은 다른 말로, 장르는 사회적 행동을 조정하기 위한 것으로, 이는 어떤 특정한 상황a particular context or assumed context 속에서 함께 행동하도록 한 것으로 이해한다.67 이는 앞서 설명한 화행 이론SAT과 적실성 이론RT에서 설명한 본문성과 맥을 같이하는 것으로, 장르란 언어를 통하여 사람과 실체를 서로 연결하는 방식이며, 이런 장르적 특징을 통해 저자가 다른 사람들과 함께 공유하며 특징적 발화수반행위를 가지도록 하는 커뮤니케이션 전략a communicational strategy으로 이해되어야 한다.68

이런 커뮤니케이션 해석학적 이론들의 설명들이 장르의 총체적, 상호관련적 본질과 그 기능에 더욱 부합되는 것이라면, 본문의 장르적 요소들의 상호작용을 통해 형성되는 장르적 특징들은 저자가 본문을 통해 묘사한 세계를 전달할 뿐만 아니라, 독자/청자들이 그 세계를 경험

---

65 화행 이론을 평가하면서 Vanhoozer는 저자의 의도에 의한 커뮤니케이션만이 아니라 커뮤니케이션의 행위와 그 효과에도 저자의 역할을 강조한다. 따라서 그는 "본문이란 커뮤니케이션 행위를 통하여 그 세계로의 저자 자신의 확장"이라 말한다. Vanhoozer, *First Theology*, 229.

66 Vanhoozer, *Is There Meaning*, 341.

67 Vanhoozer, *The Drama of Doctrine*, 215.

68 Vanhoozer, *Is There Meaning*, 344. 따라서 Vanhoozer는 "장르의 개념은 커뮤니케이션의 세 가지 측면, 즉 저자의 의도에 의한 실행, 언어를 통한 세계와의 연관, 그리고 언어를 통한 청중과 만남이라는 세 가지 행위들과 관련된다"라고 결론을 내린다.

하고 그 세계에 반응하도록 만드는 것이라 할 수 있다. 특히 장르가 모든 문학의 내재적 실체로서, 특별한 방식으로 의사를 전달하도록 하지만, 무엇보다 경험적 그리고 예술적 차원에서 초시간적, 초문화적, 그리고 보편적 커뮤니케이션의 기능을 지니고 있다는 점에서 더욱 그 가치가 있다.69 커뮤니케이션으로서의 본문의 기능이란 성경 저자가 당시 청중과 미래의 독자들에게 의도하여 실행한 것이다. 본문은 독자에게 정보를 주는 것뿐만이 아니라 경고, 격려, 약속, 훈계, 명령 등의 일들을 수행한다. 본문의 목적은 본문이 무엇을 말하고 있으며 또한 무엇을 하고 있는지를 제대로 이해하는 것에서 나온다. 장르는 바로 이 목적을 파악하는데 결정적인 커뮤니케이션 채널a communicational channel의 역할을 한다. 즉 저자가 활용한 장르가 지닌 문학적 형식들과 수사적 전략은 청중들에게 다르게 반응하도록 만드는 틀로서 인식하게 된다. 이처럼 장르는 그 본문을 대하는 계속된 독자들에게 어떻게 반응할 지를 지도하는direct 커뮤니케이션(언어적, 문학적, 정황적 요소를 포함한) 모판matrix과 지도map를 제공하여 그 본문의 세계를 충분히 이해하며 경험하고, 자신의 세계에 적용하도록 하는 것이다.

이러한 맥락에서 해석자가 특정한 장르와 그 특징을 신학화 과정에서 이해한다는 것은 본문의 내용만이 아니라 본문의 효과를 담아낸 언어적 문학적 장치들을 통해서 특정한 개념적 그리고 커뮤니케이션의 모판a cognitive and performative communicational matrix을 배우게 되는 것이다.70 또한, 해석자가 본문을 통해서 살펴보는 개념적 그리고 커뮤니케이션의 기본 틀framework은 그 본문이 기록된 시대를 넘어서 계속해서 다른 지역과 시간대의 독자들에게도 활용할 수 있게 된다. 그러므로 신

69　Allen, Ronald B. "A Response to Genre Criticism—Sensus Literalis," in *Hermeneutics, Inerrancy, and the Bible*, ed. Earl D. Radmacher and Robert D. Preus, (Grand Rapids: Zondervan, 1984): 198.

70　Vanhoozer, *Is There Meaning*, 343.

적/인간 저자가 의도한 본문의 독특한 힘과 효과force and impact를 부지불식간에 무시하지 않기 위해서는, 해석자는 장르가 보여주는 개념적 그리고 커뮤니케이션의 모판을 먼저 충분히 이해하고 경험해야 한다.[71]

더 나아가, 이런 신학화 과정에서의 장르적 고려는 설교화 과정, 즉 실제적 설교 작성의 과정에서 설교의 기능과 목적이 본문을 따라가도록 하는 데 결정적 역할을 한다. "새롭고 독특한 청중에게 본문이 지금 말하고 있는 것과 지금 행하는 것을 말하고 수행하도록"하는 성경적 설교자의 과제는[72] 단순히 본문에 대한 정보와 의미를 제공inform할 뿐만 아니라 본문의 수행성performance을 재현해야 한다. 따라서 설교자의 정보 제공과 수행이 권위 있고 적실하기 위해서는 본문이 무엇을 말하는가와 본문이 무엇을 수행하고 있는가를 동시에 이해하지 않고서는 불가능하다. 설교가 하나님의 영감 된 성경을 통하여 하나님의 살아 있는 말씀을 오늘날의 청중에게 전하는 신학적 수행theological performance이라면, 신학화 과정에서는 본문의 내용만이 아니라 본문의 기능과 더불어 그 기능을 수행하도록 성경 저자가 의도적으로 사용하고 있는 수사적 요소들과 기능에 대한 신학적 고찰은 반드시 따라야 한다. 이런 신학적 고찰은 단순히 본문의 내용을 찾아 추출하는 인지적 객관성이나 청중의 반응 차원에서 주관성 중의 하나를 택하거나, 신학과 수사학 중에 어느 하나를 희생하는 이분법적 선택사항이 아니라, 하나님의 커뮤니케이션으로 본문이 지닌 온전한 커뮤니케이션의 스펙트럼full spectrum을 존중하는 방식이어야 한다. 결국, 설교자가 신학화 과정에서 본문의 장르를 고려한다는 것은 단순히 본문의 내용과 문학적 요소들 자체만을 파악하는 것에서 멈추지 않고, 성경 저자가 구현한 본문 세계에 독자/청자의 사회적 행동이 맞추어지도록 관여하는 저자의 의도성

71　Vanhoozer, "The Semantics of Biblical Literature," 91-93.

72　Long, *Preaching and Literary Forms*, 33.

과 효과에 충실히 관여하는 것으로, 이는 의미론적semantics 영역을 거쳐 화용론적pragmatic 영역으로 통합되는 필수 과정이라 할 수 있다.[73]

2. 신학화 과정에서의 장르적 고려가 지니는 설교학적 함의

성경적 설교를 위한 신학화 과정에서 장르적 고려가 필수적이라면, 이런 포괄적 신학과 과정이 어떤 설교학적 함의를 가져다주는가? 그리고 실제 설교 작성에 어떤 영향을 가져다주는가? 물론 이 질문들은 각 장르별(내러티브, 시, 서신, 예언, 묵시, 법, 비유 등)로 적용될 때, 수많은 설교학적 토론들과 방법론적 고찰들이 제시될 수 있다. 하지만 여기에는 장르에 따른 설교에 대한 일반적 함의를 설명하고자 한다.

첫째, 신학화 과정에서의 장르적 고려는 기존의 전통적 강해 설교에 대해 교정하는 역할을 할 수 있다. 현재까지 강해 설교에서 통용되고 있는 존 스토트John Stott의 다리 놓기Bridge-Building 은유는 신학화 과정이 본문의 권위와 적실성을 오늘날에 이어주는 중요한 과정임을 인식시켜 주었다.[74] 하지만 이런 신학화 과정의 모델은 본문에 청중이 넘어오는 과정을 너무 단순화시킨다는 비판을 모면하기가 힘들다.[75] 특별히 본문의 세계(리쾨르의 본문 앞의 세계, 혹은 커뮤니케이션 해석학적 이론의 본문의 수행성과 효과성)를 충분히 고려하지 않고 적용할 경우, 해돈 로빈슨Haddon Robinson이 지적하는 본문에서 나온 성경적 주제와 내용이지만, 그 적

---

[73] Miller, "Genre as Social Action," 153-54.
[74] Stott, *Between Two Worlds*, 140-44. 실제 Stott의 설명은 해석학적 방법론을 제시하는 데 주요 관심을 두기보다는, 설교자들이 본문의 내용에 대한 설명은 많지만, 현대 회중에 적실하게 적용되지 않는 것에 대한 비판과 비성경적인 적실성의 모습들에 대한 문제를 제기하는 역할을 하였다.
[75] Warren, "A Paradigm for Preaching," 471; Keith Wilhite, *Preaching with Relevance* (Grand Rapids: Kregel, 2001), 62를 참조하라.

용에서는 해석학적으로 올바르지 않은 '적용의 이단heresy of application'이 나올 위험이 더 커질 수 있다.[76] 다시 말해, 설교자는 성경 저자가 본문을 통해 수행하고자 하는 목적과 의도성이 단순히 교훈하거나 설명하기 위한 것이 아니라는 사실을 기억한다면, 설명과 적용을 너무 기계론적으로 구분하거나, 혹은 본문의 의미만을 가지고 본문의 수행적 목적과 기능과는 부합되지 않는 설교자가 임의로 적용하는 것을 미리 방지하거나 극복할 수 있다. 이처럼 본문 앞의 세계와 본문의 수행성을 이루는 본문의 장르적 요소들과 그 특징을 고려한 신학화 과정은 추상적 원리화에 함몰될 우려가 있는 전통적 강해 설교의 약점을 보완해 줄 수 있다.

둘째, 장르적 고려가 있는 신학화의 과정은 설교자가 본문에서 설교로 이어지는 과정의 흐름이 순전히 고대의 본문을 지배하여 오늘날에 이르도록 하는 일방통행식 과정이 아니라는 점에서 해석과 설교 작성에 있어서 본문, 설교자, 청중 간의 역동적 관계를 더욱 잘 설명할 수 있다. 사실 기존의 의미론적 차원에서 머물러 있는 일방통행식의 해석학적 다리 모델은 설교자 주도의 위험한 인본주의적인 접근이 될 수 있다는 비판을 받을 수 있다.[77] 하지만 설교자가 성경 저자의 본문 장르를 선택하고 그 특징들을 통해서 투사한 본문의 수행성performance과 본문 앞의 세계의 역동성dynamics에 유념할 때, 설교자가 본문의 세계를 지배하는 방식이 아니라, 성경 저자가 구현한 본문이 설교자를 초대하여 self-involving, 먼저 설교자가 본문에 지배당하고 변화되도록 하며, 이를 통해 설교자가 자신의 설교에 본문의 수행성을 재현함으로, 청중이 본문의 세계에 맞추어 살아가도록 하는 본문이 우선하는 설교 철학과 방법론에 부합되는 건실한 해석학적 다리를 건설할 수 있다.

---

[76] Haddon W. Robinson, "The Heresy of Application," *Leadership* 18 (1997): 21-27.

[77] Michael J. Quicke, *360 Degree Preaching: Hearing, Speaking, and Living the Word* (Grand Rapids: Baker, 2003), 45-48.

셋째, 본문과 청중 사이에 다리를 놓는 과정에서의 장르적 고려는 설교자의 본문에 대한 충실성과 더불어 현대 청중을 향한 설교자가 펼칠 창조성의 근거를 동시에 제공한다. 종종 장르에 따른 설교에 관하여 본문의 장르적 요소들과 그 특징을 찾아 그것을 설교에 반영하는 것이 설교자에게 설교의 감옥prison으로 오해된다. 하지만 정반대로도 이해될 수 있다. 신학화의 과정에서 장르와 그 특징이 가져다주는 인지적 그리고 커뮤니케이션의 지도와 모판a conceptual and communicational map and matrix을 본문을 통해 찾아서 오늘날의 설교로 반영하는 것은, 본문이 지닌 커뮤니케이션 본질에 충실하면서도 그 독특한 커뮤니케이션의 방식을 (추정된) 정황 속에 있는 청중에게 다양한 적용을 창조적으로 발휘할 수 있도록 본문이 제공한 든든한 울타리fence가 된다. 특히 장르적 고려는 특정한 본문에 적실하고 적합한 정황에 맞는 적용을 가져다주는 것이기에, 롱Long의 용어를 빌리자면, 설교자는 이 특정한 본문을 통해서 성경 저자가 말하는 것, 즉 본문의 내용focus과 그 내용으로 무엇을 어떻게 수행하는지function를 이해하는 것 모두가 신학화 과정의 일부로 포함되어야 한다. 본문의 독특성과 수행성을 살펴보면서 확인한 바와 같이, 성경 저자가 성령의 영감으로 기록한 본문은 저자가 의도한 의미와 더불어 그 의미와 적용의 방향성과 힘과 효과를 모두 제공하고 있기에, 신학화 과정에서의 장르적 고려는 특정 본문에서 나오는 모든 적용을 중재하며, 그 적합성을 검증하는 잣대가 될 수 있다. 따라서 장르적 고려는 신학화 과정에서 본문의 권위와 정황의 적실성을 관장하는 중추적 역할을 하게 된다. 궁극적으로 설교자가 주해 과정과 설교 과정을 이어주는 설교자 주도의 일방적인 소통이 아닌 성경 저자가 이미 제공한 언어 언약a covenant of language 안에서, 저자와 독자가 쌍방적 관계적 소통이 가능하도록 하며, 그리고 그 소통은 인지적 내용만이 아닌 그 내용에 반응하는 방식과 태도, 그리고 임팩트/효과를 전달하는 보다 온전한 해석학적 다리를 놓는 것이 가능하도록 한다.

넷째, 본문 앞의 세계, 본문의 수행성과 효과성을 함께 살펴보는 장르적 고려는 의미론과 화용론을 통합적으로 다루게 함으로 하나님의 영광을 위해서 그분께서 보이신 다양한 하나님 나라에 대한 성경의 세계the Kingdom of God에 청중들이 반응토록 하고, 그 세계 안에서 순종하며 살아가도록 하는 성경적 설교의 목적에 더욱 잘 부합되는 해석학적/설교학적 방식이다. 궁극적인 저자이신 하나님께서 주신 성경 본문은 규범적 본질과 더불어 영적이고 도덕적인 변화의 능력을 지닌 말씀으로, 하나님께서 이 말씀과 함께 자신의 백성들에게 계속된 커뮤니케이션이 이루어지도록 함으로써, 자신의 백성에게 믿음과 순종을 끌어내신다. 이때 하나님 나라 백성의 삶이 가능하도록 하는 원동력은 청중에게 주어진 원리적 진술이나 개념으로 되는 것이 아니라, 실제적으로는 하나님 나라의 비전the vision of the Kingdom을 부여받은 우리가 제대로 반응하며 살아가는 삶에 대한 비전에서 나온다.[78] 이런 측면에서 설교자가 본문과 청중 사이에 간격을 극복하는데 매우 중요한 중재적 역할을 하는 본문 앞의 세계, 본문의 수행성, 그리고 그것을 구현하는데 성경 저자가 활용한 장르적 요소들과 특징을 총체적으로 다루는 것은 오늘날의 청중들이 성경 저자가 구현한 본문 세계에 부합되게 살아가도록 하는 데 필수적이다. 우리의 설교가 의미의 전달이 아니라 변화가 목적이라면, 해석자로서 설교자는 본문 앞의 세계를 충실히 수용하고, 그 세계에 자신이 먼저 반응하고, 그 세계에 맞추어 이 땅에서 살아가야 한다. 더 나아가 특정 본문의 세계가 하나님 나라에 대한 설명과 더불어 그 나라에서 살아가는 하나님의 백성이 반응하고 따라야 할 삶의 한 단면이라는 것을 설교를 통해 청중에게 충실히 재현함으로, 청중들이 성경에서 다양하게 보여주는 하나님 나라에 맞추어 살도록 권위 있고 적실하게 촉구해야 할 것이다.

---

[78] James K. A. Smith, *Desiring the Kingdom: Worship, Worldview, and Cultural Formation Cultural Liturgies* 1 (Grand Rapids: Baker, 2009), 52-53.

3. 장르적 특성을 고려한 시편 19편의 신학화 과정 실례

시편은 역사적으로 많은 그리스도인에게 깊은 사랑을 받아 온 책이며, 많은 학자와 목회자의 열띤 논의와 설교의 대상이 되어 온 하나님의 말씀이다. 하지만 계속된 연구와 오랜 설교 전통에도 불구하고, 시편을 설교하는 것은 설교자에게 굉장한 부담으로 다가온다.[79] 이를 반영이나 하듯이, 학자들 가운데도 시편이 원래 노래로 불리도록 의도되었기 때문에 설교하지 말아야 한다는 주장도 있고,[80] 하나님을 향한 인간의 감정적 표현들 human words to God로 가득하기에 설교 본문으로 적당하지 않다는 주장도 있다.[81] 시편을 하나님의 영감 받은 말씀 God's inspired Word to humanity으로 확신하는 설교자들에게조차도 다른 장르의 본문으로 하는 설교 횟수보다 시편 설교의 횟수가 현저히 적은 것이 사실이다.[82] 이런 시편 설교의 어려움과 기피 현상에 대하여 학자들은 각 시가 지닌 역사적 정황의 부재,[83] 본문 내의 문학적 정황의 모호함과 광범위함,[84] 정직하고 솔직하며 심지어 신랄한 저주가 담긴 내용,[85] 시의

---

79 Walter Brueggemann, *The Word Militant: Preaching a Decentering Word* (Minneapolis, MN: Augsburg Fortress, 2007), 31.

80 Donald E. Gowan, *Reclaiming the Old Testament for the Christian Pulpit* (Atlanta: John Knox, 1980), 146, David Buttrick, *Homiletic: Moves and Structures* (Philadelphia: Fortress, 1987), 478.

81 이에 대한 논의는 다음의 책과 논문을 참고하라. Elizabeth Achtemeier, *Preaching as Theology and Art* (Nashville: Abingdon, 1984), 60; Elizabeth Achtemeier, "Preaching from the Psalms," RevExp 81 (Summer, 1984): 437-50; and Thomas G. Long, *Preaching and the Literary Forms of the Bible*, (Philadelphia: Fortress, 1989), 43.

82 김창훈, "시편 설교를 위한 다양한 고려 사항에 대한 연구", 한국복음주의실천신학회, 「복음과 실천신학」 24 (2011): 72.

83 Mark D. Futato, *Interpreting the Psalms: An Exegetical Handbook* (Grand Rapids: Kregel, 2007), 118-23.

84 Andrew J. Schmutzer, "Preaching from the Poetic Books," in *The Moody Handbook of Preaching*, ed. John Koessler (Chicago: Moody Publishers, 2008), 157.

85 Robert Davidson, "In Honesty of Preaching: the Old Testament Dilemma and

독특한 구조적 특징과 비유적 언어 사용,[86] 그리고 시가 지니는 풍성한 감정들이[87] 설교 본문으로 하는 데 큰 장벽들이 될 수 있다고 지적한다. 사실 이런 장벽들은 시 장르가 지닌 독특성이란 말로 수렴되는데, 시가 지닌 이런 특징을 설교에 어떻게 반영할지에 대한 설교자의 건전한 고민이 오히려 설교의 기피 현상으로 이어지고 있는지 모른다. 안타깝게도 이런 장르적 성격을 살려서 시편을 설교하는 것에 대한 설교적 관심과 방법론적 제안은 다른 성경 장르보다 비교적 부족한 실정이다. 여기에서는 장르적 성격을 살린 시편 설교의 전체 과정을 다루기보다는,[88] 설교를 위한 신학화 과정에만 집중하여 그 과정에서 장르적 성격을 고려해야 할 필요성을 시편 19편의 예를 통해 설명하고자 한다.

1) 시편 19편의 주제와 내용

시편 19편은 "시편의 문제아"라고[89] 불리기도 했지만, "시편에서 가장 위대한 시이며 세상에서 가장 위대한 가사 중의 하나"[90]라고도 불린다. 이런 극단적인 평가는 본문이 지닌 내용이 서로 다른 세 개의 내용

Challenge," ExT 111, no. 11 (August, 2000): 365-68.

86 Harold T. Bryson, *Expository Preaching: The Art of Preaching through a Book of the Bible* (Nashville: B&H, 1995), 217.

87 W. H. Velema and Susan van der Ree, "Preaching on the Psalms," ERT 21, no. 3 (July, 1997): 258.

88 여기에 대해서는 김대혁, "장르적 성격이 살아나는 설교 방법론 제안: 비탄시를 중심으로", 한국복음주의실천신학회, 「복음과 실천신학」 30 (2014): 42-88을 참고하라. 여기의 글은 이 소논문의 일부 내용을 수정한 것으로 특히 신학화 과정에 대한 제안을 시편 19편에 적용한 것임을 밝힌다.

89 James Luther Mays, *The Lord Reigns: A Theological Handbook to the Psalms*, (Louisville: Westminster John Knox, 1994), 128. Nancy L. DeClaissé-Walford, Rolf A. Jacobson and Beth LaNeel Tanner, *The Book of Psalms*, NICOT, 강대이 역, 『시편』 (서울: 부흥과개혁사, 2019), 257에서 재인용.

90 C. S. Lewis, *Reflections on the Psalms* (New York: Harcourt, Brace, 1986), 63.

으로 구성된 것처럼 보이는데 기인한다.[91] 즉, 1-6절의 주제와 내용은 하나님의 창조에 초점을 둔 찬양시로 보이지만, 7-10절은 여호와의 율법을 다루는 지혜시로 여겨지며, 마지막 11-14절은 시인의 하나님을 향한 자기 고백의 기도문처럼 여겨진다. 따라서 시편 19편의 이 세 부분의 주제와 내용에만 초점을 두고, 설교자가 신학화 과정을 통해 보편적 신학적 진리를 파악한다면, 다음과 같이 표현될 수 있을 것이다.

1. 모든 세계에 영향을 미치는 해의 영향 아래에서 창조 세계는 하나님의 영광을 선포한다(1-6절).
2. 하나님의 말씀은 사람을 변화시키며 삶에 참된 가치와 유익을 가져다준다(7-10절).
3. 신자는 하나님의 계시 앞에서 온전한 삶을 살기를 바라야 한다(11-14절).

이처럼 시편 19편의 주해를 통해 표현한 보편적 신학적 진리 문장은 언뜻 보기에는 서로 다른 주제와 분위기를 지닌 것처럼 보인다. 그래서 아서 바이저Arthur Weiser의 경우, 왜 서로 다른 주제의 시들이 한 시 안에 담긴 것인지 의아하게 여길 정도다.[92] 물론 바이저Weiser의 이 말을 성경을 존중하는 강해 설교자라면 실제로 동의하지는 않겠지만, 설교 실천에서만큼은 창조, 말씀, 죄의 고백 등으로 따로 떨어진 주제별로 설교하는 경향이 강하다. 물론 이 시편이 지닌 각 단락을 주제별로 나누어서 설교할 수 없는 것은 아니다. 하지만 그렇게 설교할 경우, 한 편의 시를 가지고 성경 저자가 전달하고자 하는 커뮤니케이션의 의도를 충분히 설교에 반영하지 못할 우려가 있다. 달리 표현하면, 시 장르가

---

91 세 부분의 단락 구분은 학자마다 11절을 어떻게 구분하느냐에 따라서 달라진다. 하지만 세 단락의 핵심 주제에 대해서 거의 일치한 견해를 지닌다.
92 Arthur Weiser, *The Psalms: A Commentary*, OTL (Louisville: Westminster John Knox, 1962), 197.

지닌 커뮤니케이션의 독특성을 이론적으로는 인식한다고 하지만, 설교에서는 본문에도 도출된 신학적 개념에만 초점을 두어 그것을 설명하고 적용하는 설교가 될 가능성이 커진다. 이런 경우, 분명 성경 장르가 지닌 커뮤니케이션의 차이가 있음에도 불구하고, 기타 장르(예를 들면 서신서)에서 나오는 비슷한 신학적 주제를 설교하는 것과 이 시편 19편을 설교하는 것과는 별반 차이가 나지 않을 수 있다.

설교자가 본문의 내용, 형식, 효과를 가지고 특정한 기능을 달성하기 위한 통합적 커뮤니케이션이 되도록 하는 기본적인 장르의 인지적이며 수행적 역할a conceptual and performative function을 충실히 견지한다면, 신학화 과정에서 시편 본문에서 신학적 개념만을 파악하고 도출하는 것에만 그치지 않을 것이다. 특히 히브리 시편이 하나님과의 언약 백성이 그의 실존적 경험 안에서 자신을 돌아보는 거울이자, 자기 영혼의 감정을 살펴서 하나님께 올려드린 고백임을 고려한다면 더욱 그러하다.

신학화 과정에서 장르 고려를 놓치지 않는 설교자는 우선 시편 19편의 내용을 비록 그 안에 각기 다른 주제를 전달하고 있는 것처럼 보일 수 있지만, 한 편 전체를 통해서 오늘날 청중에게 전달하고자 하는 통합적 커뮤니케이션이 지닌 통일성을 발견하도록 해야 한다. 이런 관점에서 우선 시편 19편 전체를 통해 저자가 오늘날 청중에게 전달하고자 하는 보편적 신학적 명제를 표현해 본다면, 아래와 같이 표현될 수 있을 것이다. 물론 신학적 표현들은 설교자의 언어 스타일에 따라서 차이가 날 수 있다. 아래의 첫 번째 표현이 본문의 표현을 활용한 본문에 가까운 신학적 문장이라면, 아래는 더욱 간략한 표현으로 오늘날 청중을 향한 신학적 보편 문장이라 말할 수 있다.

본문 지향의 신학적 핵심 내용:
하나님의 모든 창조 세계는 그분의 영광을 찬양하며, 하나님의 말씀 세계는 신자를 변화시켜 생명과 기쁨과 즐거움을 주기에, 이런 창조와 성경 계시 안에서 살아가는 신자의 내면 세계의 합당한 반응은 이 계시들을 깊게 묵상하여 하나님께 죄를 고백하며 그분께 영광을 돌리는 삶을 살아갈 것을 다짐한다.

청중 지향의 신학적 핵심 내용:
창조 세계와 성경 세계를 깊이 묵상하는 것은 신자에게는 자신의 내면 세계에 대한 깊은 영적 각성과 더 큰 영적 헌신을 불러일으킨다.

위의 표현들은 같은 신학적 원리를 담고 있지만, 언어 스타일에서는 차이가 난다. 하지만 시편 19편이 지닌 각 부분의 주제별 신학적 개념을 나누어서 찾고, 이를 각각 표현하는데 집중한 것이 아니라, 시 전체를 통해서 시인이 전달하고자 하는 신학적 내용과 목적을 포괄적으로 표현하는 데 집중한 것이다. 이처럼 설교자가 저자가 한 편의 시 전체를 통해 전달하고자 하는 의도성에 지배를 받으면서, 특별히 장르가 지닌 통합적 커뮤니케이션 역할을 신학화 과정에서도 함께 고려하는 것은 다른 장르에서 같은 주제를 가지고 설교하는 것과 차이를 가져다주는 기초를 제공한다.

2) 시편 19편의 흐름과 형식

위에서 표현한 시편 19편 전체의 신학적 핵심 명제는 세 부분의 주제와 내용을 따로 떼어놓고 살펴본 것이 아니라, 저자가 배열한 흐름과 독특한 구조를 염두에 두고 그 내용과 더불어 유기적으로 이해한 결과라 할 수 있다. 시편 19편의 저자가 전달하고자 한 내용의 배열과 독특한 운문의 구조와 문체에 대한 이해는 독특한 신학적 함의를 제공한다.

먼저 1-6절은 창조 세계가 인간이 들을 수 없는 소리 없는 말(언어, 지식, 말씀, 소리의 반복적인 말을 사용하면서)로 하나님의 영광을 선포하고 있는 내용을 전한다. 특히 4-6절은 그 내용의 대상을 해에 초점을 두면서 모든 창조 세계를 다스리는 하나님의 영광을 찬양한다. 이 단락에서 저자는 창조의 세계를 의인화하고, 특히 해를 신랑으로 의인화하면서 시청각적인 이미지를 활용하여 매우 유동적이며 자유분방한 운문과 문체로 주제를 다룬다.[93]

이에 비해 7-10절은 주제, 운문과 문체 혹은 어투가 바뀐다. 그 주제는 창조 세계에서 말씀 세계, 즉 율법에 관한 여섯 개의 동의어(율법, 증거, 교훈, 계명, 경외하는 도, 법)를 반복하면서 말씀 세계의 속성과 효력을 강조한다. 앞에서 모든 피조물을 해가 지배한다는 내용이 강조되었다면, 이 부분에서는 모든 생명을 하나님의 말씀 세계가 영향을 주고 있다는 점을 내용 면에서 대조적인 발전을 이루고 있다. 따라서 하나님의 창조 권능과 장려함을 보여주는 자연 계시로는 이룰 수 없는 하나님 말씀에 대한 더 큰 권능과 가치를 사모할 것을 선포하며 마친다(10절). 이와 더불어 주목할 것은 이 단락의 운문과 어투는 앞선 자유분방한 운문과 문체와는 달리 극도의 규칙성을 띤다.[94] 하나님 말씀을 의인화하며 시각과 미각의 이미지를 사용하여 말씀의 기능과 효력을 세밀하게 묘사해 가르침을 준다.

마지막 단락인 11-14절에서 또다시 내용과 더불어 구조와 문체가 변한다. 이 단락의 내용은 앞선 창조와 말씀 세계에서 그 초점을 자신

---

[93] DeClaissé-Walford, Jacobson, and Tanner, *The Book of Psalms*, 257.
[94] DeClaissé-Walford, Jacobson, and Tanner, *The Book of Psalms*, 264. 방정열, 『새로운 시편 연구』(서울: 새물결플러스, 2018), 209. 특히 7-9절의 히브리어 구성은 5개의 단어로 5+5, 5+5, 5+5의 모습을 띠고 있다.

과 자신의 내면 세계를 다룬다. 하지만 시인의 말은 창조 세계의 소리 없는 말과 하나님의 말씀과의 주제적 연결점을 지니고 있다. 특별히 주목할 부분은 이 단락의 구조와 문체인데, 앞 단락과의 확연한 차이를 지니고 있다. 이 단락의 구조는 두 행씩 세 단락으로 이루어져 있으며 그 가운데 3개의 명령형 간청을 포함하고 있다(12절의 "벗어나게 하소서," 13절의 "주장하지 못하게 하소서", 14절의 "원하나이다"). 더불어 문체 역시도 1-6절에서의 예술적 문체나 7-10절의 엄격한 문체와는 달리 기도의 문체를 보인다.

이처럼 시편 19편의 세 부분의 구조와 문체는 각 단락의 내용과 함께 잘 어우러져 있다. 창조 세계가 보여주는 하나님의 영광을 찬양하는 말, 말씀 세계가 가져다주는 생명과 만족에 대한 가르침의 말, 그리고 창조와 말씀 세계에 대한 반응으로써, 내면 세계가 하나님께 받아 들여지기를 바라는 기도의 말로 이어지면서 하나의 통합적 커뮤니케이션 행위로 전달된다.

3) 시편 19편의 효과와 역동성

앞선 19편의 내용과 구조의 유기적 이해는 또한 본문의 기능에 대한 이해로 자연스럽게 이어지게 한다. 특히 시편이 '영혼의 완전한 해부도'로서 우리의 모든 감정을 표현하며 그 가운데 치유의 길을 보여주고 있다면,[95] 시편 19편이 지닌 내용과 형식과 더불어 감정적 효과와 움직임emotional impact and movement을 살펴보면서, 이 시가 전달하고자 하는 신학적 내용(의미론적 분석)과 더불어 어떤 독특한 커뮤니케이션의 역동성을 본문 앞에 있는 독자를 향해 자아내는지를 파악하는 것(화용론적 분석)도 시가 지닌 장르적 성격을 고려한 신학화 과정에서 매우 중요하다.

---

[95] John Calvin, "The Author's Preface," *Commentary on the Book of Psalms*, Calvin's Commentary vol.4 (Grand Rapids: Baker, 1989), xxxvii.

첫 번째 단락인 1-6절은 비록 찬송의 명령이나 이유를 명시적으로 말하지는 않아도, 다른 어떤 장르보다 찬송의 내용과 효과에 잘 들어맞는다. 창조 세계 안의 모든 피조물의 목적이 하나님 한 분을 찬양하는 것임을 강조함으로써, 하나님의 통치를 받으며 살아가는 피조물인 우리가 하나님을 찬양하도록 만드는 효과를 지니고 있다. 한편, 두 번째 단락인 7-10절은 인격적인 하나님을 알 수 있는 유일한 방법으로써 하나님의 말씀에 대한 가르침의 기능이 두드러진다.[96] 앞서 창조 세계에 대한 시인의 고백이 우리로 함께 찬양하도록 하는 기능이 강하다면, 이 단락에서는 규칙적인 구조와 문체와 어우러져 본문을 천천히 음미하며 묵상하도록 만드는 효과를 지닌다.

하지만 시편 19편의 커뮤니케이션 행위의 핵심은 앞의 두 부분이 아니라, 이 시의 마지막 단락인 11-14절에 있다. 시의 감정적 효과와 역동성이 가장 두드러지는 곳이 바로 이곳이다. 분명 자연과 말씀을 통한 하나님의 계시를 이해시키고 상기시키는 것은 시편 기자가 의도한 커뮤니케이션의 중요한 한 부분이기는 하지만 궁극적인 목적이 아니다. 오히려 창조 세계와 말씀 세계에 합당한 우리의 내면의 반응이 이 시편이 추구하는 커뮤니케이션의 신학적 목적이다. 이런 측면에서 이 시의 마지막 단락에서 시편 기자는 자신의 기도에 우리를 초대하여 창조와 말씀 세계와 부합되는 내면 세계로의 성찰과 기도를 요구하며, 이를 통해 창조주 하나님께 더 큰 찬송과 말씀을 주신 하나님께 대한 영적 헌신을 촉구한다.

이처럼 시편 19편이 지닌 찬양, 묵상, 기도로 이어지는 내용과 형식은 감정적 효과와 어우러져 하나의 통합적이며 인격적 커뮤니케이션 반응을 촉구한다. 이러한 이 시편이 지닌 커뮤니케이션 효과에 대한 적실성과 그 신학적 함의를 신학화 과정에서 통합적으로 파악하는 것은

---

[96] J. Clinton McCann Jr., "The Book of Pslams," In *NIB* 4 (Nashville: Abingdon, 1996), 751.

본문 앞에서 살아가는 오늘날 청중이 본문에서 나오는 신학적 내용만이 아니라, 그 본문이 가져다주는 여전히 유효한 효과와 힘을 설교를 통해 경험하도록 만드는 신학적 근거를 확립하는 데 필요하다.

4) 시편 19편을 통해 살펴본 장르적 성격을 고려한 신학화 과정 요약

설교자가 시편 19편의 세 부분의 단락을 중심으로 창조 세계로 드러나는 하나님의 영광(1-6절), 말씀 세계가 주는 유익(7-10절), 신자의 죄의 고백과 합당한 반응(11-14절)을 각각 설교하는 것은 시편 저자가 전달하고자 하는 커뮤니케이션 일부분에만 충실한 결과다. 설교자가 이런 명제적 내용에만 국한된 신학화 과정만을 거칠 경우, 앞서 설명한 성경 저자가 이 본문의 구조와 흐름, 그리고 감정적 움직임과 역동성을 통하여 본문 앞에 있는 모든 시대의 독자/청중을 향한, 여전히 유효한 커뮤니케이션 기능과 효과의 신학적 함의 혹은 적실성은 간과하여 이를 설교에 제대로 반영할 수 없게 된다. 이런 측면에서 본문이 지닌 커뮤니케이션의 적실성은 내용만이 아니라 기능도 반드시 포함되어야 한다. 따라서 영감 받은 본문을 존중하여 장르적 특성을 살리는 시편 설교를 하기 위해서, 먼저 설교자는 신학화 과정에서 본문 주해에 근거한 각 단락의 보편적 진리 진술을 도출하는 데 그치지 말고, 시편 전체 안에서 전달하고자 하는 보편적 신학적 핵심 진술을 표현함으로써, 원래의 독자/청중에게나 오늘날의 독자/청중에게도 모두 적실한 신학적 주제가 무엇인지를 확정하는 것이 필요하다. 더 나아가, 전체 시의 형식과 효과를 통합적으로 살펴보면서 오늘날에도 유효한 본문의 장르적 특징이 무엇인지를 통합적으로 고려하여, 그것이 가져다줄 수 있는 커뮤니케이션의 효과와 그 신학적 함의가 무엇인지도 파악해야 한다.

중요한 것은 장르적 특징을 살려내는 설교의 신학화 과정은 설교자가 장르의 기본적 요소들(목적, 내용, 형식, 효과)이 유기적으로 연결되어 있

다는 이해를 주해화 과정과 설교 작성의 과정 사이에도 단절되지 않게 유지해야 한다는 점이다. 그리하여 성경 커뮤니케이션 내용과 더불어 형식과 효과 모두를 오늘날의 설교 커뮤니케이션으로 통합적으로 옮겨올 수 있는 발판을 제공해야 한다. 이처럼 주해에서 설교로 넘어가는 신학화 과정에서 설교자가 본문성을 세심하게 고려하여, 본문 커뮤니케이션의 인위적인 분리로 인한 틈이 생기지 않고 연결될 때, 설교자는 하나님의 인격적이고 관계적 소통 행위인 본문 커뮤니케이션에 근거하고 거기에 더욱 충실한 설교문을 작성하여 이를 강단에서 확신 있게 전할 수 있도록 할 것이다.

여기에 한 가지 덧붙여 설명할 것은 신학화 과정이 단순히 장르적 성격을 충분히 고려하는 것만으로 그치지 않는다는 점이다. 그 과정에서 설교자는 본문의 내용을 성경신학적 관점에서 확정하며, 조직신학적 관점에서도 검증하고, 무엇보다 본문과 그리스도로와의 관계성도 살펴볼 필요가 있다.[97] 이런 신학적 움직임을 통해서 설교자는 시편 19편에서 창조주로서 이 땅에 오신 그리스도에게 만물은 영광을 올려드려야 하며(골 1:15-20), 완성된 계시의 말씀으로 오신 그리스도를 믿어 생명과 기쁨을 얻고 그분을 더욱 사모하며, 그분 안에서 우리는 회개하여 죄 사함을 받고, 더 나아가 그분으로 인해 죄를 이길 힘을 얻어 우리의 삶이 하나님께 합당한 영광을 돌리도록 해야 한다는 신학적 내용으로 연결할 수도 있을 것이다. 하지만 이런 신학적 움직임이 시편에서 신약으로 연결되는 신학적 내용만이 아니라, 시대를 넘어 시편 19편 앞에서 이 말씀을 듣고 살아가는 신자에게 지속해서 작용하는 본문의 신학적 목적/기능(찬양-묵상-기도)을 따로 떨어뜨리지 않고 오늘날 청중에게 함께 전달되어 본문이 요구하는 합당한 반응을 자아내게 하는 것이 더욱 바람직하다. 시를 통해 혹은 통하여 하나님의 커뮤니케이션 행위인 본

---

[97] 성경 저자가 구현한 본문성(textuality)과 정경적 맥락 속에서 그리스도 중심성(Christ-centeredness)과의 연관성과 그 균형에 관해서는 다음 장에서 더욱 자세하게 다룬다.

문이 가져다주는 장구한 의미를 깨달을 뿐만 아니라, 그 시가 지닌 감정적 움직임과 효과를 따라서 자신의 정서적 방향이 바뀌는 경험이 이루어지게 하려면, 설교자는 신학화 과정에서도 본문이 지닌 장르적 성격을 항상 염두에 두는 것이 필수이다.

III. 닫는 글

바른 성경관에 기초한 성경적 설교는 성경을 하나님의 살아 있고 운동력 있는 말씀으로 인정하는 본문을 존중하는 설교 철학이자 설교 방법론이어야 한다. 따라서 본문에 충실한 설교자는 하나님의 영감 받은 본문 커뮤니케이션의 한 부분이 아니라 총체적 스펙트럼the total spectrum of the textual communication을 존중해야 한다. 이런 측면에서 성경적 설교가 성경 저자가 기록한 본문의 역사적 지평을 넘어 오늘날 청중의 지평에도 권위 있고 적실한 하나님의 커뮤니케이션이 되기 위해서는, 설교자는 주해적 과정the exegetical process을 지나 설교화 과정 the homiletical process으로 넘어가는 신학화 과정the theological process에서도 성경 저자가 본문에서 의미 전달과 더불어 본문의 수행성과 효과성을 전달하는 커뮤니케이션의 모판과 지도의 역할을 하는 장르적 요소와 특징들을 함께 살펴봄으로써, 원래 청중에게만이 아니라 현재와 미래의 계속되는 청중들을 위해서 본문을 통해서 투사하고 전달하고자 한 성경 저자의 의도성(의미, 방식, 임팩트/효과)을 충분히 파악하고 반영하도록 해야 한다. 이런 과정을 통해서 오늘날의 청중이 성경 본문에서 진리 명제만을 이해하는 것이 아니라, 그 메시지를 장르적 특징에 담아서 전달하고자 한 본문 커뮤니케이션이 가져다주는 효과도 경험하도록 해야 한다. 성경적 설교가 하나님의 말씀에 대한 바른 해석과 효과적인 전달이 서로 동떨어지지 않다는 것을 기본 철학이자 방법론으로 삼는 것처럼, 설교자는 하나님의 살아 있는 말씀 속에 신적/인간 저자가 함께 붙여놓은 것을 따로따로 조각내거나, 단순화하거나, 혹은 임의로 조작하지 않아야 한다. 그러므로 성경 저자가 본문에서 의도한 내용과 더불어 그 효과까지 오늘날의 설교에서 재생하고자 하는 설교자는 주해적 과정과 설교화 과정만이 아니라, 이 사이를 연결하는 신학화 과정에서도 장르적 고려를 통해 본문이 전달하는 명제적 메시지는 물론이고, 본문 세계를 충실히 재현함으로써 설교자와 청중 모두가 그 세계를 이해하고 경험함으로써, 자신들이 삶아가는 현실 세계를 변혁해 나가도록 해야 할 것이다.

참고문헌

김덕현. "언어 행위 이론(Speech Act Theory)의 이해와 성령의 언어행위로써 설교: 빌레몬서 1장 15-16절을 중심으로". 한국복음주의실천학회.「복음과 실천신학」 36 (2015): 89-117.
김대혁. "장르적 성격이 살아나는 설교 방법론 제안: 비탄시를 중심으로". 한국복음주의실천학회.「복음과 실천신학」 30 (2014): 42-88.
김영한. "주제: 21세기 신학 교육과 목회: 특별논문; 변혁적 해석학의 착상". 한국복음주의신학회.「성경과 신학」 304 (2003): 399-418.
김창훈. "시편 설교를 위한 다양한 고려 사항에 대한 연구". 한국복음주의실천신학회.「복음과 실천신학」 24 (2011): 71-102.
방정열.『새로운 시편 연구』 서울: 새물결플러스. 2018.
윤형철. "삼위일체론적 성경본체론 회복의 필요성에 대한 고찰: 언어행위 이론(Speech-act theory)의 통찰을 활용하여". 한국복음주의신학회.「성경과 신학」 63 (2012): 358-80.
Achtemeier, Elizabeth. "Preaching from the Psalms". *Review and Expositor* 81 (Summer, 1984): 437-49.
Achtemeier, Elizabeth. *Preaching as Theology and Art*. Nashville: Abingdon, 1984.
Akin, Daniel, L., David L. Allen, and Ned L. Mathews, eds. *Text-Driven Preaching: God's Word at the Heart of Every Sermon*. Nashville: B&H. 2010.
Allen, Ronald B. "A Response to Genre Criticism?Sensus Literalis". In *Hermeneutics, Inerrancy, and the Bible*, ed. Earl D. Radmacher and Robert D. Preus. Grand Rapids: Zondervan. 1984.
Alston, William P. *Illocutionary Acts and Sentence Meaning*. Ithaca, NY: Cornell University Press. 2000.
Arthurs, Jeffrey D. *Preaching with Variety: How to Re-create the Dynamics of Biblical Genres*. Grand Rapids, MI: Kregel. 2007.
Auerbach Erich, *Mimesis: The Representation of Reality in Western Literature*, trans. Willard R. Trask. Princeton: Princeton University

Press. 1953.

Austin, J. L. *How to Do Things with Words*, 2nd ed. Cambridge, MA: Harvard University Press. 1975.

Blue, Scott A. "Meaning, Intention, and Application: Speech Act Theory in the Hermeneutics of Francis Watson and Kevin J. Vanhoozer". *TJ* 23 (2002): 161-84.

Briggs, Richard. "The Use of Speech Act Theory in Biblical Interpretation". *Current Research in Biblical Studies* 9 (2001): 229-76.

──. *Words in Action: Speech Act Theory and Biblical Interpretation*. Edinburgh: T&T Clark. (2001): 3-143.

Botha, J. Eugene. "The Potential of Speech Act Theory for New Testament Exegesis: Some Basic Concepts". *HTS* 47 (1991): 297-303.

Brown, Jeannine K. "Genre Criticism and the Bible". In *Words & the Word*, ed. David G. Firth and Jamie A. Grant. 110-50. Downers Grove, IL: InterVasity. 2008.

──. *Scripture as Communication: Introducing Biblical Hermeneutics*. Grand Rapids: Baker. 2007.

Brueggemann, Walter. *The Word Militant: Preaching a Decentering Word*. Minneapolis, MN: Augsburg Fortess. 2007.

Bryson, Harold T. *Expository Preaching: The Art of Preaching through a Book of the Bible*. Nashville: B&H. 1995.

Buttrick, David. *A Captive Voice: The Liberation of Preaching*. Louisville: Westminster/John Knox. 1994.

──. *Homiletic: Moves and Structures*. Philadelphia: Fortress. 1987.

Calvin, John. "The Author's Preface". *Commentary on the Book of Psalms*. Calvin's Commentary Vol. 4. Grand Rapids: Baker. 1989.

Carson, D. A. "Unity and Diversity in the New Testament: The Possibility of Systematic Theology". In *Hermeneutics, Authority and Canon*, eds. D. A. Carson and John D. Woodbridge, 69-79. Grand Rapids:

Baker. 1995.

Childs, B. S. "Speech-act Theory and Biblical Interpretation". *SJT* 58. no. 4 (2005): 375-92.

Clowney, Edmund. *Preaching and Biblical Theology*. Nutley, NJ: Presbyterian & Reformed. 1977.

Craddock, Fred B. *Preaching*. Nashville: Abingdon. 1985.

Davidson, Robert. "In Honesty of Preaching: the Old Testament Dilemma and Challenge". *Expository Times* 111. no. 11 (August, 2000): 365-68.

DeClaissé-Walford, Nancy L., Rolf A. Jacobson, and Beth LaNeel Tanner. *The Book of Psalms*. NICOT. 강대이 역. 『시편』 서울: 부흥과개혁사. 2019.

Fee. G. D. and D. Stuart, *How to Read the Bible for All Its Worth*. 3rd ed. Grand Rapids: Zondervan. 2003.

Futato, Mark D. *Interpreting the Psalms: An Exegetical Handbook*. Grand Rapids: Kregel. 2007.

Goldingay, John. *Approaches to Old Testament Interpretation*. Leicester: Inter-Varsity. 1981.

Gowan, Donald E. *Reclaiming the Old Testament for the Christian Pulpit*. Atlanta: John Knox. 1980.

Grave, Mike. *The Sermon as Symphony: Preaching the Literary Forms of the New Testament*. Valley Forge, PA: Judson. 1997.

Green, G. L. "Relevance Theory and Theological Interpretation: Thoughts on Metarepresentation". *Journal of Theological Interpretation* 4. no. 1 (2010): 75-90.

Greidanus, Sidney. *Preaching Christ from the Old Testament: A Contemporary Hermeneutical Method*. Grand Rapids: Eerdmans. 1999.

―――. *The Modern Preacher and the Ancient Text: Interpreting and Preaching Biblical Literature*. Grand Rapids. MI: Eerdmans. 1988.

Johnson, Elliott E. *Expository Hermeneutics: An Introduction*. Grand

Rapids, MI: Zondervan. 1990.
Kaiser, Walter C. *Preaching and Teaching from the Old Testament: A Guide for the Church*. Grand Rapids: Baker Academic. 2003.
──────. *Toward an Exegetical Theology: Biblical Exegesis for Preaching and Teaching*. Grand Rapids. MI: Baker. 1981.
Klein, William W. Craig L. Blomberg, and Robert L. Hubbard, Jr. *Introduction to Biblical Interpretation*, Revised & Expanded. Nashville. TN: Thomas Nelson. 2004.
Kuruvilla, Abraham. *Privilege the Text: A Theological Hermeneutic for Preaching*. Chicago: Moody. 2013.
Lewis, C. S. *Reflections on the Psalms*. New York: Harcourt, Brace. 1986.
Levinson, Stephen C. Pragmatic. Cambridge: Cambridge University Press. 1983.
──────. *Presumptive Meanings: The Theory of Generalized Conversational Implicature*. Cambridge, Mass.: The MIT Press. 2000.
Long, Thomas G. "The Use of Scripture in Contemporary Preaching". *Interpretation* 44 (1990). 343-44.
──────. *Preaching and the Literary Forms of the Bible*. Philadelphia, PN: Fortress. 1985.
Mays, James L. *The Lord Reigns: A Theological Handbook to the Psalms*. Louisville: Westminster John Knox. 1994.
McCann Jr., J. Clinton. "The Book of Psalms". In *NIB* 4. Nashville: Abingdon. 1996.
Meadors, Gary T. *Four Views on Moving beyond the Bible to Theology*. 윤석인 역.『성경 어떻게 적용할 것인가』서울: 부흥과개혁사. 2011.
Miller. Carolyn R. "Genre as Social Action". *QJS*. no. 70 (1984): 151-67.
Montgomery, John Warwick. "The Theologian's Craft". *Concordia Theological Monthly*. 37 (1966): 67-98.
Osborne, Grant R. *The Hermeneutical Spiral: A Comprehensive Introduction to Biblical Interpretation* 2nd ed. Downers Grove. IL: InterVasity. 2006.

Ott, Heinrich. *Theology and Preaching*. Philadelphia: Westminster/John Knox. 1963.

Patte, Daniel. "Speech Act Theory and Biblical Exegesis". *Semeia* 41 (1988): 85-102.

Poter, Stanley E. "Hermeneutics, Biblical Interpretation, and Theology: Hunch, Holy Spirit, or Hard Work?". In *Beyond the Bible: Moving from Scripture to Theology* by I. Howard Marshall, 97-128. Grand Rapids: Baker. 2004.

Quicke, Michael J. *360 Degree Preaching: Hearing, Speaking, and Living the Word* Grand Rapids: Baker. 2003.

Recanati, François. *Meaning and Force: The Pragmatics of Performative Utterances*. Cambridge: Cambridge University Press. 1987.

Richard, Ramesh P. *Preparing Expository Sermons*. Grand Rapids: Baker. 2001.

Ricoeur, Paul. "Existence and Hermeneutics". In *The Conflict of Interpretations*, ed. Don Ihde, trans. Kathleen McLaughlin, 3-24. Evanston: Northwestern University Press. 1974.

―――. *Essays on Biblical Interpretation*, Edited by Lewis S. Mudge. Philadelphia: Fortress Press. 1980.

―――. "Naming God". *Union Seminary Quarterly Review* 34 (1979): 215-27.

―――. *Hermeneutics and the Human Sciences: Essays on Language. Action and Interpretation*, ed. and trans. John B. Thompson. Cambridge: Cambridge University Press. 1981.

―――. *Interpretation Theory: Discourse and the Surplus Meaning*. Fort Worth. Texas Christian University. 1976.

Robinson, Haddon W. "The Heresy of Application". *Leadership* 18 (1997): 21-27.

―――. *Biblical Preaching: The Development and Delivery of Expository Messages*. 2nd ed. Grand Rapids: Baker Academic. 2001.

Ryken, Leland. *How to Read the Bible as Literature*. Grand Rapids:

Zondervan. 1984.

―――. *Words of Delight: A Literary Introduction to the Bible.* 2nd ed. Grand Rapids. MI: Baker. 1992.

Schmutzer, Andrew J. "Preaching from the Poetic Books". In *The Moody Handbook of Preaching*, Edited by John Koessler, 157-78. Chicago: Moody Publishers. 2008.

Seitel, Peter. "Theorizing Genres-Interpreting Works". *NLH* 34 (2003): 275-97.

Smith, James K. A. *Desiring the Kingdom: Worship, Worldview, and Cultural Formation*, Cultural Liturgies 1. Grand Rapids: Baker. 2009.

Smith, Steven W. *Dying to Preach: Embracing the Cross in the Pulpit.* Grand Rapids: Kregel. 2008.

―――. *Recapturing the Voice of God: Shaping Sermons Like Scripture.* Nashville: B&H. 2015.

Sperber, Dan., and Deirdre Wilson, *Relevance: Communication and Cognition.* Cambridge, MA: Harvard University Press. 1986.

Stein, Robert H. *Playing by the Rules: A Basic Guide to Interpreting the Bible.* Grand Rapids: Baker. 2011.

Stott, John. *Between Two Worlds: The Art of Preaching in the Twentieth Century.* Grand Rapids: Eerdmans. 1982.

Thiselton, Anthony C. *New Horizons in Hermeneutics: The Theory and Practice of Transforming Biblical Reading.* Grand Rapids: Zondervan. 1992.

Vanderveke, Daniel. "Non-Literal Speech Acts and Conversational Maxims". In *John Searle and His Critics.* eds. Ernest Lepore and Robert Van Gulick, Cambridge: Basil Blackwell. 1991.

Vanhoozer, Kevin J. "From Speech Acts to Scripture Acts: The Covenant of Discourse and the Discourse of the Covenant". In *After Pentecost: Language and Biblical Interpretation*, eds. Craig Bartholomew, Colin Greene, and Karl Möller. 1-49. Grand Rapids: Zondervan. 2001.

―――. *Is There Meaning in This Text?* Grand Rapids: Zondervan. 1998.

―――. *The Drama of Doctrine: A Canonical-Linguistic Approach to Christian Theology*. Louisville: Westminster John Knox. 2001.

Velema, W. H., and Susan van der Ree. "Preaching on the Psalms". *Evangelical Review of Theology* 21. no. 3 (July, 1997): 258-67.

Virkler, Henry A. and Karelynne Gerber Ayayo, *Hermeneutics: Principles and Processes of Biblical Interpretation*, 2nd ed. Grand Rapids: Baker. 2007.

Vogel, Robert. "Biblical Genres and the Text-Driven Sermon". In *Text-Driven Preaching: God's Word at the Heart of Every Sermon*, Eds. Daniel L. Akin, David L. Allen, and Ned L. Mathews. 163-91. Nashville: B&H. 2010.

Warren, Timothy S. "A Paradigm for Preaching". *Bibliotheca Sacra* 149 (Oct-Dec, 1991): 463-86.

―――. "The Theological Process in Sermon Preparation". *Bibliotheca Sacra* 156 (1999): 336-56.

Weiser, Arthur. *The Psalms: A Commentary*. OTL. Louisville: Westminster/John Knox. 1962.

Willhite, Keith. *Preaching with Relevance*. Grand Rapids: Kregel. 2001.

Wolterstorff, Nicholas. *Divine Discourse: Philosophical Reflections on the Claim that God Speaks*. Cambridge: Cambridge University Press. 1995.

York, Hershael W. and Bert Decker, *Preaching with Bold Assurance: A Solid and Enduring Approach to Engaging Exposition*. Nashville: B&H. 2003.

4장
본문성이 드러나는 그리스도 중심적 설교

A Suggestion for Christocentric Preaching
with an Emphasis of Textuality

I. 여는 글

모든 성경에서 그리스도를 설교하라! 이 설교학적 금언을 부정할 설교자는 드물다. 이는 그리스도의 죽으심과 부활, 그리고 성령님의 오심을 정점으로 하는 하나님의 구속적 행위의 역사적 과정을 기록하고 있는 성경의 본질 때문이며,[1] 동시에 타락한 인간의 진정한 필요가 오직 그리스도를 통해서만 만족함을 얻을 수 있는 인간 실존의 본질 때문이다.[2] 그러므로 성경 어떤 본문이든 정경의 문맥 속에 두면서 하나님의 구속사적 관점redemptive-historical focus과 인간 타락의 관점fallen-conditioned focus을 가지고 바라볼 때, 설교는 그리스도를 지향해야 할 당위성을 지닐 수밖에 없다. 즉 그리스도 중심성은 성경을 설교하는 설교 철학과 원칙, 방향성과 직결된다.[3]

---

[1] 정창균, 『고정관념을 넘어서는 설교』 (수원: 합동신학대학원 출판부, 2002), 42.

[2] Bryan Chapell, *Christ-Centered Preaching: Redeeming the Expository Preaching* (Grand Rapids: Baker Academic, 2005), 50; Timothy Keller, *Preaching: Communicating Faith in an Age of Skepticism* (New York: Penguin, 2016), 56-63.

[3] 정창균, 『고정관념을 넘어서는 설교』, 41.

하지만 모든 성경에서 그리스도를 전해야 한다는 확고한 당위성과 분명한 방향성이 특정 본문에서 어떻게 그리스도와 연결하며 이를 어떻게 설교로 담아내어야 할지에 관한 설교자가 지닌 고민의 무게를 가볍게 하지는 않는다. 특별히 이런 방법론적 고민은 구약에서 그리스도를 설교할 때, 더 깊어진다. 이는 실제 신구약 학자들과 설교학자들이 구약에서 그리스도를 연결해야 하는 당위성을 공유하면서도,[4] 구약에서 그리스도로 연결하는 방법들에서는 여전히 다양한 이견들이 있다는 점에서 분명하게 확인할 수 있다.

이 글은 그리스도 중심적 설교에 대한 이론과 방법론에 관한 본문의 커뮤니케이션 행위의 관점에서 바라본 대안적 제안이다. 하지만 그리스도 중심적 설교와 관련한 해석학적/설교학적 이슈들을 총망라하는 것도, 그리고 거기에 대해서 완전한 해결책을 제시하는 것도 이 글의 목적은 아니다. 단지 지금까지 그리스도 중심적 설교에 대한 이론들의 강조점과 그것이 초래할 수 있는 단점들을 다소나마 극복하고자 하는 하나의 시도이다. 따라서 이 글은 성경 저자가 성령의 영감으로 기록한 본문성textuality, 즉 성경 저자가 본문을 통해서 의도적으로 구현해 놓은 본문 세계를 존중하면서 보다 유기적이고 통합적으로 그리스도와 연결될 수 있는 하나의 방법을 제안하는 데 있다.[5] 이를 위해서 이 논문

---

[4] 대표적으로 구약학자인 Willem VanGemeren은 모든 설교가 그리스도 중심적이어야 하며, 구약을 공부하는 학생들은 반드시 십자가를 거쳐 구약으로 다시 돌아와야 한다고 주장한다. Willem VanGemeren, *The Progress of Redemption: The Story of Salvation from Creation to the New Jerusalem* (Grand Rapids: Zondervan, 1988), 21. 반면 신약학자인 Poythress는 구약성경을 하나님의 디자인을 따라 이해하는 것은 삼위일체 하나님의 역사 속에서 성육신하신 그리스도에 의해서 완성된 구원의 증언, 예견, 기대, 약속에 관한 것이라 말한다. Vern S. Poythress, *The Shadow of Christ in the Law of Moses* (Phillipsburg, NJ: P&R 1991), 285. 또한, Edmund Clowney는 구약에서 그리스도를 설교하지 않는 것은 기독교 설교가 아니라 회당 설교라 말한다. Edmund P. Clowney, *Preaching Christ in All of Scripture* (Wheaton, IL: Crossway, 2003), 11.

[5] 이 글에서 본문성(Textuality)이란, 성경 저자가 당시의 청자/독자에게 본문의 내용을 효과적으로 전달하기 위해서 사용하고 있는 장르적 특징들과 수사적인 방식들 포함하는 것으

은 우선 그리스도 중심적 해석과 설교의 이론들을 주창한 학자들의 이론적 핵심을 간략하게 살펴보면서, 이들의 공통점과 차이점을 정리해 보고자 한다. 특별히 구약의 본문에서 그리스도로 연결하는 대표적인 본문으로서 창세기 22장 1-19절에 관한 그리스도 중심적 설교를 주창하는 대표적인 학자들의 실제 설교 방법들을 살펴봄으로써, 그리스도 중심적 설교에 대한 장단점을 파악해 보고자 한다. 이를 근거로 이 연구는 기존의 그리스도 중심적 설교가 지닐 수 있는 단점들을 극복할 수 있는 하나의 방안으로 창세기 22장 1-19절의 본문에서 성경 저자가 본문의 내용, 형식, 효과를 담아놓은 본문성textuality을 살리면서도 오늘날 청중들에게 그리스도를 전할 수 있는 대안적 설교 방식을 제시해 보고, 이를 통해 본문성을 드러내며 그리스도를 설교하는 방식이 지닌 긍정적인 측면들을 설명해 보고자 한다.

II. 펴는 글

1. 그리스도 중심적 설교의 이론들, 대표적인 예(창 22:1-19), 그리고 평가

1) 그리스도 중심적 설교를 주창하는 학자들과 간략한 이론 정리

그리스도 중심적 설교의 논의는 1930년대와 40년대에 네덜란드개혁교회 안에서 있었던 모범적 설교exemplary preaching와 구속사적 설교

로 성경 저자가 의도한 본문의 내용, 형식, 그리고 청중에게 전달하고자 하는 효과를 포함하는 총체적 본문 커뮤니케이션이라 할 수 있다. 즉 성경 저자가 본문을 통해 구현한 저자-본문-독자를 잇는 커뮤니케이션으로 성경 저자의 의도한 의미가 커뮤니케이션의 행위이자, 그가 구현한 본문의 세계가 당시와 오늘날의 청중/독자의 참여와 다양한 반응을 일으킨다는 점을 강조한다. 여기에 대해서는 Kevin J. Vanhoozer, *Is There a Meaning in This Text?*, 김재영 역, 『이 텍스트에 의미가 있는가?』 (서울: IVP, 2003), 488-566.

redemptive-historical preaching 간의 논쟁으로부터 활발하게 전개되었다.[6] 이 논쟁의 핵심은 구약 내러티브에 나오는 인물을 따라야/피해야 할 모범으로 설교해야 할 것인지, 아니면 그리스도 안에서 이루신 하나님의 구속 역사라는 궁극적인 목적을 향해 설교해야 할 것인지에 대한 것이다. 이런 논쟁들을 통해 네덜란드 구속사적 설교가 강조하는 그리스도 안에서의 성경 통일성과 인본주의적 설교로서의 모범적 설교에 대한 비판은 북미의 그리스도 중심적 해석과 설교에 많은 영향을 주었다.

이 네덜란드의 구속사적 설교에 영향을 받은 대표적인 북미 설교학자로는 에드먼드 클라우니Edmund Clowney를 꼽을 수 있다. 게할더스 보스Geerhardus Vos의 성경신학과 그것을 설교에 적용한 클라우니는 구속사적 설교가 구속사적 접근과 윤리적 적용이 서로 배타적이지 않음을 강조하는데, 믿음과 순종에 대한 반응 모두가 설교에 필수적이며, 그 반응은 반드시 특정한 계시의 진리에 의해서 촉발된 것이어야 한다고 주장한다.[7] 즉 클라우니에 의하면 모범적인 설교의 문제는 구속사적 조망이 없는 것이며, 기존의 네덜란드의 구속사적 설교는 윤리적 적용이 없는 점이 문제임을 지적하고 있다. 이런 점에서 클라우니의 그리스도 중심적 설교의 이론은 네덜란드 구속사적 설교에 대한 교정적 대안을 제시한 것으로, 기본적으로 성경 신학을 해석적인 도구로 사용하고 있다고 이해될 수 있다.

시드니 그레이다누스Sidney Greidanus 또한 구속사적 설교의 열렬한 주창자이다. 그는 그리스도 중심적 설교와 구속사적 설교를 동일한 의미로 사용하면서, 자신의 박사 논문인 *Sola Scripture*에서 역사적 내러티브 본문에서 그리스도를 설교하는 구속사적-역사적 방법을

---

[6] 여기에 대해서는 Sidney Greidanus, *Sola Scriptura: Problems and Principles in Preaching Historical Texts* (Eugene OR: Wedge Publishing, 1970)을 참조하라.

[7] Edmund P. Clowney, *Preaching and Biblical Theology*, 류근상 역, 『설교와 성경신학』 (서울: 크리스챤출판사, 2003), 74.

구체적으로 제안하기도 하였다.[8] 그 뒤 그는 자신의 책, *The Modern Preacher and the Ancient Text*에서 성경의 다양한 장르들에서 문학적, 역사적, 신학적인 방법과 더불어 구속사적-역사적 본문 해석과 설교에 대한 기초를 제공하였다. 특별히 그는 자신의 저서 *Preaching Christ from the Old Testament*에서 구약에서 그리스도를 어떻게 전달할지를 7가지 방법들, 즉 1) 점진적 구속사의 길, 2) 약속-성취의 길, 3) 모형론의 길, 4) 유추의 길, 5) 통시적 주제의 길, 6) 신약 관련 구절 사용의 길, 7) 대조의 길로써 구체적으로 제시한다.[9] 그레이다누스 Greidanus는 이런 이론들만이 아니라, 실제 모든 성경 본문에서 그리스도의 인격, 사역, 가르침과 연결되도록 활발한 저술 활동을 통해서 그 예들을 계속해서 보여주고 있다.

앞서 두 사람과 달리 그레엄 골즈워디 Graeme Goldsworthy는 네덜란드 구속사적 설교에 영향을 받은 것이 아니라, 영국의 도널드 로빈슨 Donald Robinson의 성경신학에 영향을 받아서 성경을 세 단계의 예표론적 구조 안에서 이해하고, 성경신학적 조망의 기본적인 해석적 틀로 거시적 예표론을 활용하여, 성경 전반에서 그리스도를 설교할 것을 강조한다.[10] 따라서 그에게 있어서 그리스도 중심적 설교란 특정 본문을 통해서 성경신학적 내용을 전달하는 것이다.

클라우니 Clowney와 그레이다누스 Greidanus를 통해서 간접적으로 영향을 받은 브라이언 채플 Bryan Chapell은 기존의 구속사적 설교에 대한

---

[8] Greidanus, *Sola Scriptura*, 1-2.

[9] Sidney Greidanus, *Preaching Christ from the Old Testament: Foundations for Expository Sermons*, 김진섭, 류호영, 류호준 역,『구약의 그리스도 어떻게 설교할 것인가』(서울: 이레서원, 2002), 335-405. 여기에 대한 평가로는 이우제, "Sidney Greidanus의 설교 연구: 현대 설교의 한계를 극복하는 대안을 중심으로", 한국복음주의실천신학회,「복음과 실천신학」27 (2015): 335-67을 보라.

[10] Graeme Goldsworthy, *Christ-Centered Biblical Theology: Hermeneutical Foundation and Principles* (Downers Grove, IL: InterVarsity, 2012), 171.

대안으로 *Christ-Centered Preaching* 책을 통해서 많은 영향을 끼친 설교학자이자 목회자이다. 앞서 구속사적 혹은 그리스도 중심적 설교 이론가들과 차이점이 있다면, 클라우니와 그레이다누스가 주로 성경신학의 관점에서 그리스도 중심적 해석에 주안점을 두었던 것에 비해, 채플Chapell은 본문에서 타락 상황의 초점Fallen-Conditioned Focus을 찾는 것을 통해 모든 본문에서 그리스도가 그 문제의 성경적 해답임을 제시하도록 조언한다는 점이다.[11] 다시 말해 기본적으로 본문에 대한 성경신학적 접근을 견지하면서도, 본문에 담긴 인간 타락의 정황을 오늘날의 청중들과 연결함으로 더욱 목회적인 접근을 하고 있다고 볼 수 있다. 이는 그의 방법론에서도 확인될 수 있다. 채플Chapell은 그레이다누스Greidanus의 세분되고 구체적인 방법들을 제시하기보다 크게 세 가지의 포괄적인 설명의 방식들, 1) 본문의 노출textual disclosure, 2) 예표의 노출type disclosure, 3) 정황의 노출contextual disclosure의 방식으로 그리스도와 연결될 수 있다고 본다. 특히 정황의 노출을 통해 그리스도와 연결하는 점에 있어서 그는 본문의 그리스도를 예언하고, 준비하고, 반영하고, 혹은 결과를 반영하는 보다 포괄적 범주를 통해 그리스도로 연결할 것을 제시한다.[12] 따라서 채플(Chapell)은 설교에서 "~되라"와 "~하라"는 내용의 도덕적, 모범적인 설교의 위험을 피할 것을 주장하며,[13] 궁극적으로 그리스도 중심적 설교는 하나님의 은혜가 삶의 변화의 동기와 수단이 되도록 하는 설교임을 분명히 한다.[14]

또한, 데니스 존슨Dennis Johnson 역시도 구속사적 설교의 기본 도식을 제공한 클라우니Clowney의 영향을 받았는데, 클라우니를 기념하며

---

[11] 그의 강조점을 확인하기 위해서는 Chapell, *Christ-Centered Preaching*, 2장과 10장을 보라.

[12] Chapell, *Christ-Centered Preaching*, 280-88.

[13] Chapell, *Christ-Centered Preaching*, 288-95.

[14] Chapell, *Christ-Centered Preaching*, 313.

출판한 그의 책, *Him We Proclaim*에서 바울의 설교와 특히 히브리서 본문을 사도적 설교의 전형으로 이해하며, 사도적 해석과 설교는 모두 구속사적이고, 그리스도 중심적이며, 청중에 유의한 선교적이며, 은혜 주도적 설교였음을 주장한다.[15] 따라서 그는 사도들의 그리스도 중심적 해석과 설교를 모델로 삼아서 오늘날 설교자들도 모든 성경에서 그리스도 중심적으로 설교해야 할 것을 주장한다.

끝으로 요즘 많은 주목을 받는 팀 켈러Timothy Keller 역시 그리스도 중심적 설교가로 분류될 수 있다. 그는 모든 본문에서 그리스도/복음을 전하기 이전까지는 설교자가 그 본문에 대한 강해가 끝나지 않는 것으로 이해한다. 그는 예수 그리스도를 정점으로 하는 하나님의 구속의 전체 이야기를 알지 못한다면, 각 하부 스토리들을 제대로 이해할 수 없고 따라서 설교할 수도 없다고 말한다.[16] 그는 일반적 영감general inspiration이나 윤리적 설교moralizing로 만족하고 그치는 설교가 그리스도 중심적 설교의 양대 방해물이라고 여긴다.[17] 전통적인 율법과 복음에 대한 오해인 율법주의와 율법폐기론은 복음을 제대로 알지 못한 동일한 원인에서 나온 것으로, 그 대책으로 설교 때마다 하나님의 구속의 아름다움과 희생을 드러내는 복음을 전해야 한다고 그는 주장한다.[18] 특히 그리스도 중심적 설교를 위한 켈러Keller의 해석학은 삼중적 관점의 해석으로 요약되는데, 본문을 규범적, 상황적, 실존적 관점에서 함께 접근하여서, 본문에서 나오는 그리스도의 인격과 사역을 이해시킬 뿐만 아니라, 그들로 그리스도로 닮아가도록 적용을 해야 하며, 무엇보다 그는 청중들을 그리스도를 통하여 하나님의 존전에 데리고 와서 그들

---

15 Dennis E. Johnson, *Him We Proclaim: Preaching Christ from All the Scriptures* (Phillipsburg, NJ: P&R, 2007): 1-19.

16 Keller, *Preaching*, 59.

17 Keller, *Preaching*, 48.

18 Keller, *Preaching*, 55-56.

의 마음에 '진정한 하나님에 대한 인식true sense of God'을 가져다주도록 해야 한다고 주장한다.¹⁹ 이를 위해서 켈러Keller는 본문에서 그리스도를 설교하는 실천적 6가지 방법들로 1) 모든 장르에서 그리스도 설교하기, 2) 모든 주제에서 그리스도 설교하기, 3) 모든 주요 인물에서 그리스도 설교하기, 4) 모든 주요 이미지에서 그리스도 설교하기, 5) 모든 구원 이야기에서 그리스도 설교하기, 6) 직관을 통해서 그리스도를 설교하기를 제시한다.²⁰ 켈러Keller는 그리스도 중심적 설교가 복음을 설교하지 않은 채로 본문을 설교하는 것과 본문을 설교하지 않은 채 그리스도를 전하는 것의 위험성 모두를 인지하며, 본문에서 성경 저자의 의도와 성경 전체에서의 그리스도 중심성 모두를 설교 안에서 구현해야 한다고 균형 있게 주장한다.²¹

2) 그리스도 중심적 설교의 이론들 사이의 공통점/차이점

위의 간략히 정리한 그리스도 중심적 설교에 대한 이론들에는 다음과 같은 공통점과 차이점들이 발견된다. 첫째, 성경 해석의 열쇠와 설교에 있어서 그 중심이 반드시 그리스도/복음이 되어야 한다는 면에서 모두가 같은 목소리를 낸다. 더불어 이들 모두 그리스도 중심적 설교가 자칫 제한적 용어로 인식되어 그리스도만을 언급하는 그리스도 일원적 설교Christomonistic preaching로 오해되지 말아야 할 것을 강조한다. 하지만 여기에도 학자들 간의 차이점도 발견된다. 그레이다누스Greidanus와 채플Chapell의 경우 자신들의 그리스도 중심적 설교는 하나님 중심적,

---

19 여기에 관해서는 김대혁, "Timothy Keller의 설교를 위한 그리스도 중심적, 삼중적 관점의 해석학 연구", 한국복음주의실천신학회, 「복음과 실천신학」 34 (2015): 9-50을 참고하라.
20 Keller, *Preaching*, 70-90.
21 Keller, *Preaching*, 63-69.

삼위일체 중심적 설교를 지향한다고 명시하지만,²² 클라우니Clowney와 골즈워디Goldsworthy는 해석과 설교에 있어서 제2위이신 그리스도 중심성이 해석과 설교를 주도하는 경향성을 크게 지니고 있기에, 이들에게 그리스도 중심적 설교가 하나님 중심적 설교와 실제적으로 동등한 것인지 의문이 든다.

둘째, 그리스도 중심적 설교의 이론들 모두는 누가복음 24장 27-45절, 요한복음 5장 39-40절에서의 예수님의 설명을 기초로 하여, 그리스도/복음이 모든 본문의 해석의 열쇠가 되어야 할 것을 주장한다. 즉 하나님의 구속의 전체 역사적 정황 속에 개별 본문을 둘 것을 기본 전제로 성경신학적 해석의 중요성을 강조한다. 이런 성경신학적 전체 조망 속에서 클라우니와 그레이다누스는 모든 구약은 그리스도에 의해서 완성되었고, 신약은 그리스도에 대한 증언이기에, 그리스도가 모든 성경 본문의 주제라 여긴다.²³ 골즈워디도 성경신학이 필연적으로 그리스도 중심적이며, 복음 중심적이라 여기므로, 거시적 예표론을 강조하는 그의 성경신학적 해석은 그리스도를 설교하는 해석학적/설교학적 근간이 된다.²⁴

셋째, 이런 성경신학적 해석을 강조하는 그리스도 중심적 설교는 성경의 유기적 점진성과 통일성을 기반으로 한다. 그들은 성경의 인간 저자는 그들이 쓰는 본문에서 보다 충만한 의미fuller meaning, sensus plenior를 알 수 없었기에, 설교자는 궁극적인 성경 저자인 하나님의 의도를

---

22 대표적으로 Goldsworthy, *Gospel-Centered Hermeneutics*, 65; Greidanus, 『구약의 그리스도 어떻게 설교할 것인가』, 260-334.

23 Clowney, 『설교와 성경신학』, 25; Greidanus, 『구약의 그리스도 어떻게 설교할 것인가』, 61-70; Chapell, *Christ-Centered Preaching*, 279, 특히 Chapell의 경우 그리스도 중심적 설교는 모든 본문에서 그리스도가 어디에 있는지 찾는 것이 아니라, 모든 본문이 그리스도와 관련해서 어디에 서 있는지 그 관련성을 드러내는 것이라 명시하고 있다.

24 Goldsworthy, *Gospel-Centered Hermeneutics*, 58.

따라서 본문을 해석하고 설교할 것을 강조한다.[25] 따라서 설교자는 본문의 의미를 단순히 역사적 정황 속에서만 이해할 것이 아니라, 하나님의 전체 구속사 관점에서 이해해서 전해야 한다는 공통점을 지닌다.[26] 이들은 성경 저자의 의도한 의미를 무시하지는 않지만, 그들의 강조점은 성경신학적 조망을 통하여 그리스도 안에서 발견되는 보다 깊고 충만한 의미를 찾아 그것을 설교로 전달해야 한다고 본다.[27]

넷째, 위의 강조점들을 기반으로 그리스도 중심적 설교의 메시지는 그리스도의 인격, 사역, 가르침에 관한 내용으로 이어지도록 하는 공통적 내용에 대한 범주들을 제시한다. 여기에 대해 클라우니Clowney, 골즈워디Goldsworthy, 채플Chapell은 그리스도의 인격과 사역에 주로 중점을 두지만,[28] 그레이다누스Greidanus는 구약에서 그리스도를 설교하는 데 그리스도의 가르침이 흔히 간과되는 점을 지적하며, 이 또한 그리스도 중심적 설교의 주요 내용에 포함될 것을 주장하고 있다.[29]

이처럼 그리스도 중심적 설교에 대한 이론들은 다소 강조점과 접근의 차이가 있기는 하지만, 해석과 설교에 있어서 그리스도/복음 중심성의 강조, 이를 확인하기 위한 본문에 대한 성경신학적 조망, 그에 따른 인간 저자의 의미보다 신적 저자의 충만한 의미의 강조, 그리고 설교의 메시지가 그리스도의 인격, 사역, 가르침에 관한 주제적 내용과 직접/간접적 연결되어야 한다는 공통점을 지닌다.

---

25 Clowney, 『설교와 성경신학』, 88-89.

26 Chapell, *Christ-Centered Preaching*, 276.

27 Sidney Greidanus, *The Modern Preacher and the Ancient Text: Interpreting and Preaching Biblical Literature* (Grand Rapids: InterVasity, 1988), 71,

28 Clowney, *Preaching Christ in All of Scripture*, 50; Graeme Goldsworthy, *Preaching the Whole Bible as Christian Scripture: The Application of Biblical Theology to Expository Preaching* (Grand Rapids: Eerdmanns, 2000), 84.

29 Greidanus, 『구약의 그리스도 어떻게 설교할 것인가』, 39-40.

3) 그리스도 중심적 설교의 대표적인 예-창세기 22:1-19

창세기 22장은 역사적으로 구약의 내러티브에서 그리스도를 설교했던 대표적인 본문이라 할 수 있다. 이 본문으로부터 그리스도로 연결하는 역사적으로 가장 선호했던 방법이 바로 모형론적 접근이다. 즉 본문에서 발견할 수 있는 희생 제사와 아들, 대속의 개념들이 예수 그리스도의 대속적인 죽음과 분명한 유사성을 지닌다. 따라서 본문에서 이런 모형론적인 요소들을 찾아 그리스도의 대속적인 죽음과 연결한 역사적인 시도들이 자연스럽게 보이는 것이 사실이다. 오덴Oden과 쉐리던Sheridan에 따르면, 교부들과 신학자들이 이 본문에 등장하는 하나밖에 없는 아들을 바친 아브라함을 성부 하나님의 모형으로, 나무를 지고 따라간 이삭을 직접적으로 십자가의 그리스도의 모형으로 이해하거나, 준비된 양을 그리스도의 대속의 죽음으로 이해해 왔다고 통합적으로 정리하기도 한다.[30]

이런 모형론에 입각한 이 본문에 대한 이해는 그리스도 중심적 설교를 주장하는 오늘날 학자들의 본문 이해와 설교에서도 확연히 드러난다. 먼저 클라우니는 이 본문에서 구속사적 요소와 윤리적 요소가 완전히 배치된 것처럼 보인다고 설명하며, 한편으로 아브라함에 대한 신앙적 도전으로 볼 수 있으며, 다른 한편으로는 하나님께서 여호와의 산에서 대속물을 준비시키는 구속사적 전경을 보게 된다고 말한다.[31] 그러면서 클라우니는 설교자가 본문 자체의 신학적 지평의 관점에서 우선 보아야 할 것을 이론적으로 빠뜨리지는 않는다.[32] 하지만 여기에서 그

---

[30] Thomas C. Oden and Mark Sheridan, eds., *Genesis 12-50*, Ancient Christian Commentary on Scripture: Old Testament, vol 2 (Downers Grove: InterVarsity, 2002), 102-09.

[31] Edmund Clowney, 『설교와 성경신학』, 79.

[32] Cloweny, 『설교와 성경신학』, 95.

가 말하는 본문 자체의 신학적 지평이란 성경 저자와 청중이 속한 역사적 정황과는 달리, 그 본문이 속한 성경의 주요한 여섯 시대에 관한 신학적 정황이다.[33] 따라서 실제 그의 강조점은 본문을 성경신학적 관점으로 확장해서 본문이 그리스도와 모형론적으로 어떻게 연결되는지에 더 큰 해석학적 무게 중심을 두고 있다. 그 결과 클라우니는 본문에서 아브라함의 신앙의 시험과 순종의 내용보다는 이 본문의 내용과 구속사와의 관계를 이해하는 데 더 집중한다.

클라우니Clowney의 이런 본문에 대한 이해는 "대가가 무엇인지 보라!"라는 제목의 그의 설교에서 그대로 드러난다.[34] 이 설교에서 그는 하나님을 향한 아브라함의 믿음의 대가에 설교적 초점을 두고 있다. 그는 믿음으로 순종한 아브라함에게 하나님께서 양을 제공하셨을 때, 하나님은 이삭을 아끼신 것만이 아니라, 하나님의 크신 구속의 대가를 이해할 수 있다고 설교한다. 즉 본문을 통하여 이삭과 양, 아브라함이 이삭을 드리는 모습과 하나님께서 아들을 주신 것을 모형론적으로 이해하여 하나님께서 직접 구원을 이루는 대가를 지불하신 것을 강조한다. 결국, 그는 아브라함의 자손에서 나올 그리스도를 통한 인류의 축복은 하나님께서 준비하신 예수 그리스도의 오심과 그 하나님의 어린 양이 희생으로 이어져 이루어지게 될 것을 모형론적 접근을 통해 청중들에게 설명한다.[35]

이러한 클라우니의 해석과 설교의 강조점은 그에게 영향을 받은 데니스 존슨Dennis Johnson에게서도 뚜렷이 보인다. 존슨은 이 본문에서 아브라함에 대한 하나님의 인정과 보상으로서 하나님의 축복의 맹세는

---

[33] Clowney, *Preaching Christ in All of Scripture*, 89-92. Clowney의 6가지 주요 시대는 1) 창조에서 타락, 2) 타락 이후 노아 홍수 시대, 3) 노아 홍수에서 아브라함 시대, 4) 족장 시대에서 모세까지, 5) 모세 시대부터 그리스도, 6) 예수의 재림으로 구획하고 있다.

[34] Clowney, *Preaching Christ in All of Scripture*, 74-75.

[35] Clowney, *Preaching Christ in All of Scripture*, 76-77.

강조하지만, 본문에 나오는 아브라함의 순종 자체에 대한 강조점은 별로 부각되지 않는다.[36] 오히려 모리아산에서 아브라함이 아들을 드린 모습을 하나님의 제공과 그 약속의 독생자 이삭을 그리스도의 대속의 죽음에 관한 내용으로 모형론적 접근하여 구약과 신약의 관련 구절들을 함께 연결하여 설명하고 있다.[37]

위와 같은 클라우니Clowney와 존슨Johnson의 본문 설명과 설교는 구속사적 내용과 그 윤리적 적용이 분리되거나 배치가 될 수 없다는 그들의 이론들을 다소 무색하게 만든다. 실제 그들의 설교의 내용에는 구속사적 내용에 대한 깨달음과 그 구속사적 역사의 정점인 그리스도에 대한 신뢰만을 부각시킨다. 이런 비판을 의식한 것인지, 클라우니Clowney는 본문에서 그리스도를 설명한 후에 "우리는 아브라함의 신앙에 대해 지나치게 많은 것을 다루고 있는가?"라고 자문하며 다음과 같이 답한다.

> 나는 그렇게 생각지 않는다. 오히려 우리는 당시 아브라함에게 요구되었던 신앙과 계시의 배경에 대해서 이제 막 이해하였을 뿐이다. 우리는 아브라함은 물론 유월절의 규례(출 13:11-15)와 레위인의 성직 수임(장자의 수가 레위인의 수를 초과할 경우 한 사람당 5세겔을 지불했던 것을 포함함, 민 2:11-13, 40-51)에서 하나님의 모든 백성에게 적용되었던 장자 구원의 원리에 대한 의미를 겨우 깨닫기 시작한 것에 불과하다.[38]

이런 클라우니의 본문에 대한 이해는 과도한 성경신학적 주입으로 분명히 역사적 정황 속에서 원래의 청중에게 전달하고자 한 성경 저자가 의도한 의미를 혹은 성경 저자의 의도를 과도하게 넘어서는 것이며, 이런 내용을 전달하는 설교의 목적은 오늘날의 청중에게도 그리스도를

---

36 Johnson, *Him We Proclaim*, 298.
37 Johnson, *Him We Proclaim*, 300.
38 Clowney, 『설교와 성경신학』, 81.

깨닫는 인지적 차원에서 머물 가능성이 매우 크다. 그러기에 오늘날의 청중의 삶에 대한 적실한 적용의 부재를 야기할 소지가 다분하다.³⁹ 실제로 클라우니의 설교문은 그리스도의 언약의 완성과 이를 통한 하나님의 은혜를 강조하지만, 아브라함의 순종에는 관심을 기울이지 않는 신학적 내용의 과다와 윤리적 적용의 부재라는 불균형이 그대로 드러난다.

한편 이 본문으로 구약에서 그리스도를 설교하는 구체적인 설교 방법론을 제시한 그레이다누스Greidanus는 클라우니Clowney와 존슨Johnson과 흡사한 모형론적 접근을 포함한 더욱 다양한 연결 방식들을 제시하고 있다. 우선 그에 따르면, 이 본문의 주제는 "하나님께서 이삭/이스라엘을 살리시도록 번제의 제물로 양을 준비/제공하실 것이다"라고 표현한다.⁴⁰ 그는 본문에서 하나님께서 제공하신 번제의 양은 직접적으로 그리스도와 연결되며, 자신의 백성들이 살아나도록 그분이 희생하게 될 것이다"라고 주제를 요약한다.⁴¹

이와 같은 주제문 하에 그는 이 본문에서 그리스도께 연결하는 적절한 방식으로 자신이 주창한 7가지 방식들 모두가 가능하다며 소개한다. 우선 구속사적 점진성의 방식으로 하나님의 어린양(요 1:29), 많은 사람의 대속물(막 10:45)로 죽으신 예수 그리스도로 연결한다. 또한 언약과 성취의 방식으로 아브라함에게 하신 약속이 그리스도 안에서 이루어졌다(마 28:19)는 내용으로 연결할 수도 있다고 본다. 주목해야 할 점은 그가 모형론적 접근을 진행할 때, 그리스도에 대한 예표의 역할을 하는 인물이 아브라함, 이삭, 혹은 양으로 보아야 할지 다양한 의견이 있다

---

39 구속사적 설교의 적용의 부재에 대해서는 Daniel Doriani, *Putting the Truth to Work: The Theory and Practice of Biblical Application* (Phillipsburg, NJ: P&R, 2001), 296을 보라.
40 Sidney Greidanus, *Preaching Christ from Genesis: Foundations for Expository Preaching* (Grand Rapids: Eerdmans, 2007), 201.
41 Greidanus, *Preaching Christ from Genesis*, 205.

는 점을 스스로 인정하고 있다는 점이다.42 그러면서도 그레이다누스는 대속의 희생으로서의 양을 그리스도의 예표로서 주로 해석하고 있다. 또한, 유추의 방법으로는 언약의 하나님께서 이스라엘 백성을 구원하시려 구속을 제공하실 것이라는 주제로부터 그리스도로 연결한다. 통시적 주제적 연결 방식에 있어서 이삭을 대신한 양이라는 주제의 한 요소를 가지고, 출애굽기의 유월절의 어린양, 구약의 번제, 신약에서의 그리스도가 우리의 유월절 어린양 되심으로 연결해 나간다(벧전 1:18-19). 또한 신약의 관련 구절을 연결하는 방식으로는 히브리서 11장과 야고보서 2장을 언급하며 비록 직접적으로 그리스도와 연결되지 않는 반면, 오히려 마태복음 3장 17절, 요한복음 3장 16절, 로마서 8장 32절의 구절들이 이 구약의 내러티브와 직접적으로 연결된다고 본다. 마지막으로 대조의 방식으로는 그리스도께서 한 영원한 제사(히 10:12)가 되셨기에 더는 아브라함처럼 제사를 지내지 않아도 되는 사실과 대조가 된다고 설명한다.

실제 그레이다누스Greidanus의 설교 제안에서 위에서 언급한 7가지 방법을 모두 시도하여, 앞서 언급한 모든 관련 구절들이 설교문에서 발견된다.43 그는 설교 초반에 "왜 하나님은 아브라함에게 이런 시험을 하셨는가?"라는 질문을 아브라함의 과거사를 통해서 설명함으로 설교의 긴장을 조성할 수 있다고 본다. 이런 긴장감은 하나님의 아브라함에 대한 약속과는 정반대로 그분의 언약이 깨어질 수 있다는 점으로 연결하여 더욱 긴장감을 조성하도록 한다. 그런 후, 그레이다누스는 각 절을 설명해나간다. 아브라함이 이삭을 번제로 드리려는 순간에 이르러서, 그는 아브라함의 하나님에 대한 경외가 그의 순종의 모습이라고 간략하게 설명한다. 여기까지는 문제 제시와 해결의 내러티브적인 설교

42　Greidanus, *Preaching Christ from Genesis*, 201.

43　Greidanus, *Preaching Christ from Genesis*, 205-12.

의 구성을 지니고 있다.

하지만 13절 이하의 본문들에서 그레이다누스Greidanus는 대부분의 내용을 이삭을 대신한 양과 하나님의 준비/제공에 대한 설명으로 할애하며, 당시 이스라엘 백성들에게 이 내용은 유월절의 어린 양을 연상시키는 구절이며, 또한 성막에서의 제사를 떠올리게 하며, 결국 신약에서 하나님의 어린 양이신 예수 그리스도로 연결되는 것으로 설명해 나간다. 또한 아브라함의 순종 자체보다는 그 순종에 대한 하나님의 언약의 확증과 확립에 내용의 주안점을 두면서 하나님께서는 결국 예수 그리스도의 대속의 죽음과 부활을 통해서 자신의 백성들을 구원하게 하실 것이라는 내용으로 이어간다. 이런 본문에 대한 설명을 마친 후, 청중을 향해 "우리의 구속을 제공하시는 하나님을 정말 신뢰할 수 있는가?"라는 질문에 대한 답으로 로마서 8장 32절과 요한복음 3장 16절로 하나님의 독생자 예수 그리스도를 믿음으로 영생을 얻게 될 것을 다시 강조하며 설교를 마친다.

이러한 그레이다누스의 설교는 자신이 제시한 7가지 방법론에 매우 충실한 나머지, 그의 설교는 본문의 1절에서 19절이 어떻게 하나님의 구속의 역사, 특히 신약의 그리스도와 연결이 되는지를 다루는데 대부분을 할애한다고 볼 수 있다. 비록 본문의 설명을 통해 아브라함의 순종을 하나님을 경외하는 것이라는 본문에 대한 설명이 들어가 있긴 하지만, 그 아브라함의 순종은 곧장 어린 양(궁극적으로 예수 그리스도)을 준비하신 하나님의 주권적 은혜를 설명하는 내용 속에 함몰되어 버린다. 또한 이 본문에 대한 설교의 목적을 하나님의 은혜를 따라 살아감, 그 은혜에 감사함, 그리고 그 은혜의 하나님을 신뢰하도록 하는 것이라 표현하고는 있지만, 실제 그의 설교문에는 청중들이 구원의 하나님을 신뢰하라는 일반적 적용 이외에 구체적 삶의 적용을 찾을 수는 없다. 더 나아가 그레이다누스의 자신의 7가지 방법론에 대한 엄격한 적용은 실제 창세기의 다른 본문에서 그리스도를 연결하는 그의 설명들에서도 확인되며, 그의 다양한 접근 방법론과 비교하면 실제 그의 창세기 설교들의 주제와 목적은 매우 반복적인 패턴을 지니고 있다.[44] 이처럼 그레이다누스는 구약 본문에서 그리스도를 찾는 방식에는 다양성을 말하지만, 그의 설교의 주제와 목적은 획일화되는 아이러니한 결과를 보인다.

4) 그리스도 중심적 설교의 이론과 예를 통한 평가

위의 그리스도 중심적 설교의 이론들과 대표적 본문인 창세기 22장 1-19절의 예를 통해서 볼 때, 기존의 그리스도 중심의 설교는 다음과 같은 장단점이 있다.

우선 장점으로, 그리스도 중심적 설교는 설교자로 그리스도를 전하고자 하는 열정과 노력을 고양하고, 구약과 신약이 정경으로서 그리스도를 증언하는 하나님의 말씀임을 확인시키며, 구약을 설교하는 것이 선택사항이 아니라 그리스도를 드러내는 필수적인 것임을 강조한다. 둘째, 도덕주의나 행동주의적인 설교에 대한 중요한 대안을 제시할 수 있다. 앞서 그리스도 중심적 설교가 나오게 된 역사적인 배경에서도 확인되듯이, 그리스도 중심적 설교는 개인의 행동에 강조점을 두는 잘못된 모범적 설교를 예방하며 성경 전반에 흐르는 하나님의 구속의 은혜의 주도성을 확인시켜 준다. 이를 통하여 오늘날 청중에게 성경의 중심인 복음과 구속주인 그리스도를 자주 들을 기회를 제공한다는 점에서 높이 평가할 수 있다. 이처럼 그리스도 중심적 설교의 장점은 성경적 설교의 철학, 원칙, 방향성의 측면에서 두드러진다.

반면 이런 장점들에 비해 단점들도 확연히 드러난다. 첫째, 설교자가 본문에서 그리스도와의 연관성을 강조한 나머지 주해 가운데 본문의 의미를 왜곡하는 현상을 일으킬 수 있다. 구약 본문이 당시 성도들에게

---

44 Greidanus, *Preaching Christ from Genesis*, 288, 306, 347, 368, 386, 420, 441 등을 참고하라.

어떤 내용과 구조, 그리고 본문의 효과 혹은 본문의 임팩트를 가져다주었는지를 충분히 고려하지 않고, 너무 빨리 성경신학적/구속사적 관점을 적용하여 신약으로 넘어간 나머지, 결국 청중들이 마치 신약에서만이 하나님의 은혜를 온전히 발견할 수 있는 것만 같은 인상을 줄 수 있다. 즉 구약의 성도들에서 신약의 성도들로 향하는 수평적 성경신학적 움직임/조망을 통한 해석은 잘 발전시켰지만, 구약의 성도들도 하나님 앞에서 말씀으로 살아갔던 수직적 본문의 고유성 혹은 적실성에 대한 해석을 간과할 경향이 크다. 이는 또한 구약의 하나님의 백성들이 하나님의 약속과 계명을 따라 살아갈 때 그들 안에서 역사하신 성령의 역할을 축소할 경향성이 매우 크다.

둘째, 성경 신학에 대한 과도한 강조와 그 방법론에 대한 엄격한 적용은 설교자에게 그리스도 언급에 대한 강박 관념을 조장할 수 있다. 더불어 그리스도와 본문을 효과적으로 연결하는 방법론을 찾는데 과도한 설교학적 부담을 지울 수 있다. 실제 성경신학은 순서의 문제이며 해석의 무게에 관련된 것이지, 본문의 의미 자체에 대한 것은 아니다.[45] 따라서 성경신학을 이해하는 방법도 다양할 뿐만 아니라, 그런 성경신학적 사고를 통한 그리스도 중심적 설교의 방법도 다양할 수밖에 없다.[46] 그러기에 성경신학적 접근에 대한 너무 과도한 강조와 그 방법론의 엄격한 적용은 오늘날의 청중은 잊어버리고 구속사에 대한 내용으로만 가득찬 화석화된 교훈으로 설교의 메시지를 만들 가능성이 커진다.[47]

셋째, 위의 비판과 연결하여, 그리스도 중심적 설교는 선택된 본문과 성경신학 전반을 연결하는 내용적인 전달에 집중함으로 적용의 부

---

[45] Jason Keith. Allen, "The Christ-Centered Homiletics of Edmund Clowney and Sidney Greidanus in Contrast with the Human Author-Centered Hermeneutics of Walter Kaiser" (Ph.D. Diss., The Southern Baptist Theological Seminary, 2011), 34.

[46] Goldsworthy, *Christ-Centered Biblical Theology*, 35, 38-49, 76-77.

[47] 김창훈, "하나님 중심적 인물 설교에 관한 연구", 한국복음주의실천신학회,「복음과 실천신학」25 (2012): 132-34.

재를 초래할 소지가 다분하다.⁴⁸ 물론 클라우니Clowney, 그레이다누스 Greidanus, 존슨Johnson 모두는 설교에 있어서 적용을 강조한다. 하지만 위의 그들의 해석과 설교에서 확인되듯이, 본문의 의도된 의미와 의도된 적용과 효과에 기초한 구체적이고 실제적인 적용이 부족한 것이 사실이다. 물론 목회적 정황을 고려한 채플Chapell의 이론과 설교, 그리고 삼중적 해석학적 관점(규범적, 정황적, 실존적 관점)을 가지고 그리스도 중심적으로 연결하는 켈러Keller의 경우에는 이런 적용의 부재 현상을 극복하려는 모습이 보인다. 하지만 일반적으로 성경신학적 조망을 강조하는 그리스도 중심적 설교는 성경 전체의 배경을 통한 본문의 신학적 내용과 다른 본문들을 통합적으로 이해토록 함으로 그 신학적 내용의 발전과 검증의 중요한 실천적 역할이 있음에도 불구하고, 그 본문을 대하는 원래의 청중과 오늘날의 청중에게 그 본문 자체가 요구하는 구체적인 반응과 변화를 간과할 우려가 크다는 사실을 부정하기 어렵다. 이는 핸드릭 크래밴덤Hendrik Krabbendam의 비유에서처럼, 특정 본문을 통한 청중들이 마치 비행기를 타고 성경 전체를 조망하기는 하지만, 결국 그 본문의 풍경을 따라서 실제 트레킹을 하도록 하는 설교의 목적을 달성하기에 부족한 점을 많이 드러낸다.⁴⁹

2. 본문성이 드러나는 그리스도 중심적 설교의 예(창 22:1-19)와 그 교정적 역할

여기에서 앞서 지적한 그리스도 중심적 설교에 대한 단점들을 극복

---

48 Doriani, *Putting the Truth to Work*, 296.

49 Hendrick Krabbendam, "Hermeneutics and Preaching," in The *Preacher and Preaching: Reviving the Art in the Twentieth Century*, ed. Samuel T. Logan, Jr., 서창원·이길상 역,『개혁주의 설교자와 설교』(서울: 크리스챤 다이제스트, 1999), 267.

하기 위한 교정적 제안으로서 창세기 22장 1-19절의 본문성textuality[50]을 드러내는 그리스도 중심적 설교를 제안해 보고자 한다.

1) 창세기 22장 1-19절의 본문성

(1) 하나님의 시험과 아브라함의 즉각적 반응과 순종

창세기 22장 1절은 "그 일(들) 후에"라는 구절로 시작한다. 즉 이 구절은 앞에서 일어난 일들이 있다는 내용을 전제로 이야기를 진행하게 하고 있기에, 이 본문 이전에 어떤 일이 일어났는지 독자/청중으로 인도하는 수사적 장치로 이해할 수 있다. 이를 통해 아브라함의 이야기를 반추하며 요약하면, 아브라함의 이야기는 창세기 12장에서 하나님의 시험(명령)으로 고향, 친척, 아버지의 집을 떠나 하나님께서 보여줄 땅으로 가라는 명령으로 시작된다. 자손/민족에 대한 약속을 받고 그 명령을 따르지만, 하나님의 자손에 대한, 하나님의 약속에 대한 아브라함의 믿음과 순종의 부족한 면이 롯(12장), 엘리에셀(15장), 이스마엘(16장)의 이야기와 함께 나타난다. 이에 반해 하나님의 약속을 지키시는 신실하신 모습(15장, 17장, 18장)이 반복된다. 결국, 앞장 21장에서 "하나님의 말씀하신대로" 아브라함은 자신의 몸에서 나온 아들, 이삭을 얻게 된다.

또한, 창세기 22장 이전의 일들에는 하나님의 약속이 아브라함이 하

---

[50] 이 글에서 본문성이란 성경 저자가 의도적으로 구현한 본문의 세계로, 그 본문의 세계는 본문을 통해서 성경 저자가 전달하고자 의도한 진리의 내용만이 아니라, 그 내용을 효과적으로 전달하고자 저자가 본문 안에서 사용한 장르적 특징, 수사적 방식과 장치, 그리고 더 나아가 저자가 본문의 세계를 통하여 본문 앞의 세계의 청중/독자에게 의도한 효과를 포함하는 것이다. 따라서 이 글에서 설교자가 본문 연구를 통하여 본문성을 이해한다는 의미는 성경 저자가 본문을 통해서 말하고자 한 인지적 내용을 파악하는 의미론적 분석의 차원과 더불어 그 저자가 구현한 언어와 본문 세계를 통하여 무슨 일을 하고 있는지(본문의 수행성), 그래서 본문 앞의 세계에 있는 독자/청중에게 의도한 효과(본문의 효과성)를 함께 파악하는 화용론적 차원의 연구를 병행한다. 이 부분에 대해서는 김대혁, "원리화, 신학과 과정에서의 장르적 고려와 설교학적 함의: 의미론과 화용론의 통합", 한국복음주의신학회, 「성경과 신학」 79 (2016): 191-228을 보라.

나님을 두려워하는/경외하는 마음보다 목숨을 잃을까 봐 세상 왕을 두려워하는 것에 의해서(20:11) 깨어질 위기의 장면으로 반복적으로 등장한다(12, 20장). 동시에 하나님의 개입으로 그 위기가 극복되는 장면이 또한 반복된다. 이처럼 성경 저자가 "그 일(들) 후에"는 구절을 통하여 아브라함의 인생을 조망하도록 함으로 하나님의 약속에 대한 온전한 믿음과 순종, 그분에 대한 경외에 관한 하나님의 시험의 배경과 정당성을 제공한다.

"그 일(들) 후에"라는 도입 후에는 하나님께서 아브라함을 시험하러 "아브라함"을 부르시는 소리와 그에 대한 아브라함의 "내가 여기 있나이다"라는 반응이 나온다. 이런 1절에서의 하나님의 "아브라함"의 부르심과 아브라함의 "내가 여기 있나이다"의 시험 전의 반응의 모습은 11절에서도 하나님의 시험을 수행하는 결정적인 장면에서도 반복되고 있음을 확인할 수 있다. 즉 내러티브 안에서 대화를 통해 저자는 하나님의 명령과 아브라함의 즉각적인 반응을 반복적으로 표현한다. 이런 즉각적인 반응은 아브라함의 행동 묘사에서도 확인된다. 3절에서 아브라함의 행동에 대한 연속된 동사들의 나열(3절)과 모리아산에서 이삭을 번제로 드리는데 그의 모습을 묘사하는 연속된 동사들의 나열(9-10절)을 통해 저자는 하나님의 말씀에 대한 아브라함의 온전하고 즉각적인 순종의 모습을 묘사하고 있다. 이처럼 성경 저자는 하나님의 시험과 아브라함의 즉각적인 반응으로서의 순종의 모습을 내러티브의 인물화를 이루는 중요한 요소들인 대화들에 사용된 반복된 구문과 즉각적인 행동들의 묘사를 통해서 하나님의 시험과 명령에 대한 아브라함의 순종의 모습을 본문 세계 속에서 그려내고 있다.

(2) 아브라함의 믿음과 순종의 본문 묘사

하나님의 명령에 순종하는 아브라함의 믿음과 순종의 모습은 성경 저자가 단어, 구문, 장면을 반복적으로 또한 교차적으로 사용하는 것에서도 분명하게 확인된다. 우선 하나님의 명령을 따라 떠나는 목적지가 모리아산(원어의 의미로는 보는 장소라는 뜻)이다. 본문에서 성경 저자는 그 장소를 향하는 아브라함의 행동 가운데 "눈을 들어 그곳을 멀리 바라본지라"(4절)라는 그의 행동으로 묘사한다. 이와 비슷한 표현이 바로 모리아산에서 아브라함이 하나님께서 보여주신/준비하신 양을 "눈을 들어 살펴본즉"(13절)이라는 반복적인 단어와 구문을 사용하여 그의 행동을 보여주고 있다. 또한, 하나님께 제사를 드리러 가는 길에 이삭과의 대화 속에서 아브라함은 "하나님이 자기를 위하여 친히 보이시리라/준비하시리라"(8절)는 자신의 믿음을 대화 속에서 고백하고 있는 모습으로 담고 있다. 이와 동일한 내용이 "여호와 이레, 여호와의 산에서 보이시리라/준비하시리라"(14절)의 아브라함의 고백과 사람들의 말을 통해서 다시 반복되고 있다. 이처럼 성경 저자는 아브라함의 행동과 고백에 등장하는 동일한 단어와 장면을 하나님의 시험 전과 시험 후에 반복적으로 사용함으로 아브라함의 믿음의 내용과 그의 온전한 순종의 행동을 본문 세계에 담아내고 있다.

(3) 하나님의 궁극적 시험의 내용과 아브라함의 순종과 그 결과

아브라함을 향한 하나님의 시험의 궁극적인 내용은 2절 말씀에 구체적으로 등장하는데, "내 아들 네 사랑하는 독자, 이삭"을 모리아산으로 가서 번제로 드리라는 내용이다. 이 시험의 내용 역시도 창세기 12장 1-7절에서의 아브라함의 첫 번째 부르심과 명령에 담긴 내용의 반복(고향, 친척, 아버지의 집과 네 아들, 독자, 사랑하는 아들)[51]과 "떠나라"라는 동일

---

51 이 시험의 내용은 구조와 개념적인 측면에서 유사성을 지닌다. 내용의 차이가 있다면, 12장에서의 내용은 아브라함의 과거를 버리고 하나님의 말씀을 따르는 것에 관한 것이라면, 22장의 시험은 약속의 아들, 즉 아브라함의 미래를 걸고 하나님의 말씀을 따르는 시험이라 볼 수 있다. Abraham Kuruvilla, *Genesis: A Theological Commentary for Preachers* (Eugene, OR: Resource Publications, 2014), 255.

한 단어를 반복하고 있다.[52] 마치 창세기 12장이 아브라함의 믿음과 순종의 첫 시험이라면, 22장은 최종 시험을 보여주고 있는 듯하다.[53] 특히 이 하나님의 시험의 궁극적인 내용은 12절에서 "네가 네 아들 네 독자까지도 내게 아끼지 아니하였으니 네가 이제야 하나님을 경외하는 줄 아노라"와 18절에서 "이는 네가 나의 말을 준행하였음이니라"라는 아브라함의 순종에 대한 하나님의 인정과 하나님의 맹세의 축복에 대한 이유에서 확인된다. 결국 아브라함의 시험은 하나님을 경외하기보다 세상의 왕들을 두려워했던 아브라함의 불완전한 믿음에 대한 시험이자, 하나님의 약속의 말씀을 온전히 신뢰하지 못한 불완전한 순종에 대한 시험이다. 성경 저자는 17절에서 이러한 하나님의 시험에 대한 아브라함의 믿음의 말씀에 대한 순종의 결과가 이전의 하나님의 아브라함에 대한 언약의 축복보다 더욱 확장되고 확실히 보장하는 축복으로 하나님의 음성을 통해 독자/청중에게 들려주고 있다. 결국, 성경 저자는 하나님의 시험이 하나님의 약속에 대한 아브라함의 믿음과 말씀에 대한 순종임을 아브라함의 순종-경외에 대한 하나님의 인정(12절), 아브라함의 순종-하나님의 약속(16-18절)이라는 반복적 패턴을 통해서 보여주고 있다.

(4) 아브라함의 아들 사랑과 하나님 사랑

한편 창세기 22장 1-19절에서 가장 많이 등장하는 단어는 아들이라는 단어이다. 특히 성경 저자는 2절에서 아브라함을 향한 하나님의 시험의 구체적인 내용이 "네 아들, 네 사랑하는 독자 이삭"을 바치라는 것으로, 창세기에서 이 "사랑"이라는 단어가 처음 등장하는데,[54] 하나

---

52 Robert D. Bergen, "The Role of Genesis 22:1-19 in the Abraham Cycle: A Computer-Assisted Textual Interpretation," *CTR* 4 (1990): 313-26.

53 Kuruvilla, *Genesis*, 255.

54 Kenneth A. Mathews, *Genesis* 11:27-50:26, NAC (Nashville, TN: B&H, 2005), 290.

님은 아브라함의 사랑의 대상이었던 약속의 아들을 번제로 드리는 시험임을 알 수 있다.

하지만 12절과 16절에서 아브라함이 순종함으로 시험을 치른 이후, 하나님께서 아브라함의 순종의 모습을 인정하고 약속을 베풀어주실 때는 "네 아들 네 독자"라는 하나님의 음성이 두 번 등장한다. 이처럼 시험 전과 후에서 이삭에 대한 하나님의 음성 속에서 "사랑"이라는 단어가 생략된 것을 확인해 볼 수 있다. 이는 아브라함의 진정한 사랑의 대상이 하나님의 약속으로 주신 선물이 아니라, 선물을 주신 하나님으로 바뀐 것을 드러내는 성경 저자의 수사적 생략이라 볼 수 있다.[55] 이런 성경 저자의 의도적 생략은 19절에서 이삭의 모습이 생략되는 점과 무관하지 않다. 두 사람의 동행(6, 8절)이라는 반복된 구절의 사용이 이 단락의 마지막 구절(19절)에서 동일하게 사용하지만, 여기에서도 이삭을 의도적으로 본문에서 생략함으로 성경 저자는 아브라함의 순종과 경외를 사랑의 대상에 대한 대치와 생략으로 본문 속에서 그려내고 있다.

이처럼 창세기 22장 1-19절의 내러티브 본문에서 성경 저자는 반복된 장면과 구문들, 동일한 용어들의 반복적인 사용과 특정 용어 생략의 수사를 의도적으로 사용한다. 이를 통해 성경 저자는 하나님의 시험에 대한 아브라함의 순종의 모습, 아브라함의 순종에 대한 근거로써 하나님의 준비/보이심에 대한 믿음에 반복적인 아브라함의 고백, 그리고 아브라함의 순종에 대한 하나님의 인정과 약속의 내용을 본문의 세계에 구현하고 있다. 중요한 점은 이러한 성경 저자가 구현한 본문의 세계는 단순히 인지적인 내용을 전달하는데 그치지 않고, 본문에서의 저자의 의도는 본문 앞에 있는 독자/청자에게 투영한다는 점이다.[56] 즉 이 본문의 세계를 이해하고 경험했던 과거의 하나님의 백성들과 이 본문

---

55 Phillis Trible, *Genesis: A Living Conversation* (New York: Doubleday, 1996), 227.
56 여기에 대해서 김대혁, "원리화, 신학과 과정에서의 장르적 고려와 설교학적 함의: 의미론과 화용론의 통합", 한국복음주의신학회, 「성경과 신학」 79 (2016): 191-228를 참고하라.

앞에 서 있는 오늘날의 청중들은 저자가 의도적으로 구현한 소통 행위인 본문의 이야기 세계 속에 초대되어, 믿음의 조상인 아브라함과 자신을 동일시하여/전유하여 하나님에 대한 믿음의 순종과 경외와 사랑을 실천하도록 요청받는다. 다시 말해, 본문 세계는 우리의 믿음의 순종과 경외와 사랑의 결과로써 하나님의 약속에 참여하도록 하며 그 약속을 재확인하는 화용론적 기능을 하고 있다.

2) 창세기 22장 1-19절의 본문성과 그리스도 중심성

앞서 성경 저자가 창세기 22장 1-19절이 하나님의 시험과 아브라함의 순종이라는 내용을 전달하면서도, 그 본문이 투영하는 말씀 세계를 이해하고 경험하는 당시와 오늘날의 청중에게도 믿음과 순종을 요구하는 본문의 기능이 있음을 살펴보았다. 설교에 있어서 이런 본문성의 강조는 본문에서 성경 저자가 커뮤니케이션하고자 하는 그 본문의 주요 메시지 자체를 언급하며, 그 본문의 기능을 설교에 반영할 수 있도록 한다.

이에 반해 이런 본문성을 충분히 고려하지 않고 본문에서 찾은 성경신학적 주제들을 통하여 성경 전체에서 그리스도를 전하는 그리스도 중심적 설교는 분명 인지적인 측면에서 청중에게 그리스도를 깊이 이해하는 데 도움이 될지는 모르지만, 본문에서 당시와 오늘날의 청중에게 성경 내용만이 아니라 그 본문이 요구하는 바를 담지 못하는 추상적인 내용으로만 자리 잡게 될 위험성이 커진다.[57] 위의 본문에서 아브라함의 믿음의 내용만이 아니라 믿음에 대한 요구 즉, 순종이라는 믿음의 실행이 성경 저자가 본문의 세계에서 그려내는 바이자 이를 통해 본

---

[57] Haddon Robinson은 본문의 구체성을 다루지 않고 성경신학적 폭넓은 주제로 본문을 다루게 설교는 마치 벽지에 반복적 패턴이 있는 것과 같은 설교가 될 것이라 지적한다. Haddon W. Robinson, "The Relevance of Expository Preaching", in *Preaching to a Shifting Culture: 12 Perspectives on Communicating that Connects*. ed. Scott M. Gibson (Grand Rapids: Baker, 2004), 83.

문 앞의 청중에게 요구하는 바라면, 그것이 오늘날의 청중들에게도 충실하게 전달되는 것이 바람직하다. 따라서 성경 신학에 근거한 방법론을 본문에 미리 적용하기 전에, 당시나 오늘날이나 영감 된 성경 본문이 지닌 그 내용과 더불어 그 말씀에 합당하게 반응하도록 하는 본문의 전체 커뮤니케이션의 스펙트럼을 존중하는 것이 우선적일 것이다.

하지만 이런 본문성의 강조가 기존의 그리스도 중심적 설교와 완전히 상충하는 것이 아니다. 오히려 이런 본문성의 강조가 기존의 인지적 차원에서 내용 전달에만 강조하는 그리스도 중심적 설교의 약점을 보완하여 본문에 충실하면서도 그리스도를 전할 방안이 될 수 있다. 즉 본문에 근거한 성경신학적 주제를 설교하면서 그리스도를 알게 하는 내용적 전달과 더불어 본문 세계가 청중/독자에게 요구하는 반응, 즉 말씀대로 순종하며 하나님을 경외하는 실천성을 함께 묶을 수 있다. 이런 점에서 볼 때, 실제 클라우니Clowney가 자신의 설교에서 하나님께서 준비하실 것임을 신뢰할 것을 강조하며 히브리서 11장을 언급하는 것은 인지적인 믿음의 내용에만 치우친 것이라 볼 수 있다. 더군다나 실제 히브리서 11장에서 성경 저자가 아브라함의 믿음을 예로 사용하는 커뮤니케이션의 목적이 내용 전달에만 있는 것이 아니라, 결국 믿음의 내용을 통해 순종을 요구하며 촉구하는 정황을 지닌 본문으로 이해하는 것이 더 합당하기 때문이다. 또한, 창세기 22장의 본문을 통하여 성도들에게 히브리서 11장과 야고보서 2장에서 아브라함의 언급은 그리스도로 직접적인 연결이 되지 않는다고 언급한 그레이다누스Greidanus의 의견 역시도 창세기 22장 본문이 독자/청중에게 믿음의 순종을 요구하는 본문 커뮤니케이션의 목적과 히브리서 11장과 야고보서 2장에서 강조하는 행함이 있는 믿음의 강조점을 간과한 것으로 보인다.[58] 이처럼 본문 세계에서 저자가 구현한 내용과 더불어 그 목적과 효과를 고

---

[58] 김창훈, "구속사적 설교의 평가", 한국복음주의실천신학회,「복음과 실천신학」15 (2008): 140-141.

려하는 통합적 커뮤니케이션적인 측면에서 창세기 22장의 본문성을 존중한다면, 히브리서 11장과 야고보서 2장의 믿음의 인내와 순종, 신자의 믿음과 행위에 대한 내용과도 잘 부합된다. 이처럼 설교자는 이미 성경 저자가 창세기 22장의 본문성에서 구현한 본문의 목적인 신실한 하나님의 언약에 기반한 온전한 순종을 당시나 오늘날의 청중에게 촉구할 수 있다.

이처럼 본문성의 강조는 본문을 통해 그리스도를 깊이 알도록 하는 것에 성경 신학적 해석과 설교의 무게 중심을 둔 기존의 그리스도 중심적 설교와 상충되지 않는다. 오히려 본문성의 강조는 성경신학적 조망이 그리스도를 통하여 하나님의 언약을 이루셨고, 또한 이루실 것이라는 믿음의 내용이 결국 당시나 오늘날 하나님의 백성에게 하나님의 말씀을 따라 더욱 그리스도를 닮아가도록 하는 성경신학의 궁극적 목적을 이루는 데 도움이 된다. 결국 설교자가 본문 세계를 이해시키고 경험케 함으로 당시의 청중이나 오늘날의 청중이나 하나님과 그분의 형상이신 그리스도를 알고, 그리스도를 닮아가도록 하는 점에서 본문의 내용적/인지적 차원에서의 그리스도 중심성만이 아니라, 삶의 실천적/수행적 차원에서 그리스도의 형상을 이루도록 하는, 보다 입체적 그리스도 중심적 설교가 될 수 있다.[59]

3) 본문성이 강조되는 그리스도 중심적 설교의 긍정적 역할

위에 언급한 본문성과 그리스도 중심성과의 관계를 생각해 볼 때, 본문성을 드러내는 그리스도 중심적 설교는 설교자에게 다음과 같은 교

---

[59] Kuruvilla는 이런 설교의 방식은 그리스도의 형상적 설교(Christoiconic Preaching)이라 명명하며, 결국 본문에 나온 하나님의 명령에 순종함으로 본문 앞의 독자/청중들이 그리스도를 닮아가는 설교를 할 수 있다고 주장한다. 이 이론에 관해서는 Abraham Kuruvilla, *A Vision for Preaching: Understanding the Heart of Pastoral Ministry* (Grand Rapids: Baker, 2015), 131-48.

정적 혹은 긍정적 역할을 할 수 있다.

첫째, 본문성이 드러나는 그리스도 중심적 설교는 설교자에게 영감된 본문 자체를 존중하며 더욱 본문을 자세히 연구하도록 만들며, 더 나아가 본문에서 성경 저자가 의도한 내용과 더불어 목적과 효과도 염두에 두고 그리스도로 연결하는 대안적 길을 제시해 줄 수 있다. 자칫 그리스도 중심적 설교의 추구는 모든 본문에서 그리스도를 직접 연결하려는 부담으로 다가올 수 있다. 하지만 설교자가 성경에서 그리스도에 대해 증언하는 것과 성경의 모든 구절과 내용으로 그리스도를 증언하는 것과는 다르다. 비록 설교자는 본문 속에서 특정 주제들과 구절들이 기독론적인 초점으로 모인다고 볼 수 있지만, 모든 본문, 단어와 구절, 이야기들이 그렇게 되지 않도록 해석학적으로 주의해야 한다.[60] 이런 측면에서 설교자가 우선으로 본문 세계에서 성경 저자의 의도성(내용과 더불어 목적과 효과)을 충분히 고려하는 방식은 직접적 주제로 그리스도와 연결하기 어려운 본문에서도 강제적으로 그리스도와 연결하지도 않고, 본문의 내용의 깨달음과 본문의 요구를 따라 살아감으로 그리스도를 닮아가는 차원에서 그리스도를 증언하는 방식으로 활용될 수 있다.[61]

둘째, 위의 내용과 맥을 같이하여, 설교자가 본문을 구속사라는 성경 전체의 정황에 두는 것과 그리스도 안에서 이루어진 하나님의 구속사를 중요시해 각 본문에서 그 구속사를 보여주는 것은 분명히 차이가 난다. 특별히 성경이 특정 신학적 주제들로 수렴되지 않는 주제의 다양성, 그리고 학자들마다 본문에서 그리스도를 연결하는 방식의 다양성을 고려한다면, 설교자는 모든 본문에서 그리스도를 찾고 연결하는데

---

[60] Abraham Kuruvilla, *Privilege the Text: A Theological Hermeneutic for Preaching* (Chicago: Moody, 2013), 248-50.

[61] Dale Ralph Davis, *The Word Became Fresh: How to Preaching from Old Testament Narrative Texts* (Fearn, Scotland: Mentor, 2006), 134-35.

사용하는 방법론에 유의할 필요가 있다. 이점은 앞서 창세기 22장에서 아브라함, 이삭, 양을 예표론적으로 접근한 클라우니Clowney의 해석과 설교가 그레이다누스Greidanus의 7가지의 예표론적 접근들과 공통점도 있지만 다른 부분들이 많다는 점에서도 확인된다. 그레이다누스의 경우처럼, 만일 한 본문에서도 그리스도께 나아가는 다양한 방법론이 있을 수 있다고 주장한다면, 그는 성경의 저자가 성령의 영감으로 쓴 본문의 의도성보다 신적 저자가 그리스도로 연결하는 그런 다양한 방법론들을 사용하도록 의도하셨다는 사실을 먼저 증명해야 할 것이다. 또한, 그리스도 중심적 설교가 성경의 저자가 전혀 알지 못했던 신적 차원에서 보다 충만한 의미fuller meaning를 다양한 방식들을 통해서 찾는 것이 해석의 목적이라면, 결국 그런 해석의 추구는 그리스도와 연결하는 점에 있어서 풍성한 해석 방식들을 제공할지는 몰라도, 주관적 해석과 무분별한 해석의 결과를 초래할 수 있다. 여기에는 자칫 해석학적 등급이 생겨날 수도 있고, 최악의 경우 성령의 영감을 받은 본문 자체보다 설교자의 성경신학적 관점과 접근 방법론이 우위를 차지하게 되는 위험이 있다.[62] 이런 해석학적 책임의 측면에서 볼 때, 본문성이 드러나는 그리스도 중심적 설교는 신적 저자의 관점을 견지하며 본문을 구속사의 전체 정황 속에 두면서도, 항상 그 기준을 본문에서 인간 저자의 의도한 의미와 그가 본문의 세계에서 투영하는 본문의 수행성과 효과성을 먼저 고려함으로 주관적 성경 해석의 오류를 줄일 수 있는 역할을 기대할 수 있다.

셋째, 본문성이 드러나는 그리스도 중심적 설교는 청중들이 하나님 말씀의 세계에 거하고, 그 말씀 세계에 반응하며, 말씀을 따라 살아감으로 결국 하나님의 말씀 세계로 오늘날 청중의 현실 세계를 변화시켜 가는 설교학적 모델을 보여준다. 다시 말해 설교자가 본문에서의 인지

---

[62] Timothy S. Warren, *A Review off Preaching Christ from Genesis: Foundations for Expository Sermons, by Sidney Greidanus*, Homiletic 32, no. 2 (Winter, 2007): 32-33.

적 내용, 혹은 성경신학적 내용을 추출해서 적용하는 것만이 아니라, 설교자가 청중들로 본문의 세계로 초대하여, 그 세계를 이해시키고 경험하도록 해서, 본문의 세계를 통하여 오늘날의 세계를 해석하고 살아가도록 하는, 살아있는 하나님의 커뮤니케이션으로서의 말씀을 더욱 잘 반영하는 설교 방법론이라 할 수 있다.[63] 바로 이점은 본문성을 강조하는 설교 방법론의 가장 중요한 역할이다. 주지하듯이, 바울은 디모데에게 말씀을 전하라(딤후 4:1-2)고 명령한 바로 그 말씀은 기본적으로 구약의 말씀이며, 그 말씀은 하나님의 백성으로 구원받는 내용만이 아니라 그 말씀에 제대로 순종하여 변화된 삶, 그리스도를 닮아가는 삶을 살아가도록 촉구하는 말씀이다. 이처럼 성경은 그리스도를 증언하는 책만이 아니라, 하나님의 백성으로서의 삶을 요구하는 책이다. 성경이 구속사 혹은 그리스도에 관한 명제적 혹은 인지적 정보를 주는 것만이 아니라, 하나님의 소통 행위로 그 본문 말씀에 하나님의 백성들이 반응하도록, 그래서 하나님의 백성으로 살아가며 하나님의 거룩함을 닮아가는 신앙의 규범으로 주어진 책이다. 성경 저자가 구현한 본문 세계로 본문 앞의 독자가 살아가는 현실 세계와 삶의 방식을 바꿔어 놓는다는 그 목적과 기능의 측면에서 구약과 신약 성경은 차이가 없다. 따라서 설교자는 우선 본문의 세계를 통하여 인간/신적 저자가 의도한 신학적 내용theological semantics만이 아니라 신학적 기능theological pragmatics도 반드시 함께 고려하여서 설교에 반영할 필요가 있다.[64] 설교자는 성경

---

[63] Darrell W. Johnson, *The Glory of Preaching: Participating in God's Transformation of the World*, 류근상 역, 『설교의 영광』 (서울: 크리스챤출판사, 1987), 63-92.

[64] 여기에서 말하는 신학적 기능(Theological Pragmatics)는 화행이론에서 말한 성경 저자가 전달하고자 한 신학적 내용, 즉 발화행위(locutionary act)만이 아니라, 그 본문 앞에 있는 청중에게 의도한 발화수반행위(illocutionary force)와 발화수반효과(perlocutionary effect)도 함께 파악하도록 하는 것과 맥을 같이한다. 여기에 관해서는 Vanhoozer, 『이 텍스트에 의미가 있는가?』, 321-449와 김덕현, "언어 행위 이론(Speech Act Theory)의 이해와 성령의 언어행위로써 설교: 빌레몬서 1장 15-16절을 중심으로", 한국복음주의실천신학회, 「복음과 실천신학」 36 (2015): 89-117을 참조하라.

저자가 전달하고 했던 신학적 내용이 무엇이며, 그와 더불어 그 내용이 그때의 청중들에게 요구한 바가 무엇인지를 함께 파악할 필요가 있다는 의미이다. 이를 위해 설교자는 하나님의 구속의 관점과 인간 타락의 관점의 다리가 왜 이 구약의 본문과 적절한지를 성경 저자가 전달하고자 한 내용만이 아니라 그 목적과도 부합되는 건실한 해석학적/설교학적 다리를 놓아야 한다.[65]

정리하면, 설교자는 본문의 신학적 의미의 확장theological semantic level을 성경신학적 조망을 통해서 이루되, 성경 저자가 본문에서 의도한 특정한 신학적 목적 혹은 신학적 기능theological pragmatics을 설교에서도 유지함으로써, 특정한 본문에서 저자가 의도한 성경 저자의 신학적 목적과 기능이 설교의 내용을 통괄하도록 하여 이 본문이 원래의 청중들에게 의도한 효과를 오늘날의 청중들이 경험하도록 할 필요가 있다.[66] 이를 통해, 설교자는 그리스도 중심적 설교의 강조점인 성경 신학의 큰 그림을 너무 강조한 나머지 각 본문의 고유한 세계에서 그려내는 하나님의 성품과 궁극적으로 그리스도를 닮아가도록 하는 성경 본문의 기능을 무시하지 않게 될 것이다. 쿠루빌라Kuruvilla가 지적하듯이, 성도들은 큰 그림을 매번 보고 감상할 수도 있지만, 매주 그들의 삶을 변화시키는 구체적인 성경 본문의 세계를 이해하고 경험하며, 본문의 세계에 맞추어 자신의 삶을 살아가도록 하는 것 또한 중요하다. 설교자가 본문의 세계가 그려내는 하나님 나라를 따라 성도들이 매주간 살아가도록 본문 세계를 충실히 전달할 때, 성도들이 점차 그리스도를 닮아가도록 하는 그리스도 중심적 설교의 목적을 이룰 수 있다.[67]

넷째, 본문성이 살아있는 그리스도 중심적 설교는 성경을 영감하신

---

65 Timothy S. Warren, *Review of Christ-Centered Preaching: Redeeming the Expository Sermon*, by Bryan Chapell, *Bibliotheca Sacra* 152, no. 606 (April-June, 1995): 253.

66 Kuruvilla, *Privilege the Text*, 128-29.

67 Kuruvilla, *Privilege the Text*, 266.

성령님의 역할을 간과하지 않고 하나님 중심적, 혹은 삼위일체적 설교를 더욱 충실히 구현하도록 하는 중요한 역할을 할 수 있다. 밴후저 Vanhoozer의 지적대로, 설교자가 성경을 "하나님의 커뮤니케이션 행위의 성문화된 자리로 인식할 때, 그 성경은 우리로 본문 자체가 행하는 바에 대한 적합한 태도로 반응할 것"을 요구한다.[68] 즉 본문 앞에 있는 우리는 그 본문을 이해할 뿐만 아니라 본문성이 살아나는 설교를 통해 그 말씀을 살아내고 실천하는 문제, 즉 실행하는 지식performance knowledge이 되도록 해야 한다.[69] 이때, 하나님께서 성경 저자를 통해 실행하신 다양한 문학적 양식들과 수사적 방법들과 장치들을 인정하고 감상할 수 있도록 할 뿐만 아니라, 그 본문들에 대해 우리들의 반응들의 다양성도 인정하게 된다. 본문성의 강조는 영감된 본문의 명제적 진리(혹은 성경신학적 내용)만을 전달하는 것만이 아니라 영감된 본문 세계가 지닌 수행성과 지금도 독자/청중에게 미치는 본문의 효과성을 간과하지 않게 된다. 이를 통해 성경 말씀이 오늘날에도 성령님의 역사와 함께 하는 유효한 하나님의 소통 행위임을 분명히 하게 된다. 더 나아가 이런 본문성의 강조는 과거나 현재나 말씀에 따라서 순종하며 살아감으로 궁극적으로 그리스도를 닮아가도록 하는 설교 말씀과 함께 하는 성령의 역사를 강조할 수 있다. 밴후저Vanhoozer의 언급대로 "우리가 성경 본문을 따라가면서 살펴본다면, 그리스도를 보게 될 것이다. 또한, 우리가 성경 본문에 따라 살아간다면, 우리는 그리스도를 만나고 배우게 될 것이다."[70]

---

68   Kevin J. Vanhoozer, *First Theology*, 김재영 역, 『제일신학』 (서울: IVP, 2007), 61.
69   Vanhoozer, 『제일신학』, 64.
70   Vanhoozer, 『제일신학』, 64.

III. 닫는 글

하나님의 구속사의 실재성 속에서 역사적 존재로 살아가는 성도의 정체성은 그리스도에 대한 인식과 인정을 바탕으로 우리의 삶에서 그리스도를 따르는 바른 반응으로써 윤리적 삶의 실천으로 당연히 나와야 한다.[71] 이런 성도의 정체성은 다름 아닌 성경 말씀의 본질에 기인한다. 성경은 우리가 그리스도 안에서 얻은 생명의 원천/동력이 무엇인지 그 내용을 가르쳐줄 뿐만 아니라, 그 동력으로 무엇을 어떻게 하며 살아가야 할지에 대한 구체적인 방향도 함께 제시하는 하나님의 살아있는 커뮤니케이션이기 때문이다. 이런 성경의 본질과 성도의 삶의 정체성을 충실히 반영하는 설교는 본문의 내용과 본문의 수행성과 효과성을 분리하지 않는다. 이런 점에서 본문성이 드러나는 그리스도 중심적 설교는 삼위일체 하나님을 알고 믿어야 할 구속사 이야기의 전반적인 내용을 전달하는 것과 더불어, 그 구속의 이야기 속에서 성도는 매주 주어진 본문 세계가 요구하는 것을 살아내어야 하는 인생 이야기를 함께 담아내도록 하는데 충실한 설교 방법론이라 할 수 있다. 본문에 충실하고 성도의 삶에 적실한 그리스도 중심적 해석과 설교의 실천을 위해서 설교자는 하나님의 구속사라는 객관적/규범적 내용에 대한 성도의 신앙의 내용과 더불어, 성경 저자가 성령의 영감으로 구현한 본문의 세계를 통하여 지금도 우리에게 요구/반응토록 하는 실천적 방향이 함께 전달되는, 더욱 입체적인 본문이 이끄는 그리스도 '중심적' 설교를 해야 할 것이다.

---

71 Vanhoozer, 『제일신학』, 65.

참고문헌

김덕현. "언어 행위 이론(Speech Act Theory)의 이해와 성령의 언어행위로써 설교: 빌레몬서 1장 15-16절을 중심으로". 한국복음주의실천신학회. 「복음과 실천신학」 36 (2015): 89-117.

김대혁. "Timothy Keller의 설교를 위한 그리스도 중심적, 삼중적 관점의 해석학 연구". 한국복음주의실천신학회. 「복음과 실천신학」 34 (2015): 9-50.

―――. "원리화, 신학과 과정에서의 장르적 고려와 설교학적 함의: 의미론과 화용론의 통합". 한국복음주의신학회. 「성경과 신학」 79 (2016): 191-228.

김창훈. "구속사적 설교의 평가". 한국복음주의실천신학회. 「복음과 실천신학」 15 (2008): 132-52.

―――. "하나님 중심적 인물 설교에 관한 연구". 한국복음주의실천신학회. 「복음과 실천신학」 25 (2012): 130-59.

이우제. "Sidney Greidanus의 설교 연구: 현대 설교의 한계를 극복하는 대안을 중심으로". 한국복음주의실천신학회. 「복음과 실천신학」 27 (2015): 335-67.

정창균. 『고정관념을 넘어서는 설교』 수원: 합동신학대학원 출판부. 2002.

Allen, Jason K. "The Christ-Centered Homiletics of Edmund Clowney and Sidney Greidanus in Contrast with the Human Author-Centered Hermeneutics of Walter Kaiser". Ph.D. Diss., The Southern Baptist Theological Seminary. 2011.

Bergen, Robert D. "The Role of Genesis 22:1-19 in the Abraham Cycle: A Computer-Assisted Textual Interpretation". *Criswell Theological Review* 4 (1990): 313-26.

Chapell, Bryan. *Christ-Centered Preaching: Redeeming the Expository Preaching*. Grand Rapids: Baker Academic. 2005.

Clowney Edmund P. *Preaching Christ in all of Scripture*. Wheaton, IL: Crossway. 2003.

―――. *Preaching and Biblical Theology*. 류근상 역. 『설교와 성경신학』 서울: 크리스챤 출판사. 2003.

Davis, Dale Ralph. *The Word Became Fresh: How to Preaching from Old*

Testament Narrative Texts. Fearn, Scotland: Mentor. 2006.

Doriani, Daniel. *Putting the Truth to Work: The Theory and Practice of Biblical Application*. Phillipsburg, NJ: P&R. 2001.

Goldsworthy, Graeme. *Christ-Centered Biblical Theology: Hermeneutical Foundation and Principles*. Downers Grove, IL: InterVarsity. 2012.

──. *Preaching the Whole Bible as Christian Scripture: The Application of Biblical Theology to Expository Preaching*. Grand Rapids: Eerdmans. 2000.

Greidanus, Sidney. *Preaching Christ from Genesis: Foundations for Expository Preaching*. Grand Rapids: Eerdmans. 2007.

──. *Preaching Christ from the Old Testament: Foundations for Expository Sermons*. 김진섭·류호영·류호준 역.『구약의 그리스도 어떻게 설교할 것인가』서울: 이레서원. 2002.

──. *Sola Scriptura: Problems and Principles in Preaching Historical Texts*. Eugene, OR: Wedge Publishing. 1970.

──. *The Modern Preacher and the Ancient Text: Interpreting and Preaching Biblical Literature*. Grand Rapids: InterVasity. 1988.

Johnson, Darrell W. *The Glory of Preaching: Participating in God's Transformation of the World*. 류근상 역.『설교의 영광』서울: 크리스챤출판사. 1987.

Johnson, Dennis E. *Him We Proclaim: Preaching Christ from All the Scriptures*. Phillipsburg, NJ: P&R. 2007.

Keller, Timothy. *Preaching: Communicating Faith in an Age of Skepticism*. New York: Penguin. 2016.

Krabbendamm, Hendrick. "Hermeneutics and Preaching". In The Preacher and Preaching: Reviving the Art in the Twentieth Century, ed. Samuel T. Logan, Jr. 서창원·이길상 역.『개혁주의 설교자와 설교』서울: 크리스챤 다이제스트. 1999.

Kuruvilla, Abraham. *A Vision for Preaching: Understanding the Heart of Pastoral Ministry*. Grand Rapids: Baker. 2015.

──. *Genesis: A Theological Commentary for Preachers*. Eugene, OR:

Resource Publications. 2014.

―――. *Privilege the Text: A Theological Hermeneutic for Preaching*. Chicago: Moody. 2013.

Mathews, Kenneth A. *Genesis 11:27-50:26*. New American Commentary. Nashville, TN: B&H. 2005.

Oden, Thomas C. and Mark Sheidan, eds., *Genesis 12-50*. Ancient Christian Commentary on Scripture: Old Testament, Vol 2. Downers Grove: InterVarsity. 2002.

Poythress, Vern S. *The Shadow of Christ in the Law of Moses*. Philllipsburg, NJ: P&R. 1991.

Robinson, Haddon W. "The Relevance of Expository Preaching". In Preaching to a Shifting Culture: 12 Perspectives on Communicating that Connects ed. Scott M. Gibson, 79-94. Grand Rapids: Baker. 2004.

Trible, Phillis. *Genesis: A Living Conversation*. New York : Doubleday. 1996.

VanGemeren, Willem. *The Progress of Redemption: The Story of Salvation from Creation to the New Jerusalem*. Grand Rapids: Zondervan. 1988.

Vanhoozer, Kevin J. *First Theology*. 김재영 역.『제일신학』서울: IVP. 2007.

―――. Is There a Meaning in This Text?. 김재영 역.『이 텍스트에 의미가 있는가?』서울: IVP. 2003.

Warren, Timothy S. *A Review of Preaching Christ from Genesis: Foundations for Expository Sermons, by Sidney Greidanus. Homiletic* 32, no. 2 (Winter, 2007): 32-33.

―――. *A Review of Christ-Centered Preaching: Redeeming the Expository Sermon, by Bryan Chapell. Bibliotheca Sacra* 152, no. 606 (April-June, 1995): 253.

3부

「본문이 일하는 설교」를 위한 설교화 과정

5장
'본문'에 '충실한' 설교와 전유를 통한 적용

A Suggestion for a Biblically Appropriated Application
for 'Text-Faithful' Preaching

I. 여는 글

한국교회 설교 갱신에 대한 수많은 제안이 있지만, 설교단의 위기의식은 잦아들지 않는다. 여기에는 포스트모던의 시대적 요인들, 급변하는 목회 정황과 회중의 특징, 설교자의 부족한 자질과 실력, 더 나아가 설교자가 사용하는 다양한 설교 방식들과 그 이면에 놓여있는 신학적 편향성 등 다양한 측면에서 그 원인을 손꼽을 수 있다.[1] 하지만 설교단의 위기에 대한 가장 직접적인 책임은 매주 그곳을 책임지는 설교자에게 주어질 때가 더 많다. 무엇보다 성경 본문에 대한 바른 이해와 그 본문에 합당한 삶에 대한 적용은 하나님의 말씀을 맡은 청지기로서 설교자가 하나님과 회중 앞에서 직접 책임져야 할 몫임이 틀림없다. 특별히 오늘날 포스트모던의 영향으로 본문에 대한 다양한 해석학적 접근들이 제시되는 가운데, 설교자는 자신이 수행하는 해석학적/설교학적 방

---

[1] John Stott, *I Believe in Preaching*, 원광연 역,『설교의 능력』(서울: CH북스, 2005), 49-94; Martin Lloyd-Jones, *Preaching and Preachers*, 정근두 역,『설교와 설교자』(서울: 복있는사람, 2005), 15-37; Haddon W. Robinson, *Biblical Preaching*, 박영호 역,『강해설교』(서울: CLC, 2007) 17-19 등을 참고하라.

법론에 분명한 이해와 건설적 평가, 그리고 이를 통한 보다 나은 해석학적/설교학적 수행의 노력이 절실히 요구된다. 왜냐하면, 자신이 지닌 해석학적/설교학적 원리들에 대한 설교자의 느슨한 이해는 자신이 매주 수행하는 설교 방법론에 대한 확신의 부족으로 이어지기 마련이고, 이는 결국 설교단에서 실제적인 자신의 설교 수행에 영향을 미치기 때문이다.

보다 구체적으로 성경 본문에 대한 충실한 이해와 설교를 수행하면서 목회자들이 가장 많이 고민하는 부분 중의 하나가 설교의 적용 application이라 할 수 있다. 실제 본문의 의미를 청중의 상황에 바로 적용함으로 삶의 변화를 일으키는 것은 기본적인 설교의 목적이라 할 수 있다.[2] 회중의 삶을 변화시키는 설교는 하나님의 말씀에 담긴 신학적 진리를 제대로 설명하는 것에서 멈추지 않고, 오늘을 살아가는 그들의 필요에 그 진리가 제대로 적용되도록 해야 하기 때문이다. 따라서 성경 세계와 현실 세계 사이를 연결하는 설교자에게 성경 본문에 해석학적/설교학적으로 충실한 적용을 하는 것은 매주 설교자에게 필수적인 과제이자 책임이다.[3]

하지만 본문에 근거한 바른 적용은 이론적 측면뿐 아니라 실제적 측면에서도 까다롭고 복잡한 주제이다. 이는 설교에 있어서 본문에 충실한 적용의 중요성을 강조하는 학자들 사이에서도, 실천 방법론에서는 의견이 하나로 모여지지 않는다는 점에서도 여실히 확인된다.[4] 즉 '본

---

[2] 박현신, "설교의 목적으로서 청중의 변화를 위한 성경적 원리: 고후 3:18을 중심으로", 한국복음주의실천신학회, 「복음과 실천신학」 36 (2015): 115-46. (https://doi.org/10.25309/kept.2018.5.15.115)

[3] Stott, 『설교의 능력』, 146. 간혹 역사 속에서 적용의 불필요성을 강조하는 Karl Barth와 같은 학자들도 있지만, 전통적으로 설교에 있어서 적용의 중요성은 많은 설교(학)자들에 매우 강조되어왔다.

[4] 성경 본문에서 청중에 이르는 적용에 대한 이해와 실천의 4가지 관점을 소개하는 대표적인 책으로 Gary T. Meadors, *Four Views on Moving beyond the Bible To Theology*, 윤석인 역, 『성경 어떻게 적용할 것인가』 (서울: 부흥과개혁사, 2011)를 보라.

문'에 '충실'한 적용에 대해서는 한목소리를 내지만, 그 실제 접근 방법들이 매우 다르다. 그 상이한 이유가 설교를 듣는 회중이 처한 정황들의 차이에도 있겠지만, 근본적인 원인 중의 하나는 본문을 대하는 설교자의 해석학적 견해 차이에 기인한 것이기도 하다.[5] 다시 말해, '본문'에 '충실'한 적용 방법론의 다양성(긍정적인 측면) 혹은 모호성(부정적인 측면)은 본문에 대한 해석학적 관점의 차이에서 시작해서, 그 본문에서 회중으로 나아가는 적용 방법론과 실제 설교 수행에 있어서 서로 다른 적용으로 나오도록 만들기도 한다.

이처럼 '본문'에 '충실'한 적용의 한목소리 안에도 그 방법론적 다양성과 모호성이 있다는 사실을 견지하면서도, 이 논문은 특별히 '본문성textuality'에 보다 충실한 설교를 하기 위해서 성경 본문에 의한 '전유appropriation'를 적용application의 필수 과정으로 제시하고자 한다. 구체적으로 말해, 설교자가 성경 저자가 전달하고자 하는 본문의 의미(내용)에 충실할 뿐만 아니라, 성경 저자가 의도한 본문의 기능(수행성)을 설교에서 충실히 반영하고, 더 나아가 본문 앞에 있는 독자/청중에 미치는 본문의 효과를 설교를 통해 전달하고 수행하는 방식으로 설교하기 위해서, 이 글은 '전유'의 방식을 통한 '적용'의 중요성을 이론적으로 확인하고 강조하고자 한다. 따라서 이 글은 '성경적 전유를 통한 적용 biblically appropriated application'에 대한 철학적 해석학의 이해(Gadamer와 Ricouer의 철학적 해석학에서 나타난 전유의 설명을 중심으로)를 중심으로 그 실천 가능성을 확인해 보고, 전유의 관점에서 전통적 설교학과 신설교학에 대한 이해와 평가, 그리고 '성경적 전유를 통한 적용'의 실천이 가져다 줄 수 있는 해석학적/설교학적 함의들을 살펴보고자 한다.

---

[5] 설교를 위한 해석학적 다차원적 측면과 그 중요성에 대해서는 이승진, "해석과 선포를 포괄하는 설교학적인 해석학에 관한 연구", 한국복음주의실천신학회, 「복음과 실천신학」 39 (2016): 144-77을 보라.

II. 펴는 글

1. 전유appropriation에 관한 해석학적 오해와 이해

성경 해석학/설교학에 있어서 일반적으로 많이 사용되는 용어인 적용application; anwendung에 비해, 전유appropriation; aneignen라는 용어는 비교적 최근에 해석의 과정 혹은 상황화의 과정을 설명하는 말이다. 이 말을 국어나 영어사전에서 찾아보면 "혼자 독차지하여 가지다"라는 뜻으로 정의되어 있다. 특히 문화연구나 문학비평에서 전유는 재-의미re-signification 작용으로 이해하는데, 정황이나 맥락을 변경함으로써 다른 의미를 갖게 하는 행위를 수반하는 것으로 이해한다.[6] 즉, 자신의 특정한 목적을 위해 구별하여 취하는 것을 그 주요 용법으로 사용하고 있음을 알 수 있다. 물론 '전유'라는 용어는 다양한 문맥 속에서 쓰일 수 있지만, 특별히 오늘날 독자 중심의 현대 해석학에서는 통상적으로 전유를 "텍스트가 해석자의 현재적 관심과 '관련을 맺는relevant' 별도의 행위"로 이해한다.[7] 이러한 정의와 이해만으로는 마치 전유가 해석자의 실천적 관심과 목적에 의해서만 주도된다는 오해를 낳는 경향이 크다. 하지만 궁극적으로 전유appropriation의 개념 그 자체가 현재의 실천적 관심에 있는 것은 사실이지만, 반드시 해석자와 그의 관심에 의해서 주도된다고만 단정할 필요는 없다. 특별히 해석자가 다루는 본문이 영감된 무오한 성경일 때는 더욱 그러하다. 오히려 그 반대로 본문에 의해서 주도되는 전유, 성경의 전유biblical appropriation도 충분히 해석학적으로 실천 가능하다. 특히 성경의 전유는 본문의 수행성이 드러나는 설교의 작성과 특히 본문 중심적 적용을 위한 필수 과정으로 인식되어야

---

6 문학비평가협회, 『문학비평용어사전 하권』 (서울: 국학자료원, 2006), 785.

7 David C. Hoy, *The Critical Circle*, 『해석학과 문학비평』 (서울: 문학과 지성사, 1988), 119.

할 필요가 있다. 이를 위해 필자는 전유의 개념을 소개하고 발전시킨 철학적 해석학자들의 견해를 살펴보면서 확인해 보고자 한다.

1) 한스-게오르그 가다머Hans-Georg Gadamer의 전유 이해

본문에 의한 '전유'에 대한 개념은 해석자의 현재 지평에서 본문 지평과의 변증법적 지평 융합fusion of horizons을 강조함으로써, 해석에 있어서 독자의 역할에 더 무게를 실리도록 한 한스-게오르그 가다머Hans-Georg Gadamer의 철학적 해석학에서 확인할 수 있다. 전유 이해를 위해 먼저 가다머Gadamer의 이해와 적용에 관한 견해를 살펴볼 필요가 있는데, 그의 적용의 이해는 자신의 해석학과 이전 낭만주의적 혹은 객관주의적 해석학과의 핵심적 차이를 가져다주는 하나의 요소이다. 그에 의하면, 이해와 적용은 엄격한 분리가 아니라, 이해는 언제나 그리고 이미 적용함을 의미한다.[8] 특별히 그는 본문에 대한 해석이 낭만주의 해석학이 강조하는 과학적 방법론에만 함몰되지 않고, 본문에 대한 인지적cognitive, 규범적normative, 그리고 재생적reproductive 해석의 세 영역이 동일한 현상이자 통합적 구성요소로 이해될 것을 강조함으로써, 비록 그 구분은 가능하다고 하더라도 본문이 지닌 의미의 객관성과 해석자의 주관성은 대립 혹은 분리가 되어서는 안 된다고 본다.[9] 그가 강조한 본문과 해석자의 지평 융합의 과정은 계속된 과거와 현재의 갈등 속에서 대화가 이루어지는 것으로, 그 속에서 적용은 본문에 질문하고 그 텍스트와의 대화에 참여하는 것을 포함한다.[10] 이런 이해와 적용의 유

---

8 Hans-Georg Gadamer, *Truth and Method*, 임홍배 역, 『진리와 방법 2』 (서울: 문학동네, 2012), 195. 여기에서 세 가지 유형의 해석은 그 각각의 핵심 목적과 관심에 의해 구별될 수 있는데, 인지적 해석은 이해 그 자체를, 규범적 해석은 행위의 지침을 제공하는 것, 그리고 재생적 해석은 어떤 경험을 전달하려는 것에 관심을 두는 것이라 이해할 수 있다.

9 Gadamer, 『진리와 방법 2』, 199.

10 Gadamer, 『진리와 방법 2』, 338.

기적 관계 속에서 가다머는 전유라는 용어를 따로 사용하지만, 적용과 엄밀하게 구분해서 사용하지는 않는다. 하지만 분명한 것은 가다머Gadamer가 본문에서 원리나 개념을 찾아서 오늘날의 삶에 연결하는 것이 아니라, 본문의 상황과 해석자의 상황이 계속해서 대화를 이루는 가운데 적용이 경험 전체에 필수 불가결하다고 주장하는 점에서 그의 적용 개념은 전유에 가깝다고 볼 수 있다.[11]

주목해야 할 점은 본문과 해석자의 지평 융합은 결국 해석자의 주관적 이해에 빠져버릴 위험이 커짐에도 불구하고, 가다머는 지평 융합의 과정에서, 앞서 설명한 현대 통상적으로 정의되는 전유appropriation, 즉 해석자의 실천적 관심에서 이 과정이 주도된다는 점과는 분명히 다르다는 점을 분명히 한다. 그는 "해석학은 텍스트를 해석자의 소유물로 장악하는 방식이 아니라, 오히려 텍스트 자체의 지배적인 요구에 해석자 자신을 종속시킨다"라고 주장하며,[12] 해석자가 텍스트를 향해 자기 자신을 열어 보일 수 있어야 하고, 이러한 이해의 과정을 통해서 관철되어야 할 본문의 의미를 존중하는 것은 곧 적용을 포함하는 것임을 단언한다. 따라서 가다머에게 있어서, 해석은 과거를 현대에 기계처럼 재생산하는 일이 아니라, 그 자체가 고유한 창조 사건으로, 그는 "설교 속의 말은 바로 이런 총제적 전달을 수행"해야 한다고 주장한다.[13] 이러한 가다머의 '전유적 적용'에 대한 이해는 성경 해석자이자 설교자에게 성경 본문의 이해와 적용이 단순히 객관성의 현실화를 넘어서, 해석자가 본문에 참여하여야 하며, 이해의 내용만이 아니라 이해의 체험도 본문에 의해서 주도되도록 하는, 본문에 의한 전유의 필요성을 엿볼 수 있게 한다.

---

11 Anthony Thiselton, *The Two Horizon*, 박규태 역, 『두 지평』 (서울: IVP, 2017), 474.
12 Gadamer, 『진리와 방법 2』, 199.
13 Gadamer, 『진리와 방법 2』, 112.

2) 폴 리쾨르Paul Ricoeur의 전유 이해

한편 본문에 의한 전유의 개념은 폴 리쾨르Paul Ricoeur에서 보다 명확하고 구체적으로 설명된다. 실제 그는 적용과 전유를 구분하지 않고 곧 해석을 곧 전유로 규정한다.[14] 그는 전유를 "처음에는 '생소했던' 것을 자신의 것으로 만드는 것"이라 정의한다.[15] 그에 따르면, 해석이 기본적으로 역사적 문화적 간격을 극복하여 "함께 모으고, 같이 만들고, 동시대적으로 만들고, 유사하게 만드는 것"이기에, 어떤 사람에게 말해지는 "의미의 현실화"를 이해하는데 전유가 매우 적합한 개념이라 판단한다.[16] 하지만 이런 "의미의 현실화"가 이루어지는 과정에서, 리쾨르Ricoeur도 전유에 대한 오늘날의 통상적 오해와 더불어 해석자에 의해 주도되는 전유에 대한 오해를 불식시킨다. 그에 의하면, 원래의 저자와 독자와의 소격화distanciation가 이루어진 본문을 읽고 이해할 때,[17] 전유는 본문 배후behind the text의 저자의 정신과 심리와의 합치나, 혹은 본문을 해석자의 이해 능력 아래 종속시키거나, 더 나아가 해석자가 자신의 것으로 소유하거나 붙잡는 방식이 아님을 강조한다.[18] 대신 전유의 대상을 본문 자체의 의미, 곧 '텍스트가 열어주는 생각의 방향을 따라 역동적으로 인지된 텍스트 자체의 의미'라고 명확히 설명한다.[19] 이

---

14 Paul Ricoeur, *Hermeneutics and Human Science: Essays on Language, Action, and Interpretation*, 윤철호 역, 『해석학과 인문사회과학』 (서울: 서광사, 2003), 281.

15 Ricoeur, 『해석학과 인문사회과학』, 327.

16 Ricoeur, 『해석학과 인문사회과학』, 327.

17 "소격화(distanciation)"에 대한 이해를 위해서는 Ricoeur, 『해석학과 인문사회과학』, 231-55를 보라. 결국 "소격화"의 개념은 본문이 미지의 독자들에게 본문의 의미의 객관성, 즉 전시간성(omni-temporality)과 탈역사화를 이해하는 데 도움이 된다. 이런 점에서 "소격화"는 본문의 의미를 현재화하는 전유의 대응물(counterpart)이다. (보다 자세한 내용은 제3장을 참고하라.)

18 Ricoeur, 『해석학과 인문사회과학』, 335-41.

19 Paul Ricoeur, *Interpretation Theory*, 김윤성 역, 『해석 이론』 (서울: 서광사, 1998), 153.

처럼 일반적인 통용되는 적용이라는 용어 대신 전유라는 말을 사용함으로 리쾨르가 강조하고 싶은 바는, 본문의 내용을 설명하는데 그치지 않고, 우리의 삶의 세계에 도전하고 교정하는 새로운 해석의 판을 제공하는 본문 세계와 그 본문 자체가 지닌 생명력, 힘, 역동성을 통해 해석자가 새로운 존재 양식을 부여받음으로써 자기-이해와 자기-투사의 능력을 확장해 나가도록 해야 한다는 것이다.[20] 그는 본문이 지닌 보편적 힘과 방향에 따를 것을 강조하면서, 다음과 같이 말한다.

> 오직 텍스트의 명령에 순응하고, 의미의 '화살표'를 따라가면서, 이에 따라 사유하고자 하는 해석만이 새로운 자기-이해를 가능케 한다. 이 새로운 자기-이해에서, 나는 텍스트에 대한 이해를 통해 형성된 자기 the self를 그 이해에 선행한다고 주장하는 자아the ego와 대립시키고자 한다. 자아에게 자기를 선사해 주는 것은 바로 세계를 탈은폐하는 보편적 힘을 가진 텍스트이다.[21]

저자의 의도성보다 본문 자체의 의도성을 강조한 리쾨르Ricoeur의 주장은 물론 해석학적 측면에서 한계와 약점이 분명히 존재한다. 그가 말하는 본문의 의도성은 해석자의 해석 과정에서 수행되는 작업에서 나오는 것일 수 있기 때문이다.[22] 하지만 비록 본문은 원래의 저자와 독자의 혹은 독자 사이에 소격화가 이루어져 있지만, 저자와 원래의 맥락과

---

20 Ricoeur, 『해석 이론』, 156.

21 Ricoeur, 『해석 이론』, 157.

22 실제로 이 사실을 Ricoeur 자신도 인지하고 있었다. 본문이 지닌 지시적 힘에 대한 Ricoeur의 강조가 저자와는 완전히 독립된/단절된 본문의 자율성은 아니었다. 따라서 그 역시도 저자 없는 본문을 생각할 수 없다고 분명히 하며, 원래 저자와 담화로서의 본문 사이의 연결은 폐기되는 것이 아니라, 오히려 더욱 넓어지고 복잡해진다고 말하고 있는 점에서 확인된다. Merold Westpal, *Whose Community? Which Interpretation: Philosophical Hermeneutics for the Church*, 김동규 역, 『교회를 위한 철학적 해석학』 (서울: 도서출판 100, 2019), 98에서 재인용.

원래 청중의 존재와 해석에서 그 영향력을 인정하고 본문이 원래 저자가 의도하여 구현한 본문 세계를 투사하는 것으로 저자 중심적으로 이해한다면, 리쾨르의 본문 세계에 대한 이해는 청중들의 현실의 삶이 스스로 존재하지 않고 본문에 따라서 살아가고 있음을 드러내어 주는 성경적 전유를 통한 적용을 보여주는 훌륭한 방식이 될 수 있다. 적어도 리쾨르Ricoeur는 본문의 자율성에 관한 내용(저자와의 단절이나 독립이 아닌)은 해석의 대상이 본문 배후에 있는 세계(저자의 삶이나 내면)가 아닌, 본문 앞에서 본문에 의해서 개방되는 의미와 지시의 복합체이며, 이를 통해서 해석자가 '거주할' 수 있는 현실 세계 내의 존재 방식이 '제안'되는 것임을 강조한다.[23] 이런 맥락에서 해석자의 전유는 본문 안에서 수행되는 것을 회복하는 한계 내에서, 자의적 혹은 주관적 해석을 벗어나게 되며, 비록 저자로부터 소격화가 이루어진 본문이지만 여전히 저자가 구현한 본문에 의해 말해진 것을 재활성화 시키는 것이다.[24] 이처럼 리쾨르의 전유 개념은 해석자 주도의 주관성을 합법화하거나 활성화하는 방식이라기보다는, 본문의 주제 혹은 세계에 응답함으로 자신이 지닌 왜곡된 이해가 교정되고 참된 이해를 획득하는 과정이며, 그 의미를 현실화함으로 이해를 오늘날의 정황에서 완결시키는 과정으로도 이해할 수 있다.[25] 이런 식으로 본문 앞에 해석자가 의미를 부과하는 식이 아니라, 저자가 구현한 본문 세계를 통해서 해석자 자신을 노출하여 본문의 이해를 본문 세계에 따라서 적절하게 열리기도 하고 닫히기도 함으로써, 해석자는 본문에 대한 객관적인 접근과 더불어 동시에 주관적 접근을 정정하고 교정하게 되는 본문의 힘과 기능에 유의하게 된다.

---

23 Ricoeur, 『해석 이론』, 157.

24 Ricoeur, 『해석학과 인문사회과학』, 290.

25 Ricoeur, 『해석학과 인문사회과학』, 201. 여기에 대해서 Ricoeur는 저자의 심리와 같은 근원적인 주관성과의 재결합이 아니라, 본문에 의해서 해석자의 주관성이 겸손한 역할을 수행하는 것으로서 주관성의 범주를 명확히 한다.

3) 가다머Gadamer와 리쾨르Ricoeur의 전유의 공통점

앞서 설명한 가다머Gadamer의 본문에 의한 전유에 대한 개념은 근본적으로 하이데거Heidegger의 언어에 대한 이해에 영향을 받고 이를 전제하고 있다. 하이데거는 존재론적 한계를 지닌 현존재Dasein의 인간에게 해석과 의미는 정황과 떼어서 생각할 수 없다고 여긴다(이는 해석학적 순환 혹은 해석학적 나선의 근본 이유가 된다). 이런 현존재에 대한 이해는 그의 언어 이해에도 이어지는데, 언어는 인간의 삶의 맥락에 바탕을 둔 담화 혹은 의사소통으로써, 언어는 명제나 진술이 서술적 기능만 있는 것이 아니라, 정황 속에서 다양한 기능을 행한다는 사실에 주목한다. 즉, 하이데거의 언어를 통한 상호 이해는 주체와 객체의 분리를 전제한 원리와 개념을 전달하고 적용하는 차원이 아니라, 소통 세계 안으로의 동참과 자신의 세계로의 전유의 개념에 훨씬 가까운 개념이다. 가다머는 이런 하이데거의 언어 이해를 기반으로 언어가 기호이론에 기초한 정보를 전하는 하나의 도구가 아니라, 세계와의 관련 속에서 존재를 드러내는 힘으로 이해한다.[26] 특별히 본문을 이해함에 있어서 언어는 이해 자체가 이루어지게 하는 보편적 매체이므로, 해석자가 본문을 이해한다는 것은 의미 파악을 위한 해석의 대상으로서의 언어의 기능만이 아니라, 언어가 세계에 관계하는 것이기에 언어의 수행방식에 의해서 해석학적 경험을 반드시 포함하게 된다.[27] 가다머에 있어서 이러한 존재론적 언어 이해는 전유를 통한 본문의 해석이 단순히 본문에 대한 이해를 넘어서, 그 본문의 이해가 곧 현재적 사건이 되게 하는 해석학적 인식론적 발판의 역할을 한다.

리쾨르Ricoeur의 본문과 전유의 이해 역시도 가다머Gadamer와 마찬가

---

26 Gadamer, 『진리와 방법 2』, 419.
27 Gadamer, 『진리와 방법 2』, 309.

지로 하이데거Heidegger의 언어 이해, 즉 언어가 지닌 '의미의 사건event of meaning'으로 이해한 것에 기초하고 있다. 그는 언어가 기호적 기능을 하는 것을 넘어서 발화된 행위로 하나의 실제적 사건을 일으키는 기능을 한다고 이해한다. 따라서 본문의 세계 앞에서 해석자는 본문에 의해서 자신의 새로운 인식의 교정 혹은 전환이 일어나고(의미의 사건화), 이 본문을 매개로 해석자는 본문이 드러내는 본문 앞의 세계를 현실 세계에서 살아가도록 한다고 본다. 이처럼 전통적인 해석학에서 본문에 표현된 저자의 의도를 확실히 견지하는 한, 리쾨르의 전유의 개념은 본문이 지닌 의미와 본문 자체의 수행력이 지금 여기에서 실제화 혹은 현실화가 된다는 것을 잘 드러내는 본문 이해의 핵심 개념이라 할 수 있다.[28]

4) 성경적 전유를 통한 적용의 과정

위의 이해를 기반으로 할 때, 성경적 전유를 통한 적용은 과거 본문에서 오늘날 회중에까지 이르는 과정에서, 먼저 본문의 해석자/설교자는 성경 저자가 의도하여 구현한 본문의 역동적 세계에 대해 분석을 넘어서 먼저 참여해야 한 것을 요구한다. 둘째로, 설교자는 본문을 통해 단순히 설교할 재료resource를 찾는 것을 목표로 하지 않고, 본문 세계 안에서 충분히 거함dwelling으로서 본문을 통해 저자가 의도한 바를 이해할 뿐만 아니라 그 세계를 본문을 따라서 경험하도록 해야 한다. 셋째로, 본문이 제시하는 세계를 알고 경험함으로 본문에 의해서 조정 혹은 재구성된 해석자/설교자가 자신의 현실 세계에서 본문 세계를 현실화하여 살아내도록 하며, 더 나아가 설교자가 설교 말씀을 통해서 회중을 본문 세계로 초대하고, 그들로 본문을 알고 경험으로써, 결국 자신

---

28 Ricoeur, 『해석 이론』, 153.

들의 현실 세계를 본문의 세계를 따라서 살아내도록 하는 통합적 과정을 요구한다.

2. '성경의 전유를 통한 적용'의 관점에서 본 현대 설교학의 이해와 평가

1) 전통적 강해 설교학자들의 보편 원리에 근거한 적용 패러다임

전통적으로 복음주의 해석학과 설교에서는 본문으로부터 설교로 이어지는 과정과 움직임에 관해서 다리 놓는 비유를 가지고 자주 설명되어 왔다.[29] 존 스토트John Stott는 "진정한 설교는 성경의 세계와 현대 세계 사이의 간격을 좁혀 주는 것이요, 따라서 두 세계 모두에 똑같이 발을 디뎌야 하는 것"이라 강조한다.[30] 특별히 바른 적용을 위해 스토트는 성령의 역할과 설교자의 역할을 강조하는데, 그에 의하면 설교자가 본문을 적실하게 만들기 위해서 어떤 타입의 다리를 놓을지는 시대의 정신이 아니라 성경의 계시여야 함을 분명히 한다.[31] 하지만 그의 성경 진리에 의한 오늘날의 윤리적 실천(개인적, 윤리적, 사회적, 정치적, 현대의 다양한 이슈들)으로 이어지는 해석학적/설교학적 다리 놓기는 본문에서 설교자가 찾아낸 보편적 주제와 원리에 근거한 현실의 특정한 주제들에 관한 적용에만 집중하고 있지, 본문 앞의 청중을 향한 본문의 수행성에 대한 접근이나 이에 근거한 구체적인 적용의 방법론을 찾아보기 힘들다.[32] 대표적으로 해석학적 다리를 원리화를 통해 건설하는 적용 방법

---

29 Stott, 『설교의 능력』, 143-91.
30 Stott, 『설교의 능력』, 7.
31 Stott, 『설교의 능력』, 148.
32 다리 놓기 모델은 성경의 보편적 명제과 규범을 우위에 두면서 본문이 주어진 상황과 현대 청중의 상황을 인위적으로 구분하는 경향이 강하며, 이는 성경의 신학적 내용과 목적을 분

론은 월터 카이저Walter Kaiser의 설명에서 두드러지게 나타난다. 카이저에 의하면, 적용을 위한 원리화는 "저자가 제시하는 명제, 논증, 서술, 예증을 초시간적이고 영속적인 진리들로 [재]진술하되, 그런 진리들을 교회의 현재의 필요에 적용하는데 특별히 초점을 맞추는 것"이라고 설명한다.[33] 카이저가 주장하는 적용을 위한 원리화의 과정은 설교자가 성경의 특정 구절의 주제에 초점을 두면서 "추상의 사다리"를 사용하여 보편적이고 무시간적인 일반 원리를 만들고, 이를 기준으로 현대의 구체적 상황에 대할 수 있도록 하는 것이다.[34] 이는 본문 주해에서 본문의 중심 사상을 확인하고, 오늘날의 청중에게도 전달될 수 있는 보편적인 진리 문장으로 표현하여, 청중에게 이를 잘 설명하고 그것을 기준으로 하는 시의적절한 적용을 제공하는 과정으로 요약될 수 있다(본문-원리-상황에 맞는 적용).

하지만 이런 이해에는 본문성을 충실히 반영하는 설교와 적용을 하는 것에는 한계를 드러낸다. 기본적으로 원리화 모델은 본문의 역사-문화적 배경이나 문학적 특성들을 오늘날의 입장에서 극복해야 할 것으로 인식하는 경향이 강하다.[35] 그 결과 본문의 중심 사상이나 중심 주제를 통해서 무시간적, 보편적 원리만을 찾으려고 한다. 따라서 그 원리와 함께 본문의 일부나 조각이 설교로 넘어오는 다리를 건너지만, 실제 본문의 수행력과 밀접한 관계가 있는 본문의 문학적 분위기와 수사적인 동력과 저자의 전략, 그리고 독자들을 향한 본문의 힘과 역동성은 건너오지 못하고, 오늘날로 넘어오기 전에 이미 다리 이편에서 본문과

리하는 결과를 낳을 수 있다.

[33] Walter C. Kaiser Jr. *Toward an Exegetical Theology* (Grand Rapids: Baker, 1981), 152.
[34] Meadors, 『성경 어떻게 적용할 것인가』, 29-34.
[35] Johan H. Cilliers, *The Living Voice of the Gospel*, 이승진 역, 『설교 심포니』 (서울: CLC, 2014), 226; Meadors, 『성경 어떻게 적용할 것인가』, 73-74.

함께 남아버리게 된다.³⁶ 이 경우 본문이 지닌 장르적 특징들이나 형식들, 그리고 힘과 효과는 보편적 원리가 도출되면 적용과 별 관계가 없는 것이 되어버리고, 본문이 지닌 문화적, 문학적, 그리고 제도적 함의를 간과함으로, 본문 세계가 만들어내는/투사하는 관점과 정황을 경시하는 경향이 강하다.³⁷ 무엇보다 이런 원리화 모델이 가지는 해석학적/설교학적 위험은 본문을 통한 원리의 결정권이 본문 자체라기보다는 외부에 있는 설교자에게 과도하게 주어지게 된다. 그 결과 자칫 객관적 진리를 찾기 위해 성경 저자가 의도한 본문의 소통적 행위가 지닌 다차원성을 억누르는 결과를 초래할 수 있다.

이러한 원리화 패러다임의 한계에 대해서 앤토니 티슬턴Anthony Thiselton은 성경의 "명제들"을 그 명제가 제시된 구체적인 상황들과 분리하고, 이에 따라 명제들을 '무시간적timelessly'으로 다루려 하는 것은 부당한 신학과 부당한 언어학적 견해임을 분명하게 지적한다.³⁸ 이에 관해 새로운 설교학의 주요 주창자인 프래드 크래독Fred Craddock은 물을 다 끓여 날려버리고 밑바닥의 자국만을 가지고 설교하는 것이며, 결국 본문을 왜곡하는 것이라 지적한다.³⁹ 이와 맥을 같이하여, 설교에 있어서 본문의 형식과 장르적 특징을 강조하는 토마스 롱Thomas Long은 이런 원리화 작업을 본문인 오렌지에서 주스인 내용을 짜내는 동안, 오렌지의 껍질 부분인 본문의 형식과 스타일은 그대로 버려짐으로써, 설교에 상당한 손실을 발생시키는 것으로 평가한다.⁴⁰ 또한, 요한 실리에 Johan Cilliers는 이런 원리화에 의한 다리 놓기 비유 자체가 지닌 한계를

---

36 Cilliers, 『설교 심포니』, 229.
37 Meadors, 『성경 어떻게 적용할 것인가』, 73-74.
38 Grant Osborne, *The Hermeneutical Spiral*, 임요한 역, 『해석학총론』 (서울: 부흥과개혁사, 2017), 124에서 재인용.
39 Fred Craddock, *Preaching*, 이우제 역, 『크래독의 설교 레슨』 (서울: 대서, 2009), 190.
40 Thomas Long, *The Witness of Preaching* (Louisville: Westminster John Knox, 1996), 127.

지적하면서, 설교자는 본문이 지닌 소통적 행위의 다차원성을 고려하고, 역동적 등가성dynamic equivalence을 추구함으로써, 결국 본문의 기능과 목적이 설교에 관통되도록 해야 하며, 이런 차원에서 설교자는 자신이 본문을 가지고 해석학적/설교학적 다리를 놓는 사람이 아니라, 본문이 보여주는 다리를 조정하는 사람이어야 한다고 주장한다.[41]

분명히 원리화를 통한 적용 모델에는 설교자가 결코 무시할 수 없는 분명한 장점이 있다. 그때 당시만이 아니라, 하나님의 말씀은 여전히 변치 않는 절대적 진리로서 오늘날까지 권위 있는 계시의 말씀인 것을 보여주는 가장 직접적이며 실용적인 적용 방식임이 틀림없다. 하지만 앞서 지적한 것처럼 해석학적/설교학적 한계가 있는 것도 분명하다. 그 한계의 핵심은 오늘날 다양한 해석학적 전제와 이에 근거한 중립적일 수 없는 해석학적 방법론의 차이에서 확인되며, 보다 근본적으로 본문에 대한 이해의 차이점에 기인한다. 즉 언어의 지시적 기능의 강조와 보편적, 명제적 원리에 대한 강조에 비하여, 본문의 기능과 수행성에 대한 해석학적 관심의 부족이 이런 원리화 적용 방법론에 근본적인 한계로 드러난다.

2) 새로운 설교학자들의 경험-사건을 위주로 한 적용 패러다임

앞서 전통적 설교학은 회중들이 성경의 진리 명제를 믿도록 설득하며 이를 자신의 삶에 적용하도록 하는 '공간 예술'로서 주제와 대지 중심으로 원리화를 거친 설교였다면,[42] 새로운 설교학은 '시간 예술'로서 이야기와 플롯을 따른 움직임이 있는 설교를 지향하였다.[43] 실제 새로

---

41 Cilliers, 『설교 심포니』, 245, 296.
42 Long, *The Witness of Preaching*, 102.
43 Eugene L. Lowry, *The Homiletical Plot* (Louisville: Westminster John Knox, 2001), 5-6.

운 설교학은 자신이 만든 대지를 설명하기보다, 본문을 통해 경험한 사건을 청중들로 재생하는 것을 추구한다.

이러한 새로운 설교학의 설교의 목적 설정에는 하이데거Heidegger의 언어 이해와 이에 기초한 신해석학의 영향이 지대하였다. 실제 하이데거의 언어 이해는 가다머Gadamer와 리쾨르Ricoeur의 언어 이해에 영향을 주었을 뿐만 아니라, 불트만Bultmann의 실존적 해석, 그리고 에른스트 푹스Ernst Fuchs와 게하르트 에벨링Gerhart Ebeling이 강조하는 '언어의 사건성'을 주장하는 신해석학에도 큰 영향을 주었다. 신설교학에 지대한 영향을 미친 푹스와 에벨링의 말씀-경험을 추구하는 신해석학은 설교의 적실성과 효과, 즉 설교의 적용에 관한 관심에서 비롯된 것이다.44 따라서 새로운 설교학은 언어가 정보 전달의 도구라기보다는 실존에 영향을 미치는 사건으로 이해하는 '언어의 사건성'을 설교 수행의 중심적 위치에 두었고,45 이러한 이해는 청중의 경험을 만들어내는 것이 설교의 신학적 목적이기에 새로운 설교학의 설교 적용에서도 그대로 영향을 주었다.

이런 '의미의 사건성'을 기반으로 설교를 통한 청중의 경험을 추구하는 새로운 설교학자들의 해석과 적용의 강조점은 그들의 책들에서 쉽게 확인되는데, 이는 원래 본문의 수행력을 설교를 통해 재생하는 것이었다. 예를 들면, 실제 기존의 전통적 연역 방식에서 귀납적 방식의 설교를 제안한 크래독Craddock은 일상 언어학자인 루드비히 비트겐슈타인Ludwig Wittgenstein이 말하는 언어가 지니는 삶의 형성적 기능, J. L. 오스틴J. L. Austin의 언어의 수행적 능력을 강조하는 언어-행위 이론, 마

---

44 Anthony Thiselton, "The New Hermeneutic", in New Testament Interpretation, ed. I. Howard Marshall, 이승호 · 박영호 역, 『신해석학』 (서울: CH북스, 2000), 459.
45 조광현, "신설교학의 중심 전제, 언어의 사건성: 그 신학적 기원과 영향", 한국복음주의실천신학회, 「복음과 실천신학」 46 (2018): 205. (https://doi.org/10.25309/kept.2018.2.20.202)

틴 하이데거Martin Heidegger의 존재론적 언어 이해, 그리고 로버트 펑크 Robert Funk와 에른스트 에벨링Enrst Ebeling이 강조한 (언어 자체에 대한 이해가 아닌) 언어를 통한 이해에 기반한 것으로,46 그는 "설교란 본질상 그 근원을 본문textuality이 아닌 구연orality에 맞는 청각적 사건an acoustical event"이라 말한다.47 구체적으로 그는 설교자가 본문이 무엇을 말하고 있는지와 더불어 본문이 무엇을 행하고 있는 것을 발견할 것을 강조한다. 실제 크래독에게 설교의 '내용'은 본문의 '내용'을 표현한 것이 아니라, 본문과 설교가 같은 의도를 가졌는데 다르게 전달되고 있다고 생각하게 만들어야 한다고 말함으로써, 본문의 주제의 통일성보다는 본문의 수행력을 더 강조한다.48 이러한 본문 수행성의 강조는 유진 로우리Eugene Lowry의 설교 방법론으로도 이어진다. 그는 기존 전통적 설교학의 핵심 문제를 근본적으로 설교의 목적에 관한 것으로 이해하고 있고, 크래독의 귀납적 방식을 자신의 Plot 방식의 설교로 구체화하였다. 그의 Plot 방식의 내러티브 설교 방법은 설교를 통한 본문의 경험 사건을 위해 긴장-해결을 위한 시간의 흐름movement과 반전의 회전력torque으로 사건을 일으키기에 적합한 설교 구조를 잡은 것이다.49

한편 로우리Lowry의 움직임movement의 개념은 데이빗 버트릭David Buttrick의 말에서 차용한 것인데, 버트릭 역시도 설교에서 본문의 내용보다 오히려 "그 구절이 행하고자 하는 바가 무엇인가?"라는 질문에 초점을 맞추어야 할 것을 강조한다.50 특별히 버트릭은 주해에서 설교

---

46 Craddock, 『권위 없는 자처럼』, 63-92.
47 Richard Eslinger, *The Web of Preaching*, 주승중 역, 『설교 그물짜기』 (서울: WPA, 2008), 22.
48 Craddock, 『크래독의 설교 레슨』, 188-89, 220.
49 Eugene L. Lowry, *The Sermon: Dancing the Edge of Mystery*, 주승중 역, 『신비의 가장자리에서 춤추는 설교』 (서울: WPA, 2008), 15; Eugene L. Lowry, *The Homiletical Beat*, 김양일 역, 『생명력 있는 설교』 (서울: CLC, 2012), 70.
50 David Buttrick, *Homiletics: Moves and Structure*, (Philadelphia: Fortress Press,

로 넘어오는 과정에서 반드시 신학적인 관심의 현장을 분별할 것을 강조하는데, 여기에서 버트릭은 "언급된 세상addressed world"이라는 용어를 사용한다.51 즉, 버트릭Buttrick은 성경 본문이 주어진 원래의 세계와 오늘날의 세계 사이에는 차이가 있지만, 그런데도 본문이 지닌 신학적 관심의 궁극적인 영역인 오늘날 현실 세계의 비실재적인 세계를 드러내며, 그 속의 사회적 제도와 구조를 환기하는 것으로 이해한다.52 즉, 버트릭이 말하고자 하는 "언급된 세상"이란 성경 본문이 환기하는 세상, 곧 청중들이 말씀을 듣고 자신들이 살아가야 할 세상을 투사한 것이라 이해한다. 따라서 버트릭은 성경 세계에 귀속되었다가, 자신이 살아가는 삶의 세계에서 그 성경 세계를 전유하는 세상을 살아가는 설교적 방법론을 강조하는데, 여기에서 원리를 추출하여 오늘날의 현실 세계로 적용하는 분리되는 방식이 아닌, 본문이 지닌 변치 않는 힘(신학적인 목적)은 주해와 설교 사이에서 분리되지 않고 넘어오는 전유의 방식과 매우 흡사하다.

이러한 새로운 설교학자들이 갖는 하이데거Heidegger의 언어의 사건성에 대한 이해, 본문의 수행력에 관한 관심, 그리고 이를 설교에 반영하려는 설교 방법론적 노력이라는 측면에서만큼은 긍정적인 평가를 할 수 있다. 특히 설교의 적용에 있어서 전유적 방식을 고려하도록 영향을 주었는데, 본문을 단지 묻고 탐구하는 객체에 그치지 않고, 본문의 세계 안으로 참여함으로써 해석자가 본문에 의해서 지배받고 형성되게 하는, 본문에 의한 전유의 필요성을 확인시킨 것은 사실이다. 하지만 전통적인 설교가 명제적 진술이나 내용과 정보 제공에 집중한 것에 대한 과도한 역반응으로, 언어의 사건적 기능에만 치중한 경향성을 지적하지 않을 수 없다. 그 결과로 신설교학은 본문이 지닌 내용과 수행

1987), 54.

51   David G. Buttrick, "Interpretation and Preaching," Interpretation 35 (1981): 53-54.
52   Buttrick, "Interpretation and Preaching", 57.

력을 통합적으로 이해하여 본문 그 자체에 집중하기보다는, 청중들이 본문을 통한 사건을 만들어내고 이를 청중이 경험하도록 하는데 더 큰 관심을 두게 되었다. 그 결과, 설교에서의 사건-경험이 곧 적용으로 이해됨으로 기술된 본문의 지시적 내용과 본문이 지닌 보편적 명제의 설명에 따른 구체적 적용은 최소화 혹은 무시되었다. 또한, 언어의 사건적 기능과 성령의 역사를 등치시킴으로 설교에 있어서 성령의 역사를 무시하게 되는 결과를 초래하게 되었고, 설교 작성의 실용적 관심에 의해서 청중의 경험-사건을 위한 내러티브 설교의 형식과 방법에 치중하는 결과를 낳게 되었다.[53] 이처럼 본문의 충실도의 관점에서 볼 때, 새로운 설교학은 분명 본문의 수행력 회복을 위한 다양한 설교의 형식들에 관한 관심이 그 출발점이라 긍정적으로 평가할 수 있다손 치더라도, 그들이 제시한 설교적 방식들은 본문의 형식과 힘과 효과가 자아내는 본문의 수행력이라는 잣대에 의해서 이루어지기보다는, 개인적 체험적 사건을 위한 내러티브 설교 형식에 대한 집중 혹은 다양한 설교 형식의 제안들로만 이해되도록 한 한계가 분명히 드러난다.[54] 이처럼 새로운 설교학이 '본문의 실행'을 강조하는 듯 보이지만, 설교 수행에 있어서 성경 본문의 정보 전달의 기능은 등한히 여기며 본문의 내재적 수행력에 대한 불균형적 강조, 더군다나 본문의 수행력과는 동떨어진 설교의 경험-사건의 추구는 본문이 전달하는 보편적 원리를 무시하고, 때로 본문이 명시적으로 전달하는 구체적인 적용과는 멀어지게 하였다.

---

[53] 조광현, "신설교학의 중심 전제, 언어의 사건성", 202-29. 이런 점에서 신설교학은 언어의 사건적 기능에 집중하여 본문 자체에 관한 관심이 아니라 본문의 한 단면에 관한 관심을 가졌다는 조광현의 지적은 매우 적절한 지적이다.

[54] Charles Campbell, *Preaching Jesus*, 이승진 역, 『프리칭 예수』 (서울: CLC, 2001), 226-32.

3) 성경적 전유를 통한 적용으로의 통합적 발전 모색

사실 앞서 살펴본, 전통적 설교의 객관적 진리에 대한 신념, 그리고 새로운 설교학의 청중의 주관적 경험에 대한 강조는 서로 대립할 필요는 없다. 실제 앞서 설명한 언어와 전유에 대한 해석학적 논의에 대한 성찰, 보다 직접적으로 새로운 설교학의 경험과 사건을 목적으로 하는 설교의 도전은 전통적 해석학/설교학이 기존에 사용한 원리화 모델의 적용 방법론에만 머물지 않고, 본문의 수행성을 어떻게 적용에 반영해 나갈지를 고민하고 적용의 패러다임을 발전시켜나가고 있다.

예를 들면, 기존 원리화 모델이 지닌 본문 자체보다는 본문 안에 담긴 원리를 더 중요시하게 되는 결과에 우려를 지적한 대니얼 도리아니 Daniel Doriani는 초시간적 명제적 원리를 전달하는 결의론에 근거한 하나의 방식만이 아니라, 성경 본문의 다양한 커뮤니케이션의 양식들을 반영할 수 있는 "의무, 인격, 목표, 비전"의 4가지 기준을 가지고 질문하면서 하나님의 세계관적 질문을 통해 적용으로 나아가는 길을 제시한다.[55] 도리아니의 이런 시도는 본문 자체가 지닌 다양한 양식과 담화를 존중한다는 점과 전체 구속 역사를 따라가며 새롭게 변화하는 현실에 본문의 중요성을 조명하는 것을 강조하는 적용의 다양한 길을 제시한다. 하지만 안타깝게도 실제 그의 적용에 이르는 4가지 질문의 근거가 명료하지 않으며, 구속 드라마 속의 신구약의 연속성 강조와 하나님과의 화목과 그리스도를 본받게 하는 구속 역사라는 신학적 목적을 더욱 강조하는 것만을 제외하고는 결의론의 일반 원리를 찾아 4가지 질문 유형들에 대입한다는 측면에서, 원리화 모델과 기본 과정에 그리 차이가 나지 않는 모습을 보인다.[56]

---

55 Meadors, 『성경 어떻게 적용할 것인가』, 149-150.
56 Meadors, 『성경 어떻게 적용할 것인가』, 191.

반면 동일하게 원리화만으로 적용의 문제를 해결하지 못한다고 지적한 밴후저Vanhoozer는 성경을 읽고 이해한다는 것은 저자의 의도를 단순히 모방하는 것이 아니라, 본문이 전제하고 수반하고 투영하는 성경 세계를 우리 환경 속에 현실화하는 것이라 이해한다.[57] 즉 성경 본문은 변화를 일으키는 목적으로 주신 신적 계시로서, 올바른 비전, 올바른 태도, 올바른 행동을 육성하는 하나님의 언어-소통의 행위로 이해할 수 있다.[58] 그는 이런 언어-행위 가운데 본문이 지닌 문학 양식과 형식은 우리가 인식하는 마음의 방향성과 생각하는 습관을 형성하고 변화시킨다고 본다.[59] 리쾨르Ricoeur의 지적처럼, 밴후저는 "텍스트 안에 해석되어야 하는 것은 내가 깃들일 수 있고 자기 자신이 가진 최고의 가능성을 투영할 수 있는 암시된 세계"라고 보며,[60] 그 세계를 이해하고자 해석자는 본문이 전달하는 명시적 메시지는 물론이고, 본문이 지닌 문학적 양식에 대한 이해, 더 나아가 정경적 감각, 보편적 감수성, 그리고 정황에 대한 민감성이 필요하다고 설명한다.[61] 이런 밴후저가 말하는 신적 드라마 적용의 모델은 본문에 "참여"하고 본문에 의해서 "평가"받고, 본문 앞 세계로 "전진"이라는 세 가지 핵심 개념으로 요약될 수 있는데,[62] 이는 앞서 설명한 본문에 의한 전유의 과정과 동일하다. 언어의 정보 전달 기능을 중시함으로 본문이 명시적으로 분명히 드러내고자 하는 의미 전달을 확고히 한다면, 밴후저Vahoozer의 이런 적용의 모델은 설교자와 회중이 본문에 의해서 전유되어, 본문 세계가 구현하는 하나님의 세계관과 가치와 목적에 부합하여 본문 세계를 실행하

---

57 Meadors, 『성경 어떻게 적용할 것인가』, 244.
58 Meadors, 『성경 어떻게 적용할 것인가』, 248.
59 Meadors, 『성경 어떻게 적용할 것인가』, 192.
60 Meadors, 『성경 어떻게 적용할 것인가』, 241에서 재인용.
61 Meadors, 『성경 어떻게 적용할 것인가』, 412.
62 Meadors, 『성경 어떻게 적용할 것인가』, 412.

는 것까지 나아가는 것을 통합적으로 드러내는 모델이라 할 수 있다.

최근 북미설교학자 가운데 아브라함 쿠루빌라Abraham Kuruvilla도 본문 세계와 그 수행력을 강조한 설교 방법론과 적용을 강조하는 것으로 주목을 받고 있다. 그는 본문에 충실하고 타당한 적용은 분명 본문에서 저자가 전달하고자 하는 내용에 근거할 뿐만 아니라, 저자가 본문에서 그 내용을 가지고 청중을 향해 수행하고자 하는 바를 설교의 목적으로 이루고자 할 때임을 강조한다.[63] 그는 성경의 한 설교 본문a pericope에 담긴 신학적 추진력a thrust of theology을 적용해야 할 것을 강조하는데,[64] 리쾨르Ricoeur의 성경 세계의 개념을 차용하여, 설교자는 성경 세계에 거주하면서 그 세계를 알고, 경험하며, 삶의 모습을 닮아감으로 오늘날 세계에서 이를 실행하는 것으로 적용을 구체화해 나가야 할 것을 주장한다.[65] 이런 그의 설명은 본문 세계가 특정한 내용을 말하면서도 적절한 효과를 자아내도록 저자가 신중하게 계획한 것이기에, 본문에 의한 전유의 방식을 통해 성경적 원리의 적용이 반드시 본문의 수행력과 함께 반영되어야 할 것을 전제로 한 것이다.

이처럼 언어에 대한 통합적 이해, 본문이 지닌 내용과 기능에 대한 균형 잡힌 이해를 기초로 이를 설교에 반영하려는 전유적 접근은 현대 설교학의 적용 방법론에 많은 영향을 미치고 있다. 한마디로 본문의 내용만이 아니라 본문의 수행력, 즉 본문성을 보다 충실하게 반영하고자 하는 방향으로 발전하고 있다. 분명 과거 본문에 담긴 보편적 원리와 당시 상황과 오늘날 회중의 상황의 유사성에 근거하여 대입하고 적용하는 '본문 중심'의 적용 방식은 본문 세계가 지니고 만들어내는 정황과 방향성과 힘을 간과할 가능성이 크다. 실제 설교자가 오늘날 청중들

---

63 Abraham Kuruvilla, *A Vision for Preaching*, 곽철호 · 김석근 역, 『설교의 비전』 (경기: 성서침례대학원대학교 출판부, 2018), 124.

64 Kuruvilla, 『설교의 비전』, 148-52.

65 Kuruvilla, 『설교의 비전』, 148-52.

을 향한 적용을 해나갈 때는 보편적 객관적 진리 명제와 상황적 유사성만을 가지고 하는 것이 아니라, 과거 본문 세계가 안내하며 보여 준 대로 적용해 나가야 한다. 해석자이자 설교자는 원래의 정황과 저자의 의도에 충실하면서도, 저자가 구현한 본문 세계를 계속 주시하면서, 현재와 미래를 향한 사고와 행위의 방향성을 본문 세계에서 찾아야 한다. 영감된 본문은 저자가 말하는 내용과 함께 수행하는 바의 실마리를 제공하기에, 본문성textuality은 본문에서 적용으로 나아오는 길에서 보편적 원리를 찾기 위해서 무조건 극복해야 할 채무가 아니라, 오늘날 청중의 현실 세계를 이해하고 변화시켜나갈 세계를 투사하고 그 방향과 힘을 제공받을 수 있는 자산이 된다.[66] 성경 본문이 당시의 청중들에게 내용만이 아니라 삶의 특정한 변화를 요구했듯이, 본문 세계는 오늘날 청중들에게도 특정한 삶의 변화 방향과 그것을 요구하는 힘을 여전히 지니고 있다. 이를 설교의 적용에 반영하기 위해서, 설교자에게는 본문 세계에 대한 이해와 더불어 본문 세계에 참여하여 그 세계를 자신의 것으로 삼는 전유를 통해서 본문의 내용과 힘을 통합적으로 전달하려는 지속적인 해석학적/설교학적 수고가 요구된다.

3. 성경적 전유를 통한 적용이 지닌 설교학적 함의

1) '본문'에 '충실'한 해석에 기반한 설교

성경의 전유를 통한 적용의 실천은 해석자이자 설교자로 성경 저자가 구현한 본문 세계 안에서 저자가 의도한 인지적 보편적 의미만이 아니라, 본문 세계가 구현하는 세계에 참여하도록 하여 본문을 보다 충

---

[66] Meadors, 『성경 어떻게 적용할 것인가』, 399.

실하게 해석하도록 돕는다. 즉 해석자는 단순히 본문에서 역사적, 문학적 정황을 분리하고 제거하는 식으로 명제적 진리를 추출하는 방식으로 그치는 것이 아니라, 본문 세계를 통해서 성경 저자가 의도한 내용과 더불어 그 목적과 효과를 파악할 수 있어야 한다. 이처럼 성경 본문을 소통적 행위의 관점에서 이해한다면, 본문의 커뮤니케이션에 충실한 적용이란 단순히 본문이 담고 있는 진리를 잘 전달할 뿐만 아니라, 그 진리를 통해 저자가 수행하고 있는 힘과 효과를 설교 커뮤니케이션에도 충실히 반영하여 오늘날 청중들에게도 영향을 미치도록 만들어야 한다. 이를 위해 설교자에게는 본문이 지닌 장르적 특징과 수사적 장치, 정경적 정황을 고려한 본문의 다층적 커뮤니케이션을 전체적으로 이해하고 경험하기 위한 충실한 성경 읽기가 요구된다. 이를 언어-행위 이론의 측면에서 말하자면, 해석자이자 설교자가 전유의 과정을 통해서 단순발화행위를 파악함과 더불어, 의미수반 발화행위와 효과수반 발화행위를 경험하도록 만든다.[67] 또한 수행적 언어가 실제 '사회적 실재를 구성'하는 힘을 지니고 있음을 고려할 때,[68] 하나님의 백성의 궁극적인 권위인 본문은 하나님의 말씀-행위Word-Deed로서, 하나님에 관한 지식을 전할 뿐만 아니라, 본문의 수행력에 반응하도록 돕는다.

2) 자기 포함과 자기 부정의 해석을 통과한 설교

성경의 전유를 통한 적용은 실제 성경 해석과 적용의 과정에서 본문

---

[67] J. L. Austin, *How to Do Things with Words* (Oxford:Clarendon, 1962)를 참고하라.

[68] John Searle, *The Construction of Social Reality* (New York: Free Press, 1995)를 참조하라. Searl은 언어-행위가 존재론적으로는 주관적이지만, 사회적으로 객관적인 사회적 실재를 구성한다는 점을 수행적 언어의 기능으로 설명한다. 언어행위이론으로 본문 이해와 설교에 대한 적용에 관해서는 김덕현, "언어 행위 이론(Speech Act Theory)의 이해와 성령의 언어행위로써 설교: 빌레몬서 1장 15-16절을 중심으로", 한국복음주의실천신학회, 「복음과 실천신학」 36 (2015): 89-117을 참고하라.

이 주도하며 해석자가 스스로가 본문에 이해 적용의 대상으로 포함self-involving됨으로, 본문에 의한 자기 부인과 교정의 해석과 적용을 실천할 수 있도록 하는 이론적 틀을 제공할 수 있다. 해석자가 성경 본문에 참여하고 본문 세계에 의해서 자신의 이해와 경험이 교정되고 조정됨으로써, 설교자로 강단에 서기 이전, 미리 성경 본문과 함께 일하시는 성령님의 조명하심으로 본문의 진리를 자신의 인격과 삶에 먼저 적용하게 만든다. 이처럼 전유의 방식은 설교자가 자기 포함과 자기 부정의 해석학적 실천을 통과한 적용을 하게 하는 구체적인 해석의 방법론이 될 수 있다.[69] 이는 결국 해석자이자 설교자가 적용할 내용을 결정하는 가늠자를 본문의 외부에 두지 않고 본문 앞에 둠으로써, 설교자의 실천적 관심 혹은 더 나아가 실용적 관심에 의한 적용의 위험을 상기시킴으로, 적용의 주체가 의식적으로 성경 본문이 되도록 노력함으로 '본문성'에 충실한 이해와 적용을 추구하도록 한다.

3) 설교 철학과 방법론의 통일성을 이루는 설교

성경의 전유를 통한 적용의 실천은 설교 철학과 방법론의 실천적 분리 현상을 방지하도록 도울 수 있다. 실제 한국교회에서 명시적으로 표현하지는 않지만, 본문의 우선성보다는 자신의 설교 방법론이 더 우선이 되는 경우가 많다. 특히 '목회적'이란 명목 아래에서 목회자의 관심이 본문의 관심을 억압하는 경우는 적용에서 비교적 자유롭게 일어나는 현상이다. 이런 점에서 성경적 전유를 통한 적용은 본문을 가장 우선시하여 본문에 의해 자신의 설교 방법론마저도 교정받게 함으로써, 본문을 존중하는 설교 철학이 곧 설교의 방법론으로 나아오도록 하는

---

[69] 설교에 있어서 성경 본문 함몰 설교와 목회 정황 우선의 설교에 대한 균형의 필요성에 대해서는 이광희, "설교에 있어서 본문과 상황의 이분법 문제 해결을 위한 연구", 한국복음주의실천신학회,「복음과 실천신학」33 (2014): 140-63.

데 도움을 줄 수 있다. 특히 전유를 통한 적용은, 설교자가 성경 저자가 본문을 통하여 의도한 진리 진술마저도 회중의 정황에 마음대로 적용할 수 있는 것이 아니라, 본문 세계가 펼쳐내는 정황과 방향, 그리고 그 힘과 효과를 반영하여 청중들의 삶에 적용하도록 한다. 더 나아가 성경적 전유를 통한 적용의 실천은 본문 말씀을 제대로 알고 그 세계를 수행하는 말씀의 사람이 되도록 함에 있어서, 본문 이해 방식과 설교 구현 방식이 분리된 도식이 아니라 통합을 이루도록 돕는다. 앞서 살펴본대로, 본문은 이미 특정 정황에 대해서 적용된 진리이자 그 본문은 내용만이 아니라 사고와 경험을 포함한 존재의 방식을 제공한다. 따라서 해석자 스스로가 본문에 의해서 변화되어, 본문을 따라서 자신의 설교 방법론을 교정하며, 본문을 따라서 살아가도록 적용하는 방식은 성경이 신앙과 삶의 규범임을 확신하는 설교자에게 그 철학과 방법의 일치를 이루도록 하는 유용한 개념이 될 수 있다.

4) 본문에 의해 공동체가 형성되는 설교

성경적 전유를 통한 적용의 실천은 새로운 해석학적/설교학적 이론이 아니라, 하나님의 말씀을 따라 살아간 믿음의 공동체와 함께 하나님의 구속 이야기에 참여하여 신자들의 정체성을 확인하고, 그들의 신앙이 말씀에 따라서 성장하도록 하는 신앙공동체 형성의 기능을 감당한 오래전 방식이라 할 수 있다. 특별히 설교 수행이 예배의 정황 속에서 일어남을 상기할 필요가 있다. 설교는 개인만이 아니라 공동체가 하나님의 부름을 받아 언약의 갱신을 통해 세상으로 파송하는 예배의 정황 속에서 일어난다. 이와 관련하여 공동체가 함께 본문에 참여하여 본문에 의해서 재형성된 사고와 존재가 다시 세상에서 본문을 따라 살아내도록 하는 성경적 전유를 통한 적용의 방식은 예배와 설교의 공동체적 언약 갱신의 목적에서도 부합하는 방식이다. 실제 본문을 이해한다는 것은 해석자가 전 존재를 기울여서 그 본문을 기록한 하나님과의 관계 및 그분 말씀과의 관계 속으로 참여하는 것이며, 각 본문은 그 본문에서 보이는 하나님과 그분의 공동체가 언약의 관계에 근거한 반응을 결정하는 것이어야 한다.[70] 전유의 방식은 바로 이러한 본문 이해를 통한 공동체적 언약 갱신의 목적을 이루는 설교와 적용에 대한 이해를 돕는다.

5) 성경과 설교의 인격성을 회복하는 설교

본문은 소통을 위한 하나님의 커뮤니케이션 내용이자 방식이며 그분의 소통적 행위이다. 물론 성경이 보편적 진리를 전달하고 있는 것은 사실이지만, 그 진리를 진공상태에서 냉랭한 기계음으로 전달하고 있는 것이 아니다. 성경은 살아있는 목소리로 성경 앞에 있는 청중들의 귀와 마음을 울리는 하나님의 인격적 말씀이다. 성경적 설교가 하나님의 말씀에 절대적으로 근거한 것이라는 점에서, 성경 본문에 의한 전유를 통한 적용 개념은 그 설교가 앞서 말한 본문을 물체/객체화하지 않고, 하나님의 인격적 커뮤니케이션에 대한 믿음에서 실행된 해석학적 충실성에 기반한 설교인지, 아니면 설교자 주도의 해석학적 실용성에 기초한 설교인지를 가늠하는 하나의 잣대가 될 수 있다.

III. 닫는 글

하나님의 말씀은 하나님에 대한 지식과 정보만이 아니라 하나님에 의해서 변화 받기 위해 우리에게 주신 것이다. 즉, 본문에는 단순한 하

---

70 Vern. S. Poythress, *God-Centered Biblical Interpretation*, 최승락 역, 『하나님 중심의 성경 해석학』 (서울: 이레서원, 2018), 64.

나님에 대한 정보만이 아니라, 하나님의 말씀으로서의 실행력이 있다.[71] 따라서 우리와 회중의 말씀에 의한 진정한 변화는 본문이 내용을 알고 본문의 수행력에 맞추어 삼위 하나님과의 인격적 소통과 깊은 교제와 나눔을 누리는 것으로 이루어진다.[72] 이런 점에서 성경의 전유를 통한 적용은 설교자가 본문이 지닌 보편적 의미를 찾아 오늘날 청중의 상황에 대입하는 기존의 적용 방식보다, 본문이 설교의 지식과 변화를 위한 소통과 교통을 이끌어가도록 하는 본문 중심의 설교와 적용 방식을 더욱 잘 설명해 준다. 해석자이자 설교자가 하나님의 말씀-행위 Word-Deed의 인격적인 소통인 본문 세계에 먼저 깊이 참여하고, 본문의 내용을 파악할 뿐만 아니라 본문이 열어주는 세계를 경험하여 먼저 자신이 변화되고, 더 나아가 자신의 설교를 통해 회중을 그 본문 세계에 초대하여 그들도 본문 세계에 의해서 변화 받도록 하는 본문 주도적 일련의 과정을 잘 드러내는 개념이다. 성경의 전유를 통한 적용의 핵심은 본문이 지닌 보편적 의미에 대한 충실도만이 아니라, 본문이 지닌 다양한 커뮤니케이션의 양식들이 지닌 기능적 충실도에도 민감해야 한다는 점이다. 결국 설교에서의 적용은 본문성에 관하여 어떤 비중을 둘 것이냐에 따라서 그 방법론도 달리할 수밖에 없다.[73] 우리는 인격적 커뮤니케이션으로서의 본문성을 존중하는 태도를 유지하여, 보편적 원리를 통한 교리적 바른 적용을 강조하면서 본문이 지닌 형성적 혹은 역동적 기능에 소홀하거나, 그 반대로 본문이 지닌 기능의 재현을 강조하면서도 본문이 전달하는 보편적 의미를 무시하는 오류를 범하지 않도록 해야 한다. 따라서 설교자는 본문이 지닌 보편적 명제 혹은 객관적인 전제적 진리에 대한 확신을 두고 기존의 본문과 청중 사이를 잇는 해석

---

71 Cilliers, 『설교 심포니』, 118.

72 John Jefferon Davis, *Meditation and Communion with God*, 정성욱 · 정인경 역, 『묵상, 하나님과의 교통』 (서울: CLC, 2012), 130-31.

73 Cilliers, 『설교 심포니』, 229.

학적/설교학적 다리를 보편적 원리의 다리를 통해 구체적인 적용을 해 나가되, 동시에 새로운 인식과 경험의 세계를 열어가는 본문의 힘과 기능에 설교자와 회중 모두가 참여하도록 해야 한다. 이를 통해서 설교자와 회중 모두가 경험을 배제한 객관성이나 경험 속에서 말씀을 이해하는 주관성의 극단적 오류에 빠지지 않고, 하나님의 자기 계시의 내용과 경험을 포함한 하나님의 인격적 소통-행위인 본문 세계를 통하여 현실 세계를 변화시켜나가도록 해야 할 것이다.

참고문헌

김덕현. "언어 행위 이론(Speech Act Theory)의 이해와 성령의 언어행위로써 설교: 빌레몬서 1장 15-16절을 중심으로". 한국복음주의실천신학회. 「복음과 실천신학」 36 (2015): 89-117.
문학비평가협회. 『문학비평용어사전 하권』 서울: 국학자료원. 2006.
박현신. "설교의 목적으로서 청중의 변화를 위한 성경적 원리: 고후 3:18을 중심으로". 한국복음주의실천신학회. 「복음과 실천신학」 36 (2015): 115-46. https://doi.org/10.25309/kept.2018.5.15.115.
이광희. "설교에 있어서 본문과 상황의 이분법 문제 해결을 위한 연구". 한국복음주의실천신학회. 「복음과 실천신학」 33 (2014): 140-63.
이승진. "해석과 선포를 포괄하는 설교학적인 해석학에 관한 연구". 한국복음주의실천신학회. 「복음과 실천신학」 39 (2016): 144-77.
조광현. "신설교학의 중심 전제, 언어의 사건성: 그 신학적 기원과 영향". 한국복음주의실천신학회. 「복음과 실천신학」 46 (2018): 202-29. https://doi.org/10.25309/kept.2018.2.20.202.
Austin, J. L. *How to Do Things with Words*. Oxford: Clarendon. 1962.
Buttrick, David G. "Interpretation and Preaching". *Interpretation* 35 (1981): 46-58.
―――. *Homiletics: Moves and Structure*. Philadelphia: Fortress Press. 1987.
Campbell, Charles. *Preaching Jesus*. 이승진 역. 『프리칭 예수』 서울: CLC. 2001.
Cilliers, Johan H. *The Living Voice of the Gospel*. 이승진 역. 『설교 심포니』 서울: CLC. 2014.
Craddock, Fred. *Preaching*. 이우제 역. 『크래독의 설교 레슨』 서울: 대서. 2009.
Davis, John Jefferson. *Meditation and Communion with God*. 정성욱 · 정인경 역. 『묵상, 하나님과의 교통』 서울: CLC. 2012.
Gadamer, Hans-Georg. *Truth and Method*. 임홍배 역. 『진리와 방법 2』 서울: 문학동네. 2012.

Hoy, David C. *The Critical Circle*. 『해석학과 문학비평』 서울: 문학과 지성사. 1988.

Kaiser, Walter C. Jr. *Toward an Exegetical Theology*. Grand Rapids: Baker. 1981.

Kuruvilla Abraham. *A Vision for Preaching*. 곽철호 · 김석근 역. 『설교의 비전』 경기: 성서침례대학원대학교 출판부. 2018.

Lloyd-Jones, Martin. *Preaching and Preachers*. 정근두 역. 『설교와 설교자』 서울: 복있는사람. 2005.

Long, Thomas. *The Witness of Preaching*. Louisville: Westminster John Knox. 1996.

Lowry, Eugene L. *The Homiletical Beat*. 김양일 역. 『생명력 있는 설교』 서울: CLC. 2012.

──. *The Homiletical Plot*. Lousivlle: Westminster John Knox. 2001.

──. *The Sermon: Dancing the Edge of Mystery*. 주승중 역. 『신비의 가장자리에서 춤추는 설교』 서울: WPA. 2008.

Meadors, Gary T. *Four Views on Moving beyond the Bible To Theology*. 윤석인 역. 『성경 어떻게 적용할 것인가』 서울: 부흥과개혁사. 2011.

Osborne, Grant. *The Hermeneutical Spiral*. 임요한 역. 『해석학총론』 서울: 부흥과개혁사. 2017.

Poythress, Vern. S. *God-Centered Biblical Interpretation*. 최승락 역. 『하나님 중심의 성경 해석학』 서울: 이레서원. 2018.

Ricoeur, Paul. *Hermeneutics and Human Science: Essays on Language, Action, and Interpretation*. 윤철호 역. 『해석학과 인문사회과학』 서울: 서광사. 2003.

──. *Interpretation Theory*. 김윤성 역. 『해석 이론』 서울: 서광사. 1998.

Robinson, Haddon W. *Biblical Preaching*. 박영호 역. 『강해설교』 서울: CLC. 2007.

Searle, John. *The Construction of Social Reality*. New York: Free Press. 1995.

Stott, John. *I Believe in Preaching*. 원광연 역. 『설교의 능력』 서울: CH북스. 2005.

Thiselton, Anthony. "The New Hermeneutic". In *New Testament Interpretation*, ed, I. Howard Marshalle. 이승호 · 박영호 역.『신해석학』서울: CH북스. 2000.

─────. *The Two Horizon*. 박규태 역.『두 지평』서울: IVP. 2017.

Westpal, Merold. *Whose Community? Which Interpretation: Philosophical Hermeneutics for the Church*. 김동규 역.『교회를 위한 철학적 해석학』서울: 도서출판 100. 2019.

6장
성경에 나타난 '전유를 통한 적용'

A Hermeneutical & Homiletical Study on
'Appropriated Applications' in the Biblical Texts

I. 여는 글

성경의 권위를 지니고 오늘날 청중을 향한 적실한 설교는 언제나 바른 해석에 근거해야 한다. 그리고 그 해석에는 필연적으로 상황화 contextualization 혹은 적용의 과정이 포함된다.[1] 대부분 설교자는 설교에 있어서 적용의 중요성은 분명하게 인식하고 있지만, 실제 자신이 수행하는 적용의 방식을 선명하게 설명하는 것은 쉬운 일이 아니다. 왜냐하면, 본문에 충실하고도 상황에 적실성을 담보하는 적용의 과정은 논리적, 예술적, 영적인 민감함이 있어야 하는 역동적인 과정이기 때문이다.[2] 이런 적용의 복잡함과 역동성은 본문text에서 정황context으로 넘어오는 적용의 과정에 관한 다양한 관점들과 방식들이 제시되고 있다는 점에서도 분명히 확인된다.[3] 특별히 강해 설교는 전통적으로 바른 적용

---

[1] Grant R. Osborne, *The Hermeneutical Spiral*, 임요한 역, 『성경해석학 총론』 (서울: 부흥과개혁사, 2017), 578.

[2] Osborne, 『성경해석학 총론』, 14.

[3] 성경 본문에서 청중에 이르는 적용에 대한 이해와 실천의 4가지 관점을 소개하는 대표적인 책으로 Gary T. Meadors, *Four Views on Moving beyond the Bible To Theology*, 윤석인 역, 『성경 어떻게 적용할 것인가』 (서울: 부흥과개혁사, 2011)를 보라. 또한, 현대 해석학

을 위한 원리화 혹은 보편화 과정을 강조해 왔다.[4] 이런 원리화/보편화 모델principlizing or universalizing model의 적용은 성경 본문이 절대적인 진리임을 드러내는 가장 분명하고 실용적인 방식임에도 불구하고, 추출식 해석의 경향성, 명제적 무시간적 진리의 강조와 대비되는 본문이 지닌 다차원성에 대한 간과, 과도한 설교자의 역할에 대한 약점들을 지니고 있다.[5]

이 글은 기존의 적용을 위한 원리화 혹은 보편화의 과정이 가져다 주는 범상황적 원리에 근거한 적용의 필요성을 부정하지 않으면서도, 이 모델이 지닌 약점들에 대한 보완책으로써, '전유를 통한 적용 appropriated application'의 필요성을 성경적 근거를 통해서 확립해 보고자 한다. 이를 위하여 이 글은 성경 저자가 과거의 본문을 인용하여 당시 청중/독자에게 해석하고 적용한 설교적 본문들을 선택하여, 그 적용의 방식이 성경에 의한 전유의 방식인지를 확인해 보고자 한다.[6] 따라서 이 글의 목적은 전유를 통한 적용의 성경적 사례를 연구하고 확인함으로써, 성경 본문을 청중에게 충실하고 적실하게 적용하고자 하는 오늘날의 설교자들에게 텍스트가 이끄는 전유를 통한 적용의 규범을 성경에 근거하여 마련해보고자 하는 시도이며, 이에 수반된 해석학적/설

의 관점에서 적용 연구의 다양한 흐름과 적용 패러다임의 필요성과 활용에 대해서는 박현신, 『포브릿지 프리칭』 (서울: CLC, 2017), 39-49를 보라.

[4] 적용을 위한 추상화 혹은 보편화 과정에 대한 기본적 이해를 위해서는 John Stott, *I Believe in Preaching*, 원광연 역, 『설교의 능력』 (서울: CH북스, 2005), 143-91; Haddon W. Robinson, "The Heresy of Application" Leadership 18 (1997): 21-27. John Warwick Montgomery, "The Theologian's Craft," *Concordia Theological Monthly*, 37 (1966): 67-98; Timothy S. Warren, "The Theological Process in Sermon Preparation," Bibliotheca Sacra 156 (1999): 336-56 등을 참조하라.

[5] Meadors, 『성경 어떻게 적용할 것인가』, 70-78.

[6] 성경적 전유의 개념에 관한 현대 해석학자들의 이론들과 이를 토대로 하는 현대 설교학의 흐름을 파악하기 위해서는 김대혁, "'본문에 충실한' 설교를 위한 성경적 전유를 통한 적용에 대한 제안", 한국복음주의실천신학회, 「복음과 실천신학」 52 (2019): 38-70을 참고하라. (https://doi.org/10.25309/kept.2019.8.15.038)

교학적 함의를 제시하고자 한다.

II. 펴는 글

1. 성경을 통한 전유적 적용의 간략한 개념 이해

오늘날 유행하는 독자 중심의 해석학을 강조하는 견해에서 전유appropriation; aneignen라는 용어는 본문 해석의 과정 혹은 상황화의 과정에서 그 본문을 해석자/독자의 현재적 관심과 정황에 맞도록 활용하는 행위로 주로 이해된다. 이런 독자 중심의 해석은 결국 해석자의 관심이 텍스트에 투영된 이해 혹은 심한 경우 해석자가 텍스트의 의미 창조자로 오해될 위험이 커진다. 하지만 전유의 개념을 처음 제기한 철학적 해석학자인 한스-게오르그 가다머Hans-Georg Gadamer의 설명에 의하면, 전유란 해석자의 주관적인 활용만을 의미하는 것은 아니다. 그에 의하면 "텍스트를 해석자의 소유물로 장악하는 방식이 아니라, 오히려 텍스트 자체의 지배적인 요구에 해석자 자신을 종속시키는 것"이라 말한다.[7] 이후 적용application; anwendung대신 전유라는 개념을 사용하여 해석 이론을 주장한 폴 리쾨르Paul Ricoeur에 의하면, 전유란 처음에는 "생소했던 것을 자신의 것으로 만드는 것"으로, 텍스트의 역사적 혹은 문화적 간격을 극복하여 그 텍스트의 "의미의 현실화"로 이해할 수 있다.[8] 그는 이런 의미의 자기화 혹은 현재화의 과정에서 그 전유의 대상이 "텍스트가 열어주는 생각의 방향을 따라 역동적으로 인지된 텍스트

---

[7] Hans-Georg Gadamer, *Truth and Method*, 임홍배 역, 『진리와 방법 2』 (서울: 문학동네, 2012), 199.

[8] Paul Ricoeur, *Hermeneutics and Human Science: Essays on Language, Action, and Interpretation*, 윤철호 역, 『해석학과 인문사회과학』 (서울: 서광사, 2003), 327.

자체의 의미"라고 명확히 설명한다.⁹ 즉 전유가 해석자 주도에 의해서 새로운 정황에 맞추어 사용하는 주관적인 방식이 아니라, 텍스트의 내용과 텍스트가 제시하는 세계에 의해서 자신의 이해와 존재 양식에 대한 교정을 통하여 참된 이해를 획득하는 과정이며, 해석자가 그 이해를 오늘날의 정황에서 활성화하여 완결시키는 과정이라 주장한다.¹⁰

물론 과거의 본문과 오늘날의 정황의 지평 융합에 있어서 독자에게 강조점을 두는 가다머Gadamer와 저자와 분리된 텍스트의 독립성을 강조하는 리쾨르Ricoeur의 전유에 대한 개념 설명은 반드시 유의해서 비평적으로 살펴보아야 한다. 하지만 이 연구는 저자 중심의 해석, 즉 성경 저자의 의도를 중시하면서도 그 성경 저자가 구현한 성경 본문을 통한 전유가 가능함을 전제로 한다. 그러기에 이 논문에서 말하는 '전유를 통한 적용'이란 성경 본문 앞의 청중부터 오늘날 회중에까지 이르는 해석의 과정에서, 먼저 본문의 해석자/독자들이 성경 저자가 의도하여 구현한 1) 본문 세계에 먼저 초대되어/참여하고, 그 본문 세계 안에서 충분히 거함dwelling으로써, 본문을 통해 저자가 전달하고자 의도한 내용에 관한 이해뿐만 아니라, 본문 세계를 충분히 경험하도록 하며, 2) 그 본문의 내용과 본문이 지닌 기능을 자기의 것으로 받아들여, 3) 결국에는 본문 앞에서 살아가는 청중들이 그 본문이 지시하는 방향대로 자신의 삶에서 현실화하여 살아내도록 하는 것으로 이해될 수 있다. 따라서 전유를 통한 적용은 설교자가 설교 말씀을 통해서 회중을 본문 세계로 초대/참여하고, 그들로 본문을 알고 경험하면서 그 본문의 세계로 자신의 이해와 존재 양식에 교정과 재정립을 이루어, 본문의 세계에 반응하고 거기에 따라서 본문 앞에 있는 자신들의 현실 세계를 살아내도록 하는 역동적이고 통합적 과정이라 할 수 있다.

---

9   Paul Ricoeur, *Interpretation Theory*, 김윤성 역, 『해석 이론』 (서울: 서광사, 1998), 153.
10   Ricoeur, 『해석학과 인문사회과학』, 201.

2. 전유를 통한 적용의 관점에서 바라본 성경의 설교 사례

여기에서는 앞서 설명한 개념을 바탕으로 성경적 예들을 찾아 전유를 통한 적용의 정당성을 규명해 보고자 한다. 주로 구약의 특정 본문을 인용quotation 혹은 인유allusion를 하고, 해석과 적용의 내용이 담겨 있는 신약 성경 가운데 '설교'로 여길 수 있는 본문들을 중심으로 살펴보고자 한다. 비록 여기의 사례들이 당시 구두로 전해진 완벽한 설교의 형태가 아닐지라도, 성령에 의해 영감된 본문으로써, 오늘날 설교자들에게 충분히 설교의 규범을 제공할 수는 있다고 보기 때문이다.[11]

1) 사도행전에서 보이는 베드로의 구약 인용과 전유를 통한 적용

(1) 사도행전 2장 14-36절 설교

사도행전 2장 14-36절은 오순절 성령강림과 관련된 베드로의 설교로서, 신약에서 가장 중요한 신학적 선포 중 하나이다.[12] 이 설교는 오순절 성령강림에 따른 현상과 관련하여 유대인과 무리의 소란을 배경으로 한다. 이는 당시 유대인들과 예루살렘에 모인 사람들을 향한 세 단락의 논증 혹은 변증의 형식으로 이루어져 있는데, 각 단락은 구약의 본문들, 즉 요엘 2장 28-32절, 시편 16편 8-11절, 110편 1절을 인용하고,[13] 이를 근거로 해석하고 변증적 적용을 하는 형태의 설교라 할 수 있다.[14]

---

11 C. Richard Wells and A. Boyd Luter, *Inspired Preaching*, 이승진 역, 『신약성경과 설교』 (서울: CLC 2016), 41-47.

12 Darrell L. Bock, *Acts*, BECNT (Grand Rapids: Baker, 2007), 108.

13 Ben Witherington III, *The Acts of the Apostles: A Socio-Rhetorical Commentary* (Grand Rapids: Wm. B. Eerdmans, 1997), 146. 그에 의하면 시편 16편과 110편은 초기 기독교인들에게는 기독론과 관련된 핵심 본문이기도 하였다.

14 Wells and Luter, 『신약성경과 설교』, 204.

(2) 본문에 나타난 인용-해석-적용

사도행전 2장 14-15절에서 베드로는 먼저 이 오순절 성령강림 사건에 대한 사람들의 오해(술 취함)를 불식시키고, 바른 이해를 위해서 자신의 설교에 귀를 기울일 것을 요청하고 있다.

첫 번째 단락인 16-24절 가운데 17-21절은 요엘 2장 28-32절 말씀을 그대로 인용하고 있다. 눈여겨볼 점은 분명 선지자 요엘을 통해서 말씀하신 것이라 밝히면서도, 베드로는 "하나님이 말씀하시기를"이라는 현재형 표현을 첨가하여 구약의 말씀을 인용하고 있다. 즉 구약의 말씀을 현재를 향한 하나님의 말씀으로 인식하고 있다. 그런데도 베드로는 요엘서의 "그 후에"를 "말세에"라는 말로 바꾸어 표현하였다. 이는 그 요엘서의 예언대로 그리스도를 통해서 당시 그들의 눈앞에서 말씀대로 성취되었다는 사실로 청중들에게 일어난 일에 대한 해석적 표현이라 할 수 있다. 이러한 해석적 표현들은 청년과 노인에 관한 구절에 대한 순서의 변경, 요엘서에 없는 "그들이 예언할 것이요"라는 구절의 삽입, 요엘 2장 32절의 "나 여호와의 말대로 시온산과 예루살렘에서 피할 자가 있을 것임이요"라는 구절의 누락 등은 "모든 육체에" 하나님의 영이 부어진 성취의 사건이라는 구약 본문의 의도를 반영함과 동시에 당시 청중에게 그 말씀의 성취가 그대로 이루어졌다는 점을 드러내는 해석적인 표현이라 볼 수 있다. 이런 구약 본문의 인용과 해석적 표현을 기반으로 23-24절은 당시 모인 사람들에게 오순절 성령강림의 사건은 구약의 성취, 곧 하나님께서 나사렛 예수의 죽음에 내어주심과 살리심으로 성취하신 것임을 회중에게 변증적 적용으로 단락을 마친다.

베드로 설교의 두 번째 단락은 25-33절이다. 여기에서 베드로는 앞서 말한 내용을 확증하기 위해서 25-28절에서 LXX의 시편 16편 8-11절을 "다윗이 그를 가리켜 이르되"라는 구절을 첨가하면서 인용하고 있다. 구약을 인용한 이 본문에서 눈여겨볼 점은 인용된 시편이 분명 죽음으로부터 하나님의 구원을 간구하는 다윗의 기도문이지만,

베드로는 이를 예수 그리스도의 부활로 자연스레 연결하고 있다는 점이다. 베드로의 조리 있고 논리적인 흐름에 충실히 따른다면, 베드로가 시편의 다윗을 구원과 그리스도의 부활로 바로 연결할 수 있었던 근거는 시편의 다윗이 자신의 구원과 더불어 메시아의 부활을 중첩해서 미리 내다보았기 때문이다(31절). 이런 논리에 근거하여, 시편의 말씀이 그대로 나사렛 예수 안에서 성취되었기에, 예수가 구약에서 약속된 메시아라고 논증한 것이다. 따라서 베드로는 29-33절에서 시편 16편의 말씀이 다윗에게서 성취된 것이 아니라, 다윗은 선지자로서 예언한 예수의 부활로 성취되었음을 확인하고, 자신을 포함한 당시 설교를 듣는 모든 사람이 이 사건의 증인임을 변증적으로 적용하게 된다(32절). 베드로는 그들 모두가 경험한 오순절의 성령 강림은 바로 다윗이 시편 16편 8-11절에서 예언한 대로 하나님께서 예수를 높이시고, 부활 승천하신 예수께서 아버지께로 약속하신 성령을 받아 주신 사건임을 확인한다.

베드로 설교의 마지막 단락은 34-36절이다. 여기에서 베드로는 다윗이 아닌 예수의 부활로 그가 메시아임을 확증한 다음, 시편 110편 1절의 말씀을 다시 인용하면서 자신의 논증을 이어간다.[15] 이 시편에서 여호와는 하나님이시며 '내 주'는 그리스도로, 베드로는 이 시편을 주저 없이 예수께 연결하고 있다. 결국 베드로가 이 시편을 인용한 이유는 다윗의 시편 말씀이 나사렛 예수 안에서 성취된 것을 확증하기 위한 것이며, 예수가 부활하여 하나님의 우편에 앉아계셔서 만물을 통치하는 분이 되셨다는 사실을 밝히기 위함이다. 이를 근거로 36절에서 베드로는 사람들이 죽인 예수를 하나님께서 주와 메시아가 되게 하셨다는 대조적인 내용으로 사람들에게 책망이 담긴 적용을 한다. 이런 구약 본문에 근거한 적용이 사람들의 회개와 구원에 대한 기대와 소망의 반응으로 이어졌다.

---

15   실제 시편 110편은 예수님 스스로 자신에 관한 것이며(막 12:35-37, 눅 20:41-44), 바울과 히브리서 저자(고전 15:25, 히 1:13)도 예수님에 관한 것으로 인용한다.

이처럼 베드로는 세 단락에서 인용한 구약의 본문들을 가지고 오순절 성령강림 사건이 구약의 말씀 그대로 예수 안에서 하나님께서 성취하셨다는 내용을 확증하고, 이런 확증으로 당시 성령 충만의 모습을 오해하던 청중들에게 자신들에게 일어난 일을 바르게 이해시키고, 여기에 대한 합당한 반응을 촉구하는 적용으로 구성되어 있다.

(3) 본문에 나타난 전유를 통한 적용의 이해

베드로 설교는 논증과 변증의 성격이 강하기에, 설교 자체에 행동의 변화보다는 변론을 통한 인식의 변화를 지향하는 적용을 지향한다고 볼 수 있다. 베드로의 설교는 특정 정황context에서 나온 설교임에도 불구하고, 과거 성경 말씀의 성취로서 당시 현상들과 청중의 경험을 해석해 나가는 방향을 지니고 있다. 이는 과거 본문 말씀의 그 당시의 유효성과 더불어 과거 말씀의 현재화라는 측면에서, 성경 본문을 통한 전유의 방식으로 적용한 것이라 이해할 수 있다.

이는 먼저 베드로가 요엘 2장 28-32절의 본문을 인용하면서, 하나님께서 말씀하신다는 현재형 동사를 사용하여 당시 사람들에게 선언하는 점에서 유추해 볼 수 있다. 이를 통해 베드로는 하나님께서 하신 권위 있는 말씀이 현재에 실행되고 성취된 것을 확증한다. 또한, 시편 16편의 말씀을 인용할 때, 베드로는 그 본문이 다윗의 고백임을 밝히면서도, 궁극적으로 하나님께서 그 말씀대로 당시 회중들 앞에서 성취한 것으로 적용하고 있다는 점에서도 확인된다. 특히 베드로는 당시 사람들이 자신들의 삶 속에서 경험하고 목격한 사건들이 시대를 넘어 구약 말씀의 성취임을 드러내면서, 당시 청중들에게 보편 명제나 원리를 먼저 설명하고 적용하는 것이 아니라, 과거 본문의 내용 성취를 그들의 삶에 곧바로 적용하는 모습을 취한다. 이는 베드로가 구약 예언의 말씀 내용과 그 잠재력과 효과가 고대 청중들만이 아니라, 당시 자신과 회중의 삶 가운데 그대로 성취되고 있다는 이해, 즉 과거 본문의 내용만이 아니라, 그 본문의 수행력과 효과가 지속하여 당시 자신과 회중, 그리고 그 정황에 실행되었고 효과를 지니고 있다는 이해라 할 수 있다.

이런 베드로의 구약 본문 이해와 당시 청중을 향한 적용은 성경 본문에서 초시간적, 무시간적 원리를 추출한 방식, 즉 본문을 정태적인static 것으로 본 것이 아니라, 분명 과거에 쓰인 말씀이지만 그 말씀의 내용과 그 수행력이 시대를 넘어 완결되고 효과를 지니는 동태적인dynamic 이해이다. 이런 과거 본문 이해는 성경의 궁극적인 저자이신 성령 하나님께서 그 말씀으로 일하심Word-Deed, 혹은 언어-행위Speech-Action로 이해하는 것에 가깝다.[16] 즉, 고대의 말씀에 담긴 서로 다른 인간 저자들의 예언과 후대의 약속 성취가 필연적으로 지니게 되는 그 내용의 연속성과 불연속성에 대한 이해를 뛰어넘어, 성령 하나님께서 영감하신 고대의 본문이 그 당시에 청중이 경험한 지닌 의미수반행위illocutionary act와 의미효과행위perlocutionary act가 후대의 정황에서 말씀대로 성취된 것으로 이해하여 적용한 것이라 볼 수 있다.

이처럼 베드로의 구약 인용과 해석, 그리고 이를 통한 적용 과정은 비록 분명한 명제적 진리를 지니고 있다고 하더라도, 단순히 구약의 본문을 추상화하여 명제와 교리를 추출한 개념concept을 설교자인 베드로가 결정하여 새로운 정황에 적용하는 방식이라기보다는, 오히려 구약 본문의 말씀을 설교자와 회중 모두가 자신의 말씀으로 받아들여, 그 말

---

16 화행 이론에 대한 기본적 정의와 용어들과 개념 파악을 위해서는 J. L. Austin, *How to Do Things with Words*, 2nd ed. (Cambridge, MA: Harvard University Press, 1975). Austin에 의하면, 발화행위(a locutionary act)는 화자의 말하는 행위로 인하여 무엇인가 말이 된 것(what is said)이며, 의미수반행위(an illocutionary act)란 화자의 경고, 격려, 훈계, 약속 등과 같은 언어적 행위로서 화자가 말하면서 무엇인가 수행하는 혹은 달성하고자 하는 행위(what is doing)로서 행동으로서의 발화를 이해하는 핵심 부분이며, 의미효과행위(a perlocutionary act)란 청중에게 요구되는 혹은 실현되는 반응을 향한 행위로 이해할 수 있다. 화행 이론의 설교적 적용에 대해서는 김덕현, "언어 행위 이론(Speech-Act Theory)의 이해와 성령의 언어행위로써 설교: 빌레몬서 1장 15-16절을 중심으로", 한국복음주의실천신학회, 「복음과 실천신학」 36 (2015): 89-117을 참고하라.

씀으로 자신의 이해를 교정하고, 그 말씀을 따라서 반응하도록 하는 전유의 과정과 더 조화를 이루는 것으로 보인다.

2) 고린도전서에서 보이는 바울의 구약 인용과 전유를 통한 적용

(1) 고린도전서 10장 1-13절의 설교

고린도전서 10장 1-13절은 하나의 문학적 단락으로서, 구약 본문들, 관련 주제들, 상징들(출 13:21, 출 14:21-22, 출 16:4, 출 17:6, 출 32:6, 민 14:2, 26, 민 21:4-9, 민 25:1 등)이 많이 사용되어 신구약의 상호본문성intertextuality이 두드러지는 한 편의 설교a homily로 이해될 수 있다.[17] 앞서 베드로의 변증적 적용과는 달리 더욱 구체적 행동의 변화를 촉구하는 적용이 포함되어 있다. 이 설교의 흐름을 개괄적으로 설명하면, 크게 1-5절에서 하나님의 구원 역사에 대한 해석, 그리고 6-11절에서 이스라엘 백성에게서 일어난 사건들에 대한 주제와 병행적 정황을 가지고 고린도 성도들에게 하는 적용, 12-13절에서 고린도 교인들을 향한 보다 구체적인 적용들로 구성되어 있다.

(2) 본문에 나타난 인용(인유)-해석-적용

바울은 1-5절에서 구약 이스라엘의 역사에서 출애굽 사건을 언급하면서, 세례와 성찬의 모습으로 구원의 은혜를 설명한다.[18] 바울이 출애굽 과정에서 홍해의 구원 사건과 광야에서의 하나님께 공급받던 생활의 모습을 그리스도를 통한 세례와 성찬으로 역사를 해석하고 있는 것

---

17 Anthony C. Thiselton, *The First Epistle to the Corinthians*, NIGTC, (Grand Rapids: Wm. B. Eerdmans, 2000), 722.

18 그리스도의 역사적 선재성, 모형론, 미드라쉬 전통, 알레고리 등과 같은 다양하고 오랜 기간의 주해적 논쟁들에 관해서는 Thiselton, *The First Epistle to the Corinthians*, 727-30을 참조하라.

은 이스라엘 백성이나 고린도 교회의 모든 구성원이 구원의 기적적인 사건들에 함께 참여했다는 점을 분명히 하기 위함이다.[19] 다시 말해, 과거 이스라엘 백성의 정황과 고린도 교회의 상황을 병행으로 놓으면서, 고린도 교인들을 향한 교훈을 주고자 한다.[20] 특별히 4절에서 하나님께서 베푸신 구원의 은혜를 경험한 반석 사건을 그리스도와 연결하고 시제를 현재형으로 고쳐서 사용하는데, 그리스도가 이스라엘 백성들의 궁극적이고 지속적인 공급원으로 이 은혜에 함께 참여하고 있음을 보여주는 것과 동시에 이스라엘 백성과 고린도 교인들이 그리스도 안에서 같은 신앙공동체임을 확고히 한다. 한편 5절은 앞서 이스라엘 백성들이 받고 누린 복과 은혜와는 달리, 다수가 하나님께서 기뻐하지 않으심으로 광야에서 죽게 된 역사적 사실을 지적한다(민 14:16).

6-11절은 앞서 1-5절의 전반적인 역사해설을 기반으로 고린도 성도들에게 과거의 이스라엘 백성과 고린도 교인들과의 유비를 통해 권면하는 내용이다. 여기에서 눈여겨볼 점은 바울이 구약 이스라엘 백성들에게 일어난 사건들을 언급하면서, 고린도 교회 성도들을 향해 4개의 적용을 병행적으로 배치하고 있다는 점이다. 이 적용은 사실 6절과 11절 사이에 배치가 되었는데, 이 두 절은 과거의 이스라엘 백성들의 이 일들은 모형typos이 되어, 현 세상의 질서와 마지막 때의 새로운 시대 사이에서 살아가는 고린도 교인들에게 이 내용이 지난 과거가 아니라, 고린도 교인들에게도 해당하는 것임을 봉투기법inclusion에 담아 분명하게 드러내고 있다. 그 가운데 7-10절은 이스라엘 백성들에게 일어난 사건을 통해 고린도 성도들을 향한 직접적인 적용으로 '그들'과 '우리'라는 표현을 교차적으로 대조하며 4개의 적용으로 나아가고 있다. 우상숭배(출 32장), 음행(민 25장), 시험(민 21장), 원망(민 14장) 이 4개의 이

19　조병수, 『고린도전서 어떻게 읽을 것인가』 (서울: 성서유니온, 2015), 234.
20　Anthony C. Thiselton, *1 Corinthians*, 권영경 역, 『고린도전서: 해석학적&목회적으로 바라본 실용적 주석』 (서울: SFC, 2011), 267.

스라엘 백성들의 사건을 언급하고 곧바로 고린도 교회 성도들에게 적용하여, 우리는 "하지 말자"라는 자기 포함의 적용을 곧바로 하고 있다. 바울이 직접 적용을 할 수 있는 근거는 앞서 1-5절에서 이스라엘 백성들과 고린도 교회가 같은 구원 사건에 참여(공유)하고 있다는 점을 기반으로 하며, 이스라엘에게 일어났던 문제의 사건들이 고린도 교인들에게 행동 양식을 형성하는 모델이 되고 있다.

마지막 단락인 12-13절은 앞선 역사해석에 대한 참여(공유)와 정황적 병행을 통한 적용을 한 다음, 고린도 교인들에게 부가적인 적용을 하고 있는데, 종말을 살아가는 자로서 교만하지 말라는 경고와 더불어 시험 가운데에서 신실하게 도우시는 하나님에 대한 믿음을 가질 것으로 격려한다.

(3) 본문에 나타난 전유를 통한 적용의 이해

위의 설명에서 확인했듯이, 기본적으로 바울은 과거의 이스라엘 백성에 대한 역사해석과 고린도 교인들을 향한 적용의 방식이 하나님의 구원 역사에 함께 참여한 존재들임을 기반으로 한다. 이 본문에서도 바울이 신학적 원리나 교리를 설명하고 그것에서 추출한 명제를 가지고 적용을 한 것이 아니라, 성경의 과거의 이스라엘 백성들에게 일어난 사건과 정황이 그리스도 안에서 고린도 교인들과 공통됨을 가진 전유를 통한 적용을 하고 있음을 아래의 여러 면에서 확인할 수 있다.

첫째, 바울이 과거 이스라엘 백성들이 광야의 사건을 그리스도와 연결하여 그리스도 안에서 이스라엘 백성과 고린도 교회가 함께 동일한 하나님의 은혜를 받고 있다는 점을 분명히 한다. 이런 공통된 정황은 고대의 본문을 당시 자신의 청중에게 직접 적용할 수 있는 근거가 되는데, 이는 근본적으로 구약의 성경을 통해서 하나님께서 다른 시대에도

여전히 말씀하시며 일하신다는 신념이 있어야 가능하다.[21]

둘째, 6-11절은 이스라엘 백성들의 사건들이 지녔던 부정적인 결과를 염두에 두고, 고린도 교인들에게 "하지 말라"는 경고적 적용을 하고 있음을 우리는 눈여겨볼 필요가 있다. 바울은 당시 독자들이 구약의 이야기에 친숙하다는 것을 가정하고 구약의 본문을 인용 혹은 암시(인유)하는 방식으로 주석한 후에 곧바로 적용하고 있다.[22] 다시 말해, 바울은 구약의 이야기를 하나님께서 자신의 백성들을 다루어 오신 "형성적 모델the formative model"로 이해하고 과거와 현재의 정황을 서로 연결하고 있다.[23] 구약 성경을 자신과 교회의 경험, 곧 교회를 세우시고 만들어 가시는 하나님의 행동에 투과시킨 것이라 볼 수 있다.[24] 이는 기독론적 교리를 기반으로 적용한 것이라기보다는, 당시 이스라엘과 교회의 정황을 유비적으로 연결한 교회론적 모형이라 볼 수 있다.[25] 따라서 무시간적 진리 명제 혹은 교리적 진술을 추출하여 그것을 토대로 한 적용으로 이해하기보다는,[26] 과거의 사례와 규범이 새로운 정황 속에서 유

---

[21] 바울은 갈라디아서 4장 22절에서도 구약의 인용하고, 현재형으로 '말하다(λέγω)'는 현재형으로 사용하는데, 이 또한 고대의 말씀을 통해 하나님께서 다른 시대의 회중에게 말씀하고 그 말씀으로 일하신다는 확신에서만 가능하다. Stott, 『설교의 능력』, 105-06.

[22] Richard B. Hays, *Echoes of Scripture in the Letters of Paul*, 이영욱 역, 『바울서신에 나타난 구약의 반향』 (서울: 여수룬, 2017), 216.

[23] Thiselton, *The First Epistle to the Corinthians*, 732.

[24] Hays, 『바울서신에 나타난 구약의 반향』, 171.

[25] 조병수, 『고린도전서 어떻게 읽을 것인가』, 230.

[26] 고린도전서 10장의 바울의 적용 패러다임에 대해서, 박현신은 바울의 방식이 오늘날에 적용할 수 있는 원형적 패러다임이라 주장한다. 그는 바울이 보편적 신학적 원리(교리)를 제시한 다음, 고린도 교인들에게 적용하는 교리 중심적 윤리적 적용 패러다임을 보여준다고 설명한다. 하지만, 교리 중심의 윤리적 패러다임이 실제 바울이 한 설교에서 발견되는 것인지, 바울의 설교를 기준으로 현대 설교자가 활용할 수 있는 교리 중심적 패러다임을 구축한 것인지는 보다 분명하게 규명할 필요가 있다. 필자는 바른 적용을 위해서 설교자가 교리적 검증과 윤리적인 삶의 촉구를 위한 적용의 구체성을 가지는 것은 필요하지만, 이것은 본문이 만들어내고 실행하고 '수행적 형성적 패러다임'을 따른 것이어야 한다고 여긴다. 박현신, "바울의 설교에 나타난 적용 패러다임 연구", 신학지남 (2016): 147-48을 참고하라.

비를 가질 때, 자신들의 존재와 행동방식의 교정과 형성을 위한 역할을 수행하도록 하는 '수행적 혹은 형성적 패러다임'으로 이해하는 것이 더 바람직해 보인다. 이런 '수행적 혹은 형성적 패러다임'은 설교자가 본문에서 도출해 내는 '교리 명제적 패러다임'과는 달리,[27] 해석자 혹은 독자들이 성경 저자가 전하는 본문에 참여하고 그 본문의 세계를 자신들을 향한 내용과 경험으로 '자기화'와 '현재화'하는 전유의 과정을 반드시 수반한다.

셋째, 앞서 언급한 대로, 성경이 하나님의 백성을 양육하고, 가르치고, 그들의 삶을 하나님 백성다운 삶으로 형성하기 위한 것이라면, 그 본문의 수행성과 효과는 여전히 유효하다는 점을 기준으로 바울이 적용을 하고 있음을 알 수 있다. 바울이 인용 혹은 인유(암시)한 구약의 사건과 본문들이 과거 이스라엘 백성들의 구체적 정황에 직접 맞닿아 있는 의사소통의 행위임이 분명하지만, 그 상황적 구체성으로 인해 본문이 지닌 잠재력, 혹은 언어-행위 이론에서 말한다면 의미수반행위 illocutionary act와 의미효과행위 perlocutionary act는 사라지지 않는다. 오히려 새로운 상황, 즉 고린도 교회의 정황을 만나면서 그 본문은 새로운 방식으로 그 행위가 "활성화 actualized"된다고 이해할 수 있다.[28] 이런 방식의 바울의 구약 본문 사용에 관하여, 폴 가드너 Paul Gardner는 구약의 의미를 '영적' 방식으로 다른 세대의 사건들에 적용하는 것이 아니라, 독자가 살아가던 새로운 시대의 정황 속에서 병행되는 사건으로 하나님께서 진리를 더욱 풍성하게 계시하신 것으로 이해한다.[29] 물론

---

[27] 이러한 원리화 과정에 대한 적용의 패러다임에 관해서는 박현신, "변혁적 설교의 적용을 위한 다차원적 적실성 범주", 설교한국 9 (2012): 127-68과 박현신, "John Calvin의 목회적 설교에 나타난 적용 패러다임에 관한 고찰", 한국복음주의실천신학회, 「복음과 실천신학」 28 (2013): 95-140을 참조하라.

[28] Thiselton, 『고린도전서』, 274.

[29] Paul D. Gardner, *The Gifts of God and the Authentication of a Christian: An Exegetical Study of 1 Cor. 8:1-11* (Lehamn, MD: University Press of America, 1994),

이런 '새로운 방식의 활성화'와 '병행적 상황에서의 풍성한 계시'는 반드시 과거 당시의 일차적 하나님의 소통이 통제의 기준으로 남아있어야 함은 자명하다. 하지만 그 본문은 구약의 이스라엘 백성만이 아니라 신약의 교회에게도 주신 의도된 말씀이자 여전히 유효한 신앙 형성적 기능을 그대로 가지고 고린도 교인들에게 그 내용을 "활성화"해서 적용하는 방식은, 추상화를 통한 원리의 적용에 가깝다기보다는 전유를 통한 적용의 모델에 더 유사하다 할 수 있다.

3) 히브리서에서 보이는 저자의 구약 인용과 전유를 통한 적용

(1) 히브리서 3장 7절-4장 14절의 설교

존 버거J. Berger가 히브리서 그 자체를 설교로 볼 필요가 있다는 주장을 한 이래로, 히브리서를 설교로 이해하고 분석하려는 시도들이 많았다.[30] 비록 히브리서가 수사적 관점에서 중요한 가치를 가르치는 과시적 유형인지 행동을 촉구하는 권면의 성격이 강한 설득적 유형인지에 관한 차이가 주장되었지만, 많은 학자는 히브리서를 설명과 적용의 패턴을 지닌 설교로 이해하는 것에 동의한다.[31] 특별히 여기에서 다루고자 하는 히브리서 3장 7절에서 4장 13절은 예수 그리스도의 신실하고 자비로운 대제사장 되심에 대한 교훈 사이에 있으면서, 시편 95편의 구절들을 여러 번 인용하고 해석하여 당시 회중의 상황에 적용해나가는 설교로 이해할 수 있다.[32] 여기서는 자세한 주해적 내용보다는 구약의

---

113. Italic은 저자 강조.

30 J. Berger, "Der Beife an die Hebräer, eine Homilie", *Göttingen theologisher Biblioteck 3* (1797): 449-59. 이풍인, 『히브리서 강해: 은혜와 책임』 (서울: 킹덤북스, 2016), 30에서 재인용.

31 이풍인, 『히브리서 강해: 은혜와 책임』, 31-32.

32 R. T. France, 'Hebrews', *The Expositor's Bible Commentary*, T. Longmann III and D. E. Garland eds., (Grand Rapids: Zondervan, 2006), 61.

인용과 해석이 어떻게 히브리서 회중에게 적용되었는지에만 집중하고자 한다.

(2) 본문에 나타난 인용-해석-적용

히브리서 3장 7-11절은 성경 저자의 시편 95편 7-11절을 인용한다. 여기에서 저자는 인용되는 몇 군데의 차이를 제외하면 LXX를 따르는데, 시편 95편은 하나님의 주권적 능력에 대한 찬양과 청중을 향한 경고의 두 부분으로 구성되어 있는데, 여기에서는 후반부를 인용하고 있다. 시편의 배경은 맛사와 므리바 사건(출 17장)과 가데스에서의 불신앙적 보고(민 14장)를 배경으로 하지만, 인용된 본문에서는 맛사와 므리바라는 지명 대신에, 시험과 반역으로 번역함으로 약속의 땅으로 들어가기 전에 불신앙의 모습을 담은 민수기 14장의 배경이 더욱 도드라진다. 특별히 눈여겨볼 점은 성경 저자가 시편을 인용하면서, 궁극적인 저자가 성령임을 밝힌다는 점이다. 동시에 현재형의 동사를 사용함으로 과거에 주신 성경이 당시 청중들에게 동일하게 역사하고 있음을 표현하고 있다.

반면, 12-19절은 인용한 시편의 해석과 적용이라 이해할 수 있다. 이렇게 이해할 수 있는 것은 12-19절은 불신앙(ἀπιστία)을 주의하라(βλέπω)는 동일한 내용과 형식의 봉투기법으로 앞서 인용에 근거한 해석과 적용적 권면을 곧바로 하고 있기 때문이다.[33] 특별히 저자는 불신앙을 조심하고(12절), 그리스도 안에서 참여한 자들로 서로 격려하며(13-14절), 마음이 완고해지지 않기(13절, 15절)를 독려한다. 특별히 히브리서 저자는 시편 95편 7-8절의 교훈과 경고에 근거하여 13절과 15절에서 히브리서 회중들에게 마음을 완고하게 하지 말 것을 경고하며 직접 적용을 하고 있다. 이처럼 히브리서 저자의 적용은 이스라엘 백성들의 시편이

---

33 David Allen, *Hebrews*, NAC vol. 35, (Nashville: B&H, 2010), 253.

더 이상 시편 저자의 회중만을 위한 것이 아니라, '오늘'이라는 말씀을 강조하며 히브리서 저자는 현재의 자기 회중을 위한 권면으로 곧바로 적용되고 있다.[34]

한편 16-19절에서는 시편 95편의 배경이 되는 민수기 14장의 배경으로 그들의 실패가 곧 불신앙에 의한 것임을 여러 번의 수사적 질문에 포함하고 있다. 이런 수사적 질문들은 모두 시편 95편의 8-11절의 내용을 가지고 히브리서 회중들을 향해 질문한 것이다. 결국, 이 수사적 질문의 대답은 애굽에서 구원을 받은 이스라엘 백성들이 광야에서 불순종함으로 안식으로 들어가지 못했다는 대답을 요구한다. 히브리서 저자는 이런 3번의 수사적 질문의 답변이자 결론을 이스라엘 세대의 반역과 불순종이 믿음 없음이며 그 결과 안식의 땅에 들어가지 못하게 되었음을 인식하게 된다고 결론을 내린다.

4장 1-11절은 그 주제가 안식에 관한 내용이 그 핵심을 이룬다. 여기에서 히브리서 저자는 1-2절에서 출애굽 세대와 당시 히브리 회중의 세대를 비교하며 불신앙에 대한 경고를 하고 있는데, 3절에서 또다시 시편 95편 11절을 인용한다. 이를 통해 과거 출애굽 세대가 가나안 땅에 들어가지 못한 안식과 히브리서 회중들이 어디에 들어가는 안식이 동일한 것임을 전제로 적용하고 있다. 특별히 4-5절에서 창세기 2장 2절의 하나님께서 주시는 안식의 개념과 출애굽 세대가 바라던 안식, 그리고 히브리서 회중이 들어가야 할 안식의 상호연관성을 근거로 그리스도께서 성취하신 종말론적 안식에 들어가도록 힘쓰도록 적용하며 독려하고 있다. 6절 이하에서 히브리서 저자는 과거 출애굽 세대가 불순종으로 그 안식에 들어가지 못한 것을 설명하며, 7-8절에서 저자는 시편 95편 7-8절이 다윗의 시임을 인용하지만, 다윗 당시의 '오늘'을 히브리서 회중의 현재에 적용하여 말씀에 순종하여 안식에 들어가기를

---

34 양용의, 『히브리서 어떻게 읽을 것인가』 (서울: 성서유니온, 2016), 105.

힘쓸 것을 곧바로 적용하고 있다.[35] 다시 말해, 히브리서 저자는 하나님의 안식에 대하여서 과거 이스라엘 백성이나 당시 히브리 회중들이 동일한 약속과 복음을 받은 자라는 공유된 정황과 내용을 가지고 11절에서 그 안식에 들어가기를 힘쓰라는 당시의 회중에게 곧바로 적용하고 있다.

앞서 두 단락에서 시편 95편에 대한 인용과 해석, 그리고 적용으로 결론을 맺으면서, 히브리서 저자는 12-13절에서 하나님 말씀의 속성에 관한 내용으로 마무리를 한다. 여기에서 12절의 하나님의 말씀은 앞서 인용된 시편 95편의 말씀을 지칭하는 것으로 보이며, 이 말씀이 살아있는 말씀으로 당시 회중에게도 영향력이 있어 인간의 본성과 실체를 철저히 드러내며, 더 나아가서 모든 피조물을 판단하고 심판하실 것임을 칭송하며 마무리한다. 이 부분은 히브리서 저자가 이스라엘 백성들에게 주어졌던 시편 95편 7-11절 말씀이 평행적 상황 속에 있는 자신의 회중에게 여전히 유효한 말씀임을 분명히 하면서, 과거의 말씀이지만 그 말씀에 경청함으로 안식에 들어가기에 힘쓸 분명한 이유를 제시하는 기능을 한다.[36]

(3) 본문에 나타난 전유를 통한 적용의 이해

첫째, 히브리서의 설교자가 구약의 본문들을 인용하면서 말씀에 관하여 사용한 동사들을 살펴보면, 구약에서 인용한 본문이지만 그 말씀이 곧 당시 청중을 향한 삼위 하나님의 직접적인 말씀으로 간주하고 있음을 확인해 볼 수 있다. 즉 고대의 본문이 당시뿐만 아니라 오늘의 청중을 향한 삼위 하나님의 동일한 말씀임을 전제로 한다. 이 부분을 확인하기 위해서는, 앞서 살펴본 히브리서 3-4장에만 국한된 것이 아니

---

35 양용의, 『히브리서 어떻게 읽을 것인가』, 116.
36 Allen, *Hebrews*, 298-99.

라, 1장부터 히브리서 저자가 구약을 인용하면서 그 본문을 누가 말하고 있는지를 확인해 볼 필요가 있다. 먼저 히브리서 1장 5-13절에 걸쳐 설교자는 그 출처를 명확하게 밝히지는 않지만,[37] 그리스도의 우월성을 구약 성경의 '말하다(λέγω)'라는 동사를 사용하여 인용함으로 확증한다. 여기에서 주목해야 할 점은 히브리서 저자는 그 말씀을 하나님께서 지금 말씀하시는 것으로 묘사한다는 점이다. 성경 저자는 당시 그리스도의 사건과 우월성에 관하여 구약 성경을 인용하지만, 그 구약 본문이 곧 하나님의 음성으로 전해지며 확증되고 있다. 또한, 히브리서 2장 11-13절은 그리스도의 낮아지심을 통해 구원을 이루어가는 과정을 설명하는데, 여기에서 저자는 시편 22편 22절과 이사야 8장 17-18절을 인용하는데, 여기에서 저자는 다시 '말하다(λέγω)'라는 동사를 사용한다. 놀라운 점은 저자가 이 구절들을 그리스도의 입을 통한 고백의 행위로 설명하고 있다는 점이다.[38] 다시 말해, 분명 구약의 시편 기자와 이사야 선지자의 말씀임에도 불구하고, 히브리서 저자는 이 구절들을 예수님께서 하신 말씀으로 직접 인용함으로써, 히브리서 설교자는 그리스도께서 고난을 통해 어떻게 완전하게 되셨는지를 보여주고자 한다. 동시에 이를 통해 고난 중에 신실한 그리스도와 형제된 당시 청중을 향한 교훈과 적용으로 이끌어가고 있다. 또한, 여기에서 자세히 살펴본 히브리서 3장 7-11절은 시편 95편 7-11절을 인용하고 있는데, 히브리서 저자는 다시 말씀에 관한 동사(λέγω)를 현재형으로 사용하며 인용하고 있다. 시편 95편의 다윗의 시편을 인용하면서 히브리서 저자는 말씀하시는 주체를 성령 하나님으로 말하고 있다. 이처럼 히브리서

---

[37] 히 1:5-13에서 다양한 구약의 본문을 떠올릴 수 있지만(시 45:6-7, 시 97:7, 시 104:4 등), 히브리서 기자는 1장 13절에서 시편 110편 1절을 인용하고 있음을 우리는 분명하게 확인할 수 있다.

[38] David Allen, *A Pastor's Guide to Text-Driven Preaching*, 김대혁 · 임도균 역, 『간추린 본문이 이끄는 설교』 (서울: 아가페북스, 2016), 15-16.

저자는 구약 본문을 근본적으로 삼위 하나님의 말씀으로 이해하고 있으며, 이를 이스라엘 백성을 향한 말씀이자 동시에 당시 자신의 회중을 향한 말씀으로 들려준다.[39] 이는 결국 히브리서 저자가 구약 성경을 인용하면서 그 말씀이 분명 과거의 다른 저자들에 의해 기록된 성경 본문임은 틀림없지만, 고대의 이스라엘 백성이나 당시 자신의 회중에게 여전히 동일한 삼위 하나님의 직접적인 말씀이자 동일한 말씀의 수행력과 효과가 유효하게 작동하고 있다는 전제로 자신의 회중에게 전유를 통한 적용을 하고 있음이 틀림없다.

둘째, 히브리서 3장 7절-4장 13절을 대하면서 우리는 분명 서로 다른 네 가지 시점을 발견할 수 있다. 즉 1) 이스라엘 백성들의 마음이 완고하여 하나님께서 광야에서 말씀하셨던 시점, 2) 시편 기자가 당대의 이스라엘 백성들에게 불순종과 불평의 실수를 되풀이하지 말라고 촉구하던 시점, 3) 1세기의 히브리서 저자가 히브리 기독교인들에게 구약 본문을 인용하며 격려와 훈계를 하는 시점, 마지막으로 4) 오늘날 독자가 히브리서를 읽으며 하나님의 호소를 듣는 시점이 포함된 서로 다른 네 가지의 시점들이다.[40] 즉 하나님의 말씀이 시대와 함께 이동하지만, 놀라운 점은 히브리서 기자는 그 말씀을 삼위 하나님께서 말씀하시는 것으로 묘사하며, 무엇보다 그것을 현재형으로 사용하고 있다는 점이다. 고대 본문이나 당시나 오늘의 청중을 향해 하나님의 현재형 음성으로 사용하는 것에는 전유의 개념이 수반된다. 즉 과거의 사건의 의미의 현재화이자, 분명 과거의 사건이지만 새로운 정황 속에서 그 의미의 재활성화가 이루어진다는 사실을 드러낸다. 이는 앞서 살펴본 3장 7절-4장 13절에서만 사용된 것이 아니라, 히브리서 1장 5-13절에 그 말씀을 하나님께서 말씀하시는 것으로 묘사하면서도 현재형의 '말하다

---

39 Allen, 『간추린 본문이 이끄는 설교』, 15-16.
40 Stott, 『설교의 능력』, 106.

(λέγω)'라는 동사를 사용하고 있음을 확인할 수 있다. 또한, 2장과 3장에서도 히브리서 저자는 다양한 시편과 토라, 사무엘하를 인용하고 해석하여 당대의 회중에게 훈계와 격려의 적용을 번갈아 가면서 하고 있는데, 여기에서 저자가 이 인용문들을 현재형으로 인용함으로 당시 청중들에게 직접 말하는 듯이 활용하고 있다는 점이다. 또한, 이런 패턴들은 7장 17, 21절, 8장 8절, 10장 5절 등에서도 구약 성경이 직접 히브리서의 청중과 독자들에 대해 말하듯이 현재형으로 사용하고 있다는 점에서도 확인된다.

셋째, 앞서 살펴본 3장 7절-4장 13절에서 저자가 구약 성경의 내용을 그들을 향한 현재형으로 설명하면서, 특별히 시편 95편 7절을 세 번씩이나 반복적으로 현재형으로 인용한다(3:7, 15, 4:7). 이러한 표현은 과거의 이스라엘 백성들의 불순종 결과를 상기시키며, 당시 히브리서의 회중들에게 지금 경고로 적용한다. 특별히 16-18절에서 당시의 청중/독자들에게 직접 질문을 하는 이런 수사적 장치는 논리적 연결과 더불어 고대의 정황을 오늘날의 정황으로 바로 연결함으로써, 불순종의 결과에 대한 경고와 더불어 순종의 결단을 감정적으로도 호소하고 있다. 무엇보다 이러한 히브리서 저자의 청중을 향한 직접적인 적용의 권면이 가능한 근거는, 구약의 본문들이 히브리 회중들을 향한 직접적이고 적실한 말씀이라는 점과 고대와 히브리서가 기록된 당시가 공유된 내용과 정황을 지니고 있다는 해석적 바탕에서 이루어진 것이다. 실제로 해석의 단락과 적용의 단락 사이의 전환 구문과도 같은 '그러므로(원어적 의미로는 그런 까닭에)'의 사용(예를 들면, 2:1-4, 3:7-4:11, 5:11-6:11, 10:19-25)은 앞의 설명이 뒤의 적용과 그 목적을 자연스럽게 연결하는데, 여기에는 어떤 교리적 요약이나 설명을 덧붙이고 있는 것이 아니라, 본문의 내용과 정황을 곧바로 그들의 삶에 적용한 모습으로 보인다.[41] 앞선 구

---

41 James W. Thompson, *Hebrews*, Commentaries on the New Testament (Nashville: Baker, 2008), 49.

약의 인용과 설명을 기반으로 감정의 호소와 훈계의 적용으로 이어지는 이러한 설교의 흐름이 실제 이 히브리서가 설교가 이루어지는 정황에서 구두적으로 읽혔다는 정황을 고려한다면, 저자의 적용 방식은 구약의 인용들을 그들의 것으로 자기화 혹은 현재화하여 적용한 "전유를 통한 적용"이라 볼 수 있다.

마지막으로 이러한 전유를 통한 적용이라 이해할 수 있는 또 하나의 모습은 히브리서 저자는 과거 구약의 인용과 해석을 한 다음 적용을 할 때, "우리"라고 지칭을 하는 점인데, 과거 하나님의 말씀과 사건들이 자신을 포함한 공동체 전체를 향한 말씀임을 전제로 한 자기 포함의 적용이 이루어지고 있다는 점에서도 확인된다. 즉 설교자가 무시간적 원리 혹은 보편적 명제를 설명하고 적용했다고 이해하기보다는, 자신을 포함한 회중 전체가 구약의 본문에 참여하여 그 본문 세계에 의해서 현재적 경고와 격려를 받고 있다고 이해함이 더 자연스러운 이해일 것이다.

3. 성경에 나타난 전유를 통한 적용의 사례들이 주는 해석학적/설교학적 함의

지금까지 설명한 성경의 전유를 통한 적용의 사례를 토대로, 전유를 통한 적용의 이해와 실천이 가져다줄 수 있는 설교학적 함의들을 몇 가지 제시하고자 한다.

첫째, 성경 말씀이 곧 하나님의 말씀이며, 하나님께서는 그 기록된 말씀으로 여전히 말씀하시고 일하신다는 설교 신학적 측면에서,[42] 전유적 적용의 방식이 원리화에 따른 적용의 방식보다 더 부합되고 우선하는 방식이라 할 수 있다. 물론 원리화 적용 모델 역시도 성경의 권위에

---

42 Stott, 『설교의 능력』, 106.

대한 인정과 더불어 분명한 진리 명제의 표현과 이를 설교에 반영하는 데 실용성에 있어서 장점이 있는 것은 사실이며, 여전히 이 방식이 강해 설교의 기본적인 방식이 되는 것도 사실이다.[43] 하지만 자칫 원리를 확립하는 것이 적용의 목적이 되거나, 그 원리가 성경 본문과 문화보다 더 우위에 있다는 오해를 불러일으킬 수 있다.[44] 따라서 성경이 구체적인 상황, 즉 세상과 사람들과의 관계 속에서 말씀하시고 행하신 하나님에 대하여 추상적인 개념으로 환원하기보다는, 성경을 하나님께서 자신의 말씀Word으로 여전히 세상World을 변혁시키는 초월적이고 인격적인 소통으로 여기는 확신과 그 확신으로 전하는 설교 신학적 확신에 전유를 통한 적용의 모델이 더 적절해 보인다.[45]

둘째, 전유를 통한 적용의 방식은 성경 본문에 대한 보다 충실한 해석과 회중을 향한 적용의 규정성을 확립하는 데 도움이 된다. 바른 성경의 이해를 위해서 설교자가 본문에 대한 문법적, 역사적, 신학적 연구를 통한 진리 명제를 표현하는 것은 중요하다. 하지만 동시에 설교자는 과거의 본문이 당시 청중들의 삶에 요구했던 성경 저자의 의도성(경고, 약속, 격려 등)이 여전히 새로운 정황 속에서 재활성화된다는 사실에도 유의해야 할 필요가 있다.[46] 실제 설교자의 적용이 성경 본문의 주제와 내용과는 맞지만, 본문에서 구현한 성경 저자의 수행적 의도 혹은 저자가 의도해서 구현한 본문의 목적과는 부조화를 이루는 경우가 많다. 성경 저자가 본문의 의도성을 충실하게 적용에 반영하기 위해서는 설교자는 본문의 보편적 원리만을 추출하는데 머물지 말고, 그 수행력과 효

---

43 Meadors, 『성경 어떻게 적용할 것인가』, 398.
44 Meadors, 『성경 어떻게 적용할 것인가』, 399.
45 Kevin Vanhoozer, *First Theology*, 김재영 역, 『제일신학』 (서울: IVP, 2002), 235-98.
46 이승진, "해석과 선포를 포괄하는 설교학적인 해석학에 관한 연구", 한국복음주의실천신학회, 「복음과 실천신학」 39 (2016): 158-60.

과를 존중하는 해석학적/설교학적 실천으로 나아가야 한다.[47] 달리 말하자면, 본문이 적용의 주제와 기능(격려, 경고, 위안 등) 모두에 규정성을 제공하는 우선적 근거가 된다. 이런 점에서 원리화 모델의 단점은, 성경 본문의 기능을 위해 성경 저자가 활용한 문학적 혹은 수사적 특징들이 설교자가 보편적 원리를 찾기 위해서 극복해야 할 대상이 되기가 쉽다는 점이다. 실제 성경 본문의 문학적, 수사적 장치들은 설교자가 극복해야 할 대상이 아니라, 성경의 궁극적인 저자가 본문(정경)을 통해 하나님의 백성에게 다양하게 소통하며 삶을 형성하고 있다는 점을 드러내기에, 설교자가 확신 있게 활용할 수 있는 설교의 자산이 된다. 이를 위해서 본문의 문학적, 수사적 장치들을 파악하고 경험하는 과정은 보편화의 과정이라기보다는 전유의 과정에서 일어난다고 이해하는 것이 더 자연스럽다. 더 나아가 본문은 보편적 원리를 위해서 설교자가 극복되어야 할 대상이 아니라, 설교자가 본문 앞에서, 그리고 본문에 의해서 교정되어야 할 대상임을 항상 잊지 말아야 한다. 이런 점에서 전유를 통한 적용의 패러다임은 본문의 내용과 더불어 수행력, 효과를 해석학적으로 더욱 세심하게 다루며, 더 나아가 이를 본문에 충실하게 반영하는 것을 돕는 이론과 실천 방안이라 할 수 있다.

셋째, 성경에 의한 전유의 방식은 자기 포함과 자기 변혁의 해석과 적용에 더 적합한 모델이 될 수 있다.[48] 성경 본문에서 보편적 진리를 추상화의 과정을 통해서 추출하고, 그다음 새로운 정황과 대상에 적용하는 방식은 해석자가 인식론적으로 그리고 문화적으로 중립적인 것을 전제로 이루어진다. 하지만 전유를 통한 적용의 방식은 본문을 통해서

---

47   설교의 사건성에 관해서는 조광현, "신설교학의 중심 전제, 언어의 사건성: 그 신학적 기원과 영향", 한국복음주의실천신학회, 「복음과 실천신학」 46 (2018): 202-29를 참고하라 (https://doi.org/10.25309/kept.2018.2.20.202).

48   Anthony C. Thiselton, *New Horizons in Hermeneutics*, 최승락 역, 『해석의 새로운 지평』 (서울: SFC, 2015), 375-427.

성경 저자가 형성해 나아가는 세계에 설교자와 회중 모두가 참여하여, 그 본문의 교훈과 존재 양식에 부합되는 삶을 추구하도록 하는 과정이다. 따라서 설교자와 회중 모두가 그 말씀이 지닌 수행성(하나님의 약속, 명령, 권유, 위로 등)에 반응할 것을 요구한다. 이는 성경에 의한 전유의 방식은 설교자가 본문을 설교를 위한 자료집으로 삼지 않고, 본문 앞에서 자기 교정을 허용하도록 돕는다. 즉 본문이 주도하는 자기 변혁과 회중 변화를 추구한다는 점에서 전유를 통한 적용의 모델이 말씀의 수종자minister로서 설교자의 역할에 더 부합된다고 할 수 있다. 이런 점에서 전유를 통한 적용은 설교자의 변혁과 회중의 변화 모두를 추구하는 적용의 궁극적인 목표를 잘 설명해 줄 수 있는 모델이다.

  마지막으로, 전유를 통한 적용의 개념과 방식은 성령이 영감한 혹은 성령에 영감된 말씀과 그 말씀으로 시대를 건너 여전히 역사하는 성령의 역할을 일관되게 설명할 수 있는 적용의 모델이라 할 수 있다. 설교가 하나님의 말씀이 되는 것become이 아니라, 하나님의 말씀인 것is은 하나님의 영감으로 된 성경 말씀과 그 말씀으로 역사하는 성령의 역할을 분리하지 않고 동시에 인정할 때 가능하다. 성경은 설교자와 회중을 본문의 세계로 초대하여, 과거에 일어난 일이지만 여전히 동일하게 일하시는 하나님의 말씀 앞에서 자신의 존재와 삶의 모습을 확인하고 교정하여, 본문 앞에서 본문의 세계가 지시하는 방식대로 살아갈 것을 촉구하는 방향성을 지닌다. 성경 본문이 과거의 성경 저자가 기록한 말씀이지만 설교자와 회중들은 여전히 그 본문이 지닌 힘과 목적에 부합되고, 본문 세계가 보여주는 삶을 추구하도록 본문의 경고와 격려, 위로와 약속을 따라 살아가게 된다. 이런 부분에서 성경이 하는 일과 성경 전체를 영감한 성령의 역사는 떨어지지 않고 반드시 함께 간다. 전유를 통한 적용은 성경 본문에 구현된 성경 저자의 의도성과 그 성경을 영감하신 성령님의 의도를 무시간적 추상화 혹은 정태적인 것으로 분리하지 않고, 성경과 성령님의 역할을 일관되게 통합적으로 인식하며 설교 수행에 임하도록 돕는 적용의 모델이라 할 수 있다.

III. 닫는 글

이 글은 신약의 저자가 구약의 본문들을 인용하여 해석하고 적용한 사례를 살펴보면서, 오늘날 청중을 향한 전유적 적용의 성경적 근거와 실천적 정당성을 확립해 보고자 하였다. 성경 본문은 과거에 기록한 글이지만 여전히 삼위 하나님의 인격적인 말씀이자 행위Word-Deed이며, 본문 앞에 있는 회중들을 초대/참여시키며 그들의 삶을 꾸준히 변혁시키는 수행력과 효과를 지니고 있음을 설교자는 확신해야 한다. 본문이 이끄는 전유를 통한 적용의 방식은 초월적이고 인격적인 하나님의 말씀이자 행위로서 성경에 대한 확신에 근거하여 지금도 성경을 통해 말씀하시고 역사하시는 설교 신학적 분명한 토대, 이를 충실히 반영하는 해석학적 충실성, 말씀으로 설교자와 회중 모두를 변화시키는 적용의 궁극적인 목적, 그리고 성경의 영감성과 성령의 역할에 대한 일관된 신앙고백 등에 부합되는 적용의 모델이라 여겨진다. 따라서 전통적으로 바른 적용을 위한 원리화 혹은 보편화 모델이 지닌 장점을 견지하면서도 그 약점을 보완하기 위해서, 성경 저자가 의도한 수행성과 효과를 여전히 지닌 본문의 우선성을 강조하는 전유를 통한 적용의 방식이 현대 설교자들에게 더욱 활성화될 수 있기를 기대해 본다.

참고문헌

김대혁. "'본문에 충실한' 설교를 위한 성경적 전유를 통한 적용에 대한 제안". 한국복음주의실천신학회. 「복음과 실천신학」 52 (2019): 38-70. https://doi.org/10.25309/kept.2019.8.15.038.

김덕현. "언어 행위 이론(Speech Act Theory)의 이해와 성령의 언어행위로써 설교: 빌레몬서 1장 15-16절을 중심으로". 한국복음주의실천신학회. 「복음과 실천신학」 36 (2015): 89-117.

박현신. "John Calvin의 목회적 설교에 나타난 적용 패러다임에 관한 고찰". 한국복음주의실천신학회. 「복음과 실천신학」 28 (2013): 95-140.

―――. "바울의 설교에 나타난 적용 패러다임 연구". 신학지남 (2016): 141-96.

―――. "변혁적 설교의 적용을 위한 다차원적 적실성 범주". 설교한국 9 (2012): 127-68.

이승진. "해석과 선포를 포괄하는 설교학적인 해석학에 관한 연구". 한국복음주의실천신학회. 「복음과 실천신학」 39 (2016): 144-77.

이풍인. 『히브리서 강해: 은혜와 책임』 서울: 킹덤북스. 2016.

조광현. "신설교학의 중심 전제, 언어의 사건성: 그 신학적 기원과 영향". 한국복음주의실천신학회. 「복음과 실천신학」 46 (2018): 202-29. https://doi.org/10.25309/kept.2018.2.20.202.

조병수. 『고린도전서 어떻게 읽을 것인가』 서울: 성서유니온. 2015.

Allen, David. *A Pastor's Guide to Text-Driven Preaching*. 김대혁 · 임도균 역. 『간추린 본문이 이끄는 설교』 서울: 아가페북스. 2016.

―――. *Hebrews*. NAC Vol. 35. Nashville: B&H. 2010.

Austin, J. L. *How to Do Things with Words*, 2nd ed. Cambridge, MA: Harvard University Press. 1975.

Bock, Darrell L. *Acts*. BECNT. Grand Rapids: Baker. 2007.

France, R. T. 'Hebrews', *The Expositor's Bible Commentary*. T. Longmann III and D. E. Garland Eds. Grand Rapids: Zondervan. (2006): 17-195.

Gadamer, Hans-Georg. *Truth and Method*. 임홍배 역. 『진리와 방법 2』 서울: 문학동네. 2012.

Gardner, Paul D. *The Gifts of God and the Authentication of a Christian: An Exegetical Study of 1 Cor.8:1-11*. Lehamn: University Press of America. 1994.

Hays, Richard B. *Echoes of Scripture in the Letters of Paul*. 이영욱 역. 『바울서신에 나타난 구약의 반향』 서울: 여수룬. 2017.

Meadors, Gary T. *Four Views on Moving beyond the Bible To Theology*. 윤석인 역.『성경 어떻게 적용할 것인가』 서울: 부흥과개혁사. 2011.

Montgomery, John Warwick. "The Theologian's Craft". *Concordia Theological Monthly*. 37 (1966): 67-98.

Osborne, Grant R. *The Hermeneutical Spiral*. 임요한 역.『해석학총론』 서울: 부흥과개혁사. 2017.

Ricoeur, Paul. *Hermeneutics and Human Science: Essays on Language, Action, and Interpretation*, 윤철호 역.『해석학과 인문사회과학』 서울: 서광사. 2003.

─────. *Interpretation Theory*. 김윤성 역.『해석 이론』 서울: 서광사. 1998.

Robinson, Haddon W. "The Heresy of Application". *Leadership* 18 (1997): 21-27.

Stott, John. *I Believe in Preaching*. 원광연 역.『설교의 능력』 서울: CH북스. 2005.

Thiselton, Anthony C. *1 Corinthians*. 권영경 역.『고린도전서: 해석학적&목회적으로 바라본 실용적 주석』 서울: SFC. 2011.

─────. *New Horizons in Hermeneutics*. 최승락 역.『해석의 새로운 지평』 서울: SFC. 2015.

─────. *The First Epistle to the Corinthians*. NIGTC. Grand Rapids: Wm. B. Eerdmans. 2000.

Thompson, James W. *Hebrews*. Commentaries on the New Testament. Nashville: Baker. 2008.

Vanhoozer, Kevin. *First Theology*. 김재영 역.『제일신학』 서울: IVP. 2002.

Warren, Timothy S. "The Theological Process in Sermon Preparation". *Bibliotheca Sacra* 156 (1999): 336-56.

Wells, C. Richard and A. Boyd Luter. *Inspired Preaching*. 이승진 역.『신약

성경과 설교』 서울: CLC, 2016.

Witherington III, Ben. *The Acts of the Apostles: A Socio-Rhetorical Commentary*. Grand Rapids: Wm. B. Eerdmans, 1997.

Summary(요약)

본문성이 반영된 설교 작성과 전달

Summary
본문성이 반영된 설교 작성과 전달

A Study of The Corrective Roles of Textuality for Sermon Composition and Delivery

I. 여는 글

매주 강단에서 한 편의 설교가 선포되기까지, 설교자는 크게 본문 해석, 설교 작성, 그리고 설교 전달의 세 과정을 거쳐야만 한다. 이 세 과정은 모두 중요하지만, 설교자마다 비교적 수월한 과정이 있고, 좀 더 나은 설교 사역을 위해 발전의 필요를 크게 느끼는 특정 과정이 있을 수 있다. 이와 관련하여,「목회와 신학」이 2007년도에 조사한 한국교회 목회자들의 설교 분석에 따르면, 이 세 과정 중에서 설교 전달력이 자신의 설교 가운데 가장 부족한 영역이라고 손꼽은 목회자의 숫자가 가장 많았다.[1] 이러한 결과는 이미 10년도 지난 통계 자료이지만, 여전히 현장 설교자의 마음을 대변하는 목소리라 여겨진다. 한국교회 강단의 약화와 설교의 문제에 관해 설교자의 도덕적 문제, 성경 연구와 신학의 부재를 지적하는 학자들의 목소리와는 달리,[2] 매주 돌아오는 설교 사역

---

1 자세한 내용에 대해서는 목회와 신학,『목회와 신학 총서 01:한국교회 설교 분석』(서울: 두란노서원, 2009)를 참고하라.
2 권연경, 배덕만, 표성중, 김형원, 조석민,『한국교회 설교, 무엇이 문제인가』(서울: 대장간, 2015)을 참고하라.

에 있어서 현장 설교자들은 설교할 내용에 대한 것보다는 설교할 내용을 어떻게 전달할 것인지에 대한 고민이 크다는 사실을 알 수 있다.

이러한 현상은 단순히 오늘날 한국교회 강단만의 현실이 아니라 현대 설교학의 핵심 이슈의 흐름과 맥을 같이 하는 현상이다. 1960년대 이전까지 전통적으로 설교는 무엇을 설교해야 할 것인가를 강조해 왔다. 하지만 1970년대 초반 신설교학의 등장 이후에 오늘날 설교학은 어떻게 설교해야 할 것에 관한 관심이 커진 것이 사실이다. 그 결과 오늘날 설교학은 전통적으로 강조해 왔던 바른 설교 내용만큼이나 다양한 설교 형식과 효과적인 전달을 매우 중요시하고 있다.[3]

하지만 효과적인 설교 작성과 전달을 학문적으로 논하는 것은 그 실제성에 비해 매우 다층적인 고려가 필요한 설교학적 주제임을 금방 알게 된다. 왜냐하면, 설교의 수행에는 본문과 청중을 이어주는 설교자의 설교에 관한 본질적인 이해에 따라서 달라질 수 있기 때문이며, 그 무엇보다 성령 하나님의 역사라는 다양한 요소들이 역동적이고 통합적으로 상호작용하기 때문이다.[4] 더불어 설교 작성과 전달의 효과성을 측정하는 것은 설교자나 회중의 입장에서 느끼는바, 곧 주관적인 영역에 속하고, 이 또한 설교가 이루어지는 다양한 정황들에 따라서 차이가 날 수밖에 없다. 따라서 설교 작성과 전달의 효과성이란 주제를 다루는 일에는 객관성을 담보하는 어떤 보편적인 원리를 제시하거나 설교학적인 구체적인 제안하는 데 한계가 있기 마련이다.

이런 연구의 한계성을 인식하면서도, 이 논문은 설교 작성과 전달의 효과성을 가늠하고 설교자가 자기 스스로 설교를 교정alignment해 나가는 데 필요한 하나의 객관적 기준으로서, 하나님의 계시인 성경 본문

---

3 David Allen, "서론", in *Text-Driven Preaching*, 김대혁·임도균 역,『본문이 이끄는 설교』(서울: 베다니, 2016), 18.

4 Johan H. Cilliers, *The Living Voice of the Gospel*, 이승진 역,『설교 심포니』(서울: CLC, 2014), 49-53.

(성)의 역할에만 집중하고자 한다. 특별히 이 글은 '성경적' 설교의 근본적인 기준인 본문 중심성이 설교의 작성과 전달에 이르기까지 어떻게 관여하고 있는지를 살펴보면서, '성경적' 설교 작성과 전달의 효과성을 가늠하는 하나의 준거점으로 삼아야 할 당위성을 제시하고자 한다. 이를 위해 먼저 이 글은 통전적 커뮤니케이션의 관점에서의 본문성에 대한 이해, 본문 커뮤니케이션을 통합적으로 반영하는 설교 작성의 과정, 그리고 실제 설교 전달에 있어서 평가와 교정의 잣대로서 본문성의 역할을 살펴보고자 한다.

II. 펴는 글

설교 사역의 근거가 되는 성경에 대한 이해는 설교에 대한 전반적 이해와 접근에 결정적 역할을 한다. 여기에서 이 글은 설교자가 성경 본문을 진리를 담지하고 있는 객체화된 대상으로서의 성경 본문에 대한 이해를 넘어서, 설교 시연의 기본 근거가 되는 성경 본문이 효과적이고 역동적인 하나님의 인격적 커뮤니케이션의 행위이자, 저자-본문-독자를 동시에 고려해야 하는 통전적 커뮤니케이션 행위임을 인식해야 함을 강조하고자 한다. 따라서 이 글은 본문 중심적 설교 혹은 성경적 설교란 곧 본문 커뮤니케이션 행위의 충실한 재현이자 수행이어야 함을 드러내고자 한다.

1. 올바르고 역동적인 설교의 기본 근거로서의 본문의 인격적 커뮤니케이션

1) 저자의 의도성과 본문성

성경은 살아있는 하나님의 말씀이다. 성경의 말씀은 신적 계시로서, 성령 하나님께서 인간 저자를 사용하여 영감 하신 말씀이다. 동시에 이 말씀은 특정한 회중을 향해 주신 말씀이다. 따라서 성경은 신적/인간 저자가 특정한 독자/회중을 향해서 의도한 바를 전달하고 있다. 즉 성경의 신적/인간 저자가 성경 커뮤니케이션인 본문의 작인자이며, 성경 본문은 신적/인간 저자가 의도에 의해서 구성된 커뮤니케이션 행위이며, 설교는 이 본문을 통해서 특정한 회중에게 반응을 요구/유발하는 커뮤니케이션 행위이다. 따라서 설교 작성과 전달을 위한 근본적인 근거로써 성경을 해석하는 설교자는 본문을 신적/인간 저자가 사람에게 전달하고자 하는 내용만이 아니라, 더불어 특정한 요구와 반응을 일으키는 인격적 커뮤니케이션 행위로 이해하는 것이 필수적이다.

이 점은 현대 성경 해석학에서 성경 본문에 대해 더욱 통합적인 이해에서도 확인된다. 성경 본문에(서) 성경 저자가 사용하는 언어와 그 의미와의 관계를 논할 때, 본문을 비인격적 기호 체계를 속에서 이루어지는 저자-본문-독자 간의 '코드 이론'을 근간으로 삼기보다는, 상호 주관적인 사회와 문화 상황 속에서 저자가 독자를 향한 통합적 커뮤니케이션의 행위의 형태로써 인식하는 경향이 강하다.[5] 달리 말하자면, 하나님의 말씀인 성경에는 저자가 독자에게 의사소통을 위해서 전달되는 정보 내용의 측면, 저자가 특정한 관점이나 감정을 가지고 무엇인가를 표현하고자 한 바와 관련된 의사 표현의 측면, 그리고 독자에게 소기의

---

5 Kevin J. Vanhoozer, *Is There a Meaning in This Text?*, 김재영 역, 『이 텍스트에 의미가 있는가?』 (서울: IVP, 2003), 324.

목적/효과를 이루고자 하는 효과산출의 측면 모두가 함께 포함된다.[6] 이러한 통합적 이해는 성경이 하나님의 살아있는 말씀으로서 하나님의 백성의 전인격적인 반응을 요구하는 것이라는 성경의 효과성에 대한 개혁주의 신앙고백에 더욱 부합된다고 할 수 있다.

이러한 성경 본문이 전하는 사실(내용/주장)에 대한 이해와 더불어 말씀-사건을 속에서 인격적 반응을 일으키는 커뮤니케이션 행위로서의 본문 이해는 설교 준비에 있어 설교자의 통전적 이해를 요구한다. 성경 말씀이 하나님의 말씀이며, 설교가 곧 하나님의 말씀-행위임을 고백하는 설교자에게, 설교가 하나님의 말씀에 근거하여 회중에게 바른 이해와 더불어 합당한 반응을 요구하는 행위로 이해하는 것은, 설교자가 전하는 자신의 설교가 그 본문의 통합적 의사소통의 내용과 기능에 부합되도록 해야 함을 의미한다. 다시 말해, 설교자가 통합적 커뮤니케이션 행위로서의 본문 말씀에 '충실'한 설교를 준비하고 전달하는 것은 기본적으로 앞선 본문의 통합적 커뮤니케이션을 재현하기 위한 본문의 수행이라 이해함이 마땅하다. 이는 결국 본문에 충실한 설교 작성과 전달을 위해서 본문을 제대로 이해한다는 것은 본문을 통하여 성경 저자가 전달하고자 하는 바에 충실할 뿐만 아니라, 그 본문 앞에 있는 회중이 올바르게 반응토록 하는 성경 저자의 커뮤니케이션 행위의 의도성이 설교에 충실히 반영되도록 작성하고 전달해야 한다.

2) 본문성과 언약적 행위 양식으로서의 장르

앞선 성경 전체를 하나님의 거대 커뮤니케이션 행위로 이해하였다

---

[6] Vern S. Poythress, *God-Centered Biblical Interpretation*, 최승락 역, 『하나님 중심의 성경 해석학』 (서울: 이레서원, 2018), 168. 여기에서 저자, 텍스트, 독자 중심의 해석은 각각 유효성과 위험성을 지니고 있다. 하지만 내용, 표현, 효과의 측면들이 본문성 안에 함께 공존한다는 사실을 부정할 수는 없다.

면, 보다 작은 단위의 설교 본문의 커뮤니케이션 행위에도 동일한 접근이 가능하다. 성경 본문을 회중/독자를 향한 성경 저자의 인격적 커뮤니케이션으로 이해하는 것은 본문의 주제/명제를 파악하고 추출하여 전달하는 것에 그칠 수 없다. 성경 저자는 특정 본문을 통하여 전달하고자 하는 진리 진술/주장과 더불어 (원)청중에게 분명히 어떠한 일을 수행하고 거기에 합당한 반응을 요구하고 있음을 기억해야 한다(딤후 3:16). 달리 말해, 성경 저자는 하나님의 진리에 대한 사실을 전달하고 있지만, 동시에 본문 앞에서 현실 세계 가운데 살아가고 있는 회중에게 그 내용 전달과 함께 어떠한 사건을 함께 일으키고 있다. 이는 서로 다른 본문에서 나온 동일한 진리 명제를 전하면서도, 각각 본문은 서로 다른 기능을 지닐 수 있다는 점에서 충분히 확인될 수 있다.

앞서 성경 본문의 언어(단어, 문장, 주제) 선택이 기본적으로 성경 저자의 의도적 커뮤니케이션의 행위임을 확인하였다면, 회중을 향한 특정한 기능을 부여하고 반응을 요구하는 의사소통의 방식은 저자의 의도적 언어 선택만이 아니라, 특정한 장르와 수사적인 특징(담론)을 통해서도 이루어진다. 즉, 실제 같은 언어, 문장, 주제라 하더라도 명제적 지식과 논리적 이해를 더 하는데 유용한 장르가 있으면(대표적으로 서신서), 이미 알고 있는 것에 대한 정서적 자각이나 의지적 강화를 돕는 유용한 장르가 있다(대표적으로 시편).

중요한 것은 여기에서 말하는 '장르'라는 용어를 자칫 전통적으로 받아들여진 문학적 유형을 따른 분류법으로 오해하지 말아야 한다. 실제 성경해석과 설교에 있어서 '장르'라는 말은 글의 유형이나 인위적인 분류 체계를 말하는 것으로 한정되어 사용되는 경우가 많다. 물론 이런 단순한 장르별 분류를 통해서도 본문에 대한 바른 해석을 돕는 것은 사실이다. 하지만 앞서 성경 본문을 성경 저자의 커뮤니케이션 행위로써 저자가 의도한 내용과 표현과 효과가 서로 떨어질 수 없다면, 장르 역시도 단순히 문학적 분류 정도가 아니라, 저자가 의도한 바를 전달하고, 독자는 그것을 함께 공유하는 커뮤니케이션 행위의 양식으로 이해하는 것이 더 바람직하다.[7] 즉, 장르는 특정 문학적 분류가 아니라, 저자-독자 사이의 문학적 행위로 이해함이 성경을 하나님의 인격적 커뮤니케이션 행위의 형태로 존중되어야 하는 것이 더 합당한 이해라 할 수 있다.

이런 측면에서 오늘날 장르에 대한 이해는 단순히 문학 양식이나 담화 양식이 아닌, 인간의 반응과 행위를 결정짓는 운영체계라고 이해한다. 다시 말해, 장르에 보이는 형식적인 특징은 자의적으로 생겨난 것이 아니라, 어떤 사회적 배경과 목적 속에서, 어떤 목적, 누구의 목적에 의해, 그리고 그것을 언제, 왜, 어디에서 사용해야 하는지 등과도 관여하는 것으로, 장르는 어떤 저자-독자의 관계를 맺게 하는지를 포함하고 있다.[8] 쉬운 예로, 우리는 이러한 커뮤니케이션의 상호-언약적 특징을 담고 있는 장르가 규정하는 함의 속에서 일상을 살아간다. 예를 들어, 신문, 소설, 청첩장, 계약서 등은 이미 공동체를 통해 형성된 장르 체계 속에서 서로 다르게 반응하며 살아가며 통용되고 있다. 결국, 장르는 다양한 상황을 어떻게 이해하고 그 상황 안에서 어떻게 전형적인 반응과 행위를 할 것인지에 대한 "인지적이며 동시에 커뮤니케이션의 전략a cognitive and communicative strategy"이라 할 수 있다.[9] 저자는 독자를 향해 특정 장르를 고려해 본문 커뮤니케이션을 구현하며, 그 본문을 통해 독자는 저자가 의도한 바에 장르적 특징에 따라 바르게 반응하도록 하게 함으로써, 특정 유형의 삶의 반응과 행위로 나오도록 하는 형성적 기능formative function을 수행하고 있다.

---

[7] Kevin J. Vanhoozer, *The Drama of Doctrine: A Canonical-Linguistic Approach to Christian Theology* (Louisville: Westminster John Knox, 2001), 213.

[8] Anis Bewarshi and May Jo Reiff, *Genre: An Introduction to History, Theory, and Research and Pedagogy*, 정희모 외 역, 『장르: 역사·이론·연구·교육』 (서울: 경진, 2015), 25.

[9] Vanhoozer, 『이 텍스트에 의미가 있는가?』, 342.

따라서 설교자가 성경 저자의 의도성을 본문을 통해서 이해한다는 것은 필연적으로 본문의 장르와 그 속에서 전형적으로 혹은 특별하게 사용된 수사적인 형식들을 이해하고 경험할 것을 요구한다. 이는 단순히 특정 문학적 형식과 유형을 분류하는 정도에만 그치는 것이 아니라, 저자-독자 사이에서 상호소통을 이루는 저자가 의도한 문학적 수행의 차원에서 본문의 세계에 참여하여야 함을 의미한다. 이를 통해 설교자는 저자가 장르적 특징을 사용하여 구현한 본문의 세계를 인식하고 경험함으로써, 설교자는 본문을 통하여 저자가 무슨 내용을 전달하면서 동시에 어떤 문학적 수행을 하고 있는지를 파악하게 되는 것이다. 이런 점에서 설교자가 본문에 '충실'하다는 의미는 결코 주제와 내용 차원에 머물러서는 안 된다. 저자의 의도성이 본문 가운데 구현된다면, 본문 해석의 옳고 그름과 그것을 기준으로 하는 설교 작성의 실제적인 기준은 성경 저자의 특정 독자/회중을 향한 커뮤니케이션의 행위로서의 본문 자체가 된다.[10] 이런 점에서 성경 본문에 충실한 올바르고 역동적인 설교는 반드시 본문의 내용만이 아니라 통전적wholistic 본문성에 충실한 설교여야 한다.

정리하면, 설교 본문에 충실하다는 의미는 본문성을 총체적으로 고려한다는 의미이다. 여기의 본문성textuality이란 성경 저자가 청자/독자에게 본문의 내용을 효과적으로 전달하기 위해서 사용하고 있는 장르적 특징들과 수사적인 방식들 포함하는 것으로, 성경 저자가 의도한 본문의 내용, 표현 방식, 그리고 청중에게 전달하고자 하는 효과/힘을 포함하는 본문의 총체적 커뮤니케이션을 말한다. 이런 점에서 본문에 '충실한' 설교는 본문의 올바른 내용만이 아니라, 성경 저자가 구현한 저자-본문-독자를 잇는 성경 저자의 의도한 커뮤니케이션의 행위로서 본문성을 존중하는 것으로 확장되어야 한다. 즉, 본문에 충실한 설교자

10　Vanhoozer, 『이 텍스트에 의미가 있는가?』, 488.

란 성경 저자가 구현한 본문의 세계가 청중/독자에게 의도한 의미/사실을 전달할 뿐만 아니라, 장르적 특징과 수사적 방식을 통해 독자/회중과의 연계와 참여를 통한 다양한 반응과 행위/사건을 일으킨다는 점을 통합적으로 인식하고, 이를 설교에 함께 반영하도록 노력해야 할 책임을 부여받게 된다.[11]

3) 본문성과 독자의 수용성

앞서 설명한 대로, 성경 저자가 성경 커뮤니케이션 행위의 작인자이며, 성경 본문은 장르의 특징을 가지고 저자와 독자를 상호연계시키는 커뮤니케이션 행위 양식임을 인식한다면,[12] 본문 앞에서 있는 해석자에게는 거기에 따른 책임과 역할이 따른다. 본문이 저자가 독자를 향해 전달하고자 하는 명제적 내용만이 아니라, 특정한 문학적 형태와 장르적 특징이 지니는 힘/효과를 통해 달성하고자 하는 특정 목적을 지니고 있다면, 본문의 해석자이자 설교자는 먼저 본문에 대한 수용과 경청의 자세가 요구된다. 여기에서 말하는 본문에 대한 해석자이자 설교자의 경청의 자세란 본문 뒤에 있는 역사적 사실을 분석하는 것에 만족하여 머무는 것도 아니며(여기에 머물면, 설교가 역사적 사실에 관한 확인과 변증과 설명 위주의 설교가 될 가능성이 크다), 본문에 나오는 특정 주제를 단순히 자신 생각대로 활용하는 것도 아니라(이런 경우는 주로 설교가 주제 나열식 설교가 되어 설교자가 설교의 창조자가 될 가능성이 크다), 먼저 본문 앞에서 자신을 노출하며, 성경 저자의 인격적인 커뮤니케이션 행위인 본문에 인지적이고 경험적으로 따라가는 순종의 자세를 의미한다.

물론 독자에게는 수동적 경청의 자세와 더불어 능동적으로 분석해

---

11 Vanhoozer, 『이 텍스트에 의미가 있는가?』, 488-566.
12 Vanhoozer, 『이 텍스트에 의미가 있는가?』, 347.

야 할 역할도 있다. 모든 해석은 정황적이고 독자는 자신이 처한 정황이 있기에, 실제 어떤 신학적 전제나 선이해가 없는 해석은 불가능하다. 더불어 주어진 본문에 관한 역사적, 문학적, 신학적 분석은 본문에 관한 이해를 증진시킨다. 하지만 독자의 전제나 선이해는 본문을 마음대로 사용할 수 있는 권리로 작용하기보다는, 본문에 담긴 저자의 의도성(내용, 표현, 효과의 측면을 포함)에 책임 있게 반응하기 위한 것이어야 한다. 이는 독자가 아무런 해석의 자율성이 없다는 것을 말하는 것이 아니다. 성경 저자의 의도성을 무시할 만한 더 큰 가치를 발견하지 않는 한, 독자는 그 의도성을 결코 무시해서는 안 된다는 의미이다. 더 나아가 본문 분석과 해석에 대한 독자가 지닌 해석의 창의성은 반드시 저자의 의도로 구현되고 그것을 전하는 본문에 대한 충실성을 기반으로 해야 한다는 의미이다. 이를 설교자에게 적용한다면, 설교 사역에 있어서 본문의 해석자이자 설교자는 성경 저자가 구현한 커뮤니케이션 행위인 본문에 먼저는 수동적으로 경청하고 수용하며, 본문이 보여주는 세계에 겸손히 먼저 참여하고, 경험하고, 반응하면서, 동시에 자신이 능동적으로 반응하며 고민하고 준비하여 작성하는 설교를 통하여 청중에게도 동일한 내용 전달과 본문이 하는 동일한 일을 수행하도록 해야 함을 의미한다.

정리하면, 성경 저자가 성경 커뮤니케이션 행위의 작인자이며, 그의 의도가 구현된 성경 본문이 특정한 내용과 효과와 목적을 담고 있다면, 설교자가 그 본문의 커뮤니케이션 행위에 충실한 것이 곧 본문의 궁극적인 저자이신 하나님을 신뢰하고 인정하는 행위이다. 이런 점에서 성경을 하나님의 말씀으로 수납하는 모든 설교자는 자기만족과 청중 만족을 위한 본문 해석과 분석을 부정하고, 겸허히 본문을 수용하고 경청하면서, 충분히 본문의 세계를 이해하고 경험하고, 이를 충실히 자신의 설교에 반영함으로써, 성경 저자의 의도가 온전히 청중들에게 전달되도록 해야 한다. 이럴 때, 본문에 충실한 설교는 매주 설교자 자신만이 아니라 회중 모두가 성경 본문의 세계로 초대되고, 그 세계 안에서 성경 저자가 의도한 바를 듣고, 이해하고, 경험하며, 그 본문의 말씀 세계로 현실 세계를 변화시키며 살아가도록 하는 보내어지는 반복적 예배의 행위가 된다.[13]

2. 올바르고 역동적인 설교 작성의 구성 체계로서의 본문성

성경 저자는 본문을 통하여 자신이 의도한 내용과 더불어 특정한 커뮤니케이션의 목적을 달성하기 위한 특정한 표현양식과 효과를 가지고 독자/청자에게 전달한다. 이런 통합적 본문성에 대한 이해는 구두 커뮤니케이션인 설교 작성의 전체 과정에 유기적으로 관여한다. 여기에서는 바르고 역동적인 설교 작성의 전체 과정에 본문성이 설교 작성의 기본 구성 체계로서 지니는 가치와 역할에 초점을 두고자 한다. 이를 위해 설교 작성을 위한 주해화, 신학화, 설교화 과정에서의 본문성의 역할을 통합적으로 확인해 보고자 한다.[14]

1) 주해화 과정 The Exegetical Process에서의 본문성

설교를 위한 주해화 과정이란 일반적으로 설교자가 문법적-구문론적, 역사적-정황적, 문학적-수사적 연구를 통하여 성경 저자가 당시의 원청중/독자에게 의도했던 의미를 파악하는 것을 목적으로 한다.[15] 기

---

13 Cilliers, 『설교 심포니』, 85.
14 여기에 대해서는 Timothy S. Warren, "A Paradigm for Preaching," BSac 148 (1991): 463-86; Timothy S. Warren, "The Theological Process in Sermon Preparation," BSac 156 (1999): 336-56를 참조하라.
15 Warren, "A Paradigm for Preaching", 474.

존의 전통적 강해 설교에 있어서 주해적 과정에서 설교자는 그 시대의 배경 속에서 성경 저자가 의도한 주제와 내용을 파악하는 것을 최우선으로 둔다. 더 나아가 본문에 대한 의사소통의 관점을 견지하면서, 그 파악한 의미를 주해적 아이디어 혹은 명제적 진리 진술로 만들며, 본문의 구조를 확정하고, 본문의 목적을 표현함으로 주해의 결과물을 입체적으로 확정하기도 한다.¹⁶ 저자의 의도성을 충실히 찾기 위해선 이런 주해적 결과물을 설교자가 분명하게 파악하는 것은 매우 중요하다.

이러한 주해적 결과물들은 과거에 적힌 성경 본문의 저자 의도를 정확하게 파악하기 위한 것으로, 오늘날 설교자가 본문과 현재와의 간격을 염두에 두고 접근할 때 찾아야 할 필수적인 과정의 결과물이다. 즉, 과거에 쓰인 본문을 발견과 분석을 겸한 연구의 과정을 통해 성경 저자의 의도성을 파악하는 과정의 결과물이다. 하지만 여기에서도 조심해야 할 부분이 있다. 그때와 지금과의 차이만을 강조하는 본문 접근은 자칫 본문을 객체화하여 분석의 대상으로만 삼아, 그 결과를 도출함으로 역사주의나 과학적 객관주의의 위험성에 빠질 우려가 있다.

반면 성경 본문은 오늘날에도 유효하고 효과적인 하나님의 커뮤니케이션 행위로서, 본문 뒤에 실제로 일어난 역사적 사건과 본문이 지닌 언어적 문학적 요소들을 가진 본문 세계에 관해 청중에게 단순히 정보를 제공하는 기능informative function을 넘어서, 본문을 기록한 저자가 전달하고자 하는 세계를 투사하여, 오늘날의 설교자가 그 본문의 세계에 반응response하며, 그 세계 안에서 살아가도록 초대하는 것invite으로도 동시에 이해할 수 있다.¹⁷ 이런 점에서 설교자는 본문을 성경 저자의 시

---

16   Warren, "A Paradigm for Preaching", 476.

17   Paul Ricoeur, *Interpretation Theory: Discourse and the Surplus Meaning* (Fort Worth, Texas Christian University, 1976), 19-22. 기록된 말씀은 당시의 청중만이 아니라 '소격화(distanciation)'를 통해서 미래의 청중을 위한 하나님의 커뮤니케이션이라는 점과 무엇보다 하나님의 초월성과 임재성을 인정하는 점에서 부정될 수 없는 사실이다.

대를 넘어서는 커뮤니케이션 행위 혹은 그 행위의 형태로 인정하면서, 본문을 통한 정보를 분석하는 학문적 관찰자가 아니라, 하나님의 커뮤니케이션을 따라서 본문이 어떤 반응과 효과를 미치는지, 무슨 일을 하는지를 겸허히 수용해야 할 필요가 있다.

이처럼 당시와 현대와의 차별과 공유를 함께 이해하는 것은, 앞서 설명한 본문성을 기준으로 하여 저자의 의도성과 독자의 수용성을 함께 포괄하는 통합적 주해화 과정이 될 수 있다. 이러한 설교를 위한 주해의 과정을 다르게 표현하자면, 본문을 과거에 쓰인 글로써 읽고 설교자가 열심히 연구하고 분석해서 주석하는 글의 해석학도 필수적이며 중요하지만, 동시에 본문을 하나님의 말의 행위로서 현재에서도 경청하며 인격적으로 반응하는 것이 함께 이루어지도록 하는, 소위 말의 해석학도 본문이 지닌 인격성을 인정하고, 본문이 지닌 커뮤니케이션의 역동성을 파악하는데 매우 중요하다. 실제 이러한 말의 행위에 바탕을 둔 '경청'의 해석학은 실제 성경 저자의 의도가 담긴 목소리의 강조, 휴지, 억양을 고려하면서 본문을 '듣는' 과정으로써, 설교자가 본문을 통해 저자가 전달하고자 하는 내용과 효과를 본문의 표현양식을 따라서 이해하고 경험하는데 매우 큰 영향을 준다.[18] 물론 이 두 과정은 서로 상호보충적인 것으로서, 이러한 통합적 주해화 과정을 통해서 성경 본문을 근거로 설교해야 할 내용, 상호-소통적 표현의 방식, 그리고 청중을 향한 설교의 목적과 효과를 확립할 수 있다. 결국, 본문을 근거로 하는 설교자의 설교가 하나님/인간에 관하여(사실성) 말할 수 있음으로써, 본문을 통해 하나님이 말씀하시도록 하는(사건성) 개혁주의 설교의 신비는, 설교를 위한 주해의 과정에서부터 서로 통합되도록 할 때, 더욱 잘 이해될 수 있다.

---

[18] Ben Patterson, "잃어버린 시간을 어떻게 보충하는가?," in *The Art and Craft of Biblical Preaching*, 전의우 외 역, 『성경적인 설교준비와 전달』 (서울: 두란노, 2006), 17.

2) 신학화 과정 The Theological Process에서의 본문성[19]

설교를 위한 신학화 과정이란 다른 말로 고대 본문와 현대 청중 사이의 연관성을 파악하고 확인하는 과정이라 표현될 수 있다. 이 과정을 통해서 과거 본문의 내용이 계시의 유기적 발전을 고려하여, 당시와 오늘날 청중들에게도 동일한 진리의 말씀을 전달할 수 있을지를 설교자가 검증하는 과정이라 할 수 있다. 일반적으로 이 과정에서 설교자는 본문의 사상 혹은 주제, 아이디어가 하나님의 구속사의 관점과 인간 타락의 관점에서 본문을 이해함으로 이 본문에서 확인된 성경의 진리가 성경 전체의 문맥 속에서 확정되고 때로는 확장되는 과정을 거쳐야 한다고 이해한다.

특별히 이 과정을 자세히 설명한 티모시 워렌Timothy Warren에 의하면,[20] 이 신학화 과정의 궁극적인 목적을 다음과 같이 기술한다.

> 이 신학화의 목적은 고대의 세계(주해적 과정을 통해)와 직접적 청중의 세계(설교화 과정을 통해) 사이의 간격에 보편적으로 적용 가능한 진리 진술로 다리를 놓는 것이다. 이 다리 놓는 작업은 서로 다른 두 세계의 지평들을 융합하거나 합병하여 실존적이고 기발한, 그래서 비권위적인 해석이 되지 않도록 하면서, 설교자로 고대의 정황 속에서 본문과 오늘날의 정황 속에 있는 청중을 해석하도록 만든다.[21]

이런 워렌Warren의 신학화 모델과 이와 유사한 월터 카이저Walter

---

[19] 여기의 내용은 김대혁, "원리화/신학화 과정에서의 장르적 고려와 설교학적 함의: 의미론과 화용론의 통합" 「성경과 신학」 79 (2016): 191-228의 내용을 수정 정리한 것임을 밝힌다.
[20] Warren, "A Paradigm for Preaching," 463-86; Warren, "The Theological Process," 336-56.
[21] Warren, "The Theological Process," 337.

Kaiser의 원리화 모델이 주장하는 바는, 결국 고대 본문과 현대 청중의 거리를 뛰어넘을 수 있는 다리란 설교자가 무시간적 신학적 명제들 timeless theological propositions을 만드는 것이 최우선적으로 강조된다.[22] 물론 이런 신학화의 과정이 본문에서 나오는 정확하고 적실한 신학적 원리를 찾고 표현함으로 성경 세계와 오늘날의 세계를 이어주는 하나의 연결점을 제공한다는 점은 분명히 인정되어야만 한다. 하지만 이런 원리화/신학화의 모델은 어떻게 보편적이고 적실한 신학적 내용(신학적 명제)을 형성할 것인지에 대해서는 개념적 차원에서만 머무르는 한계점을 지닐 수 있다.[23]

이와 관련하여, 지금까지 설명한 바대로 성경 본문을 인격적 의사소통으로 이해할 때, 본문에 드러난 하나님의 행위인 구속사와 그 대상인 하나님의 백성의 언약사가 떨어지지 않듯이, 이 과정에서 설교자는 전달해야 할 보편적 내용만이 아니라, 그 내용을 전달하는 본문의 커뮤니케이션 행위를 통한 효과산출의 측면도 분명히 이 과정 안에서 함께 충분히 고려해야 한다. 비록 저자와 '소격화 distanciation'가 된 본문이지만, 이 본문이 저자의 의도가 담긴 커뮤니케이션 행위이기에 그 본문의 세계 속에서 드러난 저자의 의도는 현실 세계에서 살아가는 하나님의 백성들이 알아야 할 내용만이 아니라, 그것에 대한 어떤 반응과 행동을 요구하고 있는지를 함께 고려하는 것은 합당한 과정이다. 통합적 신학화 과정을 통해서 설교자는 특정 본문을 기준으로 신학적 내용 theological content을 시간의 흐름을 따른 수평적 확장이나 확증에만 있

---

[22] Kaiser는 이 원리화를 저자의 명제, 논증, 내레이션, 그리고 예들을 보편적 진리를 오늘날 교회의 필요에 그것을 적용하는 것에도 특별한 관심을 두고 진술하는 것으로 정의한다. 즉 Kaiser의 원리화는 Warren의 신학화와 큰 차이가 없다고 볼 수 있다. Walter C. Kaiser Jr. *Toward an Exegetical Theology*, (Grand Rapids, MI: Baker, 1981), 152.

[23] 여기에 대해서는 Kaiser의 원리화 모델에 대한 Kevin Vanhoozer의 비평을 참고하라. Gary T. Meadors, *Four Views on Moving Beyond the Bible to Theology*, 윤석인 역,『성경 어떻게 적용할 것인가』(서울: 부흥과개혁사, 2011), 79-88.

는 것이 아니라, 본문 앞에 있는 세대 속에서 청중들이 반응하고 경험하며 살아가도록 요구하는 신학적 목적theological purpose을 확정하는 과정이기도 하다. 이 과정에서 설교자가 발견한 성경 신학과 조직 신학적 내용은 반드시 성경 저자의 의도한 목적 안에 머물러야 한다.[24] 성경의 전체 맥락 속에서 검증된 신학적 내용이 그 자체로 진리 명제라 할지라도, 본문의 성경 저자가 의도한 특정한 반응을 유도하는 방식에 따라서 본문의 효과와 목적 아래에 있도록 할 때, 설교자는 본문에 충실한 전유를 통한 적용을 할 수 있게 된다.[25]

이런 점에서 본문에 '충실'한 설교는 바로 성경 저자가 본문을 통해서 의도했던 의미author's intended meaning만이 아니라 그 본문 전체 의도성을 통합적 커뮤니케이션의 적실성total communicational relevance이라는 관점을 항상 견지하도록 해야 한다. 이는 클라인, 블롬버그, 허버드 Klein, Blomberg, Hubbard는 해석적 과정에는 더욱 폭넓은 목적이 있어야 한다는 주장에서도 확인된다.

> 우리는 해석학의 목적이 반드시 어떻게 성경이 오늘날의 청중에게 임팩트를 주는지를 포함해야 한다고 주장한다. 이 말은 진정한 성경의 해석은 단순히 고대의 역사 속에서 실천하는 것이 아니라는 의미이다. 우리의 삶에 어떤 임팩트를 가져다주는지를 감지하지 않고는 본문이 무엇을 의미했는지를 실제적으로 이해할 수 없다. 실제로, 본문이 원래의 청중/독자에게 무엇을 의미했는지를 바르게 이해한다는 것은 우리에게 그 원래의 임팩트/효과가 어떠한 것인지를 파악할 것을 요구한다.[26]

---

[24] Warren, "A Paradigm for Preaching," 483.

[25] Kuruvilla에 의하면, 본문 세계 앞에 있는 청중을 향한 저자가 말하는 바(author's saying)와 더불어 저자가 행하는 바(author's doing)에 대한 신학적 해석이 없이는 결코 합당한 적용을 할 수 없다고 주장한다. Abraham Kuruvilla, *A Vision for Preaching* (Grand Rapids: Baker, 2015), 91-109.

[26] William W. Klein, Craig L. Blomberg, and Robert L. Hubbard, Jr., *Introduction to*

즉 본문에 충실한 설교자에게 신학화 과정이란 당시-지금의 차이의 관점에서 본문 세계 밖으로 보편적 신학적 명제만을 뽑아내어 추출하여 설교자에 의해서 그 명제를 재-나열하는 방식이 아니라, 자신이 본문 세계 속에서 발견한 신학적 내용이 한 분 성령 하나님께서 쓰신 전체 성경의 맥락(정황)에서의 검증을 통해 보편적 명제임을 확증함과 더불어, 성경 저자가 구현한 본문 세계 안에서의 특정한 문학적-커뮤니케이션 행위를 통해서 오늘날의 청중에게 기대한 반응과 임팩트/효과도 확인하고 확정할 수 있어야 한다. 설교자가 이런 통합적 신학화 과정을 고려할 때, 당시 본문 세계 앞에 있던 청중과 현재 본문 앞에 있는 청중들은 성경 저자가 전달하고자 했던 내용, 방식, 효과에 함께 알고, 참여하고, 경험하게 된다. 이런 이해는 신학화 과정 속에서 신학적 원리와 내용에만 천착하여 이 과정에서 자주 경험하게 되는 본문의 탈인격화를 방지할 수 있을 것이다.

3) 설교화 과정 The Homiletical Process에서의 본문성

일반적으로 설교화 과정이란 앞선 주해화, 신학화 과정의 결과물을 가지고 오늘날 청중들에게 전달할 설교문을 작성하는 과정이다. 기본적으로 오늘날 특정한 청중을 향한 설교를 작성하기에, 설교화 과정에서 청중 이해는 설교자의 설교 작성에 큰 영향을 미친다. 실제 설교자가 특정한 설교의 목적, 내용, 그리고 형식이라는 기본 의사소통의 체계를 결정하고, 설교의 발전적 질문들과 함께 설명, 증명, 적용 등과 같은 설교의 기능적인 요소들을 활용하며, 더 나아가 설교의 세부적인 내용과 구체적인 언어 사용에 이르는 모든 설교 작성의 과정은 현재 설교자가 섬기는 청중을 향한 설교이기에, 설교자의 청중 주해는 설교화 과

Biblical Interpretation (Dallas, TX: Word Publishing, 1993), 19.

정 전반에 큰 영향을 미친다.27

이처럼 설교화 과정에서 청중의 역할이 매우 큼에도 불구하고, 본문에 충실한 설교자는 청중이 주도하는 설교가 아닌, 설교 작성의 구성 체계 결정에 본문성을 반영하는 방식이 되도록 해야 한다. 왜냐하면 설교자가 비록 청중을 고려하여 설교문을 작성하지만, 그 설교문은 결국 하나님의 커뮤니케이션 행위를 반영하여 본문 세계에 의해 반응하고 변화되는 청중을 만드는 것이기 때문이다. 이를 위해 주해화/신학화 과정에서 확정한 본문의 핵심/주요 명제, 형식, 목적/효과가 설교의 기본 구성 체계에 계속해서 영향을 미치도록 함으로써, 오늘날 본문 앞에 있는 청중을 향해 성경 저자가 의도한 본문의 커뮤니케이션이 재현되고 실행되도록 해야 한다.

따라서 이 과정에서 가장 주의해야 할 점은 비교적 주해화/신학화 과정에서는 설교자가 본문성에 충실한 것과는 달리, 자칫 설교화의 과정에서는 설교 작성의 실제적 주도권이 설교자나 청중이 되지 않도록 해야 한다는 점이다. 물론 설교화 과정은 현대 청중을 깊이 염두에 두고 그들을 향한 것이어야 하며, 설교자가 자신이 선택한 언어와 방식으로 고민하며 설교문을 작성한다. 하지만 설교가 곧 하나님의 말씀이라는 설교자와 청중의 고백이 설교에 관한 추상적 고백이 아니라, 실제 설교 작성법에도 실제가 되도록 하기 위해서는, 설교가 본문이 말하는 내용에 충실하며, 본문이 지닌 '인지적, 커뮤니케이션의 전략' 곧 본문의 형식과 표현 방식을 존중하며, 본문의 목적과 효과가 제대로 반영되도록 설교문을 작성하며 교정해 나가야 한다. 결국 설교가 곧 하나님의 말씀이라는 동일한 고백이 있다고 하더라도, 이 과정에서 그 설교자가 하나님의 커뮤니케이션 행위인 본문을 자신과 청중을 위해서 사용하는 말씀 사용론자인지, 아니면 여전히 하나님의 커뮤니케이션 행위

---

27 Warren, "A Paradigm for Preaching," 79-81.

를 존중하며 말씀을 통해 일하시는 삼위 하나님을 드러내는 해석학적/설교학적 실재론자인지가 드러난다. 이런 측면에서 본문성을 반영하는 설교화의 과정과 그 결과는 청중 중심의 설교나 설교자가 주도하는 설교가 되지 않도록 제한하는 규범적 기능과 동시에, 본문의 작인자인 성경 저자의 의도성이 구현된 본문의 내용과 수행성이 설교의 구체적인 목적, 내용, 형식이라는 구성 체계를 이루어 설교가 만들어지도록 하는 형성적 가치를 지닌다.

3. 올바르고 역동적인 설교 전달의 지침/교정 잣대로서의 본문성

효과적인 설교 전달을 다루는 대부분의 설교학적 조언들은 성경적 근거와 필수요건을 말하기보다는, 전달에 있어서 본문의 내용을 강조하거나 혹은 전달의 수사적 형식을 강조하는 전달 양식의 문제에 집중하거나, 언어적, 비언어적 커뮤니케이션의 기술과 방법들을 다루는 경향이 강하다. 이런 점들도 설교 전달의 실제에서 중요하지만, 여기에서는 하나님의 인격적 의사소통의 행위로서 본문성이 바르고 효과적인 설교의 근거이자, 설교 구성의 체계로 설교 작성을 주도할 뿐 아니라, 설교 전달에서도 효과성을 가늠하는 지침과 교정의 잣대로서의 가치를 확인하고자 한다.

1) 본문의 의도가 전해지는 설교 전달

설교 작성을 마치고 그 설교를 실제 강단에서 선포하기 전에, 설교자는 성경적이고 효과적인 설교 전달에도 관심과 노력을 기울여야 한다. 자신의 설교가 효과적인 전달이 될 수 있을지 확인하기 위해서, 설교자가 물어야 할 가장 기본적인 질문은 본문의 의도에 충실하고 이를 분명하게 전달되고 있는지를 확인하는 것이다. 이는 실제 회중이 설교자의 설교에 마음의 귀를 닫는 가장 근본적이며 신학적인 이유가 설교 내용이 성경 저자의 의도에 상응하지 않기 때문이다. 따라서 청중의 귀와 눈에도 성경적이면서도 효과적인 설교가 되기 위해서 언어적/비언어적 소통의 기술 연마 그 자체로도 중요하지만, 전달하는 설교의 메시지가 본문을 통해서 성경 저자의 의도성에 충실하며, 그것이 분명하게 전달되는지를 확인하는 것이 더 중요하다.

설교 메시지와 내용이 본문의 의도성에 충실한지에 관한 여부는 본문성을 통합적으로 이해하고 반영하고 있는지와 직결된다. 설교가 성경 본문에서 성경 저자가 의도한 의미(핵심 아이디어와 보조 아이디어들)를 정확하게 표현하고 있는지, 그리고 그것이 청중들의 이해를 돕는 설명과 적절한 언어를 사용하고 있는지를 확인하는 인지적인 내용 전달의 차원에서 점검이 이루어져야 하는 것은 당연하다. 하지만 여기에서 멈추지 말고, 설교자는 본문 앞에 있는 청중들에게 본문이 지는 목적과 기능을 고려하면서, 설명, 예화, 적용이 본문의 의도성intention에 근거하고 본문의 지향성direction에 부합되는지 확인해 보아야 한다. 다시 말해, 본문의 의미에 근거한 설교의 핵심 아이디어에 대한 설명과 그 설명을 돕는 예화, 그리고 그 설명에서 유추되는 주제 나열식의 적용점을 제시하는 것으로 나아가는 것이 아니라, 설교의 설명, 예화, 적용의 구체적인 기능과 설교적 요소들이 본문에서 드러난 성경 저자의 신학적 목적과 효과(본문의 지향성)에 의해 주도되고 그 영향 아래에서 제공되고 있는지를 확인해 보아야 한다. 물론 오늘날 청중을 향한 설교의 구체적 목적이 본문의 목적과 무조건 일치하는 것만은 아니다. 청중의 정황에 따라서 분명 조정될 수 있다. 하지만 성경의 궁극적인 저자인 하나님께서 의도한 하나님의 본문 세계를 이해하고 경험함으로써 본문에 의해 변화되는 청중을 통해 하나님께 영광을 돌리는 것이 설교의 목적이라는 점을 분명히 할 때, 적어도 설교의 목적이 본문의 목적을 무시하거나 위반하지 않도록 해야 할 필요가 있다.[28] 실제 성경 본문의 의도와 목적에서 멀어질수록, 그 설교의 권위는 떨어지게 되어 있기에, 적어도 본문의 목적이 설교의 목적에 반영되어 부합되도록 하는 것이 청중에게는 권위 있는 설교로 들리게 할 것이다.[29]

따라서 설교를 전달하기에 앞서, 설교자는 설교의 내용만이 아니라 구체적인 설교의 목적이 본문의 의도성에 의해서 통제되고 있는지, 설교의 주도적 기능이 본문의 기능(예를 들어, 경고와 격려)과 부합이 되는지를 확인하고, 교정해 나갈 필요가 있다. 결국 설교가 성경 저자가 의도한 본문 커뮤니케이션의 재현이자 수행이라면, 본문성은 설교를 다 듣고 난 청중들이 본문의 내용과 목적, 즉 본문의 의도성을 분명하게 파악할 수 있도록 하는 설교를 가다듬도록 하는 효과적인 설교 전달의 교정적 잣대의 기능을 감당한다.

2) 본문의 구조가 반영되는 설교 전달

효과적인 설교 전달은 설교의 내용과 목적은 물론이고, 설교의 구조와 형식의 문제와도 직결된다. 실제 설교가 청중에게 전달될 때, 설교자에게 있어서 설교 형식이 명확하고 그 진행이 분명할 경우, 설교자는 자신 있게 그 메시지를 전달할 수 있다. 또한 비록 청중의 입장에서 설교의 형식 그 자체가 보이지 않고 두드러지지 않는다고 하더라도, 잘 짜인 설교가 그들에게 효과적으로 전달될 가능성이 높아질 것이다.

실제 설교의 내용을 가지고 특정 목적을 달성하기 위해서 설교는 거기에 맞는 설교 형식을 결정한다. 주지하다시피, 설교의 구조는 크게

---

[28] Sidney Greidanus, *The Modern Preacher and the Ancient Text*, 김영철 역, 『성경해석과 성경적 설교』 (서울: 여수룬, 2012), 34. 그는 성경의 내용이 설교를 지배해야 하며, 설교의 기능이 성경의 기능과 비슷해야 성경적 설교라 할 수 있다고 말한다.

[29] Jay E. Adams, *Preaching with Purpose* (Grand Rapids: Zondervan, 1982), 19.

연역과 귀납의 방식이 있다. 연역적 접근은 본문의 핵심 아이디어를 설교 전면에 두고, 나머지 대지들이 그 핵심 아이디어를 섬기도록 하는 방식이라 표현할 수 있다. 귀납적 방식은 연역의 반대로 설교 전반에 첫 번째 대지나 논지를 제공하고 순차적으로 진리 구문들을 전달하고 설교의 핵심 아이디어가 드러나게 하는 방법이다. 중요한 점은 두 방식의 가장 큰 차이점은 핵심 아이디어의 위치와 더불어 각 대지 사이의 전환에 있다.[30]

중요한 점은 앞서 설명한 대로, 성경 저자가 의도한 본문의 지향성은 본문에 담긴 의사 표현의 측면(즉, 본문의 흐름과 움직임)을 통해 이루어진 것이기에, 본문의 흐름과 구조는 설교자의 설교 형식 결정에 결코 가치 중립적이지 않다. 다시 말해, 성경 본문은 커뮤니케이션 행위로서 저자가 의도한 수사적인 동력과 전략, 그리고 청중을 향한 도전과 변혁성을 담고 있다.[31] 따라서 본문성을 존중하는 설교는 그 설교 형식에 있어서 본문의 장르와 흐름과 형식이 설교의 형식과 움직임에 영향을 주고 있는지를 확인해 볼 필요가 있다. 이 말은 설교가 본문의 형식을 복사하는 것을 의미하는 것이 아니라, 역동적 등가성dynamic equivalence을 따라서 본문의 역동적인 움직임과 구조가 설교에 반영되도록 함으로써, 설교의 목적과 효과가 본문의 목적과 효과에 부합되도록 하는 문학적 형태이자 커뮤니케이션의 행위로써 설교의 형식을 결정하는 것이 본문 중심적 설교 작성과 전달의 필수적인 잣대가 된다.

여기에 대해서 크레이그 라슨Craig Larson은 서신서의 경우 병행적 대지 형식의 설교가 어울릴지 모르지만, 내러티브와 시편을 다룰 때, 병행적 순서보다는 귀납적인 순차적 순서가 어울리며, 이때 대지 사이의 전환을 본문의 특성을 따라서 세심하게 다룰 필요가 있다고 주장한

---

30 Craig B. Larson, "시퀀스의 힘", in *The Art and Craft of Biblical Preaching*, 전의우 외 역, 『성경적인 설교와 설교자』 (서울: 두란노, 2006), 551.
31 Cilliers, 『설교 심포니』, 229.

다.[32] 다시 말해, 대지의 배열과 그 사이를 이어주는 전환 구문은 설교자의 논리와 설교자가 원하는 효과가 아니라, 본문의 논리와 효과가 주도해 나가도록 해야 할 필요가 있음을 말한다. 그렇지 못할 경우, 성경 저자가 의도적으로 선택하고 배열한 내러티브의 영혼과 같은 플롯plot이 가진 논리적 흐름과 저자가 의도한 효과는 실제 설교에서 구현되지 못하거나 그 가치가 현격히 줄어들고 만다. 이 경우 연역적 설교와 차이가 드러나지 못하거나, 청중이 설교자의 논리를 따르기는 하지만, 설교의 논리와 진행이 본문의 논리와 진행과 조화되지 못한다고 느낄 경우, 본문과 설교 사이에서 논리적 길을 잃거나 설교 수용에 대한 갈등을 가질 가능성이 커진다. 따라서 설교 전달의 효과를 고려한 설교 형식을 결정할 때도, 본문에 충실한 설교자는 자신의 설교 기획력이나 창조성보다, 성경 저자의 의도성을 존중하여 본문 자체를 자신의 설교 템플릿으로 삼아서 설교의 형식과 흐름이 본문의 흐름과 구조에 영향을 받도록 할 것이다.

3) 본문의 효과가 달성되는 설교 전달[33]

앞서 본문의 의도 및 구조와의 조화가 효과적인 본문 중심적 설교의 전달에 중요한 잣대가 될 뿐만 아니라, 본문이 지닌 감정적 효과와 힘에 부합되는 설교자의 열정도 전달의 효과성에 관련된다. 실제 설교 전달에 있어서 감정, 즉 파토스에 관한 무관심 및 설교자의 감정 사용과 열정에 대해서 강해 설교학자들에 의해 자주 지적된 바가 있다.[34]

---

32 Larson, "시퀀스의 힘", 551-52.

33 여기의 내용은 김대혁, "설교자의 올바른 감정 사용에 대한 제언: 본문의 감정을 살리는 설교," 「복음과 실천신학」 36 (2015): 41-88의 일부분을 수정한 것임을 밝힌다.

34 D. Martyn Lloyd-Jones, *Preaching and Preachers* (Grand Rapids, MI: Zondervan, 1971), 93.

실제 지성적 정보로만 가득 찬 설교나 단순히 감정적 설교는 효과적인 설교 전달로 이어지기가 힘들다. 설교에서 전달된 인지적 내용이 청중들에게 구체화되며, 개인화되며, 더욱 생생하게 기억나게 하여 온전한 이해와 행동으로 이어지기 위해서는 그 내용과 상응하는 감정과 조화harmony를 이룰 때 가능하다.[35] 반대로 전달된 설교가 청중에게 아무런 감흥을 주지 못하거나, 자연스럽지 못한 감정을 일으키게 될 때, 그 설교의 설득력은 오히려 반감된다.[36] 이처럼 성경적 내용information이 성경적 변화transformation로 이어지도록 하는 설교의 효과성은 그 전달된 설교에 대한 청중의 내용적 이해와 더불어 그들의 감정적 교감emotional empathy과 동일시emotional identification에 따라 매우 달라진다. 특별히 "말보다는 이미지, 개념보다는 감정, 논리보다는 직감을 더 강조하는" 포스트모더니즘 시대를 살아가는 청중들을 대하는 설교자에게 효과적인 감정 사용은 필수적인 설교 전략으로 인식된다. 이점에 대해서 제프리 아서Jeffrey Arthurs는 근대 사람들의 논리에 대한 신뢰는 명제적 진리와 잘 부합되었지만, 포스트모던 시대의 사람들은 "상상력과 감정적 관점"이 실제를 파악하는 통합적 열쇠로 인식하기 때문에, 이러한 "포스트모더니즘의 새로운 인간 의식"은 설교자가 자신의 설교에 감정적 요소들을 더 강화하도록 요구한다고 제시한다.[37]

이런 점에서 본문성을 존중하는 설교자는 설교자의 감정과 설교의 감정이 본문이 드러내는 감정과 조화를 이루려고 노력할 때, 청중들이 본문과 감정적 교감과 일체감을 가질 수 있도록 하여 더욱 효과적인 설교를 할 좋은 기회를 가질 수 있다. 이 점은 이미 많은 강해 설교자가

---

[35] Adams, *Preaching with Purpose*, 86.

[36] John A. Broadus, *On the Preparation and Delivery of Sermons*, 4th ed. rev. by Vernon L. Standfield (San Francisco: Harper & Row, 1979), 174.

[37] Jeffrey Arthurs, "Place of Pathos in Preaching", Preachingtoday[online]; accessed 24 November 2018; available from http://www.preachingtoday.com/skills/themes/preachingwithpassion/200102.27.html.

주장하는 바이다. 대표적으로 해돈 로빈슨Haddon Robinson은 "본문의 무드textual mood는 성경 저자의 감정과 그의 기록이 불러일으키는 감정과 관련된 것으로," 설교 작성을 위한 "주해와 해석학은 반드시 설교의 무드the sermon's mood에 반영되어야 한다"라고 주장한다.[38] 브라이언 채플Bryan Chapell 역시도 "우리의 태도는 반드시 성경의 내용을 반영하는 것이어야 한다. 우리가 의미를 전달하는 것은 단순히 우리가 무엇을 말하는가에 의해서만 아니라 어떻게 말하는가에 달려 있으므로, 정확한 강해 설교는 설교자가 본문의 용어만이 아니라 그 본문의 어감tone까지 반영하도록 요구한다"[39]고 명시하고 있다. 또한, 이안 피트 왓슨Ian Pitt Watson은 설교의 '심장혈관 시스템' 혹은 '혈액 순환'은 감정의 흐름이라고 보면서, 느껴진 진리를 표현하고, 이런 진리의 감정이 설교의 모든 관절과 장기에 전달되도록 해야 한다고 말한다.[40] 즉, 설교자가 본문에서 느껴지고 경험된 진리가 설교자와 설교를 통하여 청중에게도 느껴지고 경험되도록 해야 한다는 말이다. 이처럼 이미 주해화와 신학화 과정에서부터 본문성을 존중하여 내용, 표현, 효과의 측면들을 따로 분리하지 않는 설교자는 본문에서 명제적 내용에만 천착하여 빈혈기 있는 설교가 아니라, 본문에 근거하고 본문의 감정적 효과를 반영하여 청중의 심장에 전달될 수 있도록 해야 할 것이다. 이는 개혁주의 설교가 본문의 내용을 중시하는 강점을 잃어버리지 않으면서도, 저자가 구현한 본문에 근거한 효과를 달성함으로써, 더욱 설득적이고 효과적인 설교가 전달되도록 하는 데 도움이 될 것이다.

---

[38] Haddon W. Robinson, "Homiletics and Hermeneutics," in *Making a Difference in Preaching*, ed. Scott M. Gibson (Grand Rapids MI: Baker Books, 1999). 71-72.

[39] Bryan Chapell, *Christ-Centered Preaching: Redeeming the Expository Sermon* (Grand Rapids, MI: Baker Academic, 2005), 99.

[40] Ian Pitt Watson, "설교의 혈액순환", in *The Art and Craft of Biblical Preaching*, 전의우 외 역, 『성경적인 설교와 설교자』 (서울: 두란노, 2006), 565-66.

III. 닫는 글

성경적 설교는 바르고 효과적인 설교를 지향한다. 이는 성경 본문 커뮤니케이션에 근거하기 때문이다. 성경 저자가 본문 커뮤니케이션의 작인자이며, 성경 저자가 구현한 본문은 저자-독자를 잇는 커뮤니케이션의 행위로서, 그 본문에는 정보 내용의 측면, 저자가 의도한 의사 표현의 측면, 그리고 독자에게 소기의 목적/효과를 이루고자 하는 효과산출의 측면이 함께 공존한다. 따라서 본문의 통합적 커뮤니케이션 앞에 있는 독자는 본문이 전하는 진리를 이해하며 더불어 본문이 행하는 사건을 경험한다.

이러한 본문성에 충실하기를 원하는 설교자는 성경 저자의 인격적 커뮤니케이션 행위를 자신의 설교 작성의 방법과 전달에 충실히 반영하고자 노력해야 한다. 여기에는 본문을 통하여 전하고자 하는 분명한 명제에 충실함은 물론이거니와, 그 명제를 전하면서 저자가 구현한 본문의 움직임과 효과, 더 나아가 본문의 목적과 지향성을 설교 작성과 전달의 전 과정에서 설교자가 마음대로 구획하고 서로 떼지 않아야 할 것이다. 결국, 성경적 설교는 본문을 통하여 성경 저자가 말하고자 하는 바와 행하는 바를 재현하고 실행될 때, 그 권위만이 아니라 효과성도 함께 주어지기 때문이다.

참고문헌

권연경, 배덕만, 표성중, 김형원, 조석민. 『한국교회 설교, 무엇이 문제인가』 서울: 대장간. 2015.

김대혁. "설교자의 올바른 감정 사용에 대한 제언: 본문의 감정을 살리는 설교". 한국복음주의실천학회. 「복음과 실천신학」 36 (2015): 41-88.

―――. "원리화/신학화 과정에서의 장르적 고려와 설교학적 함의: 의미론과 화용론의 통합". 한국복음주의신학회. 「성경과 신학」 79 (2016): 191-228.

목회와 신학. 『목회와 신학 총서 01:한국교회 설교 분석』 서울: 두란노서원. 2009.

Abraham Kuruvilla. *A Vision for Preaching*. Grand Rapids: Baker. 2015.

Anis Bewarshi and May Jo Reiff. *Genre: An Introduction to History, Theory, and Research and Pedagogy*. 정희모 외 역. 『장르: 역사·이론·연구·교육』 서울: 경진. 2015.

Ben Patterson. "잃어버린 시간을 어떻게 보충하는가?" in *The Art and Craft of Biblical Preaching*. 전의우 외 역. 『성경적인 설교준비와 전달』 서울: 두란노. 2006.

Chapell, Bryan. *Christ-Centered Preaching: Redeeming the Expository Sermon*. Grand Rapids, MI: Baker Academic. 2005.

Craig B. Larson. "시퀀스의 힘". in *The Art and Craft of Biblical Preaching*. 전의우 외 역. 『성경적인 설교와 설교자』 서울: 두란노. 2006.

D. Martyn Lloyd-Jones. *Preaching and Preachers*. Grand Rapids, MI: Zondervan. 1971.

David Allen. "서론". in *Text-Driven Preaching*. 김대혁·임도균 역. 『본문이 이끄는 설교』 서울: 베다니. 2016.

Gary T. Meadors. *Four Views on Moving Beyond the Bible to Theology*. 윤석인 역. 『성경 어떻게 적용할 것인가』 서울: 부흥과개혁사. 2011.

Ian Pitt Watson. "설교의 혈액순환". in *The Art and Craft of Biblical Preaching*. 전의우 외 역. 『성경적인 설교와 설교자』 서울: 두란노. 2006.

Jay E. Adams. *Preaching with Purpose*. Grand Rapids: Zondervan. 1982.

Jeffrey Arthurs. "Place of Pathos in Preaching". Preachingtoday[online];

accessed 24 November 2018; available from http://www.preachingtoday.com/skills/themes/preachingwithpassion/200102.27.html.

Johan H. Cilliers. *The Living Voice of the Gospel*. 이승진 역.『설교 심포니』서울: CLC. 2014.

John A. Broadus. *On the Preparation and Delivery of Sermons*. 4th ed. rev. by Vernon L. Standfield. San Francisco: Harper & Row. 1979.

Kevin J. Vanhoozer. *Is There a Meaning in This Text?*. 김재영 역.『이 텍스트에 의미가 있는가?』서울: IVP. 2003.

─────. *The Drama of Doctrine: A Canonical-Linguistic Approach to Christian Theology*. Louisville: Westminster John Knox. 2001.

Paul Ricoeur. *Interpretation Theory: Discourse and the Surplus Meaning*. Fort Worth. Texas Christian University. 1976.

Robinson, Haddon W. "Homiletics and Hermeneutics". In *Making a Difference in Preaching*, edited by Scott M. Gibson, 69-84. Grand Rapids, MI: Baker Books. 1999.

Timothy S. Warren, "A Paradigm for Preaching". BSac 148 (1991): 463-86.

─────. "The Theological Process in Sermon Preparation". BSac 156 (1999): 336-56.

Vern S. Poythress. *God-Centered Biblical Interpretation*. 최승락 역.『하나님 중심의 성경 해석학』서울: 이레서원. 2018.

Walter C. Kaiser Jr. *Toward an Exegetical Theology*. Grand Rapids, MI: Baker. 1981.

William W. Klein, Craig L. Blomberg, and Robert L. Hubbard, Jr., *Introduction to Biblical Interpretation*. Dallas, TX: Word Publishing. 1993.

4부

「본문이 일하는 설교」의 예배와 교회 교육

7장
본문성을 고려한 설교와 예배의 통합

A Suggestion for Integrating Worship and Preaching
with Text-Centeredness

I. 여는 글

예배는 기독교 신앙의 핵심 실천이다. 그리스도인에게 공적 예배는 자신들의 신앙이 정규적으로 환기되고 확인되는 자리이며, 성령님을 통하여 그리스도와의 연합을 경험하며 하나님과의 만남이 이루어지는 사건이다. 또한, 삼위 하나님의 임재를 인식하고 경험하는 기독교인의 모이는 예배는 세상 속의 일상 예배자로 살아가는 흩어진 예배를 위한 원동력이 된다.[1]

한편 예배는 기독교 신학의 출발점이기도 하다. 기독교 신학은 삼위 하나님을 사유의 대상으로 삼은 지적 체계로부터 얻는 것이 아니라, 삼위 하나님을 향한 예배의 실행으로부터 얻고 확인된다.[2] 신학이 삼위 하나님에 관한 고백의 내용과 인간의 삶에 대한 실제적 이해를 그 대상으로 하는 한, 신학은 삼위 하나님과 인간의 만남이 이루어지는 예배 안에서 올바로 자리매김할 수 있다. 이처럼 예배는 한마디로 기독교인

---

1 김순환, "한국교회 예배의 현주소와 그 발전적 미래 모색", 「성경과 신학」 63 (2012): 27.
2 이동영, 『송영의 삼위일체론』 (서울: 새물결플러스, 2017), 46-47.

의 신앙과 신학의 시금석이라 할 수 있다.[3]

역사적으로 기독교의 신앙과 신학의 중심인 예배는 고정되어 있지 않고 끊임없이 갱신되어왔다. 그 갱신은 단순히 예배의 의미에 대한 이론적 재정의re-definition만이 아니라, 그 실천에 있어서 예배의 구성요소들과 특정한 정황 속에서 다양한 수행 방식들에 대한 재정립re-establishment을 포함한다. 예배 갱신은 신학적인 이해와 당시 문화적 정황 속에 적실한 방식을 찾아가는 복합적이며 다층적인 영향 아래에서,[4] 예배에 대한 신학적 이해와 역사적 검증, 또한 정황에 맞는 실천 사이를 오가는 나선형적 해석spiral interpretation과 통합을 통한 발전을 이루어왔다고 볼 수 있다.[5] 이는 예배에 대한 신학적 의미와 실천적 기능이 따로 분리되지 않고 상호 영향을 주기 때문이다.

하지만 끊임없는 예배 갱신 속에서도, 종교개혁 이후 기독교 예배에서 '말씀의 중심성'은 예배의 변치 않는 핵심 원리와 실천이 되어왔다. 그 결과 기독교 예배 가운데 하나님의 말씀으로서의 설교가 그 예배의 실천에 항상 중심을 차지해 온 것이 사실이다. 예배에 있어서 '말씀 중심성'에 대한 견지는 분명 중요하지만, 이 '말씀 중심성'이라는 최대의 장점이 어쩌면 부지불식간에 오늘날 한국교회 예배에는 최대의 약점이 되어온 것은 아닌지 돌아볼 필요가 있다.[6] 다시 말해, 기독교 예배에서 설교의 중요성은 두말할 나위가 없지만, 설교가 예배의 전체 실행 가운데 하나의 예전적 요소라는 인식은 자주 간과된다. 그 결과, 오늘날 한국교회 안에서 예배의 가치를 설교라는 하나의 예전적 요소에 의해 평

---

3 최성수, 『예배와 설교 그리고 교회』 (서울: 예영, 2018), 31-56.
4 주종훈, "예배, 문화, 그리고 신학의 통합적 접근을 위한 예배신학의 새로운 발전", 「복음과 실천신학」 27 (2013): 44-72. 이 글에서 예배와 문화를 통합적으로 바라보는 예배신학적인 이해를 돕는다.
5 주종훈, "개혁주의 교회들을 위한 예배 갱신의 방향", 「개혁논총」 23 (2012): 93-121.
6 김순환, "한국교회 예배의 현주소와 그 발전적 모색", 27-54.

가되는 인식이 목회자들과 성도들에게 깊이 자리해 있는 것도 사실이다. 여기에는 '말씀 중심성'이 예배의 전체적인 수행을 가이드하며 주도하는 통전적 실행의 원리로 이해되기보다는, 하나의 예전적 요소인 '설교 중심성'으로만 인식되어, 예배 도중에 설교가 극대화되거나, 설교 환원주의적 예배가 되어 버린 경향이 매우 강하다.

이런 점에서 역사적/신학적 중요한 가치를 지닌 예배에서의 '말씀 중심성'이 '설교 중심성'으로 오해 혹은 축소된 실천적 불균형이 공존하고 있는 상황에서, 예배가 실천적으로 설교라는 하나의 요소에 함몰되지 않으면서도, 성경 본문에 근거한 설교가 지니는 예배/예전학적 가치에 대한 제대로 된 자리매김이 필요한 시점이다. 더불어 그 말씀 중심성이 예배의 하나의 요소에 집중되는 것이 아니라, 예배의 전체 실행과 관련된 말씀의 중심성에 대한 통전적 이해가 확립될 필요가 있다. 물론 이런 지적이 전혀 없었던 것은 아니다.[7] 하지만 이제는 그 당위성에 관한 확인과 강조의 차원을 넘어서, 기독교 예배의 말씀 중심성이 예배와 설교에 입체적으로 서로 통합되는 실천적 균형을 이룰 수 있는 구체적인 방안이 절실해 보인다.[8]

이 글은 예배와 설교가 균형과 통합을 이루기 위한 하나의 실천적 제

---

[7] 이런 통합적 시도들은 그리 많지는 않았다. 하지만 최근 이런 접근에 대한 당위성과 중요성을 강조하는 대표적인 예로 Michael J. Quicke, *Preaching as Worship: An Integrative Approach to Formation in Your Church*, 김상구·배영민 역, 『예배와 설교』(서울: CLC, 2015)가 있다. 예배 안에서의 설교에 대한 통전적 이해를 위해서는 김상구, "설교와 여타 예배 요소들과의 관계", 「복음과 실천신학」 12 (2006): 155-81을 참고하라.

[8] 대다수 설교학과 예배학 책에서 이런 통합적인 제안을 보여주는 예는 매우 드물다. 이승우는 세대통합예배에서의 설교의 내용과 목적, 구성, 언어 활용에 관한 제언하였다. 이승우, "세대통합예배에서의 설교에 관한 연구", 「복음과 실천신학」 46 (2018): 184-91. (https://doi.org/10.25309/kept.2018.2.20.169) 하지만 예배 가운데 실제 설교와의 구체적인 통합성을 다루고 있지는 않다. 반면 최근 북미에서 David A. Currie가 자신의 책에서 이러한 제안을 한 적이 있다. David A. Currie, *The Big Idea of Biblical Worship: The Development & Leadership of Expository Services* (Peabody: Hendrickson, 2017)를 참고하라. 이 글은 그의 통찰에 도움을 받았다. 하지만 이 글은 예배와 설교의 내용과 기능적 상합성 혹은 통합 가능성을 제시하고, 이를 근거로 한 실천적 제안을 구체적으로 제시하고자 한다.

안을 하고자 한다. 이 글은 설교로서의 예배, 예배로서의 설교라는 관점에서 예배와 설교의 상호연관성을 그 전제로 삼고 있으며, 기본적으로 설교학적인 측면에서 예배와 예전의 실천과의 통합과 균형을 이룰 수 있는 하나의 가능성과 제안을 제시하고자 한다. 이를 위해서 이 글은 설교가 예배의 하나의 요소로서 파편화되어 자리 잡는 것이 아니라, 설교 수행의 근거가 되는 성경 본문이 예배/예전의 전체적 수행의 근거와 논리가 됨을 먼저 확인해 보고자 한다. 이를 토대로 하여, 예배 인도자이자 설교자가 예배와 예전의 전체 수행을 고려한 설교 작성의 전체 과정을 재조망해 보고, 예배 속에서 설교의 근거가 되는 특정 본문 중심으로 예배와 설교 준비가 함께 진행되는 하나의 과정을 제안해 보고자 한다. 마지막으로 이를 확인하며 검증하는 측면에서, 본문 중심으로 하는 설교 작성과 통합된 예배와 예전의 일례를 제시해 보고자 한다.

II. 펴는 글

1. 예배와 설교의 상합-예배로서의 설교, 설교로서의 예배

이 글은 먼저 예배와 설교의 통합 가능성을 확인하는 차원에서 그 상관관계를 먼저 다루어 보고자 한다. 특별히 예배와 설교의 기본 내용과 목적, 그리고 예배와 설교의 실천적 논리성에 있어서 서로가 상합되는 점을 확인해 보고자 한다. 이를 통해 예배가 곧 설교적 기능을 감당하고, 예배 속에서 하나의 예전적 요소이지만 설교가 곧 예배의 수행적 기능에 중심적 역할을 감당해야 함을 지적함으로써, 기독교 예배에 있어서 '본문 중심성'을 보다 입체적으로 이해할 필요가 있음을 드러내고자 한다.

1) 예배와 설교의 내용과 목적의 공유점

개혁주의 예배학자인 폴 훈Paul Hoon에 따르면, 기독교 예배란 "예수 그리스도 안에 있는 인간의 영을 향한 하나님의 역사와 예수 그리스도를 통해 하나님께 응답하는 인간의 행위"라고 기술한다.[9] 즉, 예배는 기본적으로 하나님의 주도적인 계시revelation와 그에 대한 성도의 반응response이라는 구조로 형성된다.[10] 이 구조 안에는 비록 다양한 예전적 요소들이 한 번의 예배 안에 있을 수 있지만, 기본적으로 예배의 핵심 구성요소들(말씀, 성찬, 기도, 찬양 등)은 크게 이 두 가지 범주 안에서 생각해 볼 수 있도록 돕는다.

먼저 위에서부터 아래로 내려오는 예전적 요소로써, 하나님으로부터 성도들을 향한 요소들이 있다. 여기에는 예배의 초청, 사죄의 선언, 십계명, 말씀, 성찬, 강복 선언 등의 요소 등이 포함되는데, 특히 말씀과 성례는 하나님께서 성도들에게 일하시는 주요 수단으로써, 성도들이 하나님의 계시를 인식하고 그분의 임재를 경험하는 예배의 객관적 요소라고 할 수 있다. 특별히 개혁교회의 예배는 하나님의 초월적인 임재와 그분의 주권을 강조하면서, 예배 실천의 중심적인 자리로서 성경을 통해 선포되는 설교 말씀에 큰 관심을 보여 왔다.[11] 또한, 역사적으로 복음주의 교회 혹은 개혁교회는 예배 실천에 있어서 합당한 예배의 요소들을 규정하는 것(예배의 규정적 원리)도 성경을 기준으로 해야 할 것을 강조한다.[12]

---

[9] Paul W. Hoon, *Integrity of Worship* (Nashville: Abingdon Press, 1971), 77.
[10] 김순환, "한국교회 현대예배의 진로 모색을 위한 탐구와 제언", 「복음과 실천신학」 38 (2016): 39-43.
[11] 정장복, 『예배의 신학』 (서울: 예배와 설교아카데미, 2018), 551.
[12] Dereck W. H. Thomas, "규정적인 원리", in Give Praise to God, 김병하 · 김상구 역, 『개혁주의 예배학』 (서울: CLC, 2012): 143-74.

반면 아래에서부터 위로 올라가는 요소로 성도들로부터 하나님께로 향한 예배의 요소들이 있다. 여기에는 찬송, 기도, 신앙고백, 봉헌, 죄의 고백 등의 요소들이 포함되는데, 특별히 예배 구성의 요소로써 기도와 찬양은 성도들이 자신을 계시한 하나님께 대한 주된 반응으로, 이들은 예배의 핵심 주관적 요소들이라 할 수 있다. 오늘날 포스트모던의 시대 속을 살아가는 성도들은 과거 말씀과 성찬의 객관적 요소들보다 기도와 찬양이라는 주관적 요소들이 하나님의 은혜를 경험하는 장소로 인식하는 경향이 강해졌다. 비록 이러한 주관적 요소들에 대한 강조가 위험한 것은 사실이지만, 예배가 하나님과의 만남과 교제라는 측면에서 이런 요소들은 개신교 예배에서 객관적 요소들과 상호 교차적 순서로 진행됨이 마땅하다. 이는 하나님께서는 주로 말씀 혹은 성례를 통하여 먼저 자신을 보이시며, 여기에 대한 성도들의 반응으로써 기도와 찬양을 드리는 예배의 대화적 원리라 부를 수 있는데,[13] 이처럼 예배 가운데 하나님은 주로 말씀과 성례를 통하여 자기 자신을 성도들에게 계시하시며, 성도들은 삼위 하나님의 임재를 인식하고, 경험하며, 그분과 만나며 교제한다. 이처럼 개혁주의 예배의 대표적인 두 원리인, 규정적 원리와 대화의 원리로 진행되는 예배의 실천은 하나님과 성도들의 상호 내어줌을 통해 결국 예배가 하나님과 자신의 백성들과의 언약을 근거로 한 언약의 갱신 사건임을 알 수 있다. 더 나아가 이러한 언약의 갱신 사건이 매주 반복적으로 이루어짐으로써, 성도들은 하나님 앞에서 자신들의 삶을 지속해서 확인하고, 그분이 원하시는 언약의 백성답게 성장해 나간다.

결국, 이러한 공적 예배에 대한 기본적 이해와 그 실천의 내용을 요약하자면, 하나님의 영광과 하나님 백성의 유익을 위해서 하나님과 하나님 백성들이 복음을 실행하고 그것에 참여하는 것, 그 이상도 그 이

---

13 손재익, 『특강 예배모범』 (서울: 흑곰북스, 2018), 40.

하도 아니다.[14] 바꿔 말하면, 예배를 통하여 하나님은 자신을 드러내시고, 성도들로 언약을 확인하고 갱신함으로 그들의 삶의 변화를 인도하며, 그 변화된 삶의 모습을 통하여 자신이 영광을 받으신다. 이 예배의 실천안에서 성도들은 삶의 실제적인 필요와 영적인 필요를 얻게 된다. 이런 측면에서 예배의 궁극적인 목적은 하나님의 영광이자 성도들의 기쁨과 즐거움이며, 하나님이 받으시는 영광은 자기 자신을 내어주시는 하나님의 성품과 사역을 기뻐하여 성도들이 온전히 자신의 삶을 하나님께 올려드리는 언약에 근거하는 변화된 삶을 통해서이다. 이를 예배신학적으로 달리 표현하자면, 예배는 하나님의 객관적 구속의 이야기를 주로 말씀과 성례를 통해 실행하고, 그 예배에 참여하는 성도들은 구속의 하나님과의 언약을 확인 혹은 갱신하는 것으로 요약될 수 있다.[15]

이러한 예배의 기본 내용(요소들)과 목적에 대한 간략한 이해는 비록 설교가 예배에 있어 하나의 예전적 요소이기는 하지만, 설교의 목적과 내용도 예배의 그것들과 서로 부합됨을 알 수 있다. 먼저 설교의 궁극적인 목적은 성경의 진리에 대한 정보 전달도 아니며, 청중의 삶의 만족에만 있는 것도 아니다. 설교의 목적은 설교자가 성경 본문에 근거하여 하나님께서 자신의 말씀을 통하여 이루어 가시는 하나님 나라를 선포하고, 청중들은 그 나라를 살아가는 언약의 백성임을 깨닫고, 선포된 말씀에 따라서 살아가는 변화된 삶을 통하여 하나님께 영광을 돌리는 데 있다.[16] 이런 설교의 목적을 달성하기 위해서, 설교자는 그 주간

---

[14] Bryan Chapell, *Christ-Centered Worship*, 윤석인 역, 『그리스도 중심적 예배』 (서울: 부흥과개혁사, 2009), 188.

[15] Robert E. Weber, *Ancient-Future Worship: Proclaiming and Enacting God's Narrative*, 이승진 역, 『예배학』 (서울: CLC, 2011), 29-46.

[16] Timothy Keller, *Reformed Preaching*, 이은재 역, 『개혁주의 설교학』 (서울: 나침반, 1993), 34-35. Keller는 설교의 기본 목적을 예배라는 합당한 반응을 이끌어내는 것이라고 지적한다.

에 다루는 특정한 성경 본문 안에서 드러나는 구속의 하나님에 관한 진리를 바르게 선포하고 설명해야 하며, 그 진리에 부합되는 언약 백성다운 삶을 형성해 나가도록 적실하게 적용을 해야 한다.[17] 이렇게 설교자는 성경 본문을 바르게 연구하여 그 본문에 드러난 저자의 의도를 전달하고 그 의도가 달성될 수 있도록 적용함으로써, 결국 성경 본문에 의해서 변화되는 청중의 삶이 하나님께 영광이 되도록 하는 것이 매주 돌아오는 설교의 변치 않는 목적이라 할 수 있다.

이런 측면에서 예배의 실천에서 이루어지는 내용과 설교의 내용은 그 목적 아래 일맥상통한다. 예배의 실천에서와 마찬가지로, 설교의 내용은 성경 본문의 말씀을 설명하고 적용하되, 그 기본적인 신학적 내용은 크게 삼위 하나님과 그분이 이루시는 구속의 이야기를 선포함으로 하나님의 구속 사건이 실행되게 하는 것이며, 그것에 기초하여 언약 백성들에게 합당하게 반응하도록 촉구하는 두 축으로 이루어진다고 개략적으로 이해할 수 있다. 특별히 설교는 오직 성경 본문sola scriptura을 근거로 하되, 매주 반복되는 예배 속에서 성경 전반tota scriptura을 설교하기 위해서 노력함으로써, 하나님의 구속 전체 이야기meta-narrative가 구현되고 재현되며, 언약의 백성은 그 속에서 합당한 삶을 살아가게 함으로써 하나님께 영광을 돌리도록 하는데 공통된 목적을 지향한다.

정리하면, 기독교 예배에서 말씀의 중심성은 단순히 주어진 성경 본문을 설명하고 적용하는 설교라는 요소 자체에만 머무는 것이 아니라, 예배 전체가 하나님의 말씀을 실행하는 차원에서 더욱 상호 포괄적이며 통전적 관점에서 이해될 필요가 있다. 설교자는 주일 설교가 주어진 본문의 말씀에 집중하지만, 반드시 성경 전체가 실행하는 구속과 언약의 흐름 속에서 이루어진다는 사실을 기억해야 하며, 예배는 성경 전체의 구속과 언약을 설명하고 실행하면서, 설교라는 특정 본문에 드러내

---

17 Abraham Kuruvilla, *A Vision for Preaching*, 곽철호 · 김석근 역, 『설교의 비전』 (경기: 성서침례신학대학교, 2018), 188-89.

는 하나님의 구속의 실행과 언약의 갱신이 반복적으로 일어나도록 하는 것으로 이해할 수 있다. 이런 점에서 예배가 거시적 차원에서 설교라면, 설교는 미시적 차원에서 예배를 실행한다고 이해될 수 있다.[18] 사실 이런 이해가 예배 속의 설교를 단순히 하나의 요소가 아니라, 예배와 설교의 상호관계성을 파악하는 데 도움을 준다.

2) 예배와 설교가 지닌 수행의 논리와 흐름의 공유점

앞선 설교로서의 예배, 예배로서의 설교 간의 상호통합성은 그 내용과 목적에 의해서만이 아니다. 예배와 설교 간의 상호통합성은 예배와 설교가 지닌 그 내용을 어떻게 구성하는지, 즉 수행적 차원에서 성경의 거대 내러티브를 실행하는 예배 구성의 논리와 성경 본문에 따른 설교가 지닌 구성의 논리에서도 확인된다.

하나님의 구속 이야기와 실행과 하나님의 언약 백성의 합당한 반응을 담아내는 예배의 목적을 달성하기 위해서, 예배는 기본 구조와 흐름을 지닌다. 역사적으로 다양한 예배의 구조를 말할 수 있지만,[19] 예배는 초기 기독교 예배로부터 오늘날까지 객관적 요소와 주관적 예배의 요소의 조화와 더불어 소위 예배의 4중 구조의 흐름을 지닌다.[20] 즉 부름의 예전(고백)-말씀 예전(선포)-성찬 예전(만찬)-파송 예전이 그것이다. 이런 4중 구조의 흐름은 첫째, (재)창조와 역사를 이루고 계시는 삼위 하나님의 부르심과 그분의 부르심 앞에서 성도의 합당한 반응(죄의 고백과 사죄, 신앙고백, 그리고 송영 찬양)이라는 부름의 예전, 둘째, 이를 뒤따르는

---

[18] Quicke, 『예배와 설교』, 210-15.
[19] 여기에 대해서는 Bard Thompson, *Liturgies of the Western Church*, (San Diego: Martino Fine Books, 2015)를 참고하라.
[20] 여기에 대해서는 김상구, "초기 기독교 예배 형태에 관한 소고", 「복음과 실천신학」 13 (2007): 17-57을 참조하라.

하나님의 구속의 선포를 듣고 그 구속에 대한 합당한 반응으로 구성되는 말씀 예전, 셋째, 앞서 선포된 하나님의 구속 체험에 참여하는 성찬 예전, 마지막으로 하나님의 구속의 선포와 체험에 참여한 언약의 백성으로 세상 속에서도 종말론적 관점에서 하나님 나라를 이루며 살아가도록 보내는 파송 예전으로 이어진다.[21] 이러한 예배의 4중 구조의 흐름은 객관적인 예배의 요소와 주관적인 예배의 요소가 서로 대화를 이루도록 구성하는 기본 구조와 어우러져 실행함으로써, 예배의 기본 논리성인 하나님의 구속의 내러티브를 재현하면서 언약의 갱신이 반복적으로 (재)형성하도록 돕는다.

이처럼 예배가 세상에서 하나님의 부름과 그분의 임재 안에서 성도들의 구속의 이야기를 말씀과 성찬 속에서 인식과 경험함으로 언약의 갱신이 이루어지고, 그 성도들을 다시 세상으로 보내시는 하나님의 파송으로 그 논리성을 담아 구성된다면, 성경 본문을 근거로 하는 설교가 지닌 논리적 구성과 흐름도 이와 크게 다르지 않다. 물론 이 글에서 다루는 설교 구성은 설교 한 편이 지닌 설교의 구체적인 형식들(연역적, 귀납적, 문제 해결 방식 등)을 말하는 것은 아니다. 한 편이 지닌 설교의 의사소통적 형식은 실제 매우 다양할 수 있다. 하지만 성경 본문을 근거로 하는 설교가 지니는 설교 진행의 기본적 논리적 흐름은 예배의 그것과 크게 다르지 않다는 말이다. 즉 설교는 첫째, 오늘날을 살아가는 회중들을 설교자가 하나님의 본문 말씀 세계로 이끌어/불러 초대하고, 둘째, 특정 본문에 구체적으로 나타난 삼위 하나님과 그분의 구속의 이야기를 설명 혹은 재현/재생하며, 셋째, 그 본문이 요구하는 언약 백성다운 삶의 반응을 촉구하며, 넷째, 세상 속에서도 하나님의 백성다운 삶을 살아가도록 하는 기본적인 설교의 논리적 진행을 지닌다.

물론 예배가 4중적 구조와 흐름 속에도 예전적 요소들이 다양하게

---

21 정장복, 『예배의 신학』, 183-94.

활용이 되듯이, 설교의 이 논리적 흐름과 진행 속에서 다양한 설교적 요소들이 활용될 수 있다. 하지만 설교는 청중들을 현실 세계에서 본문 세계로 초대하며, 본문에 나타난 하나님의 구속사를 설명하고 재현하며, 본문에 근거한 언약사적 경험을 확인시키고 적용하고, 본문 세계에서 성도와 교회 공동체가 인식하고 경험하는 하나님과 성도들의 구속-언약을 기억하여 본문 앞의 현실 세계에서 하나님의 백성답게 살아가도록 파송하는 전체적인 흐름을 무시하며 비껴갈 수는 없다.

이처럼 예배의 내용과 목적, 그리고 그 논리적 흐름은 설교의 그것들과 서로 부합됨을 알 수 있다. 예배와 설교는 하나님 주도의 부름과 초대, 하나님의 구속 이야기의 인식과 경험, 하나님 백성들의 언약 갱신, 그리고 세상에서 하나님의 백성다운 삶을 통한 하나님의 나라를 이루는 구성은 그 구성에 담긴 내용의 실행을 통하여 하나님께 영광이라는 목적을 공유한다. 이런 점에서 예배의 실행이 곧 설교의 기능으로, 설교의 수행이 곧 예배의 목적으로 통합된다.

2. 예배와 예전을 고려한 설교 작성의 전체 과정

설교로서의 예배, 예배로서의 설교의 상관성을 이해한다는 것은 기독교 예배에서의 하나님 말씀의 중심성이 단순히 예전의 한 요소로서의 설교에만 국한되지 않아야 한다는 사실로 이어진다. 즉, 기독교 교회의 예배에 있어서 말씀 중심성이란 예배 전체가 성경 말씀에 따라 통합적으로 주도되는 예배가 되어야 함을 시사한다. 이런 점에서 이 글은 주일 예배에서 예배와 설교가 서로 분리되지 않고, 설교와 예배가 함께 준비될 수 있는 구체적인 제안을 하고자 한다. 이를 위해서 목회자가 설교할 그 주간의 성경 본문에 대한 해석에서 설교 전달로 이어지는 설교 작성의 전체 과정을 통해, 그 성경 본문이 예배의 전체 흐름 및 논리성과 어떻게 연관될 수 있을지를 고민해 볼 필요가 있다.²² 이런 시도가 가능한 이론적 근거를 가지고자, 이 글은 여기에서 설교뿐만 아니라 예배와 예전을 돕는 설교 작성의 전체 과정, 즉 본문에 대한 주해화, 신학화, 설교화 과정이 어떻게 이루어질 수 있을지 그 흐름을 살펴보도록 한다.²³

1) 설교를 위한 주해화 과정과 예배/예전적 함의

실제 설교자의 성경 본문 선택은 목회 정황 속에서 일어난다. 물론 전통적인 연속 강해 설교Lectio Continua를 하거나 교회력Lectionary을 활용하는 설교자인 경우, 그 본문은 이미 선정되어 있을 수 있다. 하지만 목회 정황에 의해서 설교의 본문 선택(주로 주제 설교)이 이루어질 때Lectio Selecta도 역사적으로 주도적인 설교 시행의 방식이었다. 어떤 방식으로 성경 본문이 선택되든지, 일단 성경 본문이 확정되면, 그 본문이 설교를 이끌어가도록 해야 한다.

하지만 예배의 정황을 벗어난 설교가 있을 수 없다는 사실과, 앞서 설명한 예배와 설교의 상호관련성을 고려한다면, 성경 본문은 단순히 설교만을 위한 선정이 아니라, 예배 전체를 이끌어가는 주제와 기타 예전적 요소들과도 연결된다는 점을 반드시 염두에 둘 필요가 있다. 이는

---

22 물론 예배의 수행을 위해서 성경 여러 본문을 사용하여 예배를 이끌어 갈 수도 있다. 하지만 이 글은 특정 본문을 중심으로 전체 예배를 이끌어가는 모델을 제시하고자 한다. 이는 궁극적으로 전체 성경을 설교 본문으로 삼는 *Lectio Continua* 방식을 따라서 반복적이고 정규적인 예배를 통해 전체 성경을 설교해 나간다는 목회 철학의 전제를 가질 때 더욱 효과적임을 밝힌다.

23 기본적으로 설교 작성의 과정은 본문에 대한 주해화 과정, 본문과 청중을 함께 고려하는 신학화 과정, 그리고 오늘날 청중을 향한 설교화 과정으로 구분할 수 있다. 여기에 대한 자세한 논의는 Timothy S. Warren, "A Paradigm for Preaching," *BSac* 148 (1991): 463-86; Timothy S. Warren, "The Theological Process in Sermon Preparation," *BSac* 156 (1999): 336-56을 참조하라.

결국 어떤 본문을 선택하든, 설교자는 그 본문이 지닌 주제에 설교가 집중되어야 함과 동시에, 그 설교가 중심이 되는 예배 또한 그 성경 본문이 지닌 주제가 예배의 주제로 이어지도록 하는 구체적인 방안이 될 수 있다.

구체적으로 설교의 본문이 정해지면, 설교자는 본문을 제대로 주해를 한다. 설교를 위한 주해화 과정이란 일반적으로 설교자가 문법적-구문론적, 역사적-정황적, 문학적-수사적 연구를 통하여 성경 저자가 당시의 원청중/독자에게 의도했던 의미를 파악하는 것을 목적으로 한다.[24] 이 주해화 과정에서 전통적 강해 설교자들은 그 본문이 쓰인 당시 역사적 배경 속에서 성경 저자가 의도한 주제와 내용을 파악하는 것을 최우선으로 둔다. 더 나아가 본문에 대한 의사소통의 관점을 견지하면서, 그 파악한 의미를 주해적 아이디어 혹은 명제적 진리 진술로 만들고, 본문의 구조를 파악하고 확정하며, 당시 청중을 향한 본문의 목적을 표현함으로 주해의 결과물을 입체적으로 구체화하기도 한다.[25] 성경 저자의 의도성을 충실히 찾기 위해선, 이런 주해적 결과물을 설교자가 분명하게 파악하는 것은 매우 중요하다.

기존의 설교학 책에서는 이런 설교를 위한 주해화 과정은 설교할 주제와 핵심 사상을 찾는 데서 멈추지만,[26] 설교로서의 예배 혹은 예배로서의 설교라는 이해는 주어진 본문에 대한 핵심 주제와 사상은 예배 전체의 주제와 실천적 차원에서도 함의를 지닐 수 있다. 즉, 주해화 과정에서 발견한 본문의 주제와 핵심 사상과 보조 아이디어들은 예배의 중심 주제가 무엇인지를 결정하는 것과 직결되도록 할 수 있다.

예를 들면, 시편 117편의 경우, 본문의 주해적 아이디어는 다음과 같

---

24 Warren, "A Paradigm for Preaching," 474.
25 Warren, "A Paradigm for Preaching," 476.
26 Haddon W. Robinson, *Biblical Preaching*, 박영호 역, 『강해설교』 (서울: CLC, 2007), 64-137.

이 표현할 수 있을 것이다. 시편의 저자는 하나님의 크신 사랑과 영원히 신실하심으로 인하여 모든 나라와 모든 백성이 하나님을 찬양할 것을 촉구한다. 이처럼 분명한 주해적 아이디어는 설교의 내용과 목적을 확정 짓는다. 결국, 이 본문에 근거한 설교의 핵심 내용은 모든 나라의 모든 성도가 하나님을 찬양해야 할 이유, 즉 하나님의 사랑과 신실하심에 관한 내용이 주축을 이루게 될 것이고, 이 설교의 목적은 우리가 하나님을 찬양하며 살아가도록 하는 것이 될 것이다. 이러한 이 본문의 주해적 결과물은 예배의 전체 주제와 목적으로 확장되고, 예배를 위한 예전적 아이디어로 발전시킬 수 있다. 달리 말해, 예배의 수행을 통하여 성도들은 사랑과 신실하신 하나님에 대한 인식과 경험을 하며, 세상 속에서 그 하나님을 찬양하는 삶을 살아가도록 하는 예배와 예전의 전체 목적이 수행되도록 자연스럽게 연결할 수 있다.

이처럼 설교자가 예배와 설교의 상관성을 염두에 두고, 설교를 위한 주해화 과정을 진행할 때, 예배 안에서 설교를 위해서만 본문의 핵심 주제에 집중할 뿐만 아니라, 예배 전반의 주제가 본문의 주제에 지배를 받도록 함으로써, 예배 전체가 말씀 중심적으로 진행되도록 하는 것이 본문 중심으로 설교와 예배가 이루어질 수 있도록 하는 첫 번째 과정이 될 수도 있다. 이런 측면에서 설교를 위한 주해화 과정은 예배 실천의 주제와 목적을 결정하고, 그 주제가 이끌어가는 예배와 예전이 되도록 하는 예배와 예전을 위한 주해의 과정으로도 확장되도록 해야 할 것이다.

2) 설교를 위한 신학화 과정과 예배/예전적 함의

일반적으로 설교자가 설교를 위한 주해화 과정을 지나면, 설교 작성을 위한 신학화 과정the theological process을 거친다. 여기에서 말하는 신학화 과정이란 다른 말로 소위 보편화 과정이라 표현될 수 있다. 이 과정을 통해서 설교자는 과거 본문의 내용이 계시의 유기적 발전을 고려하며, 오래된 본문과 오늘날의 정황과의 차이점과 공통점을 이해하고, 그 당시의 청중에게 전달된 본문이 지닌 진리의 말씀이 지금의 현대 청중에게 동일하게 성경적 진리로 확정할 수 있는지를 검증함으로써, 당시와 오늘날에 공통적으로 적용할 수 있는 보편적 진리를 검증하는 과정이다.[27]

이 신학화 과정에 대해서 자세하게 다루고 있는 티모시 워렌(Timothy Warren)에 의하면,[28] 이 과정의 궁극적인 목적에 대해서 다음과 같이 기술한다.

> 이 신학화의 목적은 고대의 세계(주해적 과정을 통해)와 직접적 청중의 세계(설교화 과정을 통해) 사이의 간격에 보편적으로 적용 가능한 진리 진술로 다리를 놓는 것이다. 이 다리 놓는 작업은 서로 다른 두 세계의 지평들을 융합하거나 합병하여 실존적이고 기발한, 그래서 비권위적인 해석이 되지 않도록 하면서, 설교자로 고대의 정황 속에서 본문과 오늘날의 정황 속에 있는 청중을 해석하도록 만든다.[29]

특별히 이 보편적으로 적용 가능한 진리 진술을 발견하고 확증하기 위해서, 대부분 설교학자는 적어도 변치 않는 두 축을 기준으로 본문에서 성경 저자가 의도한 아이디어를 검토 혹은 묵상해 볼 것을 제시한다.[30] 일반적으로 이 과정에서 설교자는 본문의 사상 혹은 주제, 아이디어가 하나님의 구속사의 관점과 인간 타락의 관점에서 본문을 이해함

---

27 Warren, "A Paradigm for Preaching," 472-78.
28 Warren, "The Theological Process," 336-56.
29 Warren, "The Theological Process," 337.
30 여기에 대한 대표적인 글로는 Haddon W. Robinson, "The Heresy of Application", in *The Art & Craft of Biblical Preaching*, ed, Haddon Robinson and Craig B. Larsen, 전의우 외 4명 역, 『성경적인 설교와 설교자』 (서울: 두란노, 2006): 459-66을 보라.

으로, 주해화 과정에서 확인된 성경의 진리가 성경 전체의 문맥 속에서 확정되고 때로는 확장되는 과정을 거쳐야 한다고 이해한다.[31] 다시 말해, 그 특정 본문에서 인간 타락의 관점에서 인간의 근본적인 혹은 구체적인 문제를 파악하고, 여기에 대한 하나님의 성품과 그분의 구속적 행위에 관한 내용을 함께 확인해 봄으로써, 설교 가운데 전해야 할 보편적인 신학적 명제만이 아니라 오늘날 하나님의 백성들을 향한 이 본문이 지닌 신학적 목적을 성경이라는 거대 서사 아래에서 확인하게 되는 과정을 거친다.[32]

설교 작성에 있어서 이 신학화 과정이 중요한 이유가 바로 여기에 있다. 성경 저자가 의도한 의미와 더불어 그것이 하나님에 대해서, 인간에 대해서 지니는 신학적 함의를 유추할 수 있고, 이를 통해 인간의 궁극적인 해결인 그리스도를 지향하게 한다는 점에서 그러하다.[33] 한 마디로, 언약 백성을 향한 삼위 하나님 중심적 구속사적 설교가 되도록 하는데, 이 신학화 과정은 필수적인 과정이다. 또한, 바로 이 과정을 통해서 본문에 근거한 신학적 내용과 분명한 신학적 목적이 확정되기에, 오늘날 청중의 삶의 변화를 위한 보편적이고 구체적인 적용을 해나갈 수 있는 분명한 발판을 마련하게 된다는 점이다.[34]

하지만 특별히 신학화 과정은 단순히 설교에서만 중요한 것이 아니라, 구속의 실행자이신 하나님과 언약의 백성들이 만나 언약을 갱신하고 교제를 이루는 예배를 구체적으로 구성하는 것에도 매우 중요한 실천적 함의를 지닐 수 있다. 이 과정에서 설교자가 확인하는 신학화의 두 축, 즉 하나님이 이루어가시는 구속의 이야기와 인간 타락의 관점은

---

31 Bryan Chapell, *Christ-Centered Preaching: Redeeming the Expository Sermon*, 엄성옥 역, 『그리스도 중심의 설교』 (서울: 은성, 2016), 391-433.
32 Chapell, 『그리스도 중심의 설교』, 435-50.
33 Chapell, 『그리스도 중심의 설교』, 451-55.
34 Robinson, 『강해설교』, 129-136.

앞서 하나님 구속의 실행과 하나님 백성과의 언약의 갱신이라는 예배의 내용과 목적에 거시적으로 부합된다. 따라서 설교를 위한 신학화 과정에서 얻은 본문에 나타나는 하나님과 인간에 대한 보편적 진리들은 예배의 4중적 구조, 부름-말씀-성찬-파송의 예전과 연계해서 중요한 예전적 아이디어들을 제공할 수 있다.

　이를 보다 구체적으로 설명하자면, 먼저 신학화 과정에서의 하나님과 인간에 대한 신학적 고찰은 그대로 부름의 예전에 적용될 수 있다. 본문에 의해서 확정된 주제가 하나님에 관하여 보편적 진리 혹은 교리와 연결되는지가 확인되었다면, 부름의 예전에서 예배의 인도자(설교자)는 그 부르시는 하나님이 어떠한 분이신지를 그 주간에 다루는 성경 본문에 근거하여 더욱 구체화 된 예배/예전적 아이디어를 가지고 예배를 실행할 수 있을 것이다. 또한, 본문에 근거한 인간의 타락과 문제에 관한 내용은 부름의 예전 앞에서, 부르신 하나님 앞에서 예배자로 선 우리의 본성과 정체성을 고백하는 죄의 고백과 사죄의 선포 내용에 관련한 예배/예전적 아이디어를 제공해 줄 수 있을 것이다. 앞서 예를 든 시편 117편에 적용한다면, 부름의 예전에서 설교자/집례자는 본문에 근거하여 우리를 부르시는 하나님은 크신 사랑과 영원히 신실하심이 크신 하나님이심을 회중에게 선포하며 예배를 시작할 수 있다. 또한, 본문에 근거하여 하나님 앞으로 부름을 받은 우리는 그분의 크고 변치 않는 사랑에 비해 자신과 가족과 이웃의 관계에서 연약하고 변덕스러운 모습을 고백하고 회개하도록 도울 수 있다.

　둘째, 말씀 예전에서는 신학화 과정에서 발견한 하나님과 인간에 대한 관계를 보다 분명하게 드러내어 선포하게 된다. 그 가운데 구속-언약의 선포와 체험을 돕는 예배/예전적 아이디어들은 본문에 근거한 신학화 과정에서 확인한 분명한 신학적 내용을 근거로 진행될 수 있다. 신학화 과정에서 얻은 결과물들이 설교를 통하여 드러나도록 하면서, 설교자는 본문에서 저자가 의도한 내용이 삼위 하나님의 구속사적 관점에서 설명할 수 있고, 이를 기초로 하여 언약 백성들을 향한 삶의 변화를 향한 적용을 하는 성경적 설교를 충실히 해나갈 수 있다. 시편 117편을 예로 들면, 우리는 예수 그리스도 안에서 하나님의 크고 신실한 사랑을 확인할 수 있다. 따라서 그분의 사랑에 대한 합당한 반응으로 우리는 하나님을 찬양하며, 더 나아가 모든 나라와 백성들이 하나님을 찬양하게 되도록 하는 일들을 요구할 수 있을 것이다.

셋째, 성찬 예전에서는 신학화 과정에서 타락한 인간을 향한 하나님의 구속의 절정인 그리스도의 죽으심과 부활을 향한 구속-언약적 내용을 가지고 성찬에 필요한 예전적 아이디어로 발전시켜 성찬을 진행할 수 있다. 이미 설교에서도 선포했지만, 실제 성찬에서 그리스도와 연합으로의 참여와 경험을 하도록 예배와 예전의 인도에 구체적으로 제시함으로 성찬 예전을 도울 수 있다. 이러한 말씀 예전과 성찬 예전이 동일한 본문에 근거한 진행으로 일관성과 일체감을 줄 뿐만 아니라, 자칫 설교에서 본문에 대한 설명과 적용이 단순히 수동적으로 이해되는 인지적 차원에서 머물지 않고, 성찬의 참여를 통한 체험적 차원으로 들어가도록 함으로써, 선포된 말씀대로 살아가는 언약 백성들 삶의 원동력을 얻도록 구체화할 수 있다. 시편 117편을 예로 들면, 모든 나라와 백성이 하나님을 찬양하게 되는 것은 그리스도의 희생을 통해서 이루어진 것임을 상기시키며, 그분과 함께 연합한 자로서 그분 안에서 하나님을 찬양하며 살아갈 것을 촉구할 수 있을 것이다.

끝으로, 파송의 예전에서는 설교와 성찬에서 분명하게 적용되고 경험된 진리의 내용을 성도들이 세상 속에서 실천하며 살아가도록 다짐시키면서, 공적 예배가 삶의 예배로 이어질 수 있도록 할 수 있다. 이는 설교자가 신학화 과정에서 하나님 구속의 은혜를 입은 언약 백성들이 삶의 변화라는 궁극적인 신학적 목적이 설교에서만이 아니라, 예배의 마지막 과정에서 다시금 성도들이 확인하도록 연결될 수 있다. 시편 117편을 예로 들면, 설교에서 구체적으로 적용한 자신의 삶과 이웃들,

더 나아가 모든 나라에서 하나님을 찬양하도록 한 내용을 요약하여 촉구함으로써, 본문 말씀에 반응하여 일상에서의 참된 예배자로 살아가도록 도울 수 있다. 이처럼 설교에서 신학화 과정이 성경 본문을 통해 오늘날 청중을 향한 설교의 내용과 적용에 심장 역할을 하듯이, 예배에서 있어서도 마찬가지라 할 수 있다.

이런 설교의 신학화 과정과 예배/예전과의 상관성을 도표로 나타낸다면, 아래와 같이 표현할 수 있다.

예배/예전의 4중구조	본문이 살아나는 신학화 과정	본문이 살아나는 예배/예전적 함의
부름의 예전	하나님에 관한 이해 = 본문에 나타난 하나님	본문에 나타난 하나님(성품과 사역)을 담은 부름의 선언
	인간에 관한 이해 = 본문에 드러난 인간	본문에 나타난 인간 타락 (내면과 행위)에 관한 고백
말씀 예전	본문이 이끄는 신학적 명제 = 본문을 통해 파악한 하나님의 구원 계시	본문이 이끄는 신학적 내용에 맞는 설명
	본문이 이끄는 신학적 목적 = 본문을 통해 파악한 언약 백성들의 마땅한 반응	본문이 이끄는 신학적 목적을 담은 적용
성찬 예전	본문이 보여주는 그리스도 = 본문을 통해 발견한 그리스도의 은혜	본문이 비추는 그리스도에 관한 선언
	본문이 비추는 그리스도를 닮아감 = 본문을 통해 발견한 그리스도와 연합	본문이 비추는 그리스도와 연합에 참여
파송의 예전	본문이 이끄는 적용의 확인 = 본문에 의한 변화된 언약 백성다운 삶에 대한 촉구	본문에 따른 설교 적용이 담긴 성도의 다짐과 파송
	적용된 삶을 살아가는 언약 백성 = 본문의 진리대로 살아가는 언약 백성들과 하나님의 동행	본문이 이끄는 적용된 삶을 향한 하나님의 강복 선언

이처럼 성경 본문을 중심으로 설교자의 신학화 과정은 예배와 예전의 실행에 중요한 예전적 아이디어를 제공함으로 예배를 전체적으로 돕고 이끌도록 할 수 있을 것이다.

3) 설교를 위한 설교화 과정과 예배/예전적 함의

설교를 위한 설교화 과정the homiletical process이란 앞서 주해화와 신학화의 과정에서 얻은 결과물(본문의 의미, 목적, 신학적 명제와 목적 등)을 기반으로, 오늘날 청중들이 본문에 담긴 하나님의 뜻을 이해하고 그분이 원하시는 삶을 살아가도록 선포될 설교문을 작성하여, 그들에게 잘 전달될 수 있도록 만드는 과정이다.[35] 이 과정은 기본적으로 주일에 모이는 특정한 회중들을 염두에 두기 때문에, 설교 말씀을 듣는 청중 이해는 설교자의 설교 작성에 큰 영향을 미친다. 실제로 특정한 설교의 목적, 내용, 그리고 형식이라는 기본 의사소통의 체계를 결정하고, 설교의 발전적 질문들과 함께 설명, 증명, 적용 등과 같은 설교의 기능적인 요소들의 활용, 더 나아가 설교의 세부적인 내용과 구체적인 언어 사용에 이르기까지 현재 말씀을 들을 청중은 이 설교화 과정에 매우 큰 영향을 미친다.[36]

특별히 이 설교화 과정에서 설교자는 본문에서 드러나는 성경 저자의 의도와 더불어 궁극적으로 하나님과 그분의 구속 역사에 대한 진리가 오늘날 청중들의 삶에 분명하게 설명되고 선포되어야 한다. 더불어 죄인이자 의인인 하나님의 언약 백성으로서 본문에 담긴 성경 저자의 의도에 합당한 반응을 촉구하는 적실한 적용이 살아있어야 한다. 설교는 본문에 근거하여 청중의 삶에 대한 적용을 지향한다. 청중들의 삶의 변화가 있도록 하기 위해서는, 성령님의 도우심 아래에서 그들이 나

---

35 Warren, "A Paradigm for Preaching," 478.
36 Warren, "A Paradigm for Preaching," 479-81.

아가야 할 분명한 삶의 방향과 태도, 행위들을 적용에서 제시해 주어야 한다. 결국, 본문에 담긴 진리를 삶에 적용함으로써, 설교는 청중들로 성경 본문에 나타난 하나님의 뜻을 삶을 통해 살아내게 하는 것이다. 이렇게 매주 성경 본문에 나타난 하나님의 요구를 분별하며, 그 요구대로 살아감으로써, 청중들이 점차 그리고 궁극적으로 그리스도를 닮아가도록 해야 한다.[37] 이것을 제대로 이루기 위해서는 설교자가 본문에 충실한 성경적 설교를 작성해야 한다. 물론 설교자는 다양한 설교의 기능적 요소들, 즉 설명, 증명, 예화, 적용을 활용할 수 있지만, 궁극적으로는 하나님의 살아있는 말씀인 성경 본문의 내용과 형식, 목적과 부합되도록 작성함으로, 본문이 이끄는 설교 말씀을 통하여 본문에서 드러나는 하나님의 분명한 뜻과 요구에 성도들이 기쁘게 순종하며 살아가도록 돕는 것이 중요하다.[38]

이러한 설교화 과정에서 그리스도를 알고, 그분을 닮아가도록 촉구하는 말씀의 적용은 특별히 예배의 전체 진행 속에서, 말씀 선포 이후의 성찬 예전과 파송의 예전으로 자연스럽게 이어지도록 하는데 매우 중요한 예배/예전적 함의를 지닌다.

앞서 설명한 대로, 설교에서 적용된 진리는 설교를 마친 후 드리는 목회적 기도에 자연스럽게 반영되도록 할 수 있을 것이다. 또한, 이후 그리스도와 실제적 연합을 경험하는 성찬 예전의 과정에서 설교자/집례자가 본문에서 비추는 그리스도와의 연합을 강조하며, 더 나아가 선포된 진리의 말씀을 적용할 수 있는 근본적인 원동력이 그리스도와의 연합에 있음을 신학적 내용과 경험적 참여로 확인시킴으로써, 설교에서 선포된 적용이 곧 성찬에서 경험되는 적용이 될 수 있도록 도울 수

---

[37] 칼뱅은 기독교강요 3.8.1에서 "하나님의 모든 자녀들은 그리스도를 닮도록 운명 지어져 있다"라고 말한다. Kuruvilla, 『설교의 비전』, 200에서 재인용.

[38] David Allen, "본문이 이끄는 설교의 실제적 준비", in *Text-Driven Preaching*, 김대혁 · 임도균 역, 『본문이 이끄는 설교』 (서울: 베다니, 2016): 186.

있을 것이다.

더 나아가, 파송의 예전에서 설교에서 구체적으로 제시한 회중의 삶을 향한 적용의 내용을 가지고, 다시금 성도의 교제, 세상 속에서 언약 백성다운 삶에 대한 다짐, 마지막 순서로 그렇게 살아가도록 다짐하는 성도들에 대한 삼위 하나님의 강복 선언으로 이어지도록 할 수 있을 것이다. 이처럼 설교화 과정에서 작성한 설교의 설명과 적용이 설교 안에만 남겨지지 않고, 설교 이후에 뒤따라오는 성찬 예전과 파송 예전에서도 자연스럽게 이어지게 함으로써, 예전적 아이디어들을 가지고 예배의 전체적 실행에 입체감 있게 유기적으로 연결되도록 할 수 있다.

3. 설교 작성의 과정과 통합된 예배와 예전의 실례

앞에서 설교 작성의 전체 과정이 예배/예전의 실천적 함의들로 확장되어, 설교와 예배 모두가 본문 중심으로 연계되고 통합될 수 있음을 확인하였다. 이를 구체적으로 확인하며 검증하는 차원에서 이 글은 마가복음 6장 32-44절의 예수님의 오병이어의 사건에 관해 본문 중심으로 설교와 예배를 통합하는 개략적인 실례를 보여주고자 한다.

1) 설교와 예배의 통합을 위한 주해화 과정

사복음서에 모두 등장하는 오병이어 사건의 대략적인 이야기는 비슷하다. 하지만 마가복음 본문에서는 제자들과 예수님께서 배를 타고 한적한 곳, 광야로 가는 내용으로 시작한다(32절). 그곳까지 도보로 따라온 무리를 보시고, 예수님은 그들을 목자 없는 양과 같이 불쌍히 여기시고, 그들에게 가르침을 주셨다(33-34절). 시간이 많이 지나, 굶주린 무리를 보고 제자들은 그들 스스로 사 먹게 하려고 하지만, 예수님은 무리를 푸른 풀밭에 앉게 하시고, 오병이어를 가지고 축사하시고, 빵을 쪼개고, 제자들에게 주시고, 무리에게 나누어 주게 하셨다.

따라서 본문의 주해적 핵심 사상은 무리를 불쌍히 여기시고 돌보시며, 오병이어의 기적으로 그들을 먹이신 하나님의 아들, 예수님에 관한 것이 일차적이어야 한다. 그리고 그 예수님은 자신의 제자들을 통하여 광야에서 굶주린 무리에게 떡을 공급하시는 기적을 베푸신 분이시기에, 예수 그리스도의 제자들은 예수님을 통해 돌보심과 만족을 얻을 뿐만 아니라, 자신들을 통하여서 예수님의 돌보심과 먹이시는 그 일이 이루어지도록 해야 한다는 본문의 핵심 사상을 파악할 수 있을 것이다.

이러한 설교를 위한 본문의 주해적 과정은 예배와 예전의 전체 주제로 확장될 수 있다. 즉 하나님과 그분의 아들, 예수 그리스도의 돌보심과 공급하심에 관한 내용이 예배와 예전의 전체를 이끄는 주제가 되도록 할 수 있다. 앞서 설명한 대로 성경 본문 중심으로 예배와 설교가 이루어진다면, 예배와 설교를 통하여 목자이시고 생명을 공급하시는 분이신 하나님이신 예수님에 관한 핵심 내용과 그분을 통하여 제자들과 예수님을 따르는 무리가 진정한 공급과 만족을 얻도록 하는 설교와 예배의 목적이 달성되도록 할 필요가 있다.

2) 설교와 예배의 통합을 위한 신학화 과정

앞선 본문의 주해화 과정의 결과물을 가지고, 신학화 과정에서는 성경 전체의 맥락에서 그 핵심 사상을 하나님이 이루어가시는 구속사의 관점과 인간 타락의 관점에서 검증해 볼 필요가 있다.

하나님 구속의 관점에서 살펴보면, 실제 이 본문의 내용은 구약에서 하나님의 출애굽의 은혜와 그 출애굽의 광야의 여정 속에서 그들을 목자처럼 인도하시고, 또한 만나로 그들을 공급하신 하나님에 대한 성품과 역사를 확인해 볼 수 있다. 더 나아가 구약에서 에스겔 34장 11-

15절에서 예언한 대로, 하나님이신 예수님께서 참 목자가 되어서 이스라엘 백성 가운데 오셔서, 그들에게 새로운 출애굽을 이루시며, 그들을 푸른 초장에서 먹이시고 공급하시는 모습으로 이어짐을 확인할 수 있다. 그 예수님은 하나님으로 그들에게 떡, 곧 생명을 공급하시는 분이시며, 광야에서 잔치를 베푸시는 분이시다. 예수님의 그 기적의 잔치는 과거의 하나의 사건으로 끝나는 것이 아니라 오늘날에도 지속된다. 주의 만찬을 통해서 성도들은 반복적으로 공급받을 뿐 아니라, 성도들은 결국 예수님과의 영원한 만찬(계 19장)에 들어가게 될 것이라는 내용을 설교를 위한 신학화 과정을 통해서 확인할 수 있을 것이다. 이러한 하나님과 예수 그리스도에 대한 이해는 부름, 말씀, 성찬, 파송에서 하나님과 예수님에 대한 선언에 활용될 수 있는 예전적 아이디어들이다.

반면 인간 타락의 측면에서 볼 때, 구약의 이스라엘 백성들이 하나님의 인도하심과 공급하심을 경험했음에도 불구하고, 불평과 불순종으로 참된 언약의 백성답게 살아가지 못한 사실이 성경신학적 관점에서 확인된다. 또한, 이 마가복음 본문에 등장하는 무리도 결국은 예수님을 참된 목자와 생명의 주인으로 인정하는 데 실패한다. 이러한 인간 타락의 모습은 오늘날 예배에 참석한 청중들에게도 여실히 나타나는 공통되는 문제임을 파악할 수 있다. 이 인간 타락의 관점에서 파악한 내용은 부름의 예전에서의 죄의 고백과 사죄의 선언, 말씀 예전에서 청중을 향한 불순종에 대한 경고와 예수님으로 인한 인도와 만족에 대한 격려, 성찬의 예전에서 그리스도의 연합에 참여한 언약 백성을 향한 합당한 반응, 그리고 파송의 예전에서의 언약 성도들의 다짐에서 예배와 예전적 아이디어들로 전반적으로 활용될 수 있을 것이다.

3) 설교와 예배를 위한 설교화 과정

앞선 주해화와 신학화 과정을 통해 확인한 내용을 가지고 설교자는 설교문을 작성해 나가면서, 그 과정에서 파악한 예배/예전적 아이디어들을 예배 실천에 활용할 수 있을 것이다. 이는 다음과 같은 설교의 개략적 흐름과 예배 구성의 흐름으로 표현될 수 있을 것이다.

설교		본문이 이끄는 설교의 주요 아이디어들	본문이 이끄는 예배/예전적 아이디어들	예배
주해화 결과물		예수님은 참 목자이자 생명의 떡으로 오셨다. 예수님은 오병이어의 기적으로 자신의 제자를 통해 광야에서 허기진 이스라엘 백성들에게 떡을 먹이셨다.	참 목자이시고 우리의 생명의 주인이신 하나님께서 우리를 부르십니다.	부름
			모든 영육의 필요를 채우시는 주님을 신뢰하여 따르지 않고 마음대로 살아간 우리의 죄를 용서하십니다.	
신학화 결과물		하나님이신 예수님은 참 목자이자 참 생명의 양식이시다.	우리는 참된 목자이시고, 영생의 떡인 주님을 신뢰해야 합니다.	말씀
		성도의 모든 필요는 주님께로 나온다는 사실을 믿고 그분을 전하는 삶을 살아간다.	우리는 신앙의 여정을 가는 동안 풍성한 생명을 주시는 주님을 나누며 전하는 자로 살아가야 합니다.	
설교적 결과물		설명) 우리는 참된 목자이시고, 영생의 떡인 주님을 신뢰해야 하며, 그분을 나누는 삶을 살아가야 한다.	참 목자이신 예수님께서 생명의 피와 영생의 떡으로 여러분에게 찾아가십니다. 그분의 피와 살에 동참합시다.	성찬
		적용) 우리는 광야 같은 삶의 여정에서도 참 공급자이시고 생명의 주인이신 주님을 신뢰해야 한다.	이제 주님의 피를 마시고 그분의 살을 먹은 우리는 참 생명을 나누어주는 제자로 살아가야 합니다.	
		적용) 우리는 신앙 여정에서 그 주님을 나누어 전하는 자로 살아가야 한다.	참 목자이고 풍성한 생명을 주신 주님을 닮아 살아갈 것을 함께 다짐합시다.	파송
		적용) 주님을 나누는 삶은 개인, 가정, 공동체를 넘어 영원히 계속되어야 한다.	주님을 따라 이 땅의 참 생명의 공급자로 살아가는 여러분에게 영원한 복이 있습니다.	

비록 이 실례에서 사용된 주해적, 신학적, 설교적 아이디어들과 예전적 아이디어들은 하나의 제안에 불과하다. 하지만 이러한 시도를 통해서 기독교 예배에서 설교가 극대화되거나, 분리된 요소가 아니라, 하나님의 말씀이 예배 전반을 이끄는 통합적 원리가 될 수 있음을 확인할 수 있을 것이다.

III. 닫는 글

기독교 예배에서 말씀의 중심성은 우리가 결코 포기할 수 없는 가치이다. 하지만 여기에서 말씀 중심성은 단순히 설교에만 국한되지 않는다. 다시 말해, 설교는 예배라는 더욱 큰 정황에서 볼 때, 하나의 예전적 요소이기 때문이다. 오히려 말씀 중심성은 설교의 중요성을 말함과 더불어, 예배 전체의 구성과 실행의 원리로써 더욱 통합적이고 입체적인 관점에서 이해되어야 한다. 예배는 하나님의 임재와 그분과의 언약의 갱신 사건으로 성경의 거대 담론, 곧 복음을 실행한다. 설교는 예배의 그 거대 담론의 실행 속에서, 구체적인 본문의 내용과 기능을 미시적으로 재현하는 것이다. 하지만 예배와 말씀의 동일한 신학적 내용과 목적을 고려한다면, 본문 중심적으로 반복적이고 정규적인 예배와 설교 수행이 이루어질 때, 예배 자체가 설교의 기능을 지니며, 설교는 예배의 기능을 지니게 된다.

이처럼 예배로서의 설교, 설교로서의 예배에 대한 이해와 구체적인 상호통합을 위한 실천적 시도를 고려하는 것은 예배가 성경을 근거로 한 하나님의 구속-언약의 거대 서사의 실행 속에서, 성경 본문을 근거로 한 설교를 한 부분으로 따로 떼어서 생각하는 것이 오히려 더 부자연스럽게 만든다. 예배가 삼위 하나님과의 교제와 연합을 통한 우리의 삶의 변화를 일으키는 것이라면, 설교는 결국 예배 속에서 우리를 부르신 삼위 하나님, 그분과의 관계의 회복, 그리스도의 은혜에 대한 인식과 그분과의 친밀한 연합을 이룬 우리가 일상의 예배의 자리로 나아가서 그곳에서도 하나님의 나라의 백성답게 그분과의 연합된 삶을 이루는 예배의 흐름과 함께 어우러지도록 해야 한다. 공적 예배를 통해서 설교는 개인을 넘어서, 공동체적, 그리고 종말론적으로 하나님 나라의 백성답게 생명력 있게 살아가는 삶의 모습으로 확장되어 나가야 한다. 이처럼 하나님의 구속과 언약 갱신의 사건을 성경대로 실행하는 예배는, 성경의 말씀 세계로 세상의 현실 세계를 바꾸어 내는 설교와 함께 통합되도록 해야 할 것이다. 한국교회 예배의 실천과 설교의 실행이 이런 통합적 말씀 중심성의 이해와 확신을 두고, 본문 중심적 예배와 설교로 통합과 상생을 이룰 수 있기를 기대해 본다.

참고문헌

김상구. "설교와 여타 예배 요소들과의 관계". 한국복음주의실천학회. 「복음과 실천신학」 12 (2006): 155-81.
―――. "초기 기독교 예배 형태에 관한 소고". 한국복음주의실천학회. 「복음과 실천신학」 13 (2007): 17-57.
김순환. "한국교회 예배의 현주소와 그 발전적 미래 모색". 한국복음주의신학회. 「성경과 신학」 63 (2012): 27-54.
―――. "한국교회 현대예배의 진로 모색을 위한 탐구와 제언". 한국복음주의실천학회. 「복음과 실천신학」 38 (2016): 38-67.
손재익. 『특강 예배모범』 서울: 흑곰북스. 2018.
이동영. 『송영의 삼위일체론』 서울: 새물결플러스. 2017.
이승우. "세대통합예배에서의 설교에 관한 연구". 한국복음주의실천학회. 「복음과 실천신학」 46 (2018): 169-201. https://doi.org/10.25309/kept.2018.2.20.169.
정장복. 『예배의 신학』 서울: 예배와 설교아카데미. 2018.
주종훈. "예배, 문화, 그리고 신학의 통합적 접근을 위한 예배신학의 새로운 발전". 한국복음주의실천학회. 「복음과 실천신학」 27 (2013): 44-72.
―――. "개혁주의 교회들을 위한 예배 갱신의 방향". 「개혁논총」 23 (2012): 93-121.
최성수. 『예배와 설교 그리고 교회』 서울: 예영커뮤니케이션. 2018.
Allen, L. David. "본문이 이끄는 설교의 실제적 준비". In *Text-Driven Preaching*. 김대혁·임도균 역. 『본문이 이끄는 설교』 서울: 베다니. (2016): 146-91.
Chapell, Bryan. *Christ-Centered Preaching: Redeeming the Expository Sermon*. 엄성옥 역. 『그리스도 중심의 설교』 서울: 은성. 2016.
―――. *Christ-Centered Worship*. 윤석인 역. 『그리스도 중심적 예배』 서울: 부흥과개혁사. 2009.
Currie, David A. *The Big Idea of Biblical Worship: The Development & Leadership of Expository Services*. Peabody: Hendrickson. 2017.
Hoon, Paul W. *Integrity of Worship*. Nashville: Abingdon Press. 1971.

Keller, Timothy. *Reformed Preaching*. 이은재 역.『개혁주의 설교학』서울: 나침반. 1993.

Kuruvilla, Abraham. *A Vision for Preaching*. 곽철호 · 김석근 역.『설교의 비전』경기: 성서침례신학대학교. 2018.

Quicke, Michael J. *Preaching as Worship: An Integrative Approach to Formation in Your Church*. 김상구 · 배영민 역.『예배와 설교』서울: CLC. 2015.

Robinson, Haddon W. "The Heresy of Application". In *The Art & Craft of Biblical Preaching*, ed, Haddon Robinson and Craig B. Larsen. 전의우 외 4명 역.『성경적인 설교와 설교자』서울: 두란노. (2006): 459-66.

────. *Biblical Preaching*. 박영호 역.『강해설교』서울: CLC. 2007.

Thomas, Derek W. H. "규정적인 원리". In *Give Praise to God*. 김병하 · 김상구 역.『개혁주의 예배학』서울: CLC. (2012): 143-74.

Thompson, Bard. *Liturgies of the Western Church*. San Diego: Martino Fine Books. 2015.

Warren, Timothy S. "A Paradigm for Preaching". *BSac* 148 (1991): 463-86.

────. "The Theological Process in Sermon Preparation". *BSac* 156 (1999): 336-56.

Weber, Robert E. *Ancient-Future Worship: Proclaiming and Enacting God's Narrative*. 이승진 역.『예배학』서울: CLC. 2011.

8장
본문성을 고려한 설교 계획과 교회 교육

A Study of Long-term Sermon Planning
with Textuality for Church Education

I. 여는 글

 최근 한국교회는 위기와 회복의 골든타임을 지나고 있다는 평가가 내려졌다.[1] 이런 평가에 대한 처방과 해법에는 항상 말씀으로 돌아가자는 설교 사역의 회복이 제시된다.[2] 교회의 일어섬과 넘어짐이 설교에 있다면,[3] 교회의 회복과 건강성을 지키기 위해 설교의 중요성은 간과될 수 없는 요소임이 틀림없다. 이와 더불어 교회의 위기 극복에 빠지지 않는 처방 중 하나가 바로 교회 교육의 회복이다. 설교가 교회를 만들고, 교육은 성도를 만든다는 말이 있듯이, 설교와 교육은 지금 위기의 한국교회를 회복시키는 중요한 키워드라 할 수 있다. 하지만 목회자

---

1 최윤식·최현식, 『2020-2040 한국교회 미래지도 2』 (서울: 생명의말씀사, 2015), 17, 117-49, 207-37.

2 최근 Covid-19 사태로 한국교회는 예배와 목회에 대한 집단적 각성과 더불어 다채로운 위기 처방들이 제시되고 있다. 하지만 뉴노멀(new normal) 시대에 대한 실천적 대안은 언제나 성경적 규범(biblical norm)을 확인하는 것에서 시작되어야 한다. 여기에 말씀 사역의 회복은 대안을 위한 출발점이어야 한다.

3 P. T. Forsyth, *Positive Preaching and Modern Mind* (New York: Hodder and Stoughtonm 1907), 5.

에게 설교와 교육은 서로 연관성 없이 동떨어진 실천적 과제인 양 교회 회복을 위한 각각의 다른 평가와 처방을 자주 접하게 된다.

실제 실천신학의 같은 분과에 속한 설교학과 교육학은 동일한 규범적normative, 실증/험증적empirical, 실천적practical 과제를 안고 있다.[4] 즉 하나님의 말씀을 통하여 변치 않는 진리를 파악하는 규범적 과제를 수행하면서, 우리가 섬겨야 할 세상과 문화, 사람을 이해하는 실증/험증적 과제를 고려하고, 더 나아가 이 둘 사이의 대화와 비판적 성찰을 통하여 교회의 실천적 과제를 제시하고 실행하는 사역을 함께 감당하고 있다. 이처럼 동일한 과제와 목표를 두고 있음에도 불구하고, 교회를 위한 설교학과 교육학의 통섭과 통합의 시도는 잘 이루어지지 않는 양상을 보인다.[5] 어쩌면 오늘날의 교회 회복은 설교와 교육의 서로 다른 처방 약이 필요한 것이 아니라 상호 작용하는 하나의 복합 처방전이 절실히 필요할지 모른다. 특히 다음 세대의 숫자가 점차 줄어드는 목회적 정황 속에서 세대 통합예배와 가정과 교회를 잇는 통합적 교육에 관한 관심이 점점 많아지는 요즘은 더욱 그러하다.

---

4   리차드 오스머(Richard R. Osmer)는 실천신학의 과제로서 세상에서 일어나는 일을 제사장적 듣기(priestly listening)를 통하여 파악하는 기술적-경험적 과제(the descriptive-empirical task), 세상의 문제의 본질을 읽어내는 현자적 지혜(sagely wisdom)를 얻는 해석적 과제 (the interpretive task), 문제에 대한 답으로 선지자적 분별력으로 진행되어야 할 일을 확정하는 규범적 과제 (the normative task)와 끝으로 섬기는 리더십 발휘하여 우리가 수행하는 일을 파악 제시하는 실용적 과제(the pragmatic task)를 말하며 이들 과제는 긴밀히 연결되어 있으며 통합적으로 진행되어야 함을 강조한다. Richard R. Osmer, *Practical Theology: An Introduction* (Grand Rapids, MI: Eerdmans, 2008), 220. 또한, 실천신학을 예수실천(christo-praxis)으로 이해하며 그 해석학적 과제로서 레이 앤더슨(Ray S. Anderson) 역시도 규범적 권위적인 근본(normative and authoritative ground)으로서의 성경을 해석하는 과제, 실증적 증거(empirical evidence)로서의 인간 실존과 공동체를 해석하는 과제, 복음의 빛 아래에서 교회의 행동에 대한 비판적 사고와 세상과의 대화를 통한 세상 속에서의 교회가 추구하는 변화를 향한 교회 실천(ecclesial praxis)의 본질과 행동을 해석하는 과제를 지니고 있다고 본다. Ray R. Anderson, *The Shape of Practical Theology* (Downers Grove, IL: InterVarsity Academic, 2001), 47-60.

5   이숙경, "현대 설교의 과제에 대한 기독교 교육적 고찰",「성경과 신학」67 (2013): 19-24.

이 글은 변치 않는 하나님 말씀의 진리(규범적 과제)를 오늘날의 교회 교육의 현장, 특히 회중/학습자에 대한 민감성을 고려하여(실증/험증적 증거), 그 현장의 실천적 과제로써 교회 교육을 위한 하나의 설교학적 제안을 하고자 한다(실천적 대안). 무엇보다 이 글은 하나님의 전반적인 경륜the whole counsel of God을 담은 성경 커뮤니케이션의 특징을 존중하면서 교회 교육을 체계적으로 이끌기 위하여 균형 잡힌 영적 식단 systemized & balanced preaching plan을 제공하는 교육학을 향한 설교학의 손 내밀기라 할 수 있다. 이를 위해 이 연구는 우선 설교와 교육의 상보적 기능과 통합적 접근의 필요성을 살펴보는 것으로 시작한다. 다음으로 회중/학습자들의 다양한 학습 방식, 현대 설교의 방법의 다양성, 그리고 성경 커뮤니케이션의 다양성과 그 교차점을 확인하면서 이들 간의 통합을 모색해본다. 이런 이론적 기반으로 성경 커뮤니케이션의 다양성(규범적 과제), 청중의 학습 방법의 다양성(실증적 과제), 그리고 설교 방법의 다양성(실천적 과제)을 통합해서 균형 잡힌 교회 교육을 정착시키기 위한 장기적인 설교 계획에 대한 실제와 구체적 모델을 제안하고자 한다.

II. 펴는 글

1. 설교와 교육, 교육과 설교의 통합적 접근의 필요성

1) 설교와 교육의 상관성 이해

설교와 교육은 교회의 사역에서 핵심적일 뿐만 아니라 필수적인 요소이다. 하지만 그 사역의 범위와 기능에 관한 이 둘 사역의 관계에 대해서는 다양한 의견들이 있었다. 서로의 중요성을 인정하면서도 각 사역의 범주에 대한 다른 이해와 강조점으로 교육의 한 부분과 유형인 설교, 혹은 설교의 한 기능인 교육이라는 관점이 서로 교차하고 있다.

(1) 잘못된 명확한 분리

1936년 찰스 다드Charles H. Dodd는 영국 킹스 칼리지Kings College에서 한 그의 강의를 통하여 설교와 가르침에 대한 정의를 내렸다. 그는 교육/가르침Didache이 일반적으로 윤리적 교훈에 해당한다면, 설교/선포Kerygma는 주로 복음과 하나님 나라의 선포에 관한 것으로 명확한 선을 그었다.[6] 다드Dodd의 주장에 따르면, 신약 성경에서 신학적인 요소와 윤리적인 요소로 분명하게 구분이 되는데, 신앙, 예배, 하나님과의 교제, 구원, 그리스도 안에서의 소망은 선포의 영역에 속하지만, 인간의 행위와 그리스도인의 삶의 요구사항, 그리고 도덕적 판단과 같은 내용은 가르침에 해당하는 것으로 이해함으로, 결국 양 사역이 별개의 것인양 고정되어 버린다.[7] 이처럼 다드의 정의는 설교와 교육이 교회 사역의 필수요소라는 중요한 말머리는 제공하였고, 이 둘 관계에 대한 다양한 견해를 끌어내는 물꼬를 텄지만,[8] 그의 인위적인 명확한 구분은 성경적 지지를 받는 것도 아니었으며, 이런 이분법적인 견해는 교육학과 설교학 모두로부터 비판의 대상이 되어왔다.

(2) 분리가 아닌 구분: 설교는 교육의 한 방법

우선 교육학의 측면에서 제임스 스마트James Smart는 다드의 이런 설

---

[6] Charles H. Dodd, *The Apostolic Preaching and Its Development* (Grand Rapids, MI: Baker, 1980), 7-8.

[7] Charles H. Dodd, *Gospel and Law: The Relationship of Faith and Ethics in Early Christianity* (New York: Columbia University Press, 1951).

[8] 설교와 교육에 대한 다양한 견해는 주로 설교가 교육의 영향을 받는다는 견해, 장소에 의한 분류하는 견해, 설교와 교육은 전혀 관계가 없다는 견해, 설교와 교육의 상호보완적으로 관계에 있다는 견해 등이 제시되었다. 한춘기, "설교와 교육", 『신학지남』 214 (1987, 겨울호): 127-29.

교와 교육에 대한 이분화된 구분이 기독교 교육을 윤리적 교훈에만 제한시키는 결과를 낳았고, 교회 교육에 대한 심각한 왜곡 현상을 초래한 것으로 평가한다.[9] 또한 노만 하퍼Norman Harper도 다드의 설교와 교육의 인위적인 구분은 성경에서 진리가 삶의 윤리와 분리될 수 없으며, 설교와 가르침의 대상이 구분될 수 없다는 점을 지적하면서 비성경적이라 지적한다.[10] 특별히 하퍼에 의하면, 설교와 교육의 차이는 내용과 대상에 있는 것이 아니라 그 형태가 다를 뿐이라 주장한다. 이와 맥을 같이 하여 로이스 레바Lois Lebar의 경우도 설교와 교육은 분리되지는 않지만, 구분되는 필수적인 교회 사역이며, 선포는 반드시 가르침의 사역을 수반한다고 본다.[11] 로이 주크Roy B. Zuck 역시도 선포와 교육을 구분하고는 있지만, 설교는 단순히 선포보다 더 큰 개념으로 이해하면서 설교를 가르침의 일부분으로 보고 있다.[12] 이처럼 교육학에서는 일반적으로 설교와 교육의 근본 목적과 내용은 같으나 그 취하는 방식에 있어서 차이가 있다는 주장을 수납하는 경향을 띤다. 다시 말해 교회의 교육에 보다 초점과 강조점을 둘 경우, 설교는 다양한 교육 방법의 하나로 이해된다.

(3) 분리가 아닌 구분: 교육은 설교의 한 기능

다드Dodd의 설교와 교육에 대한 엄격한 구분은 설교학계에서도 많은 비판을 받았다. 존 스토트John Stott는 예수님과 사도 바울의 사역에서 설교와 가르침은 서로 명백하게 구분되지 않으며 실제 이 둘은 성도

---

[9] James D. Smart, *The Teaching Ministry of the Church*, 장윤철 역, 『교회의 교육적 사명』 (서울: 대한 기독교교육협회, 1992), 25.

[10] Norman E. Harper, *Making Disciples*, 이승구 역, 『현대기독교교육』 (서울: 엠마오, 1984), 117-20.

[11] Lois E. Lebar, *Education That Is Christian* (Colorado Springs, CO: Cook Communications, 1989), 26.

[12] Roy B. Zuck, *Teaching as Jesus Taught*, 송원준 역, 『예수님의 티칭스타일』 (서울: 디모데, 2000), 143-45.

들의 영적 성장에 있어서 모두 있어야만 하며 상호 보충적 역할을 했음을 분명히 밝힌다.[13] 특별히 마이클 파슨즈Michael Parsons는 바울서신에서 직설법과 명령법으로 선포와 가르침을 지나치게 엄격하게 구분하는 다드의 주장은 바울의 사고를 제대로 이해한 것으로 볼 수 없고, 실제 바울서신의 구도는 그렇게 되어 있지 않다고 성경적 근거를 가지고 강력하게 주장한다.[14] 설교와 교육의 관계를 이해하면서 로버트 뎁니Robert Dabney는 설교의 가장 기본적 전제가 교훈성instructiveness이라 보며,[15] 바인즈와 세딕스Jerry Vines and Jim Shaddix는 설교는 기본적으로 분명한 설명을 요구하는 것으로 설교는 가르침의 요소를 포함하고 있으며, 특히 신약에서 설교자는 기본적 교리에 대한 체계적이고 의도적인 가르침을 우선시하고 있다고 설명한다.[16] 제임스 콕스James Cox 역시도 복음 선포와 기독교 교육에 대해서 명확한 구분을 할 수는 없지만, 설교의 본질에는 선포, 증인, 가르침, 예언적 성격을 지니고 있고, 특별히 가르침으로서의 설교는 설명과 논증의 요소가 반드시 포함되어야 함을 지적한다.[17] 이와 맥을 같이하여 존 파이퍼John Piper는 설교를 강해적 환희expository exultation로 요약하면서 선포와 가르침을 분리하지는 않지만, 설교는 성경의 진리를 설명하고 적용하는 이상의 것으로 진리의 영광을 보고, 그것을 맛보며, 그것으로 기뻐하는 것으로 정의하며 설교

---

[13] John Stott, *The Preacher's Portrait: Some New Testament Word Studies* (London: Tyndale Press, 1961), 40-51; Idem., *Between Two Worlds: The Challenge of Preaching Today* (Grand Rapids, MI: Eerdmans, 1982), 122.

[14] Michael Parsons, "Being Precedes Act: Indicative and Imperative in Paul's Writing" *Evangelical Quarterly* 60 (1988): 103.

[15] Robert L. Dabney, *Sacred Rhetoric, or, A Course of Lectures on Preaching* (Edinburgh: Banner of Truth, 1999), 105.

[16] Jerry Vines and Jim Shaddix, *Power in the Pulpit: How to Prepare and Deliver Expository Sermons* (Chicago: Moody Press, 1999), 20.

[17] James W. Cox, *Preaching: A Comprehensive Approach to the Design& Delivery of Sermon* (New York: Harper Collins, 1985), 8-14.

사역 속에 가르침을 포함한다.[18] 이처럼 설교학에서 설교와 교육은 서로 상보적 관계임을 강조하면서 주로 교육이 설교의 하나의 필수적 기능으로 인식되는 경향이 있다.

2) 같은 목적 아래에서의 상호보완적 가치: 다양성과 통합성의 조화

앞서 설명한 대로 분리되지는 않지만, 구분이 가능한 교회의 필수 사역인 설교와 교육은 목회자의 강조에 따라서 그 실제 사역의 모습이 달라질 수 있다. 즉 설교를 강조하는 목회자에게 교육은 설교 사역에 수반되는 한 기능으로 여겨지며, 반대로 교육에 강조점을 두는 목회자에게 설교는 교육의 한 부분이자 유형으로 인식하는 경향성을 보인다. 하지만 교육과 설교는 하나님의 말씀을 통하여 성도들의 삶이 변화와 성숙하도록 하는 그 목표와 방향성에 있어서 함께 통합된다. 동일한 목적을 달성해 나가기 위해서 아우구스티누스Augustine의 가르침을 설교의 가장 중요한 역할이라 여겼으며,[19] 말씀의 중심성을 강조한 존 칼빈John Calvin 역시도 "설교는 기독교에 대하여 가르치는 것이다. 그리고 설교의 목적은 신앙인을 교육하는 것이다"라고 말하며 설교에서 교육의 중요성을 강조했다.[20] 결국, 하나님의 말씀인 성경을 기반으로 하여 성도의 삶의 변화와 그리스를 닮아가는 성숙이라는 공통적 목표 아래에서 설교와 교육이 다양한 유형과 복합적 기능을 포함할 수 있다는 점에서 서로 상호보완적인 역할을 감당해야 한다.[21] 성경에서의 직설법과 명령

---

18 John Piper, *The Supremacy of God in Preaching* (Grand Rapids, MI: Baker, 2004), 10.

19 Augustine, *De Doctrina Christiana*, ed. John E. Rotelle, trans. Edmund Hill (New York: New City Press, 1996), 216. Augustine은 설교자의 세 가지 책무를 "가르치고 (to teach), 즐겁게 하고 (to delight), 움직이게 하는 (to move) 것"으로 정의한다.

20 William J. Carl III, *Preaching Christian Doctrine* (Philadelphia: Fortress, 1984), 60에서 재인용.

21 오현철, "설교와 목회의 유기적 관계 모델", 「성경과 신학」 61 (2011):161. 오현철은 목

법, 신학적 측면에서 칭의와 성화, 삶의 부분에서 진리와 윤리가 서로 구분은 가능하지만 떨어져 있지 않듯이, 설교와 교육 역시도 그 기능과 유형에 있어서 다양한 측면이 인정되면서도 동일한 목적과 방향성을 만족시킬 수 있는 통합적 시각과 시도가 필요하다.

3) 오늘날 교육을 지향하는 설교의 필요성

실제 설교와 교육의 상보적 가치를 인정하는 것보다 중요한 것은 이 둘을 어떻게 통합하여 실천적 적용을 이루느냐의 문제일 것이다. 특별히 통합적 시각과 다양성을 활용할 수 있는 적용점을 모색하여 실행하는 것은 오늘날 교회 현실을 고려할 때 더욱 절실하다. 오늘날 교육을 돕는 설교의 역할이 보다 강조되어야 하는 이유는 오늘날 성도들의 삶의 패턴 때문이다. 이 점에 대해서 예배학자인 김순환은 오늘날의 교회에는 초대교회가 그랬듯이, 신자와 비신자를 위한 예배가 따로 드려지지 않고 있으므로 예배에서 설교의 교육적 기능은 더욱 중요하며, 또한 오늘날 주일 하루 예배 출석에 그치는 성도들의 삶의 패턴을 고려할 때, 설교를 통한 교육의 역할이 매우 중요하다고 주장한다.[22] 이는 현재 한국교회에서 설교와 교육을 별개의 문제로 여기며, 교육을 위한 설교의 중요성이 과소평가되고 있는 실정에서 매우 시의적절한 지적이라 할 수 있다. 과거에도 그러했듯이, 오늘날 현대 설교는 교회 회중의 교육을 위해서 가장 기본적이면서 중심적인 역할을 감당해야 한다. 물론 이에 대해서 설교의 역할을 너무 과대평가해서도 안 된다. 하지만 성도들과 교회 공동체가 신앙과 삶의 규범을 성경을 통해 이루어가기 위해서는 설교와 교육을 인위적으로 구분하기보다는 이 두 사역의 통합적

회에 있어서 설교의 통전적 사역으로 교육을 언급하지만, 예전적 설교, 리더십 설교, 소그룹 설교의 모델은 제시하지만 교육적 설교에 대한 구체적인 모델은 제시하고 있지 않다.
22 김순환, "설교의 목적", 『복음주의 설교학』 (서울: 기독교문서선교회, 2003), 31.

접근을 위하여 현대 설교가 교회 교육에 이바지할 수 있는 여러 가지 방법을 모색하는 것이 시급해 보인다. 성경의 변치 않는 규범성을 따라, 청중/학습자에 대한 민감성을 가지고, 성경 세계와 회중/학습자의 세계를 연결하는 건실한 설교와 교육이 이루어질 수 있도록 통합적이며 구체적인 대안이 필요하다.

2. 교육적 설교를 위한 설교 구성요소들의 다양성

설교자는 기본적으로 삼위일체 하나님의 구속 사건을 정점으로 하는 말씀 세계와 오늘날의 정황 속에서 살아가는 회중 세계를 서로 분리하지 않고 함께 자연스럽게 연결해야 한다. 이처럼 설교의 구성요소는 삼위 하나님의 일하심 안에서 크게 하나님의 말씀인 성경, 설교를 전하는 설교자, 그리고 설교를 듣는 회중으로 이해될 수 있다. 설교는 이런 요소들이 합류하여 상호작용 속에 이루어지기에 그 역동성을 반드시 고려해야 한다. 동시에 설교자는 이 상호작용이 기계적인 조합으로 그쳐서 서로 분리 혹은 분열되지 않도록 각각의 요소들에도 민감해야 한다. 이런 측면에서 이 글은 설교 커뮤니케이션 행위 속에서 회중/학습자가 지닌 듣기/학습 방식의 다양성과, 그것에 맞게 설교할 수 있는 설교 커뮤니케이션의 다양성, 그리고 성경 자체가 지닌 커뮤니케이션의 다양성을 차례로 살펴보면서 이들 간의 교차점을 확인하면서 통합을 모색할 것을 제시하고자 한다.

1) 회중이 지닌 학습 방식의 다양성

주크Roy B. Zuck는 예수님의 설교를 교육적 시각에서 설명하면서 회중을 고려한 예수님의 다양한 가르침의 방식에 주목하고, 교육자-학습자의 다양성을 고려한 학습이 이루어지도록 해야 한다고 말한다.[23] 이와 맥을 같이하여 설교의 일방적 커뮤니케이션을 비판하면서 찰스 크레프트Charles Kraft는 복음을 전하는 것에 한 가지 방식만 고집하는 잘못된 신화를 버리고 말씀 전달자 위주의 기계적이고 일방적 전달이 아닌 인간의 이해에 기반한 수용자 편에서 이해할 수 있는 소통의 방법을 모색해야 한다고 주장한다.[24] 비록 이들의 주장에 예수님의 모델을 설교와 교육의 전형으로 삼고 있는 부분에 예수님의 방식을 그대로 사용할 수 있느냐는 문제가 제기될 수 있지만, 기본적으로 설교자가 성경의 세계만이 아니라 설교가 전달되어야 할 목표 지점인 회중을 고려한 다양한 접근 방식의 필요성에 대해서는 설교자에게 분명한 교훈을 제공한다.

실제 오늘날 회중/학습자의 학습 방식의 다양성을 인정하고 그 다양성을 통합하는 교육 실천에 대한 의견들이 다수 제시되었다. 현대 학습자의 학습 방식에 관한 연구는 회중/학습자가 설교를 듣는(학습하는) 과정은 단계들steps로 이루어지는 것이 아니라, 보다 유기적이며 자연스러운 패턴과 흐름으로 이루어진다고 일반적으로 이해한다. 대표적으로 데이빗 콜브David Kolb가 강조하는 학습의 사이클은 학습자가 학습 과정에서 일어나는 유기적 흐름이 지닌 역동성에 주목한다. 그에 따르면 학습의 과정은 기본적으로 4가지의 과정, 즉 구체적인 경험으로 시작하는 감정적인 영역에서 학습자와 연결connect되는 과정, 관찰과 숙고 reflective observation를 통한 자신의 경험을 비판적으로 사고해 보는 과정, 관찰과 숙고를 통한 추상적 개념화conceptualization를 통해 원리를 만들어내는 과정, 그리고 능동적 실증의 과정으로 학습자가 그 개념과 원칙을 실제 생활에 적용해보는 과정으로 구성된다. 요약하면 경험, 숙고, 개념, 실천의 사이클을 반복하면서 자신의 학습으로부터 행동을 다

---

23   Zuck, 『예수님의 티칭 스타일』, 116-21.
24   Charles H. Kraft, *Jesus, God's Model for Christian Communication*, 김동화 역, 『복음과 커뮤니케이션』 (서울: IVP, 1991), 120-25.

들어 나간다고 주장한다.25

　버니스와 대니스 맥카시Bernice & Dennis McCarthy는 이런 콜브Kolb의 학습 사이클에 대하여 단순히 사람들의 학습의 자연스러운 리듬 혹은 패턴에 부합될 뿐만 아니라 각각 학습자가 지닌 다양한 성향을 고려한 효과적인 교육 방식이라고 주장한다. 따라서 그들은 콜브Kolb의 모델을 활용하여 4MAT System의 교육 프로그램으로 만들어 사고와 행동의 축과 경험과 개념의 축을 기준으로 네 가지 영역으로 나누며, 그는 이 모든 영역을 포함하는 학습 프로그램의 효과성을 주장한다. 또한, 이 네 가지 영역은 정서적 영역, 인지적 영역, 의지적 영역, 그리고 통합적 뇌의 영역에 해당하는 것이며, 학습자들은 각각의 영역에서 서로 다른 학습 효과가 나타난다고 주장한다.26 이를 통하여 맥카시McCarthy는 이 네 가지 뇌의 영역을 모두 자극하며 다양한 학습의 사이클을 가지는 것이 학습자에게 효과적인 학습이 될 것을 주장한다.

　이런 학습자의 다양한 학습의 과정과 방식에 대한 이론들은 설교자가 성도의 신앙 교육과 형성을 위하여 교육적 설교를 구상할 때 중요한 두 가지 중요한 교훈을 제공한다. 첫째, 회중이 지닌 다양한 학습의 형태와 자연스러운 학습의 과정과 사이클을 고려할 때, 설교자는 한 가지 방식을 고집하여 회중이 자신의 설교에 익숙하게 되기를 바라기보다는 다양한 설교 방법을 활용해야 할 필요성을 일깨운다. 둘째, 회중에게 다양한 학습 효과에 대한 차이가 있다는 점을 고려할 때, 설교자는 한 편의 설교의 내용과 흐름에 통합적 학습효과를 한꺼번에 다 담는 시도

25　David A. Kolb, *Experiential Learning: Experience as the Source of Learning and Development* (Englewood Cliffs, NJ: Prentice-Hall, 1984), 42.

26　맥카시(McCarthy)는 학습자들이 각각의 영역에서 학습 효과가 학습자들을 정서적 영역에서는 상상력이 있는 학습자(imaginative learner), 인지적 영역에서는 분석적 학습자(analytic learner), 의지적 영역에서는 일반적 학습자(commonsense learner), 그리고 통합적 영역에서는 역동적 학습자(dynamic learner)로 분류한다. Bernice McCarthy and Dennis McCarthy, *Teaching around the 4MAT Cycle: Designing Instruction for Diverse Learners with Diverse Learning Styles* (Thousand Oaks, CA: Corwin Press, 2006).

를 넘어서는 다양한 회중을 위한 장기적인 교육 그리고 설교적 계획이 필요하다는 점을 시사한다. 즉 성경을 통한 학습자의 전인격적 삶의 변화와 성숙을 목적으로 하는 설교자는 회중의 학습 패턴의 다양성과 독특성을 고려한 통합적 교육적 설교의 계획이 필요하다.27

2) 오늘날 다양한 설교 방법론

설교의 유형에는 설교의 내용, 구성 방식, 전달 등의 기준에 따라서 다양하게 구획될 수 있다. 하지만 전통적으로 설교의 내용과 형태에 따라서 주제 설교, 본문 설교, 그리고 강해 설교의 세 가지로 분류를 따랐다. 물론 이런 전통적 분류는 매우 주관적이며 특별히 본문 설교와 강해 설교의 구분은 단순히 본문의 길이에 따른 분류로 여겨질 만큼 매우 주관적이다. 하지만 설교가 반드시 성경 본문을 근거로 한다는 설교 철학의 관점에서 볼 때 모든 설교가 강해 설교, 혹은 성경적 설교라 할 수 있다. 이런 성경적 설교라는 큰 범주 안에서 볼 때, 전통적으로 설교는 크게 두 가지 유형의 설교 방식, 즉 연속적 성경 읽기lectio continua를 따른 본문/강해 설교 방식과 선택적 성경 읽기lectio selecta를 따른 주제 설교 방식으로 나뉠 수 있다. 본문 설정과 주제 설정에 대해서 일정한 법칙은 없지만, 설교자가 일반적으로 회중을 위한 주제를 먼저 결정하여 그 주제에 관한 성경 본문을 찾아가는 주제 설교 방식과 본문에서 시작하여 설교의 주제를 정하고 회중에게 설교하는 연속 강해 설교 방식은 역사적으로 꾸준히 활용된 설교 방법이며 지금도 한국 설교자들에게 선호되는 방식들이다. 중요한 점은 성경적 설교의 큰 범주 안에 있는 주제 접근과 강해 접근은 본문과 회중에 대한 두 관심 모두를 놓치지 않고 있다. 실제 전통적 연속 강해 설교의 전형으로 여겨지는 칼뱅

---

27 Gary Newton, *Heart-Deep Teaching: Engaging Students for Transformed Lives* (Nashville, TN: B&H Academic, 2012), 148-49.

의 설교에 대해서 토마스 파커T. H. L. Parker는 칼뱅도 회중이 단순히 성경을 아는 것에만 머물지 않고 회중이 성경에 더욱 친밀해지기 위해서, 자신이 청중의 언어로 소박하고 친밀하게 말하는 방식을 선택하였다고 말한다.28 즉 성경의 계시 세계와 청중의 현실 세계와의 든든한 다리 놓기는 반드시 상호 균형성과 상호 듣기의 훈련이 필요하다는 점을 잘 보여주는 예라 할 수 있다.

1970년대를 지나면서 신설교학the new homiletic은 기존 전통적 성경적 설교의 방식에 대한 도전과 더불어 다양한 설교 방법론을 제시하였다. 설교자의 권위와 설교의 논리적 내용을 강조하면서 설교자 중심의 전통적 설교 방식에 대하여 설교를 듣는 청중의 역할과 지위에 관심을 둔 다양한 설교 형식과 방법론들이 제기되었다. 특히 기존의 연속적 강해 설교가 지닌 하나님의 말씀에 대한 권위의 강조와 설교의 내용적 측면에서 인지적 논리성에도 불구하고 회중에 대한 고려가 부족함으로 지겹고 산만한 설교boring and discursive preaching라는 비판을 제기한 신설교학은 청중의 가치를 높이며 다양한 설교학적 방법론, 특히 설교의 구성과 전달에 대해서 다양한 방법을 제시해 왔다. 여기에는 프래드 크래독Fred B. Craddock의 귀납법적 설교 방식inductive movement,29 유진 로우리Eugene L. Lowry의 한 플롯 방식의 설교 방식the Lowry's Loop,30 현상학적 설교phenomenological preaching로 유명한 데이빗 버트릭David Buttrick의 청중의 의식에 "상image"을 형성하는 다섯 혹은 여섯 가지의 플롯 형식의 "흐름move"을 따라 설교하는 방식31 등이 속한다. 이는 기

---

28 Thomas. H. L. Parker, *Calvin's Preaching* (Louisville, KY: Westminster John Knox Press, 1992), 139-40.

29 Fred B. Craddock, *As One Without Authority*, revised ed. (Atalanta, GA: Chalice Press, 2001), 47-55.

30 Eugene L. Lowry, *The Homiletical Plot: The Sermon as Narrative Art Form*, expanded ed. (Louisville, KY: Westminster John Knox, 2001), 4-14.

31 David Buttrick, *Homiletic: Moves and Structures* (Philadelphia: Fortress Press,

존의 전통적인 주제 설교와 강해 설교가 지닌 논리적 내용을 지나치게 강조한 것에 대한 반동으로, 청중의 가슴을 움직이는 감정적 요소와 체험에 더 주안점을 둔 설교 방법론이라 할 수 있다.[32]

물론 각각의 설교 방식에는 설교자의 성경관과 설교 철학이 담겨 있기에 단순히 설교 방식이 자신의 설교를 결정하며 이끌도록 하는 것은 바람직하지도 효과적이지도 않다. 하지만 현대 설교학계의 방법론적 도전과 응전을 통한 발전 과정에서 설교자가 활용 가능한 다양한 설교 방식에 관심을 기울일 필요가 있다. 다시 말해서, 설교 방법론적인 측면에서 현대 설교학 안에는 성경 본문을 청중들이 잘 이해하도록 설명하고 적용하기에 쉬운 연속적 강해 설교 방식consecutive expository method, 본문에 대한 해석학적 충실성을 가지면서도 회중의 필요에 민감하여 삶의 정황에 맞는 주제를 설명하고 구체적인 적용을 하기에 쉬운 주제 설교 방식topical approach, 최근에 청중의 귀에 들리며 그들이 설교를 통한 진리를 경험하도록 하기에 용이한 내러티브 설교 방식narrative approach, 기타 다양한 설교 방법론의 장점들을 활용한 통합적 설교 방식mixed approach 등 다양한 설교 방식을 제공하고 있다. 이는 성경 세계만이 아니라 회중 세계를 모두 이해하며 효과적인 설교를 해야 할 과제를 안고 있는 설교자에게 다양한 설교 방식을 제공하여 선택의 폭을 넓혀 주었다.

더욱이 앞서 언급한 교육학에서 학습자의 학습 과정에 대한 이론들은 이런 현대 설교 방법론의 강조점과 다양성과 교차하고 있다는 점에 주목할 필요가 있다. 여기에 대해서 캔트 앤더슨Kent Anderson은 앞서 학습자의 학습 패턴의 다양성을 강조한 콜브Kolb의 분석을 기반으

1987), 24-28.

[32] Robert R. Reid, "Postmodernism and the Function of the New Homiletic in Post-Christian Congregations," *Homiletic*, no. 20 (Winter 1995): 7. 레이드(Reid)는 신설교학의 두 가지 두드러진 점을 "설교에 있어서 이성적 패러다임(rationalistic paradigm)과 명제적 논리(propositional logics)에 대한 부정, 그리고 청중의 체험을 창조하는 것(the creation of experience for audience)에 대한 근본적인 강조"로 요약한다.

로 통합적 설교의 방식을 제시한다. 즉 연역적/귀납적 방식의 축과 인지적/정서적 방법의 축, 크게 두 축으로 나누어 앞서 현대 설교 방법론의 흐름 속에서 나타난 네 가지 형태의 설교 방식을 모두 통합하고자 하는 노력을 한다. 즉 기존의 논리성이 강조되는 선언적 형태의 강해 설교 방식, 문제의 제시와 해결을 위한 실용주의적 주제 설교 방식, 청중의 반응과 경험을 위주로 하는 이야기체 설교 방식, 그리고 이미지와 정서를 자극하여 비전을 주기에 적합한 예시적 설교 방식으로 나누며, 각각의 영역을 모두 만족시키는 통합형 설교 방식을 제시하고 있다. 이런 제시를 통해서 앤더슨은 오늘날 설교자들이 이런 다양한 설교의 형태를 선택하여 탄력적으로 활용함으로 회중들에게 효과적인 설교를 할 수 있다는 점을 강조한다.[33] 또한, 로버트 레이드Robert Reid도 설교의 권위와 설교 전달의 언어적 차원에서 네 가지 형태의 설교 목소리, 즉 논증 중심의 가르치는 목소리the teaching voice, 행동 형성 중심의 증언하는 목소리the testifying voice, 여행 중심의 지혜자의 목소리the sage voice, 격려하는 대변자의 목소리the encouraging voice로 나누며 설교 전달에 있어서 다양성을 강조한다.[34] 비록 앤더슨Anderson과 레이드Reid가 같은 범주로 설교의 형태와 방식mode을 구분하지는 않지만, 적어도 이 둘의 주장은 설교자가 회중의 다양한 학습 스타일을 고려하여 다채로운 설교적 접근을 할 필요가 있다는 점에서 동일한 방향성을 보여준다고 할 수 있다.[35]

이처럼 학습자의 학습 패턴과 설교자가 활용할 수 있는 설교 방법에는 공통점과 교차점을 발견할 수 있다. 설교자의 입을 통해서 하나님의

---

33 Kent Anderson, *Choosing to Preach*, 이웅조 역, 『설교자의 선택』 (서울: 성서유니온선교회, 2008).

34 Robert Stephen Reid, *The Four Voices of Preaching: Connecting Purpose and Identity behind the Pulpit* (Grand Rapids, MI: Borzos Press, 2006).

35 비슷한 주장에도 불구하고 레이드는 네 가지 목소리를 통합하기보다는 하나의 자신의 목소리(authentic voice)를 찾는 것으로 귀결되는 반면, 앤더슨은 네 가지 설교의 방식을 하나로 통합하는 방식(integrative approach)을 선호한다.

변치 않는 말씀을 오늘날의 청중이 듣는다는 기본적인 커뮤니케이션의 방향성을 생각할 때, 기계적으로 완벽한 쌍방적 커뮤니케이션의 방법이 강단 위에서 이루어지는 것에는 분명한 한계가 있다. 하지만 다양한 청중의 학습 능력과 패턴을 고려하여 설교자가 오늘날 주어진 다양한 설교 방법론을 충분히 활용한 효과적인 설교는 할 수 있다. 따라서 균형 잡힌 교육적 설교를 위해 설교자는 회중의 학습 패턴과 다양한 설교 방법론에 대한 이해는 이론을 넘어 실천적 통합이 요구된다.

3) 성경 커뮤니케이션의 다양성 고찰

교육 방식의 선택에는 반드시 의도성이 있듯이 설교자의 설교 방법의 선택에도 반드시 의도성이 있다. 하지만 설교자의 의도성은 단순히 청중에게만 또는 설교자 자신에게만 있는 것이 아니다. 무엇보다 중요한 것이 성경에 기초한 의도성이다. 즉, 설교자와 회중의 수평적 관계에 앞서 성경 커뮤니케이션의 의도성이라는 수직적 관계에 근거한 설교 방식의 선택이어야 한다. 이런 관점에서 볼 때, 다양한 회중의 학습 패턴과 독특성을 고려하여 설교자가 설교 방식을 선택하는 문제에 있어서 반드시 성경 커뮤니케이션 방식을 고려해야 한다. 다시 말해 성경적 설교가 성경 본문에 근거한다고 할 때, 과연 성경 본문이 설교자가 자신의 선호에 따라서 혹은 회중의 성향에 따라서 설교 방식을 자유롭게 선택할 정도로 중립적이며 수동적인지 자문해 보아야 한다.

실제 성경을 하나님의 커뮤니케이션 방식으로 볼 때, 성경은 다양한 장르를 통하여 의미를 전달하며, 그 본문의 장르는 성경의 정보만을 전달하는 것이 아니라, 사람들의 지·정·의를 자극하는 중추적인 역할을 감당한다. 이런 성경 저자가 쓴 성경의 기술 방식 혹은 장르적 특징은 설교자가 청중을 고려하여 마음껏 설교 진행 방식을 택하는 것에 영향을 준다. 로버트 롱에이커Robert Longacre에 의하면, 언어학적인 측면에서 언어를 사용하는 기본적인 담화는 보편적으로 네 가지의 기본적인 장르들, 즉 내러티브 장르narrative genre, 절차적 장르procedural genre, 권고적 장르hortatory genre, 그리고 설명적 장르expository genre가 있다고 설명한다.36 이런 장르들은 하부 장르들과 혼합된 형태로 성경에서도 발견된다. 성경에서 가장 많은 비중을 차지하는 장르는 내러티브 장르로서 구약의 많은 부분과 신약의 복음서와 사도행전이 주로 여기에 속한다. 또한, 대표적인 절차적 장르로는 하나님의 구체적인 지시와 명령과 행동 규범이 주어지는 곳인 출애굽기 25-40장을 예로 들 수 있다. 하나의 독립된 장르라기보다는 주로 다른 장르와 함께 사용되는 장르인 권고적 장르는 구약의 선지서와 신약의 서신서에서 내용만이 아니라 본문의 무드와 어조를 통해서 확인할 수 있다. 대표적인 설명적 장르로는 논리와 논증적 요소가 잘 드러나는 신약의 서신서가 여기에 해당한다. 물론 구약의 선지서는 내러티브와 시 장르를 혼합한 권고적 장르로 이해할 수도 있고, 서신서의 경우에도 설명적 장르와 권고적 장르의 혼합형 장르로도 이해 가능하다.

성경이 이런 장르적 특징을 가지고 내용만이 아니라 다양한 커뮤니케이션의 방식을 사용하면서 내용의 일방적 전달이 아니라 내용을 본문의 연역적, 귀납적, 혹은 혼합적인 방식으로 역동적인 효과를 가져다주는 통합적 커뮤니케이션이라는 점을 인정할 때, 설교자에게 성경 커뮤니케이션의 다양성은 설교의 방법론의 다양성과 청중의 다양성을 가늠하는 잣대이자 모판을 제공한다.37 이점은 무엇보다 신구약 성경 말씀 전체,

---

36 Robert E. Longacre, *Grammar of Discourse*, 2nd ed. (New York: Plenum Press, 1996), 3.

37 여기에 관한 주장은 주로 본문이 이끄는 설교(text-driven preaching)를 주장하는 글에서 확인된다. 김대혁, "장르적 성격이 살아나는 설교 방법론 제안: 비탄시를 중심으로", 「복음과 실천신학」 30 (2014): 42-88 혹은 Daniel L. Akin, David L. Allen, and Ned L. Mathews, Text-Driven Preaching: God's Word at the Heart of Every Sermon (Nashville, TN: B&H Publishing, 2010)을 참조하라.

성경에 기록된 하나님의 전체적인 계획the whole counsel of God이 우리의 신앙과 삶의 규범이 되도록 성경을 통해 건강한 성도로 성장하는 것을 목적으로 두는 설교자에게 크게 세 가지 실천적 도전과제를 던져준다.

첫째, 하나님의 커뮤니케이션 방식을 담고 있는 성경을 존중하면서 이를 반영할 수 있는 다양한 설교 방식을 활용하며 개발에 힘써야 한다는 점이다. 둘째, 앞서 설명한 대로 설교자에게는 회중의 학습 방식과 설교의 다양한 방식을 성경의 커뮤니케이션 내용과 방식 아래에서 검증하는 비판적이며 통합적 접근을 요구한다. 즉, 회중의 학습 방식의 고려와 설교자의 다양한 설교 방식의 구현이라는 실증적 실천적 과제의 축은 반드시 하나님 말씀의 커뮤니케이션이라는 규범적 축의 교차점을 찾는 노력이 수반된다. 셋째, 성경 커뮤니케이션의 존중은 무엇보다 한편의 설교 구성의 차원을 넘어서 설교자에게 장기적 설교 계획에 대한 안목을 가지도록 한다. 성도들의 균형 잡힌 신앙 형성을 위해서 설교자의 선호나 학습자의 학습 패턴이라는 실천적/실증적 과제에만 함몰되지 않으면서, 하나님의 전반적인 구원의 역사, 계시의 전반을 다양한 장르로 우리에게 주신 성경을 설교자는 규범적 과제에 충실하도록 하는 장기적 설교 계획으로 세워야한다. 결국 균형 잡힌 교육을 위한 설교의 적용과 실행은 설교자에게 성경 커뮤니케이션(규범성), 자신의 설교 커뮤니케이션(실천성), 회중의 커뮤니케이션(실증성)의 요소들을 해석학적/실천적 과제들로 진지하게 고려하며, 각각의 요소들의 다양성을 통합하는 장기적인 설교 계획을 필요로 한다.

3. 균형 잡힌 교육적 설교를 위한 장기적 설교 계획의 실제

전통적인 수사학의 기본적인 모델에서 설교를 주로 단기적 행위로 보는 것과는 달리, 랜달 니콜스J. Randall Nichols가 말하듯이, 설교는 청취의 장치들, 세계관, 특정 지역의 역사, 회중의 필요, 구사하는 언어적 요소들과 전달 방법, 현장성 등 다양한 요소들이 복합적으로 담겨 있는 "커뮤니케이션의 현장"이다.[38] 이런 복합적 커뮤니케이션 속에서 이루어지는 설교는 설교자에게 장기적인 과정을 구상하도록 하며, 이 장기적 과정 속에는 교회 교육을 비롯한 보다 광범위한 "커뮤니케이션의 관점"에서의 목회를 생각하도록 만든다.[39] 이 점에 대해서 스테판 러미지[Stephen Nelson Rummage]는 한편의 단기적 설교 작성은 목회적 계획안에서 이루어져야 할 것을 강조하면서 장기적 설교 계획의 필요성을 피력한다.[40] 그는 이러한 설교의 출발점으로 설교를 위한 성경적 목적, 즉 하나님의 말씀을 선포하여 회중들이 하나님을 신뢰하며 그들이 하나님을 위한 사역에 준비되며, 그리스도를 닮아가는 영적 성장을 이루도록 하는 장기적인 관점에서 설교 전략을 짜야 한다고 주장한다. 동시에 이를 위해서 청중의 숫자, 연령 분포, 그들의 직접적 그리고 영적 필요를 분석하면서 설교 방식의 전략을 결정·수정하는 청중 분석이 필요함도 놓치지 않는다.[41] 더 나아가 청중 분석을 통해서 청중에게 필요한 지식과 이해를 도모하는 설교의 인지적 목적cognitive objectives, 회중의 의견, 신념, 가치와 감정들의 변화를 도모하는 태도적 목적attitudinal objectives, 그리고 회중의 삶의 스타일과 습관을 성경의 규범에 맞게 행동하도록 변화시키는 행동적 목적behavioral objectives을 구체화함으로 성경의 목적과 교육의 목적을 함께 만족시킬 수 있는 설교 방법과 계획이 함께

---

[38] J. Randall Nichols, *The Restoring Word: Preaching as Pastoral Communication* (Eugene, OR: Wipf & Stock Pub, 2008), 13.

[39] Seward Hiltner, *Preface to Pastoral Theology* (Nashville, TN: Abingdon Press, 1958), 37.

[40] Stephen Nelson Rummage, *Planning Your Preaching: A Step-by-Step Guide for Developing a One-Year Preaching Calendar* (Grand Rapids, MI: Kregel, 2002), 14-15.

[41] Rummage, *Planning Your Preaching*, 41-49.

필요하다고 지적하고 있다.⁴² 이처럼 설교가 복합적 커뮤니케이션의 현장이며 장기적인 과정이 요구되는 것이라면 설교는 반드시 '커리큘럼'의 계획이 필요하며, 이는 규범적, 실증적, 실천적 과제를 통합적으로 어우러진 실제적 설교 계획안을 요구한다.

1) 성경, 설교, 회중을 고려한 장기적 설교 계획 수립의 실제

설교 계획안의 중요성에 대한 강조가 전혀 없었던 것은 아니다. 실제 목회 현장에서 설교 계획은 자연스럽게 이루어진다. 하지만 성경, 설교, 회중을 모두 고려하여 연구된 결과물은 드물었다고 말할 수 있다. 이들을 모두 고려한 장기적 설교 계획은 성경 전반에 대한 체계적인 말씀 선포의 중요성에 대한 확신에서 출발한다. 여기에 대해서 데이빗 라센David Larsen은 오늘날의 설교가 점차 체계적이지 않게 되어서 하나님의 계시 말씀에 대하여 끔찍한 범죄를 저지르는 경향이 있다고 지적하면서 성경 전반을 설교하는 것을 현대 설교의 중요한 과제로 다루고 있다.⁴³ 마크 데버Mark Dever와 그레그 길버트Greg Gibert도 현대 설교자가 다루기 어려운 본문이나 청중이 기피할 수 있는 본문을 피하지 않고, 회중들이 성경 해석학적 안목을 길러내며 그들의 영적 건강성을 유지할 수 있도록 성경 전반을 골고루 설교할 것을 강력히 주장한다.⁴⁴ 하지만 이런 바람직한 신념과 목적이 성경을 처음부터 끝까지 연속적으로 설교하는 설교자의 획일적인 방식을 요구하는 것은 아니다. 밀라드 에릭슨Millard Erickson과 제임스 헤플린James Heflin의 주장대로 "설교는 진

---

42 Rummage, *Planning Your Preaching*, 50-53.

43 David L. Larsen, *The Anatomy of Preaching: Identifying the Issues in Preaching Today* (Grand Rapids, MI: Kregel, 1989), 86.

44 Mark Dever and Greg Gibert, *Preaching: Theology Meets Practice* (Nashville, TN: B&H Publishing, 2012), 67.

공상태가 아닌 현실에서 이루어지는 것이므로, 설교자가 그 상황을 깊이 이해하므로 설교 계획을 더욱 지혜롭게 세울 수 있어야 한다."[45] 또한, 성경 전반을 설교하는 것과 청중을 고려한 지혜로운 설교의 계획과 함께 목회적인 강조점과 지향점이 반영되도록 장기적인 설교 계획을 구성해야 한다. 이 점에 대해 웨인 맥딜Wayne McDill은 설교의 계획을 짜는 데 있어서 예배의 목적과 형태, 청중을 염두에 두고 그 차이점을 분석하며 설교 일정을 짜야 할 것과 동시에 목회 계획 속의 중요 행사들을 미리 염두에 두고 연간 혹은 분기별 설교를 계획하는 것은 설교를 준비하는 숙성기간이 필요한 설교자와 설교를 듣고 사역에 동참하는 회중에게 매우 중요하다고 지적한다.[46] 이처럼 교육을 위한 설교자의 장기적인 설교 계획안에는 신구약 성경 말씀과 장르별 배치를 통한 성경 전반을 설교함으로 성도들의 영적 건덕을 이루고자 하는 설교자의 신념, 청중의 상황에 대한 고려한 본문과 주제 선정, 그리고 설교자의 장단기 목회 철학의 강조점과 방향성을 반영하는 설교 계획과 실제적인 다양한 설교 방법이 포함된다.

(1) 신구약 전반과 성경 장르에 충실한 설교 계획 짜기: 탄력적 강해 설교 방식의 적용

균형 잡힌 장기적 설교 계획을 구성하기 위해서 설교자는 우선 연속 읽기Lectio Continua의 방식을 따르는 것을 설교 계획의 기본적 틀로 잡을 수 있다. 이 방식을 설교 계획에 적용할 때, 성경의 각 권을 책별 혹은 장별로 연속적 설교를 할 수 있다. 실제 일 년 가운데 연속 강해가

---

[45] Millard J. Erickson and James L. Heflin, *Old Wine in New Wineskins: Doctrinal Preaching in a Changing World*, 이승진 역, 『건강한 교회를 위한 교리 설교』 (서울: CLC, 2005), 244.

[46] Wayne McDill, *12 Essential Skills for Great Preaching*, 2nd ed (Nashville, TN: B&H Publishing, 2006), 217-18.

가능한 시기를 찾아서 그 본문과 분량을 정해야 한다. 연속 강해의 방식을 기준으로 설교 계획을 구성하는 것은 성경을 존중하며 강조하는 가장 중요한 방식이며 회중들이 성경 전반에 대한 지식을 얻을 수 있는 기본적인 방식이다. 하지만 성경 전반을 설교하기 위한 강해 설교가 너무 많은 설교의 횟수로 인하여 회중의 필요를 제대로 반영하지 못할 수도 있다.[47] 이런 문제점에 대해서 해롤드 브라이슨Harold Bryson은 오늘날 연속 강해의 경우 6-24번의 설교 단위로 하여서 최소한 6개월 안에는 연속 강해를 마칠 수 있도록 하는 것이 바람직하다고 조언한다.[48]

이처럼 성경 전반을 설교하기 위해서 설교자는 설교 단위의 탄력적인 조절이 필수적이다. 라센David Larsen은 설교 본문의 다양성과 역동성을 위해서 신구약과 복음서와 서신서를 파노라마식 관점과 미시적 관점을 골고루 사용하여 본문을 선택할 것을 권한다.[49] 동일한 맥락에서 데버Mark Dever와 길버트Greg Gibert는 성경의 다양한 장르들과 신약과 구약의 성경을 오가며 설교하기 위해서 설교자가 본문 선택에 대한 설교자의 고도 조절이 필요하다고 말한다.[50] 즉 설교자는 본문 선택에 있어서 성경 한 권 전체를 높은 고도에서 조망하여 설교하는 권별 설교, 중간 고도에서 조망하여 넓은 본문의 시리즈 설교(예를 들어, 창세기를 5번에 나눈 인물 설교), 고도를 아주 많이 낮추어 특정한 한 부분을 설교 단

---

47 Rummage, *Planning Your Preaching*, 79

48 Harold T. Bryson, *Expository Preaching: The Art of Preaching through a Book of the Bible* (Nashville, TN: B&H Publishing, 1995), 79.

49 Larsen, *The Anatomy of Preaching*, 86.

50 Dever and Gibert, *Preaching*, 67-70. 신구약 장르에 따른 그들의 연간 설교 계획에 대한 예로 복음서(마가복음 13회), 역사서(에스라 4회), 바울서신(데살로니가전서 7회), 대선지서 (에스겔 4회), 일반서신 (권별 설교 9회), 지혜서 (잠언 5회), 복음서 (막 1:1-3:6 9회), 율법서(신명기 5회), 바울서신 (디모데 전후 6회), 역사서 (역대상하 4회), 일반서신 (요한1서 5회), 소선지서(요엘 4회), 복음서 (막 3:7-6:6 6회), 지혜서 (아가서 2회), 성경 전반 (성경 신학적 설교 2회), 바울서신 (디모데전서 3회), 일반서신 (야고보서 5회), 역사서 (여호수아 5회), 복음서 (요한복음 11회), 대선지서 (권별 설교 4회), 지혜서 (권별 설교 5회), 일반서신 (베드로전서 13회)로 구성한 계획을 보여준다.

위로 나누어서 연속 설교하는 입체적 구성이 필요하다고 강조한다. 따라서 성경의 장르의 특징을 따라 내러티브 장르에서는 이야기 단위의 더욱 긴 설교 본문을 택하여 그 장르의 특징을 반영할 수 있는 내러티브 설교 기법을 활용하고, 서신서의 경우 각 문단 단위를 기준으로 탄력적으로 단위를 설정하여 본문의 특징을 담아내는 설교 방법을 사용하는 것이 가능하다.[51] 이외에도 장별로 핵심 문단이나 구절을 설교하거나 각 권의 핵심 구절들로 연속 설교하는 강해적 주제 설교 방식과 시편의 경우 주제별로 분류해서 설교하는 주제적 강해 설교 방식 등을 혼합하여 활용할 수 있다. 따라서 전통적인 연속 설교의 방식 이외에도 성경적 내러티브 설교, 성경적 주제 설교가 가능하도록 함으로써 회중들이 신구약과 서로 다른 장르들을 오가며 성경 전반에서 골고루 말씀을 들을 수 있게 설교 계획을 구성할 수 있다.[52] 이처럼 설교자가 연속 읽기Lectio Continua 방식을 따라 성경 본문을 선택함에서도 장기적인 계획을 고려한 망원경적 전망telescopic perspective과 각 본문의 특징을 담아내는 현미경적 전망microscopic perspective을 함께 고려하여 설교 계획을 마련할 수 있다. 이를 통해 성경 전반을 설교하면서도 교회와 사회적 정황에 민감한 설교를 함께 구성할 수 있는 목회적 적용이 가능하다.

(2) 청중의 필요에 민감한 설교 계획 짜기: 성서정과 설교, 주제/교리 설교 방식의 적용

설교자는 전통적인 선택적 읽기Lectio Selecta 방식으로 설교를 계획할 수도 있다. 이 방법은 기본적으로 설교자가 교회의 목회와 회중들의 생

---

51 Rummage, *Planning Your Preaching*, 91-93. 러미지(Rummage)는 로마서를 가지고 몽고메리 보이스(James Montgomery Boice)의 5년간의 239번의 설교, 위어스비(Warren Wiersbe)의 13번의 설교, 켄트 휴즈(Kent Hughes)의 33번의 예를 들면서 설교자의 연속 강해 설교도 망원경적, 현미경적 관점을 가지고 설교 단위를 탄력적으로 이루어질 수 있음을 보여주고 있다.

52 Rummage, *Planning Your Preaching*, 96-97.

활과 밀접한 관계를 맺는 가운데, 상황context을 중시하면서 본문을 선택하는 것을 말한다. 교회의 역사 속에서 가장 선호된 방법으로, 설교자가 자신의 목회 계획과 교회의 필요를 따라서 매 주일 본문을 선택하는 방식으로 현재 한국교회 강단에서 가장 많이 애용되는 선택법이라 할 수 있다.

대표적인 선택적 읽기Lectio Selecta의 설교 방식으로 교회력에 따른 성서정과에 따른 설교lectionary preaching를 꼽을 수 있다. 스튜어트 브리스코Stuart Briscoe에 의하면, 예수님의 구원역사를 매년 재현하는 교회력을 따르는 성서정과 설교는 설교와 예배의 주제의 통일성을 얻을 수 있으며 이를 통하여 성도들에게 예수님의 생애와 성도의 삶에 대한 중요한 교리들과 성경의 주요 주제들을 가르칠 수 있다.[53] 스티븐 패리스Stephen Farris도 성서정과에 따른 설교는 성경의 주요 내러티브와 신학적 주제들을 포함하는 폭넓고 다양한 설교 본문들로 설교할 수 있다고 주장한다.[54] 하지만 모든 설교자가 성서정과에 대해서 호의적이지는 않다. 특히 개혁교회에서는 근본적으로 인간적 요구에 초점이 맞추어지거나 성서정과의 편집자의 주관이 들어가는 방식이기에 성서정과를 따르는 설교에 거부감을 나타내고 있다.[55] 또한, 이 방식의 엄격한 적용은 목회적 정황을 반영하여 회중의 필요에 민감하게 반응하기에 힘들 수도 있다.[56] 더불어 이 방식은 우리나라의 문화와 절기가 맞지 않는다는 점도 고려되어야 한다. 이런 교회력에 따른 설교의 단점에도 불구하고,

---

[53] Stuart Briscoe, "Preaching the Lectionary" in *Leadership Handbook of Preaching and Worship*, James D. Berkely, ed. (Grand Rapids: Baker, 1997), 54-55.

[54] Stephen Farris, *Preaching That Matters: the Bible and Our Lives* (Louisville, KY: Westminster John Knox, 1998), 51.

[55] Bryan Chapell, *Christ-Centered Preaching*, 김기제 역,『그리스도 중심적 설교』(서울: 은성, 1999), 57.

[56] Scott Gibson, *Preaching with a Plan*, 최우성 역,『주일 강단을 제자훈련의 기회로 활용하라』(서울: 국제제자훈련원, 2014), 42-44.

러미지Rummage는 기독교 절기의 신학적 의미를 성도들이 반복적으로 되새길 수 있도록 함으로, 신학적 의미를 가르치는 교리 설교를 가능케 하며, 성서정과가 제공하는 성경 본문을 통해 신구약의 본문에 따른 다양한 설교 방법이 가능하다고 본다.[57] 즉, 교회력을 따른 설교는 기독교의 중심 교리를 가르칠 기회를 제공하며, 절기에 맞는 적실성을 꾀할 수 있으며, 예전적 그리고 교육적 통합을 모색할 수 있는 측면을 고려할 때, 성서정과 자체에 얽매이기보다는 성경 전반을 장기적인 측면에서 다루면서, 교회의 절기, 성도와 목회의 상황을 고려하여 탄력적으로 구상하는 것이 균형 잡힌 장기적인 설교 계획을 위해 바람직해 보인다.[58]

이런 성서정과에 따른 설교를 목회적 정황에 맞게 적용한 방식이 바로 달력 설교calendar preaching라 할 수 있다. 즉 성서정과에 따른 설교 방식의 일부를 취합하여 특별한 절기, 부활절, 성탄절, 성령강림절, 혹은 성서주일과 같은 특별한 주일에 부합되는 설교에 도움이 된다. 또한, 기타 교회의 특별한 날, 즉 교회에 따라 정한 성례를 시행할 때 성서정과를 활용한 달력 설교가 장기적 설교 계획에 도움이 된다.[59] 특별히 이 방식은 한국교회의 경우 5월의 어린이 주일, 어버이 주일에 걸맞은 설교를 구성하거나, 전도에 집중하는 가을에 그 주제에 관련된 설교를 구성할 때 유용하게 활용되는 주제 설교 방식이다. 이처럼 달력 설교 방식의 활용은 목회자의 목회 방향과 목표에 부합되도록 설교를 계획하는 장점이 있는데, 실제로 앤드류 블랙우드Andrew Blackwood는 성서정과와 달력 설교를 조합하여 9월에서 성탄절까지는 성도들의 삶을 확립하며 든든하게 다지는 것을 목표로 하는 설교undergirding, 성탄절

---

57 Rummage, *Planning Your Preaching*, 181-99와 김순환, "성서정과와 강해설교의 접목 가능성과 실제", 「복음과 실천신학」 11 (2004): 230-56를 참조하라.

58 김순환, "교회력과 성서정과의 효과적인 활용을 위한 방안 연구", 「복음과 실천신학」 8 (2004): 169-203.

59 Rummage, *Planning Your Preaching*, 98-116.

에서 부활절까지는 복음을 통하여 성도의 마음을 모으는 것을 목표로 하는 설교recruiting, 부활절에서 성령강림절까지 가르치는 것을 목표로 하는 설교instructing, 성령강림절에서 9월까지는 북돋우며 격려하는 설교heartening로 배열하고 이 목적을 따라 설교 계획을 짜기도 하였다.[60]

또 다른 선택적 읽기Lectio Selecta의 대표적인 방식은 전통적 주제 설교이다. 주제 설교의 활용은 달력 설교와 더불어 회중의 정황에 맞는 단회적 주제 설교 혹은 장기적 주제 시리즈도 설교 계획의 일부분이 될 수 있다. 이 방식은 회중의 필요에 민감하며, 설교자의 목회적 세심함을 발휘할 수 있는 방식이다. 반면 설교자의 선호에 따라서 주제 설교가 정해지거나, 회중의 필요에 너무 민감한 나머지, 너무 빈번하고 길어진 주제 설교는 균형 잡힌 교육과 영적 건강성을 해칠 위험성도 내재한다.

교리공부로 대표되는 교리문답식, 혹은 교리 설교는 교회가 수백 년 동안 이어오던 설교 유산이다.[61] 지금은 다양한 교회 훈련 과정으로 인해 강단과 교육의 현장에서 외면받는 방식이기도 하다. 오늘날 전통적 교리 설교에 대한 중요성을 재인식하고 그 필요성과 방법에 대한 제안들이 나오는 것은 바람직하다. 교리 설교는 다양한 교리문답서, 신조들, 신앙고백들(하이델베르크, 웨스트민스터 신앙고백서, 사도신경 등)을 참조하는 교리적 주제 접근 방식을 기본적으로 활용하거나, 성경의 기본 교리나 성도의 정황에 적실한 교리적 내용에 관련된 성경 본문을 직접 뽑아서 설교하는 강해적 주제 설교 방식을 취할 수도 있다. 특별히 교회의 성례식 횟수와 시기를 고려하여, 성례식과 더불어 예전적 통합과 교육적 통합이 이루어지는 설교로 교리문답식 설교와 교리 설교를 활용하는 것은 믿음의 자녀들에게 신앙 교육을 극대화하는 방법이 될 수 있다. 이처럼 교리문답식 설교 혹은 교리 설교는 기본적 접근 방식이 주제적이

---

60 Andrew W. Blackwood, *Planning a Year's Pulpit Work* (New York: Abingdon-Kokesbury, 1942), 19.
61 Gibson, 『주일 강단을 제자훈련의 기회로 활용하라』, 24-25.

기에 설교자가 일방적으로 주제를 정하기보다는 회중들의 정황을 고려한 주제를 정하여(설문조사) 활용함으로 연속 강해 설교와 함께 균형 잡힌 교육을 위한 장기적 설교 계획에 필수적인 구성요소가 될 수 있다.

2) 성경 커뮤니케이션, 학습 방법을 고려한 장기적 설교 계획 제시

앞서 설명한 신구약 전체를 성경 장르에 따라서 설교하는 탄력적 강해 설교 방식과 청중의 필요와 상황에 적합한 주제적 설교 방식을 통합적으로 적용해 볼 때, 아래와 같은 장기적인 설교 샘플 계획안을 마련해 볼 수 있다.

(1) 5년의 장기적 설교 샘플 계획안[62]

	1년[63]	2년	3년	4년	5년
주일 예배	구약 내러티브(10) 창세기(1-15)/삼상	대선지서(10) 에스겔/이사야(1-12)	구약 내러티브(12) 창세기(16-50)/삼하	지혜서(10) 욥기/잠언	구약 내러티브(16) 여호수아/사사기

---

[62] 신구약의 내러티브, 서신서, 선지서, 시편과 지혜서가 골고루 들어가며 탄력적으로 설교할 수 있다는 점을 보여주기 위하여 임의로 5년을 설교 계획으로 잡아보았다. 굵은 선 안은 주일 설교를 위주로 신구약 장르별로 연속 강해의 방식으로 배열한 것이다. 가는 선 안에는 한국교회의 실정을 고려하여 새벽 기도회, 수요 예배, 금요 기도회, 오후 예배에는 연속 강해 설교, 장별, 권별, 교리 설교 등을 배열해 보았다. 물론 설교 횟수와 배치는 고정된 것이 아니라 탄력적으로 조정이 가능하다.

[63] 매년 안의 설교가 실제적 순서를 반영하는 것은 아니다. 한 해 안에 성경의 다양한 장르와 주제와 교리 설교가 가능하다는 점을 부각하는 것으로 순서는 조정이 될 수 있으며, 매년 설정될 연속 설교의 성경 본문과 회중의 정황에 맞는 주제와 교리에 관해 고려를 통해 성경 본문의 변경도 가능하다. 실제 이 모델은 전반적으로 5년의 설교 계획 속에서 신구약 성경과 장르에 따른 배치, 그리고 연속 강해 설교와 강해 시리즈 설교, 주제/교리 설교와 권별, 장별, 절기별 설교가 함께 균형을 이루고자 한 시도이다. 따라서 순서는 5년의 커리큘럼 안에서 조정이 가능하며, 5년의 확장도 가능하다.

주일 예배	복음서(16)[64] 마가복음	복음서(8) 마태복음 (산상보훈)	복음서(8) 요한복음 (1-12)	복음서(10) 마태/누가복음 (비유)	신약 내러티브 (9) 사도행전 (1-8)
	서신서(10) 에베소서	서신서(16) 로마서(1-16)	서신서(16) 빌립보서/골로새서	서신서(16) 디모데전후서	서신서(5) 히브리서 (5 경고)
	소선지서(4) 호세아/말라기	시편(6) 지혜 & 찬양시	소선지서(4) 미가/하박국	시편(4) 비탄시	대선지서(10) 이사야(13-66)
	주제 설교(6) 예배/교제	주제 설교(6) 전도/선교	주제 설교(6) 교육/봉사	주제 설교(6) 성경신학적 주제 (언약, 땅, 제사, 율법,성전안식등)	주제 설교(6) 신앙/사회/윤리 이슈 (설문조사)
	절기 설교(6)[65]	절기 설교(6)	절기 설교(6)	절기 설교(6)	절기 설교(6)
	교리 설교(4)[66] 성경/하나(2)/ 창조	교리 설교(4) 인간/타락/ 고난/구원	교리 설교(4) 그리스도/믿음/ 구원/칭의	교리 설교(4) 성령/은사/ 성화/교회	교리 설교(4) 교회/성령/ 견인/종말
기타 예배	권별 설교(39) 구약 권별 설교	장별 설교(52) 구약 장별 핵심	장별 설교(52) 구약 장별 핵심	권별 설교(27) 신약 권별 설교	장별 설교(52) 신약 장별 핵심
	장별 설교(52) 구약 장별 핵심	장별 설교(52) 구약 장별 핵심	장별 설교(52) 구약 장별 핵심	장별 설교(52) 신약 장별 핵심	장별 설교(52) 신약 장별 핵심
	연속 강해 설교 (270)[67] 새벽 설교	연속 강해 설교 (270) 새벽 설교	연속 강해 설교 (270) 새벽 설교	연속 강해 설교 (270) 새벽 설교	연속 강해 설교 (270) 새벽 설교

표1) 5년간의 장기적 설교 계획 샘플

64 설교 횟수 역시도 샘플로 보인 것이다. 즉 복음서의 본문으로 8-16주의 설교는 탄력적으로 결정할 수도 있다. 예를 들면, 마가복음 1-8장의 내용을 가지고 상반기 8번과 9-15장의 내용으로 7번의 설교를 하반기에 나누어서 설교도 가능할 수 있다.

65 여기에는 절기 설교와 특별 주일 설교가 모두 포함될 수 있다. 새해, 부활절, 어린이/어버이 주일, 추수감사절, 성탄절, 전도주일 등이 여기에 속한다.

66 수요일과 금요일, 혹은 주일 오후 예배 설교에는 교회 예배에 더욱 적극적으로 참여하는 사람들에게 균형 잡힌 성경적, 해석학적 시각을 키우는 것을 목적으로 권별 설교, 장별 핵심 구절 설교 위주로 배열하며 교리 설교도 여기에 배열하였다. 이들 간의 탄력적인 배치와 횟수는 조정이 가능하다.

67 새벽 기도의 경우 연속적 성경 읽기(Lectio Continua)를 기본으로 하여 강해 설교가 바람직하다. 이럴 때 새벽기도회의 연속 강해적 자료는 장별, 권별 설교, 주일 설교를 위한 성경적 주제 설교를 위한 다음의 설교 준비의 역할도 가능하도록 만들 수 있다.

(2) 계획의 수정과 조정 : 계획성과 자율성의 조화

앞에 제시한 장기적 설교 계획은 성경 전반의 장르를 고려한 설교를 기본적 구성 틀로 해서 회중이 느끼는 필요felt need와 실제적 필요real need를 모두 고려한 주제 설교와 교리 설교를 목회적 계획과 방향성에 맞추어 구체적으로 적용해 본 시도이다. 이처럼 설교 계획을 미리 선정하고 준비하는 것은 결코 성령의 역사에 민감하지 않은 방법이 아니다. 오히려 설교자가 계획을 기획하면서도 성령의 인도하심을 따라서, 그리고 계획에 따라서 설교할 때에도 성령께서 인도하시는 방향으로 설교할 수 있다.[68] 이처럼 성경 커뮤니케이션을 존중하는 방식을 기본으로 설교의 장기적 계획을 짜는 것은 다양한 유익을 가져다준다. 우선 설교자에게 시간적 여유와 설교 준비의 스트레스를 줄이며, 설교를 위한 자료 확보와 창조성을 부여하는 실제적인 유익을 준다. 이외에도 성령의 주도권을 따라서 목회현장에 민감하게 반응할 충분한 여유를 주며, 설교 내용의 다양성을 확보하고, 예배와 설교의 통합적 연결이 가능하도록 한다. 무엇보다 회중을 체계적으로 가르치는 효과가 크다.[69] 또한, 준비된 설교 계획에 따라서 설교자가 주중에 돌아올 성경과 장기적으로 설교할 내용을 미리 알고 준비하는 것은 설교자에게 체계적인 연구와 준비를 통하여 설교자 자신의 개인적 영적 성장과 더 나은 설교를 준비하여 회중에게 균형 잡힌 말씀의 식단을 제공해 줄 수 있다.[70] 이를 위해 설교자는 다가오는 주일의 설교와 장기적인 계획안의 설교

---

[68] Warren Wiersbe, *The Dynamics of Preaching* (Grand Rapids: Baker, 1999), 55.

[69] Rummage, *Planning Your Preaching*, 23-32.

[70] McDill, *12 Essential Skills for Great Preaching*, 224-25. 주중의 장단기 설교 준비에 대해서 맥딜은 4주 전부터 설교해야 할 자료들을 체계적으로 준비할 것을 제안하고 있다. 한 달 앞서 성경 연구를 통하여 4주 차에는 본문의 구조와 수사적 표현, 용어 등 본문 관찰을 하며 중요한 부분을 표시해두어서, 3주 차에는 본문의 주해적 과정을 진행하고 2주 전에 연구자료를 마무리해서 신학적 주제와 아웃라인을 만들어 둘 것을 제시한다. 그리고 그동안의 보충적 자료와 구체적인 적용을 구상해 둘 것을 제시한다.

를 위한 성경 읽기를 병행해 가는 설교 준비 시스템을 만들고, 실천을 통한 시스템의 조정, 일정한 연구의 계획의 발전, 실제 설교 준비의 향상을 위한 점검표를 만들어 두는 것도 필요하다.

설교 계획을 세우는 것보다 중요한 것은 계획한 설교를 실행하는 것이다. 그러나 계획한 설교를 실행하는 것만큼이나 중요한 것이 바로 장기적 설교 계획의 수정과 조정일 것이다. 설교 계획은 고정된 것이 아니라 그 계획의 효용성과 설교의 효과성을 계속 검토하면서 설교 계획을 고집하기보다는 효과적인 교육과 설교를 위해서 계획을 (재)수정하고 (재)조정하는 유연성이 필요하다. 이런 점에서 구체적인 세부 계획을 세울 때나, 그 계획의 실행 전후에도 교육 담당 사역자들과의 소통을 통한 조정의 과정도 필요해 보인다.

III. 닫는 글

설교자에게 있어 회중을 위한 말씀 준비의 중요성에 대해서 헨리 조웨트 J. Henry Jowett는 이렇게 말한다. "우리는 먹을 것을 찾아야 할 거룩한 의무가 있다. 양들은 목자에게 먹을거리를 거의 전적으로 의존한다. 우리는 먹을 것을 주어 굶주림을 막고 영양 부족으로 인한 약함과 빈혈, 그리고 질병을 예방해야 한다."[71] 음식으로 고칠 수 없는 병은 다른 약으로 고칠 수가 없다는 말처럼, 하나님께서 주신 말씀의 양식이 아니면 하나님의 교회를 제대로 회복시킬 수가 없다. 설교자는 회중들이 원하는 것을 마냥 주기보다는, 회중들에게 진정으로 필요한 것을 주어야 한다. 아니 그들이 진정 필요한 것이 무엇인지 알기까지, 그들이 원하는 것이 아니라 그들에게 필요한 것을 줄 수 있어야 한다. 비록 회중들

---

[71] J. H. Jowett, *The Preacher: His Life and Work* (London: Forgotten Books, 2012), 76.

이 말씀의 이유식에서 고형식으로 넘어갈 때 음식물을 삼키는 것에 어려움이 있더라도, 교회 회복과 바른 성장을 위해서는 균형 잡힌 건강한 말씀의 식단이 필요하다. 이것은 오늘날 한국교회의 설교를 위해서 더욱 절실하다. 설교자는 더욱 성경 전반의 말씀을 골고루 그리고 충실히 설교해 나가야 할 과제를 안고 있으며, 동시에 면역력이 약한 회중의 상황을 고려하여 말씀을 효과적으로 전해야 할 노력도 더욱 필요하다. 즉, 성경 커뮤니케이션에 충실하면서도 오늘날 회중의 학습 방식에도 부합되는 다양한 설교 커뮤니케이션 방법의 활용이 절실해 보인다. 더 나아가 교육을 위한 설교, 설교를 통한 교육이 궁극적으로 지향하는 바가 하나님의 말씀을 통한 성도의 변화와 성숙이라는 장기적인 과정을 고려한다면 이런 성경, 회중, 설교 커뮤니케이션의 다양성을 통합적 시각에서 담아낼 균형 잡힌 장기적인 설교 계획의 수립과 실행이 필요하다. 이와 같은 균형 잡힌 장기적 설교 계획을 통하여 한국교회가 영적 건강성과 면역력이 회복되기를 간절히 바란다.

참고문헌

김대혁. "장르적 성격이 살아나는 설교 방법론 제안: 비탄시를 중심으로". 한국복음주의실천학회. 「복음과 실천신학」 30 (2014): 42-88.
김순환. "교회력과 성서정과의 효과적인 활용을 위한 방안 연구". 한국복음주의실천학회. 「복음과 실천신학」 8 (2004): 169-203.
―――. "설교의 목적". 한국복음주의실천신학회. 『복음주의 설교학』 서울: 기독교문서선교회. 2003.
―――. "성서정과와 강해설교의 접목 가능성과 실제". 한국복음주의실천신학회. 「복음과 실천신학」 11 (2004): 230-56.
김지찬. "하나님의 말씀과 성령으로 돌아가라: 한국교회 설교의 위기를 극복하려면". 한국복음주의신학회. 「성경과 신학」 61 (2011): 301-34.
오현철. "설교와 목회의 유기적 관계 모델". 한국복음주의신학회. 「성경과 신학」 61 (2011): 157-79.
이숙경. "현대 설교의 과제에 대한 기독교교육적 고찰". 한국복음주의신학회. 「성경과 신학」 67 (2013): 1-29.
최윤식 · 최현식. 『2020-2040 한국교회 미래지도 2』 서울: 생명의말씀사. 2015.
한춘기. "설교와 교육". 「신학지남」 214 (1987): 127-39.
Akin, Daniel L. David L. Allen, and Ned L. Mathews, *Text-Driven Preaching: God's Word at the Heart of Every Sermon*. Nashville, TN: B&H Publishing, 2010.
Anderson, Kent. *Choosing to Preach*. 이웅조 역. 『설교자의 선택』 서울: 성서유니온선교회. 2008.
Anderson, Ray R. *The Shape of Practical Theology*. Downers Grove, IL: InterVarsity Academic. 2001.
Augustine. *De Doctrina Christiana*. ed. John E. Rotelle. Translated by Edmund Hill. New York: New City Press. 1996.
Blackwood, Andrew W. *Planning a Year's Pulpit Work*. New York: Abingdon-Kokesbury. 1942.
Briscoe, Stuart. "Preaching the Lectionary". In *Leadership Handbook of Preaching and Worship*, James D. Berkely, Editor, Grand Rapids:

Baker. (1997): 54-55.

Bryson, Harold T. *Expository Preaching: The Art of Preaching through a Book of the Bible*. Nashville, TN: B&H Publishing. 1995.

Buttrick, David. *Homiletic: Moves and Structures*. Philadelphia: Fortress Press. 1987.

Carl III. William J. *Preaching Christian Doctrine*. Philadelphia: Fortress. 1984.

Chapell, Bryan. *Christ-Centered Preaching*. 김기제 역.『그리스도 중심적 설교』서울: 은성. 1999.

Cox, James W. *Preaching: A Comprehensive Approach to the Design& Delivery of Sermon*. New York: Harper Collins. 1985.

Craddock, Fred B. *As One Without Authority*. Revised Edition. Atalanta, GA: Chalice Press. 2001.

Dabney, Robert L. Sacred Rhetoric, or, *A Course of Lectures on Preaching*. Edinburgh: Banner of Truth. 1999.

David L. Larsen. *The Anatomy of Preaching: Identifying the Issues in Preaching Today*. Grand Rapids, MI: Kregel. 1989.

Dever, Mark and Greg Gibert. *Preaching: Theology Meets Practice*. Nashville, TN: B&H Publishing. 2012.

Dodd, C. H. *The Apostolic Preaching and Its Development*. Grand Rapids, MI: Baker. 1980.

──. Gospel and Law: *The Relationship of Faith and Ethics in Early Christianity*. New York: Columbia University Press. 1951.

Farris, Stephen. *Preaching That Matters: the Bible and Our Lives*. Louisville, KY: Westminster John Knox. 1998.

Forsyth, P. T. *Positive Preaching and Modern Mind*. New York: Hodder and Stoughtonm. 1907.

Gibson, Scott. *Preaching with a Plan*. 최우성 역.『주일 강단을 제자훈련의 기회로 활용하라』서울: 국제제자훈련원. 2014.

Harper, N. E. *Making Disciples*. 이승구 역.『현대기독교교육』서울: 엠마오. 1984.

Hiltner, Seward. *Preface to Pastoral Theology*. Nashville, TN: Abingdon Press. 1958.

Jowett, John H. *The Preacher: His Life and Work*. London: Forgotten Books. 2012.

Kolb, David A. *Experiential Learning: Experience as the Source of Learning and Development*. Englewood Cliffs, NJ: Prentice-Hall. 1984.

Kraft, C. H. Jesus, *God's Model for Christian Communication*. 김동화 역, 『복음과 커뮤니케이션』 서울: IVP. 1991.

Lebar, L. E. *Education That Is Christian*. Colorado Springs, CO: Cook Communications. 1989.

Longacre, Robert E. *Grammar of Discourse*. 2nd Edition. New York: Plenum Press. 1996.

Lowry, Eugene L. *The Homiletical Plot: The Sermon as Narrative Art Form*, Expanded Edition. Louisville, KY: Westminster John Knox. 2001.

McCarthy, Bernice and Dennis McCarthy. *Teaching around the 4MAT Cycle: Designing Instruction for Diverse Learners with Diverse Learning Styles*. Thousand Oaks, CA: Corwin Press. 2006.

McDill, Wayne. *12 Essential Skills for Great Preaching*. 2nd Edition. Nashville, TN: B&H Publishing. 2006.

Newton, Gary. *Heart-Deep Teaching: Engaging Students for Transformed Lives*. Nashville, TN: B&H Academic. 2012.

Nichols, J. Randall. *The Restoring Word: Preaching as Pastoral Communication*. Eugene, OR: Wipf & Stock Pub. 2008.

Osmer, Richard R. *Practical Theology: An Introduction*. Grand Rapids, MI: Eerdmans. 2008.

Parker, T. H. L. *Calvin's Preaching*. Louisville, KY: Westminster John Knox Press. 1992.

Parsons, Michael. "Being Precedes Act: Indicative and Imperative in Paul's Writing". *Evangelical Quarterly* 60 (1988): 99–127.

Piper, John. *The Supremacy of God in Preaching*. Grand Rapids, MI: Baker. 2004.

Reid, Robert R. "Postmodernism and the Function of the New Homiletic in Post-Christian Congregations". *Homiletic*, no.20 (Winter, 1995): 1-13.

Reid, Robert Stephen. *The Four Voices of Preaching: Connecting Purpose and Identity behind the Pulpit*. Grand Rapids, MI: Borzos Press. 2006.

Rummage, Stephen Nelson. *Planning Your Preaching: A Step-by-Step Guide for Developing a One-Year Preaching Calendar*. Grand Rapids, MI: Kregel. 2002.

Smart, J. D. *The Teaching Ministry of the Church*. 장윤철 역.『교회의 교육적 사명』서울: 대한 기독교교육협회. 1992.

Stott, John. *Between Two Worlds: The Challenge of Preaching Today*. Grand Rapids, MI: Eerdmans. 1982.

Stott, John. *The Preacher's Portrait: Some New Testament Word Studies*. London: Tyndale Press. 1961.

Vines, Jerry and Jim Shaddix, *Power in the Pulpit: How to Prepare and Deliver Expository Sermons*. Chicago: Moody Press. 1999.

Wiersbe, Warren. *The Dynamics of Preaching*. Grand Rapids: Baker. 1999.

Zuck, R. B. *Teaching as Jesus Taught*. 송원준 역.『예수님의 티칭스타일』서울: 디모데. 2000.

Appendix(부록)

본문의 파토스를 살리는 본문이 일하는 설교

Appendix
본문의 파토스를 살리는 본문이 일하는 설교

Text-Driven Preaching with Textual Pathos

I. 여는 글

20세기 가장 유명한 강해 설교자로 알려진 마틴 로이드 존스Martyn Lloyd-Jones는 자신의 설교에서 가장 부족한 부분을 파토스pathos, 즉 감정의 사용the use of emotion이라고 고백하면서,[1] 특별히 개혁주의적인 전통들 속에 있는 설교자들이 설교에 있어서 감정 사용에 대하여 심각할 정도로 관심이 부족하다는 점을 꼬집어 다음과 같이 말한다.

> 이 파토스의 요소, 감정의 요소는 내가 볼 때 매우 중요한 것이다. 그런데 현세기에, 특별히 개혁주의적인 사람들 사이에 심각할 정도로 부족한 것이 바로 이 요소이다. 우리는 균형을 잃고 지적인 방향으로 치우친 나머지 느낌이나 감정의 요소는 경멸하는 경향이 있다. 스스로 많이 배워서 진리를 잘 파악하고 있다는 생각으로 감정을 무시하려는 것이다. 평범한 양 떼들은 감정적이고 감상적이고 보며 그들의

---

[1] D. Martyn Lloyd-Jones, *Preaching and Preachers* (Grand Rapids, MI: Zondervan, 1971), 92.

문제는 이해력이 없는 것이라고 생각한다!²

이런 로이드 존스Martyn Lloyd-Jones의 지적과 맥을 같이하는 비판은 다른 유명한 강해 설교자들의 입술을 통해서도 확인된다. 존 스토트John Stott는 자신이 속한 성공회 교회Episcopal Church의 설교 문제 중의 하나를 지적intellectual이며 학식 있는 사역자educated minister가 되는 것을 설교자의 이상ideal으로 삼은 나머지, 설교에 있어서 감정을 표현하는 것을 무시하는 것으로 진단하고 있다.³ 또한 현존하는 강해 설교자인 존 파이퍼John Piper 역시도 설교 가운데 자신의 깊은 감정deep emotion 혹은 열정passion을 보여주는 설교자가 드물다고 지적하면서, 설교자가 강단에서 하나님의 진리를 전달할 때에 그 진리와 더불어 깊은 감정을 담아 설교할 것을 강력하게 주장한다.⁴ 이처럼 전통적 강해 설교에 있어서 감정 사용에 대한 무관심과 부족은 강해 설교가 가르치려고만 드는 지겹고 산만한 설교boring and discursive preaching라는 잘못된 비판을 받도록 한 구체적인 원인 중의 하나라 볼 수 있다.

더불어 이 감정 사용의 문제는 1970년대 이후 지금까지 설교학계에 큰 관심을 끌었던 신설교학the new homiletic의 태동과 그 발전 방향을 이해할 수 있는 하나의 관점을 제공하기도 한다. 신설교학의 시초를 알린 프래드 크래독Fred B. Craddock은 전통적인 설교의 틀에 박힌 논리적이고 연역적인 설교 방식deductive movement은 청중을 수동적으로 만드는 권위주의적인 설교 방식이라 주장하며,⁵ 귀납법적 설교 방식

---

2 Lloyd-Jones, *Preaching and Preachers*, 93.

3 John Stott, *Between Two Worlds: The Challenge of Preaching Today* (Grand Rapids, MI: William B. Eerdmans, 1982), 280.

4 John Piper, *Brothers, We Are Not Professionals: A Plea to Pastors for Radical Ministry* (Nashville, TN: B&H, 2002), 149.

5 Fred B. Craddock, *As One Without Authority*, Rev. (St. Louis, MO: Chalice, 2001), 13, 46.

inductive movement을 통하여 청중들이 설교에 흥미와 일체감을 느껴 구체적인 경험을 하도록 해야 한다고 주장한다.[6] 또한, 유진 로우리Eugene L. Lowry도 전통적인 설교를 기본적으로 논리성에 입각한 교훈적이며 지겨운 설교로 인식하며, 그 대안으로 청중의 감정과 경험을 일으키는 것evocation of experience을 목적으로 한 플롯 방식의 설교the Lowry's Loop를 제안한다.[7] 현상학적 설교phenomenological preaching로 유명한 데이빗 버트릭David Buttrick 역시도 기존의 대지 혹은 "요점point" 중심의 이성적 설교는 "명제적 진리의 추출a distillation of propositional truth에만 근거한 불안정한 해석학에 기초한 것"으로 보고,[8] 청중의 의식에 "상image"을 형성하는 다섯 혹은 여섯 가지의 플롯 형식의 "흐름move"을 따라 설교함으로, 설교가 인간의 의식과 이해의 본질과는 동떨어진 객관화된 아이디어만을 전달하는 것이 아니라 청중의 의식 속에 "모델링, 이미지화, 감정적 태도, 개념을 포함한" 통일적 구조로서 청중의 반응을 일으킬 수 있어야 한다고 주장한다.[9] 이런 신설교학의 대표적인 주자들의 주장과 방법론들은, 로버트 레이드Robert R. Reid가 지적한 것처럼, 신설교학의 두 가지 두드러진 특징, 즉 "설교에 있어서 이성적 패러다임rationalistic paradigm과 명제적 논리propositional logics에 대한 부정, 그리고 청중의 체험을 창조하는 것the creation of experience for audience에 대한 근본적인 강조"[10]로 요약된다. 이처럼 신설교학은 기존의 전통적인

---

6 Craddock, *As One Without Authority*, 47-55.

7 Eugene L. Lowry, *The Homiletical Plot: The Sermon as Narrative Art Form*, expanded ed. (Louisville, KY: Westminster John Knox, 2001), 4-14; Idem. *The Sermon: Dancing the Edge of Mystery* (Nashville, TN: Abingdon, 1997), 41-42; Idem, *Doing Time in the Pulpit: The Relationship Between Narrative and Preaching* (Nashville, TN: Abingdon, 1985), 78-81.

8 David Buttrick, *Homiletic: Moves and Structures* (Philadelphia, PA: Fortress, 1987), 23, 265.

9 Buttrick, *Homiletic*, 24-28.

10 Robert R. Reid, "Postmodernism and the Function of the New Homiletic in Post-

설교가 청중의 지성을 지나치게 강조하며 청중의 감성과 감정에 대한 관심의 부족에 대한 반동reaction으로 태동한 것으로, 그들의 구체적인 설교 방법론은 기존의 전통적인 설교 강해 설교가 논리적 추론과 이성적 논리 전개를 통해 청중의 머리를 이해시키는 것보다는 감정적 요소와 체험을 통한 청중의 가슴을 움직이는 것에 더 주안점을 둔 것이라 볼 수 있다. 하지만 이런 그들의 '청중의 체험'에 대한 과도한 강조는 "청중들에게 감정적인 경험을 자아내려는 자신들의 관심으로 인해서 파토스pathos를 강조하면서 로고스logos로부터 자신을 멀리하려고"[11] 하는 경험주의/감정주의적인 설교를 조장할 수 있다는 비판을 받아왔다.[12]

사실 앞에서 설명한 20세기 후반으로부터 지금까지에 걸쳐 감정 사용에 대한 전통적 설교의 두려움phobic과 신설교학의 열광maniac 사이의 긴장은 오늘날 새롭게 등장한 설교학적 이슈가 아니다. 스티븐 리콜스Stephen Nichols가 지적했듯이, 설교에서의 이성주의나 경험주의/감정주의의 문제는 오래된 교회사적 이슈이자 설교학적 숙제로서, 마치 시계추의 진자 운동처럼 교부시대로부터 현대까지 끊임없이 이성주의와

Christian Congregations," *Homiletic*, no.20 (Winter, 1995): 7.

11 L. L. Hogan and R. Reid, *Connecting with Congregation: Rhetoric and Art of Preaching* (Nashville, TN: Abingdon, 1999), 41-42.

12 신설교학에 대한 일반적인 설명과 평가에 대해서는 Richard L. Eslinger, *The Web of Preaching: New Options in Homiletical Method* (Nashville, TN: Abingdon, 2002); Mike Graves and David J. Schlafer, eds., *What's the Shape of Narrative Preaching?* (St. Louis, MO: Chalice, 2008); Mark A. Howell, "Hermeneutical Bridges and Homiletical Methods: A Comparative Analysis of the New Homiletics and Expository Preaching Theory 1970-1995" (Ph.D. diss., Southeastern Baptist Theological Seminary, 1999); and David L. Allen, "A Tale of Two Roads: Homiletics and Biblical Authority," JETS 43 (2000): 508-13을 보라. 특별히 한 때 신설교학의 내러티브 설교적 방식을 지지했던 설교학자들의 신설교학에 대한 비판에 대해서는 Charles L. Campbell, *Preaching Jesus: New Directions for Homiletics in Hans Frei's Post-liberal Theology* (Grand Rapids, MI: William B. Eerdmans, 1997); James W. Thompson, *Preaching like Paul* (Louisville, KY: Westminster John Knox, 2001); Thomas G. Long, "What Happened to Narrative Preaching?," Journals for Preachers 28 (2005): 9-14을 살펴보라.

감정주의 사이를 오가는 반복되는 문제이다.¹³ 또한, 이 감정 사용의 문제는 효과적인 설득적 설교를 위해서 어떻게 하면 지성과 감정을 조화롭게 사용할 것인가?"라는 질문이 있는 목회자에게는 매주 돌아오는 반복적인 질문이기도 하다.

이 글은 오래된 설교학적 숙제이며 매주 반복될 수 있는 문제인 성경적 설교biblical preaching에 있어서 올바른 감정 사용 legitimate use of emotion에 대한 주제를 다루고자 한다. 더불어 이 문제에 대한 설교학적 하나의 교정적 잣대와 대안 a correcting measure and alternative으로서 성경 본문의 파토스textual pathos를 설교에 담아내는 본문이 이끄는 설교text-driven preaching에 대한 이론적 정당성과 그 구체적인 방법론을 제시하고자 한다.

II. 펴는 글

이 글에서 다루는 본문의 파토스textual pathos란 간단히 말해서 본문의 분위기, 즉 본문의 감정적 무드mood 혹은 어조tone를 의미한다. 사실, 설교에 있어서 감정 사용의 필요성에 대해서는 앞에서 언급한 마틴 로이드 존스Lloyd-Jones, 존 스토트John Stott, 존 파이퍼John Piper와 같은 강해 설교의 대표적인 목회자들 이외에도, 현대 강해 설교에 영향력 있는 설교학자들도 자신의 저서에서 빼놓지 않고 있다.¹⁴ 이들은 설교에

---

13 Stephen J. Nichols, *Jonathan Edwards: A Guided Tour of His Life and Thought* (Phillipsburg, NJ: P & R Publishing, 2001), 108. 설교 역사학자인 에드워드(Edwards)는 16세기에서 18세기에 걸친 설교의 역사를 이성이 강조된 설교(reason-emphasized preaching)와 감정이 회복된 설교(emotion-recovered preaching)로 크게 구분하고 있다. O. C. Edwards Jr., *A History of Preaching* (Nashville, TN: Abingdon, 2004), 391–469.

14 예를 들면 다음과 같은 책들이 있다. Haddon W. Robinson, *Biblical Preaching: The Development and Delivery of Expository Messages*, 2nd ed. (Grand Rapids, MI: Baker Academic, 2001), 70, 154-55; Bryan Chapell, *Christ-Centered Preaching: Redeeming*

서 많은 강해 설교자들이 감정을 표현하여 청중을 설득시키는 것에 대하여 주저한다는 점을 인정하면서, 효과적인 설교를 위해서 감정 사용이 중요한 역할을 한다는 점을 강조하고 있다. 하지만 몇몇 경우를 제외한 많은 설교학자들이 강조하는 설교자의 감정이란 설교자의 설교를 위한 열정passion for preaching, 진리를 위한 열정passion for the truth, 그리고 청중을 향한 열정compassion for the congregation을 의미하는 것으로 그치는 경우가 많다. 물론 설교자의 가슴 속에는 이런 열정들이 있어야 한다는 것을 부정할 수 없다. 하지만 설교에 있어서 감정 사용의 문제는 설교자의 열정 부재, 설교에서의 감정 사용의 무관심을 넘어, 설교자의 잘못된 감정 사용이 더 큰 이슈가 될 수 있다는 점을 고려할 때, 설교자가 지녀야 하는 감정 혹은 열정에 대한 필요성과 중요성에 대한 일반적 조언들로는 설교자가 한 편의 설교 작성과 전달에 있어서 어떤 감정을 어떻게 전달할 것인가의 실제적 문제에 대해서는 언급을 회피하게 되거나, 결국 설교자의 동기motive와 재량ability이라는 설교자가 평가하고 측량하기 어려운 진부한 답을 내리는 것으로 귀결되고 만다. 바로 이런 실제적 문제에 대하여 이 글이 제시하고자 하는 바가 성경에 충실한 설교자text-honoring preacher는 본문의 파토스textual pathos를 본문에서 찾아서 그 감정을 실제 설교에 담아서 전달해야 한다는 것이다.[15] 그

---

the Expository Sermon (Grand Rapids, MI: Baker Academic, 2005), 186; Sidney Greidanus, *The Modern Preacher and the Ancient Text: Interpreting and Preaching Biblical Literature* (Grand Rapids, MI: William B. Eerdmans, 1988), 184-85, 339-40; Jerry Vines and Jim Shaddix, *Power in the Pulpit: How to Prepare and Deliver Expository Sermons* (Chicago: Moody, 1999), 253-57, 301-02; and Hershael W. York and Bert Decker, *Preaching with Bold Assurance: A Solid and Enduring Approach to Engaging Exposition* (Nashville, TN: B&H, 2003), 12-15, 214-20.

15 이 주장과 맥을 같이 하는 설교학자들의 조언에 대해서는 Haddon W. Robinson, "Homiletics and Hermeneutics," in *Making a Difference in Preaching*, ed. Scott M. Gibson (Grand Rapids MI: Baker Books, 1999), 83; Idem, "The Relevance of Expository Preaching," in *Preaching to a Shifting Culture: 12 Perspectives on Communicating That Connects*, ed. Scott M. Gibson (Grand Rapids, MI: Baker,

럼, 우선 이렇게 주장하는 몇 가지 근거들에 대해서 생각해보자.

1. 본문의 파토스 사용에 대한 근거들 Rationales for Using Textual Pathos

1) 신학적 정당성 Theological Foundation

설교자들이 설교에 있어서 감정 사용을 주저하는 다양한 이유 중 하나는 감정에 호소하는 수사학적 기술을 사용하는 것이 비성경적이라 생각하기 때문이다.[16] 이런 생각을 하는 학자와 설교자들은[17] 주로 사도 바울이 고린도전서 2장 1-5절에 언급한 말씀을 그 성경적 근거로 삼아, "설득력 있는 지혜의 말"로 설교를 하는 것이 아니라 "성령의 나타남과 능력"으로 설교해야 한다는 점을 주장한다.[18] 따라서 그들에게 감정적 요소 emotional element라는 수사적 기술을 설교에 사용하는 것은 세속적이며, 성령의 역사를 의존하기보다는 인간의 언술이나 기술에 의존하게 만드는 위험이 있다고 본다. 하지만 그들의 주장은 신학적으

2004), 92; Chapell, *Christ-Centered Preaching*, 99; Jeffrey Arthurs, "Pathos Needed," in *The Art & Craft of Biblical Preaching: A Comprehensive Resources of Today's Communicators*, ed. Haddon Robinson and Craig Brian Larson (Grand Rapids, MI: Zondervan, 2005), 593; J. Kent Edwards, *Deep Preaching: Creating Sermons That Go Beyond the Superficial* (Nashville, TN: B&H Publishing Group, 2009), 95,135 등이 있다. 하지만 이들의 글에는 여기에 대한 구체적 근거나 구체적 방법론에 대해서는 언급하고 있지 않다.

[16] Dean Dickens, "'Now Heerreesss······Brother Johnny: Studies in Communication and Preaching," Southwestern Journal of Theology 27, no. 2 (1985): 19.

[17] 예기에 대한 구체적인 예로 Hans Dieter Betz, "The Literary Composition and Function of Paul's Letter to the Galatians," New Testament Studies 21, no. 3. (1975): 378와 David James Randolph, *The Renewal of Preaching* (Philadelphia, PA: Fortress, 1969), 16을 보라.

[18] Mark Galli and Craig Brian Larson, *Preaching That Connects: Using Journalistic Techniques to Add Impact* (Grand Rapids, MI: Zondervan, 1994), 21.

로 또한 성경적으로 지지받기가 힘들다. 오히려 설교에 있어서 설교자의 감정의 사용은 신학적, 성경적 정당성을 지닌 것이며, 특별히 본문의 파토스textual pathos를 사용하는 것은 신학적으로 필수적이라 할 수 있다. 그 이유는 다음과 같다.

첫째, 인간은 하나님의 형상으로 지음 받았으며, 그 하나님의 형상 영역은 감정적 요소를 포함한 인간 전인과 관련되어 있다.[19] 간단히 말하자면, 인간의 감정이란 신인동형적인anthropomorphic 측면에서 하나님으로부터 기인한 것이다. 더 나아가 우리는 하나님의 계시인 성경을 통해서 하나님께서 우리에게 의사소통하시기 위해서 인간의 감정human emotion을 사용하셨다는 점을 부인하기 어렵다.[20] 즉, 감정이란 하나님께 부여받은 인간의 본질이며, 하나님께서도 성경을 통하여 자신을 드러내시며, 그의 형상으로 지음 받은 사람들과 의사소통하기 위해서 인간의 감정적 요소들을 사용하셨다.

둘째, 성경의 저자들은 하나님과 사람들의 감정을 성경에 표현하고 있을 뿐만 아니라, 설득을 위해서 인간의 감정적 요소들을 사용했다. 우리는 성경을 통해서 구약의 나단 선지자의 책망에 대한 다윗의 감정적 반응(삼하 12장)과 선지자들의 감정과 이스라엘 백성들의 감정적 표현과 반응을 쉽게 살펴볼 수 있다. 신약에서도 예수님의 감정(눅 19:41)과 성경 저자의 감정적 표현과 사람들의 반응[21]을 살펴볼 수 있다. 이처럼 성경 저자들이 하나님과 자신들의 감정, 그리고 사람들의 감정과 감

---

19 Wayne Grudem, *Systematic Theology: An Introduction to Biblical Doctrine* (Downers Grove, IL: InterVasity Press, 1994), 447; Herman Bavinck, The Doctrine of God, trans. William Hendriksen (Grand Rapids, MI: William B. Eerdmans, 1951), 86-89.

20 예를 들면, 한탄(창 5:6-7), 기쁨(사 62:5), 슬픔(시 178:40; 사 63:10), 분노(렘 7:18-19), 사랑(요 3:16), 미움(신 16:22), 진노(시 2:5) 등과 같은 감정적 표현들을 발견할 수 있다.

21 예를 들면, 사도 바울의 빌립보서에서는 사도 바울의 기쁨(1:4, 18; 4:1, 10), 두려움과 떨림(2:12), 분노(3:2) 이외에도 빌립보 성도들의 에바브로디도에 대한 감정적 반응인 근심(2:16)도 언급하고 있다.

정적 반응을 표현하고 있는 이유는, 많은 경우, 말씀을 대하는 청중 혹은 독자들이 하나님의 말씀을 이해하는 것으로 그치는 것이 아니라 올바르게 반응케 하는, 즉 설득을 위한 것이다. 특히 설교적 관점에서 구체적으로 살펴본다면, 우리는 사도행전을 통하여 베드로의 설교(행 2장)와 스데반의 설교(행 7장)에 대한 유대인들의 감정적 반응이 분명하게 기록하고 있으며, 바울의 연설(행 26장)에 대한 아그립바 왕의 반응과 로마에서의 그의 복음 설교(행 28장)에는 분명히 설득적 요소가 들어 있었음을 본문을 통해 알 수 있다.[22] 주목할 점은 사도행전 18장의 바울의 고린도 지역에서의 전도사역을 설명하면서 누가는 바울의 설교에 관해 설득(행 18:4,13)이라는 단어로 표현하고 있음을 알 수 있다. 이런 측면에서 앞에서 언급한 바울의 고린도전서 2장 1-5절의 본문을 가지고 설교자는 감정 사용을 포함한 수사학적 기술을 절대 사용하지 말아야 한다는 의미로 받아들이는 것은 바람직한 이해라 할 수 없다.[23] 오히려 이 고린도전서의 본문은 바울이 수사학적 요소를 전혀 사용하지 않았다는 증거가 아니라, 당시 고린도 사람들에게 너무나 익숙해서 유흥거리로 전락한 수사학적 요소를 의도적으로 사용하지 않음으로 복음의 진정성을 드러내려는 바울의 복음에 대한 헌신의 고백으로 이해하는 것이 합

---

[22] 행 26:28의 아그립바 왕의 "네가 적은 말로 나를 권하여 그리스도인이 되게 하려 하는도다"에서 "권하여"라는 단어와 행 28:23절의 "예수에 대하여 권하더라"의 "권하다"는 헬리어로 πείθω로 이는 "설득하다"는 의미이다.

[23] 실제 듀안 릿핀(Duane Litfin)은 자신의 저서에서 사도 바울의 설교는 십자가의 선포(proclamation)로서, 그의 설교에 있어서 설득을 위해서 수사적 요소를 사용하지 않았다고 주장한다. Duane Litfin, *St. Paul's Theology of Proclamation: 1 Corinthians 1-4 and Greco-Roman Rhetoric* (Cambridge: Cambridge University Press, 1994). 하지만 그의 주장은 바울의 설교가 "선포"라는 유일한 설교의 형태만 가졌다고 보는 일반화의 오류를 범함으로 그 설득력이 떨어진다. 이 점에 대해서 Stanley E. Porter는 릿핀(Litfin)이 바울의 설교 방식과 접근을 너무 과도하게 신학화(overtheologizing)함으로, 선포와 수사학을 엄격하게 구분하려고 했다고 평가한다. Stanley E. Porter, "Understanding Pauline Studies, An Assessment of Recent Research: Part One," Themelios 22, no.1 (October 1996): 20.

당할 것이다.²⁴

셋째, 설교자의 수사적 감정 사용이 성령의 역사와 서로 대치antithetic 되거나 배타적인exclusive 것이 아니다. 많은 설교자들이 자신의 설교에 감정 사용을 주저하는 이유 중의 하나가 수사적 기술을 사용하는 것으로 성령의 역사를 침해할 수 있다는 생각에 기인한다. 이런 생각은 앞서 언급한 바울의 고린도전서 2장 1-5절의 이해와 관련되어 있다. 그러나 이 본문은 설교자의 수사학적 요소의 사용과 성령의 역사를 서로 대치하고 있는 본문으로 이해되어서는 안 된다. 오히려 데살로니가전서 1장 5절의 말씀을 통하여 볼 때, 바울의 말씀 사역을 통한 성령의 역사에는 소위 말하는 수사학의 세 요소들ethos, logos, pathos이 잘 조화를 이루고 있었다고 이해할 수 있다.²⁵ 물론 설교자는 성령의 역사 없이는 능력 있는 설교를 할 수 없으며, 인간의 지혜와 수사적 기술로 사람을 변화시키는 것이 아니라, 성령의 역사만이 진정으로 삶을 변화시켜 그리스도의 제자로 만든다는 바른 설교 신학을 지녀야 한다.²⁶ 하지만, 성령의 역사를 의지하는 것이 설교자의 노력과 책임을 배제하는 구실이 되어서는 안 된다. 다시 말해, 설교에서 설득을 위한 수사학적 요소를 사용하는 것이 성령의 역사를 대치시키는 것이나 배제하는 것의 양자택일either-or의 문제로 이해해서는 곤란하다. 오히려 설교자는 성령께서 자신이 사용하는(감정을 포함한) 설득적 기술이 성령에 의해 능력 있게 사용될 수 있도록, 자신의 삶, 설교의 작성과정과 전달, 모든 부분에 걸쳐 철저한 헌신과 성령에 대한 전적 의존total dependence의 양자합일

---

24 여기에 관해서는 John Heading, *First & Second Corinthians* (Kilmarnock, Scotland: John Ritche, 1995), 50; Ben Witherington III, *Conflict & Community in Corinth: A Socio-Rhetorical Commentary on 1 and 2 Corinthians* (Grand Rapids, MI: William B. Eerdmans, 1995), 392; Steven W. Smith, *Dying to Preach: Embracing the Cross in the Pulpit* (Grand Rapids, MI: Kregel Academic & Professional, 2009), 42-43을 보라.

25 Chapell, *Christ-Centered Preaching*, 35.

26 Stott, *Between Two Worlds*, 328-35.

both-and의 문제로 접근해야 한다.²⁷

넷째, 성경적 파토스biblical pathos는 성령에 의해서 영감 되었기 때문에 설교자는 본문의 내용만큼이나 본문에 드러난 감정을 신중하게 다루어져야 한다. 기본적으로 설교자의 설교관은 그의 성경에 관한 태도와 직결된 것으로, 어떤 성경관을 가지느냐에 따라서 그의 설교 철학과 방법론이 달라질 수 있다. 특히, 성경의 무오성에 대한 확신을 가진 설교자들은 성경의 전체와 모든 부분과 구절 하나하나에 이르기까지 성령의 영감(완전축자 영감설)으로 이루어진 것으로 믿으며, 또한 성경의 영감은 성령께서 성경 저자의 독특한 내적인 인간성, 재능, 교양, 용어, 문체 등을 조화롭게 사용하여 유기적으로 이루어진 것(유기적 영감성)으로 믿는다.²⁸ 이런 측면에서 이 글에서 말하는 성경적 파토스biblical pathos란 성경 본문에서 나온 것을 말하며, 성경적 진리 전달을 위해서 사용된 성경 저자의 감정 또한 성령의 감독과 보호 아래에서 성경에 표현된 것이라 할 수 있다.

이런 성경의 유기적 영감설을 기반으로, 켄트 에드워즈Kent Edwards는 성경을 영감된 문학으로 이해해야 한다고 주장한다. 그는 또한 "하나님의 영감은 성경 저자들의 단어 선택에만 영향을 준 것을 넘어서, 단어의 배열에까지 영향을 준 것"으로 믿으므로, 성경 본문의 단어와 장르도 성령에 의해서 영감되었다"라고 주장한다.²⁹ 만일 에드워즈Edwards의 주장처럼, 성경의 단어, 배열, 장르가 유기적 영감으로 된 것 받아들인다면, 설교자는 하나님의 커뮤니케이션으로서의 성경 본문의 내용만이 아니라, 의사전달의 목적을 달성하기 위해서 성경 저자가 표

---

27 Chapell, *Christ-Centered Preaching*, 34-36; Vines and Shaddix, Power in the Pulpit, 64-69.

28 여기에 관해서는 The Chicago Statement on Biblical Inerrancy의 제8항 (Article VIII)을 참조하라.

29 J. Kent Edwards, *Effective First-Person Biblical Preaching* (Grand Rapids, MI: Zondervan, 2005), 18-19.

현하고 사용하고 있는 본문의 감정, 무드도 매우 신중하게 다루어야 한다. 이와 맥락을 같이 하여, 아담 둘리Adam B. Dooley와 제리 바인즈Jerry Vines 역시도 "하나님은 성경의 단어words만을 영감한 것이 아니라, 그 단어들words의 표현presentation과 열정passion까지 영감하셨다"라고 말하면서, 설교자가 본문의 파토스textual pathos를 무시하는 것은 본문의 내용textual logos을 무시하는 것과 같은 것으로 이해한다.30

이런 측면에서 전통적 설교에서 성경의 신학적 내용의 순수성을 지키기 위해 감정 사용에 대하여는 부정적으로 접근하는 것과 신설교학에서 명제적 진리에 대한 부정과 감정 사용에 대한 과도하고 무분별한 강조는 궁극적으로 모두가 편향된 성경관에서 기인했다고 볼 수 있다.31 다시 말해, 성경을 존중하는 설교자는 "성경이 영감되어 있다는 사실을 믿는 것만이 아니라 그 성경이 완전히totally 영감되었다는 사실에 확신을 가지고 있어야"한다.32 신적 계시와 인간 저자를 통한 신적 계시로서의 균형 잡힌 성경관과 통전적 성경 커뮤니케이션의 이해 holistic understanding of biblical communication를 가진 설교자는 본문의 내용 전달만이 아니라 성경의 저자가 본문을 통해서 어떤 파토스biblical pathos를 표현하고 전달하고자 했는지도 세심한 주의와 관심을 기울이게 될 것이다.

---

30 Adam B. Dooley and Jerry Vines, "Delivering a Text-Driven Sermon" in (Nashville, TN: B&H, 2010), 248-49.

31 이에 관하여, 허셜 요크(Hershael York)는 성경 커뮤니케이션의 균형 잡힌 이해를 바탕으로 오늘날의 설교학의 두 흐름을 평가하면서 "자유주의자들은 자신들의 청중들과의 (감정적) 교감을 강조하지만, 보수주의자들은 청중들에게 성경적 정보를 주는 것으로 충분하다고 여긴다"라고 지적한다. Hershael W. York, "Communication Theory and Text-Driven Preaching" in *Text-driven Preaching: God's Word at the Heart of Every Sermon* (Nashville, TN: B&H, 2010), 239

32 Vines and Shaddix, *Power in the Pulpit*, 51.

2) 도덕적 준거성 Ethical Standard

많은 설교자들 중에는 설교에 있어서 감정의 중요성을 잘 숙지하고 있으면서도, 실제로 자신의 설교 작성과 전달에 있어서 감정적 요소의 사용과 감정적 호소를 하는 것에 주저하는 경우가 많다. 그 이유 중의 하나가 바로 수사적 기술로써 감정 사용이 야기할 수 있는 윤리적, 도덕적인 문제 때문이다. 즉, 설교자가 잘못된 감정 혹은 과도한 감정을 설교에 사용하여 자신의 성도들을 감정적으로 속이거나 기만 manipulation할 수 있다는 점을 인식하고 있기 때문이다. 여기에 대해서 이언 피트-왓슨Ian Pitt-Watson은 실제로 많은 설교자가 자신의 설교가 "도덕적인 설교mere moralizing preaching"라고 비난받는 것보다 "순전히 감정적 설교mere emotional preaching"라고 비난받는 것을 더 두려워한다고 지적한다.[33] 분명히 설교자는 수사적 기술로써 감정적 요소를 사용하며 감정적 호소를 하는 것에 건전한 두려움을 가지고 매우 신중하게 접근할 필요가 있다. 그 이유는 갈리와 라슨Gali and Larson이 지적했듯이, 감정적 호소와 같은 수사학적 기술은 조작적인 경향성manipulative tendency이 있기 때문이며, 실제 설교에서도 설교자의 잘못된 감정 전달과 과도한 감정 전달은 청중들에게 설득력 있게 들리기는커녕 오히려 부정적인 효과를 가져다줄 수 있기 때문이다.[34]

하지만 이런 감정(주의)적 설교의 위험성을 방지하기 위해서, 설교자의 감정적 호소는 타고난 설교자에게만 해당하는 것으로 도외시하거나, 아예 설교에 있어서 감정 사용을 외면하는 것은 앞서 설명한 것과 같이, 성경 커뮤니케이션이 지닌 풍성함을 단순히 지적인 영역으로 축소flatten하는 결과를 초래할 수 있기 때문에 바른 성경관과 본문에 충

---

[33] Ian Pitt-Watson, *Preaching: A Kind of Folly* (Edinburgh, Scotland: The Saint Andrew Press, 1976), 44-45.

[34] Galli and Larson, *Preaching That Connects*, 19.

실한 설교적 접근 방식이라 할 수 없다.³⁵ 더욱이 앞에서 전통적 설교의 문제에 대한 공통된 지적에서도 확인되었듯이, 이런 접근은 설교의 무기력lethargy 증세를 일으킬 우려가 매우 크다. 이와는 반대로, 잃어버린 영혼의 구원에 대한 설교자의 열정, 성도의 영적 성장을 향한 설교자의 열의, 바람직하며 건전하게 보이는 목회적 필요를 충족시키기 위한 목회자의 열심, 설교의 활력이라는 단어들이 설교에 있어서 감정적 조작emotional manipulation을 정당화할 수도 없다.³⁶ 설교자의 순수한 동기와 양심만으로 감정적 조작이 옹호될 수 없는 이유는 감정적 조작은 결코 하나님께서 원하시는 커뮤니케이션의 방식이 아닐 뿐만 아니라, 정당하지 못한 수사학적 설득의 기술을 사용하는 것은 설교의 메시지보다 메신저에 더 주목하도록 함으로(고후 4:5), 결국 인간중심적 말씀으로 전락할 가능성을 높이기 때문이다.³⁷ 바로 이런 점에서 성경 본문에서 성경적 파토스biblical pathos를 찾아서 그 감정을 살리는 설교를 하고자 하는 노력은 설교에 대한 감정적 요소에 대한 무관심을 방지하는 것은 물론이거니와, 설교자의 잘못된 감정 전달을 방지하는 하나의 윤리적, 도덕적 잣대moral, ethical standard의 역할을 할 수 있다.

이에 대하여 그레고리 홀리필드Gregory Holifield는 "영감된 본문 자체가 설교의 감정적 내용과 전달의 범위를 확정하고 있다"라고 언급하며, "본문의 감정을 왜곡하여 전달하는 것은 청중들에게 본문을 왜곡되게

---

35 퍼거슨(Ferguson)은 설교자가 감정적 반응을 일으키기 위한 어떤 고안된(designed) 언어의 사용이나 이야기의 사용은 반드시 조작(manipulation)이 일어난다고 주장한다. 하지만 이런 그의 주장은 성경 본문에 나타난 감정적 영역과 하나님께서 주신 본질적 측면에서의 인간의 감정을 평가 절하하는 측면이 있다. 더구나 실제 성경 저자가 의도한 감정적 반응을 위한 설교적 형식과 감정적 요소에 대한 고려를 모두 조작(manipulation)으로 치부하는 것에는 무리가 있다. Robert U. Ferguson Jr., "Motivation or Manipulation in the Pulpit," Preaching 6 (May-June, 1991): 11.

36 Raymond Bailey, "Ethics in Preaching," in *Handbook of Contemporary Preaching*, ed. Michael Duduit (Nashville, TN: Broadman, 1992), 557.

37 Dooley and Vines, "Delivering a Text-Driven Sermon," 247.

전달할 수 있다는 사실에 유의할 필요가 있다"라고 강력하게 경고하고 있다.[38] 또한, 둘리와 바인즈Dooley and Vines 역시도 "설교자는 자신이 선포하는 메시지에 자신이 고안한 감정적 디자인을 주입할 정도로 자유로운 자가 아니며, 성경 저자의 감정적 무드와 상응하지 않는 파토스는 위험할 정도로 조작적이며 기만적이다"라고 지적하고 있다.[39] 이들의 주장을 달리 표현한다면, 설교자가 본문의 파토스textual pathos에 상응하지 않는 감정적 요소를 사용하여 성도를 조종하고자 하는 것은 단순히 청중에 대한 조작manipulating the congregation으로 그치는 것이 아니라, 그와 동시에 하나님의 영감된 말씀을 왜곡하는 것manipulating the text이 되는 심각한 이중적 조작double manipulation의 유혹에 빠지게 된다는 것이다.

소위 이런 이중적 조작을 피하면서 설교자가 정당하게 감정적 요소를 설교에 활용할 수 있는 기반이 바로 본문의 파토스textual pathos를 주어진 성경 본문에서 찾아, 그 본문의 감정이 설교자의 감정에 영향을 주도록 하며 설교 자체의 감정적 요소를 결정하여 그에 상응하도록 설교를 작성하고 전달하도록 하는 방식이 될 것이다. 물론 이러한 접근 방식이 설교자의 감정적 조작을 방지할 수 있는 완벽한 잣대라 할 수는 없다. 왜냐하면, 설교자의 감정과 본문의 감정이 항상 일치할 수 없는 삶의 정황이 있을 수 있고, 설교자가 실제 설교에서의 감정적 호소가 지니는 강도의 경중the degree of intensity은 다를 수 있으며, 감정적 호소를 대하는 청중의 견해도 사람에 따라 달라질 수 있기 때문이다. 따라서 설교자의 영적 건강성spiritual soundness, 동기motive, 태도attitude는 이런 윤리적, 도덕적 이슈에 계속 따라다니는 잣대가 되어야 한다. 하지만 적어도 설교자가 성경의 저자가 의도한 본문의 파토스biblical pathos

---

[38] Gregory K. Holifield, "Expository Preaching that Connects the Heart," Preaching 19 (2004), 18.

[39] Dooley and Vines, "Delivering a Text-Driven Sermon," 247.

를 존중하여 그것을 설교에 담아내고자 하는 본문에 충실한 설교적 접근을 할 때, 성경적 파토스biblical pathos는 설교자의 영적 상태, 동기, 태도와 같은 내적 보이지 않는 잣대invisible standard와 더불어 외적 보이는 잣대outer visible standard의 역할을 충분히 감당할 수 있다.

3) 해석학적 충실성 Hermeneutical Faithfulness

설교자가 감정 사용을 주저하는 또 다른 이유는 자신의 감정 사용이 본문을 왜곡할 수 있다는 두려움에 기인한다. 즉, 설교에서의 감정 사용이 본문의 내용을 미흡하게 다루거나, 본문의 내용을 침해하는 해석학적인 문제를 일으킬 수 있다는 우려 때문이다. 이런 해석학적 이슈는 본문에서 저자가 의도한 의미the biblical author's intended eaning를 전달하고자 하는 강해 설교의 철학과 신념[40]을 따르는 설교자들에게는 앞서 언급한 청중을 조정하는 것보다 더 심각하게 다가오는 문제일 수 있다. 하지만 이런 걱정은 기우에 불과하다. 본문의 파토스textual pathos를 찾고 분석하는 것이 오히려 본문의 저자가 의도한 의미를 발견(의미론적 분석 차원에서)하는 것과 본문의 효과와 임팩트를 파악(화용론적 분석 차원에서)하는 것에도 도움이 되므로 보다 충실한 성경해석의 결과를 낳을 수 있다.

본문의 감정에 대한 중요성에 대하여 이미 수많은 해석학자가 지적하고 있다. 윌리엄 클라인William W. Klein, 크레이그 블롬버그Craig L. Blomberg, 로버트 허버드Robert L. Hubbard Jr.는 고대의 성경 본문이 지닌 감정적 효과를 오늘날의 독자들이 감지할 수 있다고 주장하며, "감정

---

40   로버트 토마스(Robert Thomas)는 이것을 강해 설교의 심장이라 말한다. Robert L. Thomas, "Exegesis and Expository Preaching," in *Rediscovering Expository Preaching*, ed. John F. MacArthur, Jr. (Dallas, TX: Word Publishing Company, 1992), 138; Chapell, *Christ-Centered Preaching*, 75.

적 각도를 가지고 해석the emotive angle of interpretation을 하는 것은 본문의 의도한 의미를 충분히 인식할 수 있도록 조장한다. 이는 본문의 개념이나 아이디어에 대한 이해뿐만 아니라 본문의 효과를 이해하는데 통찰력을 가져다준다. 이런 해석은 우리에게 아이디어에 대한 '느낌'과 '이해'를 제공하는 것"[41]으로 분명하게 밝히고 있다. 다시 말해, 본문의 감정textual emotion을 찾는 것은 본문에서 저자가 의도한 의미와 효과intended meaning and effect에 대한 해석자의 이해를 증진하는 데 많은 도움을 준다는 사실이다. 또한, 엘리엇 존슨Elliot E. Johnson은 전통적으로 해석학에서 본문의 의미를 다룰 때 그 의미의 인지적 구성요소the cognitive components of meaning를 강조해왔다는 사실을 지적하며, 성경 저자가 의도한 의미에는 인지적 요소만이 아니라 그의 감정적, 의지적 요소들도 함께 있으며, "저자의 의지적, 감정적 요소의 사용은 저자가 본문을 통하여 이루고자 하는 것을 디자인하는 데 있어서 매우 중요한 의미의 구성요소"이며 특별히 이런 요소들은 하나님에 대하여 반응하도록 본문을 구성하는데 매우 중요한 것으로 보았다.[42] 간단히 말해, 성경 저자가 본문을 구현하는 감정적 디자인emotive design은 그가 의도한 의미에 담겨embedded 있으므로 본문 주해에 있어서 인지적 요소뿐만 아니라 감정적 요소도 반드시 분석의 대상이 된다는 것이다. 이와 마찬가지로 그랜트 오스본Grand R. Osborne 역시도 성경에서의 감정적 표현이 가져다주는 의미의 총체성을 설명하면서, 특별히 서신서 안에서의 감정적 느낌the emotional feeling은 그 본문의 전체 의미의 중요한 부분이며, "해석자를 안내해주는 감정에 대한 묘사the portrayal of the emotions

---

[41] William W. Klein, Craig L. Blomberg, and Robert L. Hubbard, Jr., *Introduction to Biblical Interpretation* (Dallas, TX: Word Publishing, 1993), 176.

[42] Elliot E. Johnson, *Expository Hermeneutics: An Introduction* (Grand Rapids, MI: Academie Books, 1990), 110.

없이는 진정한 의미the true meaning를 놓쳐버릴 수도 있다"⁴³라고 말한다. 더 나아가 그는 성경 본문이 지니는 감정적 색채에 대해서 "계열적이고 관련적인 연구a paradigmatic and a syntagmatic study"를 통하여 본문의 감정적 강도가 살아나도록 해야 한다고 설명한다⁴⁴

물론 이들이 주장하는 바는 해석자가 당시 그 글을 기록할 때의 성경 저자의 내적 감정이나 경험을 재경험re-experience할 수 있다는 것을 의미하거나, 성경적 감정이 내용보다 우선된다고 주장하는 것이 아니다.⁴⁵ 더불어 본문의 감정을 파악하지 않고서는 본문의 내용과 형식이 모호해진다는 것을 말하고 있는 것도 아니다. 이들이 본문의 감정적 분석의 필요성과 중요성을 언급하며 강조하는 바는 성경 저자가 본문을 통해서 전달하고자 의도한 감정은 자신이 의도한 의미와 형식과 서로 연관되어interconnected 있고, 또한 그 속에 담겨embedded 있으므로, 본문의 감정을 찾고자 분석하는 작업은 성경의 내용을 분석하는 과정과 분리된 것이 아니라, 이런 작업을 통하여 해석자가 본문의 내용과 형식을 더욱 분명하고 생생하게 이해할 수 있도록 돕는다는 것이다.

결론적으로 설교에 있어서 성경의 내용에 충실해야 한다는 강조가 설교자의 감정적 요소를 등한시해도 된다는 생각과 부합될 수 없다.⁴⁶

---

43 Grant R. Osborne, *The Hermeneutical Spiral: A Comprehensive Introduction to Biblical Interpretation* (Downers Grove, IL: InterVarsity Press, 2006), 99.

44 Osborne, *The Hermeneutical Spiral*, 100. 이러한 본문의 강도와 세기(textual force)에 대해서는 최근 해석학에서 주목을 받고 있는 화행이론(speech act theory)을 설명하고 있는 다음의 글을 참고하라. Richard S. Briggs, *Words in Action: Speech Act Theory and Biblical Interpretation-Toward a Hermeneutic Self-Involvement* (New York: T & T Clark, 2001), 293; Anthony C. Thiselton, *New Horizons in Hermeneutics: The Theory and Practice of Transforming Biblical Reading* (Grand Rapids, MI: Zondervan, 1992), 17-18, Kevin J. Vanhoozer, *Is There Meaning In This Text?* (Grand Rapids, MI: Zondervan, 1998), 226-28, 337.

45 Robert H. Stein, *Playing by the Rules: A Basic Guide to Interpreting the Bible* (Grand Rapids, MI: Baker Books, 1994), 53.

46 Dooley and Vines, "Delivering a Text-Driven Sermon," 250.

또한, 본문의 내용에 대한 강조와 존중이 본문이 지닌 감정적 요소를 소홀히 다루는 방식으로 이루어지는 것도 바람직하지 못하다. 어쩌면 설교자의 감정 사용이 본문의 내용을 침해할 수 있다는 생각은 앞서 설명한 충실한 해석학적 과정을 전제로 하지 않았다는 사실을 드러낼 뿐이다. 다시 말해, 성경적 감정을 살려서 설교에 사용하는 방식은 본문의 내용을 축소하거나minimizing 왜곡시키는distorting 그릇된 해석적 방향성으로 해석자를 인도하는 것이 아니라, 오히려 본문을 더욱 충실하고 진지하게 연구하게 만들어 그 내용을 더욱 뚜렷이 드러내는magnify 건실한 해석적 과정으로 이끈다. 이런 점에서 본문의 내용을 더욱 정확하고 설득력 있게 전달하고자 노력하는 설교자는 본문에서 저자가 의도한 감정까지 찾아 설교에 반영하는 세심한 해석학적/설교학적 과정을 가지게 되므로 더욱 확신 있고 열정적인 설교를 할 수 있는 발판을 가질 수 있다.

4) 설교학적 효과성 Homiletical Effectiveness

지적 정보로만 가득 찬 설교factoid sermon나 단순히 감정적 설교mere emotional sermon 모두는 청중을 변화시키기에 부족하다는 사실은 이미 잘 알려진 설교학적 진리이다.[47] 청중을 움직이는 효과적인 설교가 되기 위해서는 청중이 받아들인 진리의 내용이 의지적인 행동으로 이어져야 하는데, 그러기 위해서는 감정이 그 지성에 동의할 때에만 가능하다.[48] 즉, 설교에서 전달된 인지적 내용이 청중들에게 구체화하며, 개인화되며, 더욱 생생하게 기억나게 하여 온전한 이해와 행동으로 이어지기 위해서는 그 내용과 상응하는 감정과 하모니를 이룰 때 가능하다.[49]

---

47 York and Decker, *Preaching with Bold Assurance*, 17.
48 Galli and Larson, *Preaching That Connects*, 19.
49 Jay E. Adams, *Preaching with Purpose* (Grand Rapids, MI: Baker 1982), 86.

반대로 전달된 설교가 청중에게 아무런 감흥을 주지 못하거나, 자연스럽지 못한 감정을 일으키게 될 때, 그 설교의 설득력은 오히려 반감된다.[50] 이처럼 성경적 내용information이 성경적 변화transformation로 이어지도록 하는 설교의 효과성은 그 전달된 설교에 대한 청중의 내용적 이해와 더불어 그들의 감정적 교감emotional empathy과 일체감emotional identification에 따라 매우 달라진다.

사실 효과적인 설교를 위한 감정 사용의 필요성은 기독교 설교의 전통 속에서 지속해서 확인되어온 사실이다. 물론 설교에서 수사학적 기술을 사용하는 데 있어 초대 교부시대부터 의견의 차이는 있었지만,[51] 설교에 있어서 수사학의 중요성을 인식한 오리겐Origen과 특별히 어거스틴Augustine이 설교자의 세 가지 책무를 수사학의 세 가지 요소를 가지고 "가르치고to teach, 즐겁게 하고to delight, 움직이게 하는to move 것"[52]으로 정의한 이래로 크리소스톰Chrysostom,[53] 루터Luther,[54] 횟필드Whitefield,[55] 에드워드Edwards,[56] 스펄전Spurgeon[57] 등과 같은 많은 유

---

50 John A. Broadus, *On the Preparation and Delivery of Sermons*, 4th ed. rev. by Vernon L. Standfield (San Francisco: Harper & Row, 1979), 174.

51 특별히 터툴리안(Tertulian)은 설교에 있어서 아리스토텔레스의 수사학적 기술을 사용하는 것을 반대했다. Tertulian, *Prescription Against Heretics*, trans. Peter Holmes (Whitefish, MT: Kessinger, 2004), 12.

52 Augustine, *De Doctorina Christiana*, ed. John E. Rotelle, trans. Edmund Hill (New York: New City Press, 1996), 216.

53 Thomas V. Liske, *Effective Preaching* (New York: The MacMillan Company, 1960), 246.

54 Fred W. Meuser, *Luther the Preacher* (Minneapolis, MN: Augsburg Press, 1983), 78.

55 David L. Larsen, *The Company of the Preachers: A History of Biblical Preaching from the Old Testament to the Modern Era* (Grand Rapids, MI: Kregel Publications, 1998), 371.

56 John D. Hannah, "The Homiletical Skill of Jonathan Edwards," Bibliotheca Sacra 159 (January-March, 2002): 96-101.

57 Jay E. Adams, *Sense Appeal in the Sermons of Charles Haddon Spurgeon* (Grand Rapids, MI: Baker Book House, 1975), 29.

명한 설교자들은 설교에서 감정 사용에 대한 중요성을 인식하였고 그들의 설교 속에 이를 효과적으로 사용한 흔적이 보인다. 하지만, 효과적인 설교를 위한 감정 사용의 중요성은 지속된 역사적 검증으로 확정될 문제가 아니다. 이는 오늘날의 시대적 요청이기도 하다. 즉, "말보다는 이미지, 개념보다는 감정, 논리보다는 직감을 더 강조하는" 포스트모더니즘 시대를[58] 살아가는 청중들을 대하는 설교자에게 효과적인 감정 사용은 필수적인 설교 전략으로 인식된다. 이점에 대해서 제프리 아더스Jeffrey Arthurs는 근대 사람들의 논리에 대한 신뢰는 명제적 진리와 잘 부합되었지만, 포스트모던 시대의 사람들은 "상상력과 감정적 관점"이 실제reality를 파악하는 통합적 열쇠로 인식하기 때문에, 이러한 "포스트모더니즘의 새로운 인간 의식the new human consciousness of postmodernism"은 설교자가 자신의 설교에 감정적 요소들을 더 강화하도록 요구한다고 제시한다.[59]

여기에 대해서 설교자의 감정과 설교의 감정이, 본문이 드러내는 감정과 조화를 이룰 때 청중들은 본문과 감정적 교감과 일체감을 가질 수 있다. 결국, 감정을 사용한 설교는 설교자에게 더욱 효과적인 설교를 할 좋은 기회를 제공한다. 이는 여러 강해 설교학자들의 진술을 통해서 확인된다. 허셜 요크Hershael York는 디모데후서 3장 16절의 설명을 통하여 하나님 말씀의 목적에는 이미 감정적 영역을 포함하고 있다는 사실을 지적하면서, 청중을 격려하고 분발시키기 위해서 우리의 설교는 성경적 정보information와 감정emotion을 모두 포함하고 있어야 한다고 말한다.[60] 브라이언 채플Bryan Chapell은 "우리의 태도는 반드시 성

---

[58] Roy Clements, "Expository Preaching in a Postmodern World," Evangelical Review of Theology 23, no. 2 (April, 1999): 74-75.

[59] Jeffrey Arthurs, *Place of Pathos in Preaching*, Preachingtoday, http://www.preachingtoday.com/skills/themes/preachingwithpassion/200102.27.html (accessed July, 27, 2020).

[60] York and Decker, *Preaching with Bold Assurance*, 17.

경의 내용을 반영하는 것이어야 한다. 우리가 의미를 전달하는 것은 단순히 우리가 무엇을 말하는가에 의해서만 아니라 어떻게 말하는가에 달려 있기 때문에, 정확한 강해는 설교자들이 본문의 용어만이 아니라 그 본문의 어감tone까지 반영하도록 요구한다"[61]라고 명시하고 있다. 여기에 대하여 더욱 구체적으로, 해돈 로빈슨Haddon W. Robinson은 "본문의 무드textual mood는 성경 저자의 감정과 그의 기록이 불러일으키는 감정과 관련된 것으로," 설교 작성을 위한 "주해와 해석학은 반드시 설교의 무드the sermon's mood에 반영되어야 한다"[62]라고 주장한다. 그는 더 나아가 본문에는 빅 아이디어a big idea만이 아니라 주도적인 무드a dominant mood가 있기 때문에, 효과적인 설교를 위해서 설교자는 반드시 본문의 무드에 충실해야 하며, 그 본문의 주도적인 무드the dominant mood of the text가 설교의 주도적인 무드the dominant mood of the sermon가 되도록 해야 한다고 말한다.[63] 로빈슨의 의견과 맥을 같이하여, 그레고리 홀리필드Gregory Holifield는 정확하고도 사람들의 주의를 끌 수 있는 성경 강해를 위해서 설교자는 성경의 감정적 부분에 더 큰 관심을 기울여야 한다고 제시하고,[64] 제프리 아더스Jeffrey Arthurs는 본문의 무드가 설교에 구체화될 때 효과적인 설교가 될 수 있다고 주장하며,[65] 켄트 에드워즈Kent Edwards 역시도 역동적이고 청중을 사로잡는 효과적인 설교를 위해서는 성경 본문에서 나온 감정이 그들에게 자연스럽게 전달되어야 한다고 주장한다.[66]

이처럼 성경적 감정을 살리는 설교 방식은 설교자가 본문의 내용과

---

61 Chapell, *Christ-Centered Preaching*, 99.
62 Robinson, "Homiletics and Hermeneutics," 71-72.
63 Robinson, "The Relevance of Expository Preaching," 92.
64 Holifield, "Expository Preaching that Connects the Heart," 20.
65 Arthurs, "Pathos Needed," 593.
66 Edwards, *Effective First-Person Biblical Preaching*, 24.

감정에 충실하여 이 둘 모두를 설교에 반영하는 방식으로, 기존의 전통적인 설교의 성경 내용을 중시하는 강점을 잃어버리지 않으면서도, 성경적 감정을 설교에 살려서 그 내용을 보다 분명하고, 기억나게, 그리고 설득적이며 효과적으로 들리도록 하는 더욱 본문에 충실한 설교적 접근이 될 수 있다. 더불어 이 방식은 설교의 효과성에 대한 역사적으로 검증된 방식을 성경의 커뮤니케이션을 존중하는 방식text-driven preaching으로 승화시킬 뿐 아니라, 오늘날의 포스트모던 청중들의 인식 체계에도 부합되는 방식이라 할 수 있다.

2. 성경적 파토스를 살리는 설교 방법론 Sermon Preparation with Biblical Pathos

성경적 감정 사용의 정당성에 대한 수긍은 이를 어떻게 설교에 담아낼 것인지에 대한 설교 방법론에 대한 질문으로 이어질 수 있다. 따라서 논문의 이 부분에서는 성경적 감정에 초점을 두고 이를 찾아내는 해석적 과정과 설교에 담아내는 설교 과정을 설명하고자 한다.

1) 해석화 과정 Hermeneutical Process

본문의 감정을 분석하기 위해서 해돈 로빈슨Haddon Robinson은 주해 과정에서 "성경 저자가 어떤 무드를 전달하고자 하는가?"라는 질문과 "본문을 읽은 결과 어떤 감정을 가지는가?"라는 두 가지 질문을 할 것을 제시한다.[67] 제프리 아더스Jeffrey Arthurs는 "하나님께서 이 본문을 가지고 무엇을 성취하시고자 하는가?"와 "이 본문이 어떤 감정을 들게

---

[67] Robinson, "The Relevance of Expository Preaching," 92.

하는가?"라는 질문을 할 것을 권한다.68 또한, 토마스 롱Thomas Long과 프래드 크래독Fred Craddock은 본문의 무드와 잘 어울릴 것 같은 음악이나 악기를 연상해 보라고 권하기도 한다.69 하지만 이러한 제안들은 너무 일반적일 뿐만 아니라 자칫 주관적 해석subjectivity을 초래할 우려가 있다. 이런 측면에서 "본문의 직관적인 감정은 반드시 본문에 대한 철저하고도 분석적인 연구가 있어야 한다"는 카슨D. A. Carson의 지적은 합당하다.70 즉, 본문의 저자가 전달하고자 했던 감정을 찾아내는 데도 주관성을 최소화할 수 있는 체계화된 주해 과정이 필요하다. 여기에서는 본문의 저자가 의도한 감정에 집중하면서 거시적 정황적/문학적 분석macroscopic analysis of the context and literature에서 시작하여 미시적 언어적 분석microscopic analysis of the language으로 이어지는 하향 나선적 움직임downward spiral movement을 통해 더욱 체계적이고 구체적인 분석 방식을 제시하고자 한다.

(1) 본문 선택Text Selection

실제 설교를 위한 본문 선택은 주해 이전의 단계에 해당한다. 그러나 실제 설교 본문을 정하는 것에는 본문과 청중에 대한 사전 지식이 요구된다. 해돈 로빈슨Haddon Robinson이 지적했듯이, 본문과 청중 사이를 이어주는 다리를 놓는 자로서 설교자는 본문 선택에서도 성경 저자와

---

68 Arthurs, "Pathos Needed," 593.

69 Thomas G. Long, *Preaching and the Literary Forms of the Bible* (Philadelphia, PA: Fortress Press, 1989), 128-35; Fred Craddock, "The Sermon's Mood," in *The Art & Craft of Biblical Preaching: A Comprehensive Resources of Today's Communicators*, ed. Haddon Robinson and Craig Brian Larson (Grand Rapids, MI: Zondervan, 2005), 402.

70 D. A. Carson, "Recent Developments in the Doctrine of Scripture," in *Hermeneutics, Authority, and Cannon*, ed. D. A. Carson, and John D. Woodbridge (Grand Rapids, MI: Academie Books, 1986), 35.

오늘날 청중의 양쪽 관심사에 모두 친숙해야 한다.[71] 특별히 본문의 정황과 설교를 듣는 청중의 정황적 유사성이 바탕이 될 때, 그 설교의 효과성과 설득력은 높아진다.[72] 즉, 본문의 정황과 청중의 정황이 비슷하면 할수록, 그 설교는 그들에게 감정적으로 더 큰 효과를 가져다줄 것이다.[73] 이런 측면에서 설교자가 본문을 선택할 때, 이 본문이 오늘날의 청중에게 어떤 감정적 효과와 임팩트를 줄 수 있을지에 관한 생각은 충분히 고려의 대상이 될 수 있을 것이다.

(2) 본문의 문학적 배경 분석Macroscopic Analysis of the Contextual/Literary Backdrops

① 본문 장르의 이해Genre Understanding

성경은 다양한 장르들로(예를 들면, 이야기, 법, 잠언, 시, 예언, 복음, 서신, 묵시 등) 구성되어 있다. 이런 장르의 특징을 이해하는 것은 설교자의 해석학적 원칙에 영향을 주며,[74] 잘못된 본문 이해를 방지해 준다. 특별히 트렘퍼 롱맨Tremper Longman III에 의하면, 하나의 공통된 장르를 구성하는 요소에는 "비슷한 무드similar mood, 내용cotent, 그리고 표현법의 구조structure of phraseology"가 있다고 말한다.[75] 즉, 성경 저자의 장르 선택에는 단순히 내용만이 아니라 저자가 의도한 감정과도 관여함으로,[76] 성경의 장르에 대한 이해는 본문에 대한 감정적 요소들에 대한 중요한 단

---

71 Robinson, *Biblical Preaching*, 54.

72 Thomas G. Long, *The Witness of Preaching* (Louisville, KY: Westminster John Knox, 1989), 79.

73 Hollifield, "Expository Preaching That Touches the Heart," 23.

74 Walter C. Kaiser Jr., *Preaching and Teaching from the Old Testament: A Guide for the Church* (Grand Rapids, MI: Baker, 2003), 53.

75 Tremper Longman III, *How to Read Psalms* (Downers Grove, IL: InterVasity Press, 1988), 20.

76 Edwards, *Effective First-Person Biblical Preaching*, 18-19.

서를 제공할 수 있다.[77] 여기에 대해서 둘리와 바인즈Dooley and Vines는 "문학적 장르를 고려하는 것은 성경 본문의 감정적 의도를 바르게 해독해 내는 데 필수적인 것"으로 보았다.[78]

구체적으로 설명하면, 내러티브 장르(역사적 사실이나 비유를 포함한)는 성경 전반을 아우르는 장르로, 어떤 특정 사건(인물과 배경이 포함된)과 그 의미를 설명하고 묘사하면서 본문의 다양한 감정적 컬러를 채색해 나간다. 율법과 잠언과 같은 장르는 간결한 문체로 이루어진 것으로 훈계나 동기부여의 교훈적 특징이 그 장르의 감정적 배경에 스며들어 있다. 구약 성경의 삼 분의 일을 차지하는 시적 장르는 그 특징 자체로 다양한 감정을 전달하는 것을 우선으로 하고 있다. 예언서 장르는 경고와 위로의 두 개의 주요 주제적 기둥에 걸맞은 감정적 배경을 가지고 있으며, 서신서는 주로 논리적 전개에 따라 이루어져 있어서 권고의 특징을 주로 발견하게 된다. 물론 이런 장르의 일반적 특징들이 본문의 감정을 찾는 결정적 단서는 되지 못한다. 왜냐하면 성경의 장르는 엄격하게 서로 구분된 것이 아니라 서로 혼합되어 사용되기 때문이다. 예를 들면, 복음서 장르는 역사적 내러티브, 비유, 계보, 설교, 찬양 등과 같은 다양한 장르들이 혼재해 있다. 그럼에도 불구하고 주어진 본문의 장르적 특징을 고려하는 것은 본문의 의미를 제대로 발견하기 위한 해석학적 기본 도구이자, 그 의미와 더불어 본문의 올바른 감정을 찾아내는 기초적 관문이라 할 수 있다.

---

[77] 실제 장르에 대한 이해는 본문의 주제, 형식, 스타일, 무드, 목적 등과 함께 상호 작용하는 인식적, 커뮤니케이션의 모판이자 지도로 이해해야 한다. 따라서 이 글의 아래의 세부적인 역사적/문학적 정황, 본문의 구조와 본문의 언어에 대한 분석은 모두 장르적 구성요소에 관한 구체적 연구로 볼 수 있다. 여기에 대해서는 Vanhoozer, *Is There a Meaning in This Text?*, 335-50을 보라.

[78] Dooley and Vines, "Delivering a Text-Driven Sermon," 256-57.

② 본문의 역사적/문학적 배경 분석Analysis of Historical/Literary Contexts

성경 저자가 전달하고자 한 아이디어를 찾는 것보다 그가 의도한 감정을 결정하는 것이 더 힘든 작업이라 할 수 있다.[79] 왜냐하면 성경 저자가 의도한 감정이 본문에 분명하게 표현되어 있기보다는 어렴풋이 숨어있는 경우가 있기 때문이다. 여기에 대해, 그레고리 홀리필드Gregory K. Holifield는 본문의 역사적 배경을 연구해 보는 것이 이런 숨어있는 본문의 감정을 찾아내는 한 방편이 될 수 있다고 지적한다.[80] 이와 맥을 같이하여, 둘리와 바인즈Dooley and Vines도 성경 저자가 본문에서 감정이 문법적 차원에서 분명하게 표현하고 있지 않을 때, 그 본문의 정황을 고려하는 것은 저자가 의도한 감정을 찾아내는 매우 유용한 접근이라 주장한다.[81] 사실, 본문의 역사적 정황을 정확하게 알면 알수록, 해석자는 그 본문의 내용과 더불어 기능과 목적을 더욱 분명하게 알 수 있다. 그리고 그 본문의 기능과 목적을 분명히 파악하는 것에는 본문이 가져다주는 감정적 효과도 포함된다. 하지만 여기에도 주의해야 할 점이 있다. 본문의 감정을 분석하기 위한 설교자의 본문의 역사적 배경 분석은 반드시 본문의 내용과 감정을 손상하는 방향이 아니라, 본문의 내용과 감정을 강화하는 방향으로 이루어져야 한다.[82]

문학적 정황literary surrounding contexts을 살펴보는 것도 저자가 의도한 본문의 감정을 찾아내는 것에 도움이 된다. 여기에 대해 둘리Dooley와 바인즈Vines는 스티븐 올포드Stephen Olford의 열왕기상 11장 1-14절의 설명을 예로 들면서, 열왕기상 11장 1-14절 자체에는 어떤 감정적 내용을 찾기는 힘들지만, 이 본문의 역사적 문맥과 문학적 근접 문맥 연구, 즉 열왕기상 1-10장의 내용과 11장 이후의 문맥들이 어떻게 전

79　Robinson, "Homiletics and Hermeneutics," 813.
80　Hollifield, "Expository Preaching That Touches the Heart," 19-20.
81　Dooley and Vines, "Delivering a Text-Driven Sermon," 256-57.
82　Dooley and Vines, "'Delivering a Text-Driven Sermon," 256.

개되는지를 살펴봄으로, 이 본문은 분노, 후회, 실망의 감정을 통하여 본문의 내용인 죄의 심각성을 부각한다고 설명한다.[83] 또 다른 예로 마태복음 25장의 열 처녀 비유(25:1-13)와 달란트 비유(25:14-30)는 마태복음 24장의 종말에 관한 내용과 그 뒤의 양과 염소의 비유(25:31-40) 사이에 위치하면서, 종말과 하나님 심판의 근엄함과 긴박성이 이 두 비유의 감정적 색채의 배경 막backdrop을 형성하고 있다. 요약하면, 해석자가 본문의 역사적/문학적 배경을 살펴보는 것이 단순히 본문의 내용을 파악하는 것으로 그치지 않고, 본문의 감정을 찾아내는 과정이기도 하다.

③ 본문의 구조와 인물 분석Analysis of Structural Patterns and Characters

어떤 장르에서는 본문의 구조적 패턴과 인물에 관한 연구가 본문의 감정을 파악하는데 중요한 실마리를 제공하기도 한다. 실제 내러티브 장르에서는 다양한 구성요소들이 본문의 감정을 확립해 나간다. 하지만 본문의 감정을 가장 두드러지게 하는 구성요소는 플롯이라고 할 수 있다.[84] 주로 네 가지 단계, 즉 설명, 위기, 해결, 결말로 구성된 내러티브 플롯의 흐름 속에서, 특별히 위기와 해결 부분을 분석하면서 "이 위기의 단계에 보여주는 갈등에는 어떤 원인과 동기가 있는가?" 그리고 "해결의 단계가 어떻게 해소되는가?"를 살펴봄으로 내러티브 본문의 감정적 색채가 희극과 비극 사이에서 어디에 해당하는지를 고려할 수 있다.[85] 이런 플롯에 대한 분석은 자연스럽게 그 플롯을 이끌어가는 등장인물에 대한 분석으로 이어질 수 있는데, 특별히 본문이 등장인물의

---

83 Dooley and Vines, "Delivering a Text-Driven Sermon," 256.

84 Paul Borden and Steven D. Mathewson, "The Big Idea of Narrative Preaching: What Are the Clues to Interpreting a Story? in *The Art & Craft of Biblical Preaching: A Comprehensive Resources of Today's Communicators*, ed. Haddon W. Robinson and Craig Brain Larson (Grand Rapids, MI: Zondervan, 2005), 277.

85 Steven D. Mathewson, *The Art of Preaching Old Testament Narrative* (Grand Rapids, MI: Baker 2002), 47-48.

감정 상태를 묘사하는 부분들이나, 그 인물의 감정 상태를 고려함으로 본문의 감정을 파악할 수 있다.[86] 하지만 이러한 등장인물에 대한 세부적인 감정이 본문 전체의 무드를 압도하지 않도록 주의할 필요가 있다. 즉, 본문의 감정을 파악하는 데 반드시 저자의 의도라는 각도에서 접근해야 한다.

시 장르를 분석할 때, 본문의 구조적 패턴 파악은 그 시가 전달하고자 하는 감정적 의도를 파악하는 데 필수적이다. 특별히 시편은 그 주제적/구조적 패턴에 의해서 찬양시, 감사시, 비탄시, 지혜시, 제왕시 등으로 나누어지는데, 이런 구조적 패턴들은 단순히 주제에만 관여한 것이 아니라 본문의 무드와도 직결된다.[87] 또한, 한 편의 시, 특별히 비탄시의 경우, 시편 기자의 표현하는 감정 상태가 어떠한지, 그리고 그 감정적 움직임이 본문의 구조와 더불어 어떻게 진행되는지를 살펴보는 것은 본문의 전반적 감정 파악에 필수적이다.[88] 서신서 장르도 예외는 아니다. 실제 서신서는 내용의 논리적 진행은 구조적 패턴과 분리할 수 없으며, 이는 감정적 무드와도 관련된다. 서신서의 전반적인 무드는 이런 내용적/구조적 패턴을 파악하는 것으로 많은 도움을 주며, 본문의 문법적 구조도 본문의 감정적 언어를 드러내는 과정을 돕는다.

(3) **본문의 언어 분석** Microscopic Analysis of the Use of the Language

로버트 스타인Robert Stein은 언어란 크게 "지시적 언어referential language"와 "언약적 언어commisive language"로 구성되며, 후자는 "결정하게 하고, 감정을 전하고, 느낌을 유도하며, 감정을 전하는" 역할을 한

---

[86] Hollifield, "Expository Preaching That Touches the Heart, 24; Dooley and Vines, ""Delivering a Text-Driven Sermon," 258-59.

[87] David M. Howard Jr. *Interpreting the Psalms: An Exegetical Handbook* (Grand Rapid, MI: Kregel, 2007), 145-72.

[88] Federico G. Villanueva, *The 'Uncertainty of a Hearing': A Study of the Sudden Change of Mood in the Psalms of Lament*, SVT 121 (Leiden: Brill, 2008), 1-24.

다고 설명한다.[89] 엘리엇 존슨Elliot Johnson에 따르면, 성경 저자의 언어 사용은 그가 의도한 감정적 디자인 때문에 제한된다고 지적한다.[90] 간단히 말해, 성경 저자는 감정적인 단어들을 의도적으로 사용하고 있다는 것이다. 따라서 본문의 감정을 파악하기 위해서 본문에서 저자가 사용한 언어를 분석하는 것은 필수과정이다. 이런 측면에서, 앞서 설명한 본문의 장르, 역사적/문학적 정황 분석, 본문의 구조와 인물 분석은 본문의 주도적 무드dominant mood를 유추해 보는 과정이라고 한다면, 본문의 언어 분석은 본문의 주도적 무드major mood를 검증하며, 또한 지지하는 무드minor or supporting moods까지도 파악해 내는 과정이라 할 수 있다.

① 핵심 구절과 단어 분석Analysis of Key Sentences and Key Words

우선, 본문의 핵심 구절과 단어를 살펴보는 것이 본문의 중심 주제를 파악하는 것과 더불어 본문의 주도적 감정을 결정하는 데 유익하다. 내러티브 장르에서 본문의 주요 내용이 등장인물의 대화를 통해서 전달될 때가 많다. 따라서 본문에 나오는 등장인물들의 주요 대화를 감정적 차원에서 연구하는 것은 그 인물의 감정 상태를 결정하며, 그 본문의 주도적인 감정을 결정하는 데 많은 도움을 줄 수 있다. 특별히 전지적 관점에서 성경 저자의 본문 사건과 등장인물에 대한 평가는 본문의 주도적 무드를 파악하는데 결정적인 역할을 할 수 있다.

감정 전달을 우선으로 하는 시적 장르에서 핵심 단어와 반복적인 단어를 연구하는 것은 상식적이다. 또한, 그랜트 오스본Grant Osborne에 의하면, 서신서 장르에서도 핵심 단어를 감정적 차원에서 연구함으로 본문의 포괄적 의미와 더불어 본문의 감정을 파악하는 데 중요한 역할

---

89 Stein, *Playing by the Rules*, 73.
90 Johnson, *Expository Hermeneutics*, 100.

을 한다고 주장한다. 특별히 그는 주해자가 감정적 단어가 지닐 수 있는 감정적 범위emotional domain와 단계emotional graded scale를 인식할 필요가 있다고 말한다.[91]

② 비유적 언어 분석Analysis of Figures of Speech

블링거E. W. Bullinger는 비유적 언어란 "그 목적에 있어서 항상 추가적인 힘과 생명력을 더하고, 감정을 강화하고 더욱 강조하기 위한 것이다"라고 말한다.[92] 다시 말해, 비유적 언어는 사고를 분명하게 할 뿐 아니라 감정에도 영향을 미친다. 물론 모든 성경 장르에 걸쳐 이런 비유적 표현들이 사용되고 있지만, 특별히 시 장르로 된 본문의 내용과 무드를 분석하는데 그 유용성이 두드러진다. 성경에 사용된 비유적 언어들 가운데, 가장 널리 쓰이는 것이 바로 직유simile와 은유metaphor이며, 이들은 "지적일 뿐만 아니라 감정적이며, 설명하고 논리적일 뿐만 아니라 체험적이고 직관적이다."[93] 따라서 본문에 나타난 은유, 직유와 같은 비유적 언어에 대한 분석은 해석자가 본문이 어떤 무드를 지니고 있는지를 파악하는 구체적인 대상이라 할 수 있다. 비유적 표현과 더불어 본문이 어떤 이미지imagery를 내포하고 있는지를 파악하는 것도 본문의 내용과 더불어 감정 파악에 중요한 역할을 한다.

③ 감정적 언어 분석Analysis of Evocative Words

감정적 언어a evocative word는 문서 커뮤니케이션written communication에서 감정 표현의 가장 작은 단위 표시이다. 하지만 이런 가장 작은 표

---

91 Osborne, *The Hermeneutical Spiral*, 99-100.

92 E. W. Bullinger, *Figures of Speech Used in the Bible* (Grand Rapids, MI: Baker, 1968).

93 Leland Ryken, *How to Read the Bible as Literature* (Grand Rapids, MI: Zondervan, 1984), 93.

현이 때로는 본문의 세부적인 무드를 넘어 주도적인 무드를 결정하기도 한다. 따라서 그레고리 홀리필드Gregory Holifield는 설교자는 본문의 감정적 단어를 반드시 찾아보아야 한다고 주장하면서, 그 예로, 고린도전서 11장 5-6절에서 등장하는 "욕", "부끄러움"과 같은 감정적 단어들은 설교자가 어떤 감정을 담아 설교해야 하는지를 보여준다고 설명하고 있다.[94] 홀리필드의 주장에 동의하면서, 둘리Dooley와 바인즈Vines 역시도 로마서 1장 18-32절에 나타난 죄인들에 대한 하나님의 진노를 드러내는 다양한 감정적 단어들은 본문의 감정을 대변해준다고 설명한다.[95] 이처럼 성경 저자가 매우 감정적인 언어들을 사용하여 본문을 적고 있을 때 해석자는 그 본문의 전반적인 무드를 찾아내기가 용이하다.[96] 하지만 그렇지 않은 경우에도 감정적 단어에 관한 연구는 필요하다. 실제 어떤 감정적 단어들은 비록 핵심 구절과 단어에 사용되지 않았더라도 전반적인 본문의 어조를 좌우하기도 한다.[97] 구체적인 예를 들어, 성경에 쓰인 다양한 감탄사들(시 8:1; 롬 11:33; 고후 7:10-11; 출 32:31; 사 45:9; 마 23:13 등)은 본문의 감정을 드러내는 구체적인 지표가 된다.[98] 또한, 어떤 단어들은 문맥 속에서 일반적인 의미와는 달리 독특한 감정적 색채를 띠는 "내포적인 의미connotative meaning"를 지니기도 한다. 대표적인 예로, 로마서 8장 39절의 "사랑"은 일반적인 사랑의 의미보다는 하나님의 끊어지지 않는 끈질긴 사랑tenacious love이라는 독특한 어감을 지니고 있기 때문에, 이런 감정적 색채가 묻어 있는 "내포적 의미

---

[94] Hollifield, "Expository Preaching That Touches the Heart," 23.

[95] Dooley and Vines, "Delivering a Text-Driven Sermon," 254.

[96] Osborne, *The Hermeneutical Spiral*, 100.

[97] Terry G. Carter, J. Scott Duvall, and J. Daniel Hays, *Preaching God's Word: A Hands-On Approach to Preparing, Developing, and Delivering the Sermon* (Grand Rapids, MI: Zondervan, 2005), 49.

[98] John Carrick, *The Imperative of Preaching: A Theology of Sacred Rhetoric* (Cambridge: The University Press, 1982), 30-55.

connotative meaning"는 본문의 전반적 감정을 파악하는 데 중요한 역할을 한다.

2) 설교화 과정 Homiletical Process

앞서 설명한 해석화 과정에서 발견한 본문의 감정은 설교화 과정에서 설교의 목적, 설교의 형식, 설교의 기능적 구성요소들, 설교의 스타일 등 다양한 영역에 걸쳐 설교 작성의 단계에 영향을 줄 수 있다.

(1) 설교의 목적 Sermon Purpose

분명한 목적이 없는 설교는 설교할 가치가 떨어진다.[99] 따라서 설교자는 전달된 설교가 청중들에게 어떤 영향과 변화를 가져다줄 것인가를 구체화해야 한다. 여기서 말하는 청중의 변화는 전인적 변화를 요구하는 것으로, 웨인 맥딜Wayne McDill에 의하면, 설교의 주요 목적은 가르치는 것to teach이어야 하지만, 설교의 목적을 설정하는 데 청중의 인지적인 부분만이 아니라, 감정적, 의지적, 행동적 변화를 위한 설득력 있는 요소들이 있어야 한다.[100] 또한 설교의 목적을 구체화할 때, 설교자는 반드시 본문의 내용과 본문의 목적이 반영되도록 하여, 청중의 이해understanding와 공감empathy을 불러일으켜야 한다. 이런 점에서 본문의 내용에 대한 정확한 전달이라는 주목적과 더불어 본문이 의도한 감정대로 청중이 반응하도록 설교의 세부적 목적을 확정함으로, 설교의 설득력을 증진할 수 있다. 실제, 설교의 목적을 정하는 것은 설교를 작성하는 과정의 "두뇌"의 역할을 하여,[101] 이 설교의 목적에 따라서 설교자

---

[99] Robinson, *Biblical Preaching*, 107.

[100] Wayne McDill, *12 Essential Skills for Great Preaching*, 2nd ed. (Nashville, TN: B&H Publishing Group, 2006), 96; Adams, *Preaching with Purpose*, 23-26.

[101] Ramesh Richard, *Preparing Expository Sermons* (Grand Rapids, MI: Baker, 2001),

는 설교의 전체 방향성, 설교 형식, 설교의 구성요소들을 결정해 나간다. 따라서 설교의 목적의 설득적 요소로써 활용되는 본문의 감정은 전체 설교의 무드를 이끌어가도록 하여, 본문의 주도적 무드가 설교의 주도적 무드가 되는 데 결정적인 역할을 한다.

(2) 설교의 형식 Sermon Form

한 본문을 설교함에 있어서 정해진 설교 형식이란 없다. 설교자가 내용의 명확한 전달에만 집중한다면 선택할 설교의 형식은 다양할 수 있다. 그러나 모든 형식이 특정 본문에 효과적인 것은 아니다. 특별히 설교자가 본문의 감정과 효과를 설교에 살려서 청중에게 전달하고자 할 때는, 본문의 형식이 설교의 형식에 어느 정도 반영되도록 하는 것이 바람직한데, 이는 형식은 내용과 더불어 청중의 반응과 기대에 영향을 미치기 때문이다.[102] 따라서 본문의 주도적인 무드가 설교의 주도적인 무드가 되도록 하기 위해서, 설교자는 자신이 선택한 설교적 형식이 어떻게 본문의 감정 혹은 본문의 감정적 흐름을 반영할 수 있을지를 고려해야 한다. 이점에 대해 설교자가 반드시 설교 작성에 있어서 논리적 아웃라인 logical outline과 더불어 감정적 아웃라인 emotional outline을 작성하여, 본문의 감정을 반영할 수 있도록 설교적 요소들을 구성하라는 데이빗 라슨 David Larson의 설교학적 통찰은 바로 설교의 형식이 내용의 정확한 전달만이 아니라 그 내용의 효과적인 전달에 큰 영향을 준다는 사실에 기인한다.[103]

25-26, 77.

[102] Greidanus, *The Modern Preacher and The Ancient Text*, 141.

[103] David L. Larsen, *The Anatomy of Preaching: Identifying the Issues in Preaching Today* (Grand Rapids, MI: Kregel, 1989), 70-71.

(3) 설교의 기능적 구성요소 Functional Components of the Sermon

설교자는 설교의 기능적 구성요소들, 즉 서론, 결론, 설명, 예화, 적용, 전환 구문 등을 작성해 나가는 데도 각 구성요소가 청중들에게 어떤 무드를 전달할지를 고려해 볼 수도 있다. 물론 한 본문 안에는 주도적 무드dominant mood와 지지하는 무드supporting mood가 있어서, 이들 모두를 같은 분량으로 설교에 담는 것은 불가능하다. 그러므로 설교의 주도적 감정적 무드와 흐름을 깨뜨리지 않은 범위 내에서 이런 설교적 구성요소들의 감정적 색채를 고려하는 것이 바람직하다.

이런 구성요소 중에 청중이 제일 먼저 접하게 되는 설교의 서론을 작성할 때, 청중들이 본문의 무드와 감정적 공감empathy과 일체감 emotional identification을 가지도록 하는 것은 청중의 필요와 관심을 불러일으키며, 그들을 설교의 주 내용으로 안내하는 서론의 주요 기능을 효과적으로 달성하도록 한다.[104] 또한, 본문의 감정을 살리는 것과 무관하게 여겨지는 설교 아이디어를 설명하고 증명하는 것에도 설교자가 본문의 무드를 잘 반영할 수 있는 감정적, 감각적, 구체적 언어를 사용함으로 청중의 머리만이 아니라 가슴을 움직이게 할 수 있다.[105] 특별히 좋은 설교를 더욱 훌륭한 설교로 만드는 데 큰 역할을 하는 예화는[106] 단순히 설교 내용을 생생하게 전달하는 기능이 있을 뿐만 아니라, 청중들이 그 내용을 쉽게 받아들이도록 그들의 감정적 영역을 자극하는 데 효과적으로 활용될 수 있다. 따라서 설교자는 본문의 아이디어와 무드에 상응하는 예화를 신중히 찾아 그 설명하고자 하는 설교의 내용과 잘 배열함으로 청중이 설교의 내용을 감정적으로도 경험할 수 있

---

[104] Craig A. Loscalzo, *Preaching Sermons that Connect* (Downers Grove, IL: InterVarsity, 1992), 20-22.

[105] Ronald J. Allen, "Shaping Sermons by the Language of the Text," in Preaching Biblically, ed. Don M. Wardlaw (Philadelphia, PA: Westminster Press, 1983), 35-37; Robinson, *Biblical Preaching*, 104-05.

[106] Vines and Shaddix, *Power in the Pulpit*, 191.

도록 하여 오래도록 그들이 기억에 남도록 할 수 있다. 설교의 효과적인 적용을 위해서도 본문의 감정이 고려될 수 있다. 적용이 없는 설교는 설교를 들어야 할 이유를 발견할 수 없도록 만들지만,[107] 비록 수많은 적용이 있다고 하더라도 성도들의 구체적인 삶과 연관되지 못하는 적용은 설교의 효과성을 저해한다. 이런 점에서 본문의 감정을 살린 구체적인 적용을 하는 것은 설교의 유용성을 높여줄 수 있는 한 가지 구체적인 방법이 될 수 있다. 실제, 적용의 부분에서 설교자는 자신의 감정 호소를 하는 경우가 많다.[108] 따라서 설교자가 본문의 내용과 감정에 충실한 적용을 함으로써, 본문과 청중을 조작manipulation하는 위험성을 피할 수 있다. 또한, 구체적인 삶에 대한 예화는 설교 아이디어를 생생하게 설명하고 구체적인 적용을 주는 기능이 있기 때문에,[109] 본문의 무드에 부합되는 구체적인 삶에 대한 예화를 적용과 엮어서 사용함으로 적용의 효과성을 증진할 수 있다. 또한, 전환 구문들은 다른 설교의 구성요소들 사이에서 설교의 통일성과 움직임에 직접 관여한다. 따라서 적절한 전환 구문은 설교의 효과적인 커뮤니케이션에 많은 영향을 미칠 수 있다. 이런 측면에서 설교자가 전환 구문을 작성할 때에도 인지적 내용만이 아니라, 설교 전체의 흐름을 고려하여 설교의 감정적 리듬을 고려하여 적는 것도 가능할 것이다.[110] 마지막으로 본문의 감정이 살아나는 설교의 결론을 위해서, 설교자는 설교의 주요 아이디어의 요약, 재진술, 적용함에도 본문의 주도적 무드를 반영할 수 있는 세심한 준비가 필요하다.

---

[107] Chapell, *Christ-Centered Preaching*, 199-200.
[108] Chapell, *Christ-Centered Preaching*, 234.
[109] Vines and Shaddix, *Power in the Pulpit*, 191.
[110] Chapell, *Christ-Centered Preaching*, 261.

(4) 설교의 스타일 Sermon Style: the Use of Language

설교의 스타일, 즉 설교자의 언어 사용은 설교의 무드를 조성하는 데 가장 기본적인 단위라 할 수 있다. 설교자가 본문이 어떤 비유적 표현과 감정적 언어를 사용하였는지 살펴봄으로 본문의 감정을 찾았듯이, 설교를 작성하는 과정에서도 이런 본문의 감정적 표현들을 유념하면서 청중들의 감정을 자극하기에 적합한 오늘날의 비유적 표현과 감정적 언어를 고려하여 설교문을 작성함으로 본문의 무드를 설교의 무드로 반영하는 데 도움을 줄 수 있다. 구체적으로, 은유나 직유법과 같은 다양한 비유적 언어 사용을 통하여 청중에게 이미지를 심어주거나 그들의 상상력을 자극함으로 설교의 내용에 감정을 실어 전달할 수 있으며, 구체적인 예들, 그림 언어, 감정이 담겨 있는 언어들을 사용함으로 전달하고자 하는 내용을 감정적 색채를 담아 설명해 낼 수 있을 것이다. 물론 설교의 스타일은 설교자에 따라 천차만별이며, 그 효과성도 설교자의 성향과 능력에 따라 크게 달라질 수 있다. 또한, 스타일의 변화를 무리하게 시도하는 것은 평소의 자신에게 익숙한 스타일에 맞지 않아 어색할 수 있다. 하지만 자신에게 익숙한 스타일만을 고집하지 않고 설교 전달의 효과성을 증진하며 장기적인 목회 사역에서 더 나은 설교를 추구하는 설교자에게 자신의 언어 사용에 대한 끊임없는 연마는 필수 과제라 할 수 있다.[111]

(5) 설교자의 확신, 진지함, 그리고 열정 Conviction, Sincerity, and Passion of the Preacher

앞에서 설명한 과정은 본문의 감정을 설교에 담아내는 기술적 접근이라 할 수 있다. 하지만 이렇게 작성한 설교가 청중에게 감정적 공감을 불러일으켜 효과적인 설교로 이어지는 것에는 설교자의 열정이라는 요소가 없이는 불가능할 것이다. 청중이 느끼는 감정은 설교자가 전

---

[111] Smith, *Dying to Preaching*, 155-72.

하는 감정 호소에 매우 민감하게 반응하며, 그것을 수납할 수도 거절할 수도 있다. 실제 설교자의 감정 호소가 청중의 가슴을 열 수 있게 하는 것은 설교자가 강단에서 보여주는 말씀에 대한 확신conviction, 설교에 대한 진지함sincerity, 그리고 진정성이 보이는 열정passion이 있을 때라야 가능할 것이다. 이런 측면에서 설교자의 효과적인 감정적 호소는 반드시 평소 설교자의 영적 민감성, 진리에 관한 연구와 기도 생활, 그리고 성도에 대한 깊은 사랑이 뒷받침될 때 가능할 것이다.[112] 하지만 바로 이런 설교자의 확신, 진지함과 열정의 근본적 토대는 설교자가 본문을 읽고, 묵상하고, 연구하며, 설교문을 준비하는 모든 과정에서 본문의 내용만이 아니라 본문의 감정에도 충실하여, 궁극적으로 자신이 본문을 해석하는 것이 아니라 본문이 자신을 이끌어가도록 하는 방식 text-driven approach에 놓여 있다고 할 수 있다. 이처럼 본문에 충실한 설교화 과정을 통과한 설교는 설교자가 전하는 감정과 본문의 감정이 동떨어져 있지 않다는 것을 청중이 느끼도록 하며, 설교의 진정성과 전달력에 많은 영향을 미치는 설교자의 비언어적 커뮤니케이션nonverbal communication에도 긍정적 영향을 주어[113] 효과적인 설교가 되도록 만드는 하나의 방편이 될 수 있다.

III. 닫는 글

강해 설교가 비감정적일 필요는 없다. 지적인 설교가 비감정적인 설교로 인식되거나, 감정적인 설교가 비지성적인 설교로 인식되는 전제

---

112 Broadus, *On the Preparation and Delivery of Sermons*, 175-76.

113 Peter A. Anderson, *Nonverbal Communication: Forms and Functions* (Mountain View, CA: Mayfield Publishing Company, 1999), 25. Bert Decker, *You've Got to be Believed to be Heard* (New York: St. Martin's Press, 1991), 30-35을 보라.

는 하나님의 커뮤니케이션 수단인 성경이 보여주는 커뮤니케이션과는 거리가 먼 생각이다. 만일 강해 설교가 본문이 이끄는 설교text-driven preaching로 간단하게 정의할 수 있다면, 본문을 존중하는 설교자라면 하나님께 영감 받은 성경의 저자가 전달하고자 했던 성경적 감정을 존중하는 것은 당연하다. 또한, 청중을 설득시키기 위한 감정적 기술을 사용함에 있어서 성경적 감정이라는 잣대는 설교자에게 도덕적 윤리적 문제로부터 어느 정도 자유를 제공할 수 있다. 더불어 본문을 통하여 저자가 의도한 내용만이 아니라 감정을 찾아서 이를 설교에 반영하는 것은 더욱 충실한 해석학적/설교학적 열매를 제공함으로 본문을 존중하는 설교자에게는 기꺼이 감당해야 할 과제이기도 하다. 더 나아가 성경 커뮤니케이션을 존중하여 이를 통한 지성과 감성이 균형을 이루어 청중을 효과적으로 설득시키는 방식은 과거뿐만 아니라 오늘날의 청중들에게도 하나님의 커뮤니케이션이 지닌 적실성relevance과 효과성effectiveness을 드러내는 본문을 존중하는 설교 철학이자 방식이라 할 수 있다.

이처럼 하나님의 말씀이 자신의 설교 철학과 설교 방식을 결정짓도록 본문을 존중하는 설교자는 하나님의 커뮤니케이션 행위로서 성경 본문에 드러난 감정을 해석화 과정에서 주의 깊게 연구하고, 이를 설교화 과정을 통해서 설교에 충실히 담아내려는 수고를 아끼지 않는다. 또한, 이런 노력은 우리가 익히 알고 있는 저명한 강해 설교자들의 설교에 대한 정의 즉, "빛과 열기light and heat,"[114] "불붙은 논리logic on fire"[115]라는 격언들을 다시금 되짚어 보게 한다. 즉, 설교자가 비추는 "빛light"과 펼치는 "논리logic"가 반드시 성경의 본문에서 나와야 하는

---

[114] 이 구절은 원래 조나단 에드워즈 (Jonathan Edwards)가 자신의 안수식에서 한 설교에서 유래한 것이다. John Piper, *The Supremacy of God in Preaching* (Grand Rapids, MI: Baker Book House, 2004), 88.

[115] Lloyd-Jones, *Preaching and Preachers*, 97.

것과 마찬가지로, 설교자의 "열기heat"과 "불fire"이 하나님의 구원의 수단인 말씀에 대한 확신conviction, 그 말씀을 전하는 설교에 대한 진지함sincerity, 주님으로부터 맡겨진 성도들을 향한 설교자의 열정passion으로 이어져 뜨겁게 타올라야 하지만, 이 모든 열정enthusiasm은 궁극적으로는 자기 자신에서부터 나온 것이 아니라 본문으로부터 점화된 것이어야 할 것이다.

참고문헌

Adams, Jay E. *Preaching with Purpose*. Grand Rapids, MI: Baker Books. 1982.

──────. *Sense Appeal in the Sermons of Charles Haddon Spurgeon*. Grand Rapids, MI: Baker Book House. 1975.

Allen, David L. "A Tale of Two Roads: Homiletics and Biblical Authority". Journal of the Evangelical Theological Society 43 (2000): 489-515.

Allen, Ronald J. "Shaping Sermons by the Language of the Text". In Preaching Biblically, edited by Don M. Wardlaw. 29-59. Philadelphia, PA: Westminster Press. 1983.

Anderson, Peter A. *Nonverbal Communication: Forms and Functions*. Mountain View, CA: Mayfield Publishing Company. 1999.

Arthurs, Jeffrey. "Pathos Needed: Why Reasonable Preachers Have Regard for Emotion". In *The Art and Craft of Biblical Preaching: A Comprehensive Resource for Today's Communicators*, edited by Haddon Robinson and Craig Brian Larson. 591-95. Grand Rapids, MI: Zondervan. 2005.

──────. *Place of Pathos in Preaching; The Critical Importance of Emotion in Preaching*. Preaching Today. http://www.preachingtoday.com/skills/themes/preachingwithpassion/200102.27.html (accessed November 1, 2013).

Augustine, *De Doctorina Christiana*, edited by John E. Rotelle, translated by Edmund Hill. New York: New City Press. 1996.

Bailey, Raymond. "Ethics in Preaching". In *Handbook of Contemporary Preaching*, ed. Michael Duduit. 594-61. Nashville, TN: Broadman Press. 1992.

Bavinck, Herman. *The Doctrine of God*. translated by. William Hendriksen Grand Rapids, MI: William B. Eerdmans. 1951.

Betz, Hans Dieter. "The Literary Composition and Funcution of Paul's Letter to the Galatians". New Testament Studies 21, no. 3 (1975):

353-79.

Briggs, Richard S. *Words in Action: Speech Act Theory and Biblical Interpretation-Toward a Hermeneutic Self-Involvement*. New York: T & T Clark. 2001.

Broadus, John A. *On the Preparation and Delivery of Sermons*. 4th edition. revised. by Vernon L. Standfield, San Francisco: Harper & Row. 1979.

Bullinger, E. W. *Figures of Speech Used in the Bible*. Grand Rapids, MI: Baker Book House. 1968.

Buttrick, David. *Homiletic: Moves and Structures*. Philadelphia, PA: Fortress. 1987.

Campbell, Charles L. *Preaching Jesus: New Directions for Homiletics in Hans Frei's Post-liberal Theology*. Grand Rapids, MI: William B. Eerdmans. 1997.

Carrick, John. *The Imperative of Preaching: A Theology of Sacred Rhetoric*. Cambridge: The University Press. 1982.

Carson, D. A. "Recent Developments in the Doctrine of Scripture". In *Hermeneutics, Authority, and Cannon*. edited by D. A. Carson and John D. Woodbridge. 5-48. Grand Rapids, MI: Academie Books. 1986.

Carter, Terry G., J. Scott Duvall, and J. Daniel Hays. *Preaching God's Word: A Hands-On Approach to Preparing, Developing, and Delivering the Sermon*. Grand Rapids, MI: Zondervan. 2005.

Chapell, Bryan. *Christ-Centered Preaching: Redeeming the Expository Sermon*. Grand Rapids, MI: Baker Academic. 2005.

Clements, Roy. "Expository Preaching in a Postmodern World". *Evangelical Review of Theology* 23 (1999): 174-82.

Craddock, Fred B. "The Sermon's Mood". In *The Art & Craft of Biblical Preaching*. ed. Haddon Robinson and Craig Brian Larson, 400-03. Grand Rapids, MI: Zondervan. 2005.

―――. *As One Without Authority*. Revised. St. Louis, MI: Chalice. 2001.

Decker, Bert. *You've Got to be Believed to be Heard*. New York: St. Martin's Press. 1991.

Dickens, Dean. "Now Heerreesss······Brother Johnny: Studies in Communication and Preaching". Southwestern Journal of Theology 27, no. 2 (1985): 19-26.

Dooley, Adam B., and Jerry Vines. "Delivering a Text-Driven Sermon". In *Text-Driven Preaching: God's Word at the Heart of Every Sermon*. edited by Daniel Akin, David L. Allen, and Ned Mathews. 243-68. Nashville, TN: B&H Publishing Group. 2010.

Edwards, J. Kent. *Deep Preaching: Creating Sermons That Go Beyond the Superficial*. Nashville, TN: B&H Publishing Group. 2009.

──────. *Effective First-Person Biblical Preaching*. Grand Rapids, MI: Zondervan. 2005.

Edwards, O. C. Jr. *A History of Preaching*. Nashville, TN: Abingdon Press. 2004.

Eslinger, Richard L. *The Web of Preaching: New Options in Homiletical Method*. Nashville, TN: Abingdon Press. 2002.

Ferguson, Robert U. Jr. "Motivation or Manipulation in the Pulpit". *Preaching* 6 (May-June, 1991): 10-12.

Galli, Mark, and Craig Brian Larson. *Preaching That Connects: Using Journalistic Techniques to Add Impact*. Grand Rapids, MI: Zondervan. 1994.

Graves, Mike and David J. Schlafer, eds. *What's the Shape of Narrative Preaching?*. St. Louis, MO: Chalice Press. 2008.

Greidanus, Sidney. *The Modern Preacher and the Ancient Text: Interpreting and Preaching Biblical Literature*. Grand Rapids, MI: William B. Eerdmans. 1988.

Grudem, Wayne. *Systematic Theology: An Introduction to Biblical Doctrine*. Downers Grove, IL: InterVasity Press. 1994.

Hannah, John D. "The Homiletical Skill of Jonathan Edwards". *Bibliotheca Sacra*, no. 159 (January-March, 2002): 96-107.

Zondervan. 1971.

Long, Thomas G. "What Happened to Narrative Preaching?". Journal for Preachers 28 (2005): 9-14.

──. *Preaching and the Literary Forms of the Bible*. Philadelphia, PA: Fortress Press. 1989.

Long, Thomas G. *The Witness of Preaching*. Louisville, KY: Westminster John Knox. 1989.

Longman, Tremper III, *How to Read Psalms*. Downers Grove, IL: InterVasity Press, 1988.

Loscalzo, Craig A. *Preaching Sermons that Connect*. Downers Grove, IL: InterVarsity. 1992.

Lowry, Eugene L. *Doing Time in the Pulpit: The Relationship Between Narrative and Preaching*. Nashiville, TN: Abingdon Press. 1985.

──. *The Homiletical Plot: The Sermon as Narrative Art Form*. expanded edition. Louisville, KY: Westminster John Knox Press. 2001.

──. *The Sermon: Dancing the Edge of Mystery*. Nashville, TN: Abingdon Press. 1997.

Mathewson, Steven D. *The Art of Preaching Old Testament Narrative*. Grand Rapids, MI: Baker. 2002.

McDill, Wayne. *12 Essential Skills for Great Preaching*, 2nd edition. Nashville, TN: B&H Publishing Group. 2006.

Meuser, Fred W. *Luther the Preacher*. Minneapolis, MN: Augsburg Press. 1983.

Nichols, Stephen J. *Jonathan Edwards: A Guided Tour of His Life and Thought*. Phillipsburg, NJ: P & R Publishing. 2001.

Osborne, Grant R. *The Hermeneutical Spiral: A Comprehensive Introduction to Biblical Interpretation*. Downers Grove, IL: InterVarsity Press. 2006.

Piper, John. Brothers, *We Are Not Professionals: A Plea to Pastors for Radical Ministry*. Nashville, TN: Broadman & Hollman. 2002.

──. *The Supremacy of God in Preaching*. Grand Rapids, MI: Baker

Book House. 2004.

Pitt-Watson, Ian. *Preaching: A Kind of Folly*. Edinburgh, Scotland: The Saint Andrew Press. 1976.

Porter, Stanley E. "Understanding Pauline Studies: An Assessment of Recent Research, Part One". Themelios 22 (October, 1996): 14-25.

Randolph, David James. *The Renewal of Preaching*. Philadelphia, PA: Fortress Press. 1969.

Reid, Robert R. "Postmodernism and the Function of the New Homiletic in Post-Christian Congregations". *Homiletic*, no. 20 (Winter, 1995): 1-13.

Richard, Ramesh. *Preparing Expository Sermons*. Grand Rapids, MI: Baker. 2001.

Robinson, Haddon W. "Homiletics and Hermeneutics". In *Making a Difference in Preaching*, edited by Scott M. Gibson, 69-84. Grand Rapids: Baker Books. 1999.

Robinson, Haddon W. "The Relevance of Expository Preaching". In *Preaching to a Shifting Culture*. edited by Scott M. Gibson, 79-94. Grand Rapids, MI: Baker Books. 2004.

──────. *Biblical Preaching: The Development and Delivery of Expository Messages*. 2nd Edition. Grand Rapids, MI: Baker Academic. 2001.

Ryken, Leland. *How to Read the Bible as Literature*. Grand Rapids, MI: Zondervan. 1984.

Smith, Steven W. *Dying to Preach: Embracing the Cross in the Pulpit*. Grand Rapids, MI: Kregel Academic & Professional. 2009.

Stein, Robert H. *Playing by the Rules: A Basic Guide to Interpreting the Bible*. Grand Rapids, MI: Baker Books. 1994.

Stott, John. *Between Two Worlds: The Challenge of Preaching Today*. Grand Rapids, MI: William. B. Eerdmans. 1982.

Tertulian. *Prescription Against Heretics*, translated by Peter Holmes. Whitefish, MT: Kessinger. 2004.

Thiselton, Anthony C. *New Horizons in Hermeneutics: The Theory and*

Heading, John. *First & Second Corinthians*. Kilmarnock, Scotland: John Ritche. 1995.

Hogan, Lucy Lind, and Robert Reid. *Connecting with the Congregation: Rhetoric and the Art of Preaching*. Nashville, TN: Abingdon Press. 1999.

Holifield, Gregory K. "Expository Preaching that Connects the Heart". Preaching 19 (2004): 18-24.

Howard, David M. Jr. *Interpreting the Psalms: An Exegetical Handbook*. Grand Rapids, MI: Kregel. 2007.

Howell, Mark A. "Hermeneutical Bridges and Homiletical Methods: A Comparative Analysis of the New Homiletics and Expository Preaching Theory 1970-1995". Ph.D. diss., Southeastern Baptist Theological Seminary. 1999.

Johnson, Elliot E. *Expository Hermeneutics: An Introduction*. Grand Rapids, MI: Academie Books. 1990.

Kaiser, Walter C. Jr. *Preaching and Teaching from the Old Testament: A Guide for the Church*. Grand Rapids, MI: Baker. 2003.

Klein, William W., Craig L. Blomberg, and Robert L. Hubbard, Jr. *Introduction to Biblical Interpretation*. Dallas, TX: Word Publishing. 1993.

Larsen, David L. *The Company of the Preachers: A History of Biblical Preaching from the Old Testament to the Modern Era*. Grand Rapids, MI: Kregel Publications. 1998.

―――. *The Anatomy of Preaching: Identifying the Issues in Preaching Today*. Grand Rapids, MI: Kregel. 1989.

Liske, Thomas V. *Effective Preaching*. New York: The MacMillan Company. 1960.

Litfin, Duane. *St. Paul's Theology of Proclamation: 1 Corinthians 1-4 and Greco-Roman Rhetoric*. Cambridge: Cambridge University Press. 1994.

Lloyd-Jones, D. Martyn. *Preaching and Preachers*. Grand Rapids, MI:

Practice of Transforming Biblical Reading. Grand Rapids, MI: Zondervan. 1992.

Thomas, Robert L. "Exegesis and Expository Preaching". In *Rediscovering Expository Preaching*, ed. John F. MacArthur, Jr., 137-53. Dallas: Word Publishing Company. 1992.

Thompson, James W. *Preaching like Paul*. Louisville, KY: Westminster John Knox. 2001.

Vanhoozer, Kevin J. *Is There Meaning In This Text?*. 김재영 역. 『이 텍스트에 의미가 있는가?』 서울: IVP. 2003.

Villanueva, Federico G. *The 'Uncertainty of a Hearing': A Study of the Sudden Change of Mood in the Psalms of Lament*. Supplements to the Vetus Testamentum, vol. 121. Leiden, The Netherlands: Brill. 2008.

Vines, Jerry and Jim Shaddix. *Power in the Pulpit: How to Prepare and Deliver Expository Sermons*. Chicago: Moody Press. 1999.

Witherington, Ben, III. *Conflict and Community in Corinth: A Socio-Rhetorical Commentary on 1 and 2 Corinthians*. Grand Rapids, MI: William B. Eerdmans. 1995.

York, Hershael W. "Communication Theory and Text-Driven Preaching". In *Text-Driven Preaching: God's Word at the Heart of Every Sermon*, edited by Daniel Akin, David L. Allen, and Ned Mathews. 221-42. Nashville, TN: B&H Publishing Group. 2010.

York, Hershael W. and Bert Decker. *Preaching with Bold Assurance: A Solid and Enduring Approach to Engaging Exposition*. Nashville, TN: B&H. 2003.